ECONOMIC **LAW**

경제법

[이론과 사례]

개정판

경제법

[이론과 사례]

-개정판-

인쇄 2023년 2월 21일
발행 2023년 2월 28일

저자 장윤순
발행인 정성택
발행처 전남대학교출판문화원

등록 1981. 5. 21. 제53호
주소 61186 광주광역시 북구 용봉로 77
전화 062-530-0573
팩스 062-530-0579
홈페이지 http://www.cnup.co.kr
이메일 cnup0571@hanmail.net

값 17,000원

ISBN 978-89-6849-960-9 (93360)

ECONOMIC **LAW**

경제법

[이론과 사례]

개정판

장윤순 저

전남대학교출판문화원

개정판 머리말

경제법[이론과 사례]는 우리나라 공정거래법과 소비자법상 중요한 쟁점들에 대한 이론을 정리하고 법원의 판결과 공정거래위원회의 의결에 대하여 논의한 책입니다. 이 책의 초판이 나온 지 약 4년 6개월이 지났습니다.

1980년 제정된 지 40년 만인 2020년 말 개정된 공정거래법(법률 제17799호, 2020. 12. 29.)이 전부 개정되어 2021. 12. 30. 시행됨으로써 현재 동법 시행령(대통령령 제32274호, 2021. 12. 28. 전부개정)과 공정거래위원회의 고시, 지침이 개정되었습니다. 신 공정거래법은 형식적 개정사항으로는 조문 체계와 순서를 재정립하였고 중요한 내용적 개정사항으로 부당한 공동행위의 추정 사유로 경쟁자 간 정보교환행위 추가, 특수관계인에 대한 부당한 이익제공의 거래상대방 계열회사 범위의 확대, 재판매가격유지행위의 예외적 허용사유 확대, 사적 집행 활성화를 위한 사인의 금지청구권의 도입 및 손해배상청구제도의 개선 등을 들 수 있습니다. 본 도서는 이를 반영하여 개정하였습니다.

본 도서 초판 발행시 법학전문대학원 또는 대학원의 경제법 과목 수강생, 기업과 법률사무소에 종사하는 실무자들이 공정거래법과 소비자법(전자상거래법 등)에 관하여 학습하고 업무에 활용할 수 있게 되기를 희망했었습니다. 개정본에서는 관련 주요 이론에서 변호사시험 문제를 포함시켜서 변호사시험 준비하는 학생들에게 도움을 주고자 하였습니다. 본 도서는 변호사시험 전문분야 선택과목인 '경제법'의 시험범위인 신 공정거래법과 소비자법을 모두 포함하고 있다는 점, 학생들이 경제법 이론과 사례를 함께 공부할 수 있어서 경제법의 체계를 잡고 쟁점별 사례에 대한 적용에 도움이 된다는 점에 그 가치가 있다고 생각합니다.

2023. 1.
장윤순

머리말

경제법은 경제법 전반에 대한 이념이나 개별 법률의 해석에 의해서 그 적용대상법률의 범위는 다양합니다. 본 책에서는 변호사시험에서의 경제법 범위에 한정하여 서술하였습니다. 변호사시험에서 전문분야 선택과목으로 지정된 경제법의 범위는 변호사 전문분야로서 활동할 수 있는 기본적인 법률이라고 할 수 있기 때문입니다. 공정거래법, 소비자기본법, 할부거래법, 방문판매법, 전자상거래법을 대상으로 합니다.

경제법은 경제 민주화의 구현, 시대상황에 따라서 다양한 제도의 변화 속에 있습니다. 특히 공정거래법은 2015. 1. 20., 2016. 3. 29. 등 지속적인 공정거래법 개정으로 인하여 공정거래법의 규제는 강도가 높아지고 있고, 소비자기본법에서는 2018. 3. 13. 사업자의 안전조치의무에 대한 규제를 강화되었습니다. 전자상거래법에서는 2016. 3. 29. 청약접수 및 대금결제 등 거래과정에서 중요한 업무의 일부를 직접 수행하는 오픈마켓, 앱스토어 등 통신판매중개업자가 그 역할에 부합하는 책임을 수행하는 등 다양한 전자상거래주체의 책임을 정비하였습니다. 방문판매법에서는 다단계판매의 개념을 개정하고 별도로 후원방문판매를 도입하여 규제하고 있습니다.

본서는 경제법에 대한 이론과 공정거래위원회의 지침을 정리하였습니다. 이에 더하여 실무에서 문제되는 대법원 판결과 공정거래위원회 의결들을 사례로 들어서 학생들의 이해를 도울 수 있게 하였습니다. 경제법 분야에 관심 있는 학생들에게 도움이 되길 바랍니다.

경제법 분야로 인도해 주신 신창선 교수님께 깊은 감사의 말씀을 올립니다. 아울러 이 책을 집필하는 과정에서 함께 성장하는 기쁨과 자극을 준 경제법 수강생들에게도 감사합니다. 마지막으로 사랑과 신뢰로 저를 키워주신 부모님, 사랑하는 남편과 세 딸들에게 감사의 마음을 전합니다.

2018. 7.
장윤순

제1부 공정거래법

제2부 소비자법

공정거래법

PART
01

Chapter 01 총설

Ⅰ. 시장경제와 공정거래법의 목적

대한민국 헌법 제23조 제1항 전문은 "모든 국민의 재산권은 보장된다"라고 규정하고, 헌법 제119조 제1항은 "대한민국의 경제질서는 개인과 기업의 경제상의 자유와 창의를 존중함을 기본으로 한다"고 규정함으로써, 우리 헌법이 사유재산제도와 경제활동에 관한 사적자치의 원칙을 기초로 하는 시장경제질서를 기본으로 하고 있음을 선언하고 있다. 그러나 한편, 헌법 제119조 제2항은 "국가는 … 시장의 지배와 경제력의 남용을 방지하기 위하여 … 경제에 관한 규제와 조정을 할 수 있다"고 규정함으로써, '독점규제와 공정거래유지'라는 경제정책적 목표를 개인의 경제적 자유를 제한할 수 있는 정당한 공익의 하나로 하고 있다. 이는 경제를 자유방임 상태에 둘 경우 경제적 자유에 내재하는 경제력 집중적 또는 시장지배적 경향으로 말미암아 반드시 시장의 자유가 제한받게 되므로 국가의 법질서에 의하여 공정한 경쟁질서를 형성하고 확보하는 것이 필요하고, 공정한 경쟁질서의 유지가 자연적인 사회현상이 아니라 국가의 지속적인 과제라는 인식에 그 바탕을 두고 있다.[1] 경제에 관한 규제를 하는 대표적인 법률은 독점규제 및 공정거래에 관한 법률(이하 공정거래법이라고만 한다)이다. 공정거래법은 사업자의 시장지배적지위의 남용과 과도한 경제력의 집중을 방지하고, 부당한 공동행위 및 불공정거래행위를 규제하여 공정하고 자유로운 경쟁을 촉진함으로써 창의적인 기업활동을 조장하고 소비자를 보호함과 아울러 국민경제의 균형있는 발전을 도모함을 목적으로 한다(법 제1조).[2]

1 대법원 2007. 11. 22. 선고 2002두8626 전원합의체 판결.

2 1970년대 말까지의 정부주도 하의 성장전략은 경제규모가 작고 해외경제여건이 비교적 안정적일 때에는 효과적이었으나 경제규모가 확대되고 세계경제여건이 불안정해짐으로써 경제적·사회적으로 비효율성, 시장기능의 왜곡, 갈등심화를 야기하였다. 이에 제5공화국 헌법(구 헌법 제120조 제3항)에서 신설된 "독과점의 폐해는 적절히 규제·조정한다"라는 규정을 근거로 정부는 1980. 12. 31. 공정거래법을 제정하여 1981. 4. 1.부터 시행하였다.

Ⅱ. 공정거래법의 특성

1. 공정거래법의 규제방식

독과점에 관한 규제방식은 ① 독점을 원칙적으로 광범위하게 금지하고 거래제한행위를 당연위법으로 보는 원칙금지주의(미국, 캐나다), ② 독점이 당연히 위법시되는 것이 아니라 공공이익의 침해를 수반하는 폐해가 있는 경우에만 규제하는 폐해규제주의(영국, 프랑스), ③ 어떤 사항은 원칙금지, 어떤 사항은 폐해규제를 취하는 절충주의(독일)이다. 우리나라는 절충주의를 취하고 있다.

2. 행정규제주의

일반적으로 원칙금지주의 하에서는 경쟁제한행위에 대한 위법성의 판단을 법원에 부여하여 사법적 절차가 그 중심이 되는 사법심사주의를 취한다. 한편 폐해규제주의 하에서는 행정처분에 대한 규제, 즉 행정규제가 중심이 되는 행정규제주의를 취하고 우리나라는 이에 해당한다. 공정거래위원회 중심으로 시정명령과 과징금부과 등 행정적 규제를 하고 있고 형사처벌의 전제로서 원칙적으로 공정거래위원회의 전속고발권을 부여하고 있다.

Ⅲ. 공정거래법의 구성과 기본개념

1. 공정거래법의 구성

공정거래법의 실체법적 규정은 제2장 시장지배적지위의 남용금지, 제3장 기업결합의 제한, 제4장 경제력 집중의 억제, 제5장 부당한 공동행위의 제한, 제6장 불공정거래행위, 재판매가격유지행위 및 특수관계인에 대한 부당한 이익제공의 금지, 제7장 사업자단체이다. 절차법적 규정으로는 제8장 전담기구, 제9장 한국공정거래조정원의 설립 및 분쟁조정, 제10장 조사 등의 절차, 제11장 과징금 부과 및 징수 등, 제12장 금지청구 및 손해배상, 제13장 적용제외, 제14장 보칙, 제14장 벌칙이 있다.

2. 사업자, 사업자단체

가. 사업자

공정거래법은 사업자의 행위에 적용되는 것이 원칙이다. 공정거래법은 사업자를 "제조업 서비스업 그 밖의 사업을 행하는 자"로 정의하고 있다(법 제2조 제1호). 여기에서 사업은 타인에게 경제적 이익을 제공하고 그것에 상응하는 반대급부를 받는 행위를 계속적 반복적으로 하는 것을 말한다.

사업을 행한다는 것은 자기의 계산 하에 사업을 경영한다는 의미 정도로 해석한다. 그 활동이 반드시 영리를 목적으로 할 필요가 없고 사업자의 의무가 법령에 규정되어 있는지, 목적이 공익성을 띠는지의 여부도 묻지 않는다. 자연인, 법인, 권리능력 없는 사단이나 조합 등 그 법적 형태도 묻지 않는다.

대법원은 "국가나 지방자치단체도 사경제의 주체로서 타인과 거래행위를 하는 경우에는 그 범위 내에서 공정거래법 소정의 사업자에 포함된다고 보아야 하는 것이다"라고 판시하였다.[3] 공정거래법의 목적과 기능에 따라 규제의 필요성을 중시하여 사업자의 개념을 실질적인 관점에서 폭넓게 인정하고 있다.

나. 사업자단체

1) 의의

사업자단체라 함은 그 형태가 무엇이든 상관없이 둘 이상의 사업자가 공동의 이익을 증진할 목적으로 조직한 결합체 또는 그 연합체를 말한다(법 제2조 제2호).[4] 여기서 '공동의 이익'이란 구성사업자의 경제활동상의 이익을 말하고 단지 친목, 종교, 학술, 조사, 연구, 사회활동만을 목적으로 하는 단체는 이에 해당하지 않는다. 또한, 사업자단체에 참가하는 개별 구성사업자는 독립된 사업자이어야 하므로, 개별 사업자가 그 단체에 흡수되어 독자적인 활동을 하지 않는 경우에는 사업자단체라고 할 수 없고, 사업자단체로 되기 위해서는 개별 구성사업자와 구별되는 단체성, 조직성을 갖추어야 한다.[5]

2) 사업자의제

사업자의 이익을 위한 행위를 하는 임원, 종업원(계속하여 회사의 업무에 종사하는 사람으로서 임원 외의 사람을 말한다. 이하 같다), 대리인 및 그 밖의 자는 사업자단체에 관한 규정을 적용할 때에는 사업자로 본다(법 제2조 제1호 후문). 이 규정의 취지는 현실적으로 회사의 임원, 종업원 등이 개인 이름으로 임의단체를 구성하거나 사업자단체의 구성원으로 활동하면서 각종 경쟁제한적인 활동을 하는 경우가 많기 때문에 규제의 실효성을 높이기 위한 것이다. 이 경우 임원 등은 자연인에 불과하기 때문에 원칙적으로 사업자단체에 관한 규정을 적용하기 어렵다는 문제가 발생할 수 있다. 이러한 문제를 해결하기 위해서 사업자의 이익을 위한 행위를 하는 임원 등을 사업자로 간주하는 규정을 둔 것이다.

---

3 대법원 1990. 11. 23. 선고 90다카3659 판결.

4 대법원 2003. 2. 20. 선고 2001두5347 전원합의체 판결 : 사단법인 대한의사협회는 의료법 제26조 제1항에 의하여 설립된 의사회의 중앙회로서, 그 정관에서 사회복지와 국민건강증진 및 보건향상에 기여하기 위한 의도의(醫道義) 앙양, 의학·의술의 발전보급 외에도 '의권 및 회원권익옹호' 등을 그 목적으로 내세우는 한편 의도의 앙양과 의권신장에 관한 사항 등을 그 사업내용으로 규정하고 있음을 알 수 있으므로, 이러한 정관의 규정과 대한의사협회의 활동내용을 종합하여 보면, 대한의사협회는 서비스업 기타 사업을 행하는 사업자인 의사들이 구성원이 되어 공동의 이익을 증진할 목적 등을 가지고 의료법에 의하여 조직된 사단법인이므로 독점규제및공정거래에관한법률의 적용대상인 사업자단체에 해당한다.

5 대법원 2008. 2. 14. 선고 2005두1879 판결.

Ⅳ. 공정거래법의 역외적용과 적용제외

1. 역외적용

가. 의의

역외적용이란 자국의 공정거래법을 자국의 주권이 미치는 영역을 넘어서 외국인이 외국에서 행하는 행위에 대해서는 적용하는 것을 말한다. 국제법상 관할권에 관한 일반원칙에 따르면 공정거래법은 우리나라의 국내법이기 때문에, 속지주의와 속인주의의 원칙에 따라 우리나라의 영역 안에서는 모든 사업자의 행위에 대하여 적용되고, 또 우리나라의 국민에 대해서는 그들이 외국에서 행한 행위에 대해서도 적용되지만, 외국인이 외국에서 행한 행위에 대해서는 적용되지는 않는다. 그러나 오늘날처럼 국가 간의 경제교류가 점차 증가하고, 그에 따라 국경을 넘는 거래가 빈번하게 이루어지고 있는 상황에서는 국내기업과 외국기업간의 거래 또는 외국기업들 상호간의 거래에 의해서도 국내 시장의 경쟁질서가 침해될 우려가 있다. 이에 역외적용의 이론이 논의되었다.[6]

나. 국외행위에 대한 공정거래법의 적용 기준

국외에서 이루어진 행위라도 그 행위가 국내 시장에 영향을 미치는 경우에는 이 법을 적용한다(법 제3조).

국가 간의 교역이 활발하게 이루어지는 현대 사회에서는 국외에서의 행위라도 그 행위가 이루어진 국가와 직·간접적인 교역이 있는 이상 국내시장에 어떠한 형태로든 어느 정도의 영향을 미치게 되고, 국외에서의 행위로 인하여 국내시장에 영향이 미친다고 하여 그러한 모든 국외행위에 대하여 국내의 공정거래법을 적용할 수 있다고 해석할 경우 국외행위에 대한 공정거래법의 적용범위를 지나치게 확장시켜 부당한 결과를 초래할 수 있는 점 등을 고려하면, 공정거래법 제3조에서 말하는 '국내시장에 영향을 미치는 경우'는 문제된 국외행위로 인하여 국내시장에 직접적이고 상당하며 합리적으로 예측 가능한 영향을 미치는 경우로 제한 해석해야 하고, 그 해당 여부는 문제된 행위의 내용·의도, 행위의 대상인 재화 또는 용역의 특성, 거래 구조 및 그로 인하여 국내시장에 미치는 영향의 내용과 정도 등을 종합적으로 고려하여 구체적·개별적으로 판단하여야 할 것이다. 다만 국외에서 사업자들이 공동으로 한 경쟁을 제한하는 합의의 대상에 국내시장이 포함되어 있다면, 특별한 사정이 없는 한 그 합의가 국내시장에 영향을 미친다고 할 것이어서 이러한 국외행위에 대하여는 공정거래법 제40조 제1항 등을 적용할 수 있다.[7]

---

6 권오승, 『경제법(제11판)』, 법문사, 2014, 150면.
7 대법원 2014. 5. 16. 선고 2012두5466 판결.

사례

① A사는 자동차 타이어를 제조·판매하는 외국 사업자로서 프랑스에 본사를 두고 국내에는 아무런 자회사나 지사를 두지 않고 있다. A사는 국내 소비자에게는 국내 대리점들을 통하여 자동차 타이어를 판매하고 있다. A사와 동사의 모든 국내 대리점들이 대리점별 영업구역을 합의한 경우, 그 합의가 프랑스에서 이루어졌음을 전제로, A사에 대하여 공정거래법을 적용할 수 있는지, 적용할 수 있다면 그 근거는 무엇인지를 설명하시오.[8]

② 화물운송업 등을 영위하는 프랑스 소재 甲 항공회사 등이 다른 사업자들과 함께 유럽발 한국행 항공화물 운송서비스 시장에 유류할증료를 도입하고 수차례 동일하게 유류할증료를 변경하는 합의를 한 후 이를 실행한 행위가 공정거래법 제40조 제1항 제1호에 해당한다는 이유로 공정거래위원회가 甲 회사 등 9개사에 대하여 시정명령과 과징금 부과처분을 한 사안에서, 甲 회사 등이 다른 사업자들과 수차례에 걸쳐 유류할증료에 관한 합의를 하였다고 인정하기 충분하고, 그러한 공동행위에 경쟁제한성 및 부당성을 인정할 수 있고 위 행위에 공정거래법을 역외 적용한 것은 정당하다고 한 사례[9]

2. 공정거래법의 적용제외

공정거래법은 시장에서의 공정하고 자유로운 경쟁을 촉진시키는 것을 그 목적으로 하고 있기 때문에 모든 거래에 적용됨이 원칙이다. 따라서 그 적용범위가 광범위하나, 일정한 경우, 예컨대 일정한 시장의 성격이나 그 시장에서의 사업자의 성격, 시장에 미치는 효과의 정도, 다른 정책과의 관계 등을 고려하여 적용되지 않는 경우가 있다.

가. 법령에 따른 정당한 행위

이 법은 사업자 또는 사업자단체가 다른 법령에 따라 하는 정당한 행위에 대해서는 적용하지 아니한다(법 제116조). 법령에 따라 행하는 모든 행위가 적용 배제되는 것이 아니라, 그 행위가 정당한 경우에만 적용이 배제되는 것임을 주의할 필요가 있다. 또한 대법원은 여기서 말하는 "정당한 행위"라 함은 "당해 사업의 특수성으로 경쟁제한이 합리적이라고 인정되는 사업 또는 인가제 등에 의하여 사업자의 독점적 지위가 보장되는 반면 공공성의 관점에서 고도의 공적규제가 필요한 사업 등에 있어 자유경쟁의 예외를 구체적으로 인정하고 있는 법률 또는 그 법률에 의한 명령의 범위 내에서 행하는 필요·최소한의 행위를 말하는 것"이라고 판시하고 있다.

사례

① 라면 4사가 라면의 공급가격을 5% 인상하기로 한 행위가 행정지도에 따른 행위로서 공정거래법상 정당한 행위로 볼 수 있는지를 설명하시오.[10]

8 경제법 변호사시험 제5회(2016년).

9 서울고등법원 2012. 2. 2. 선고 2010누45868 판결.

② 원고가 주장하는 금융감독원의 2002. 2. 22. 자 '일반손해보험 가격자유화에 따른 감독정책' 및 2004. 8. 30. 자 '일반손해보험의 개별계약 할인·할증제도 개선방안 통보' 등은 보험가격 자유화 정책의 추진과 관련하여 보험계약자의 보호, 보험회사의 재무건전성 유지를 위하여 보험료율에 대한 바람직한 방향을 제시한 것에 불과하여 이를 보험료율의 수준에 관하여 직접적이고 구체적인 지시를 한 것이라고 볼 수 없으므로, 이 사건 공동행위가 구 공정거래법 제58조에 규정된 법령에 따른 정당한 행위에 해당하지도 않는다고 판단하였다.[11]

③ 건설회사인 피고인들이 지하철 7호선 연장공사가 시행될 특정 공구의 입찰에 참가하면서 공동수급체를 구성하여 공동계약을 체결한 사안에서, 계약담당공무원 등이 계약상대자를 2인 이상으로 하는 공동계약을 체결하는 것이 가능하고 가급적 이를 원칙으로 한다는 것에 불과한 내용의 국가를 당사자로 하는 계약에 관한 법률 제25조 제1항, 같은 법 시행령 제72조 제2항- 피고인들과 같이 공동수급체를 구성하여 입찰에 참가하는 것을 가능하게 하는 규정이지 사업자의 독점적 지위가 보장되는 반면 공공성의 관점에서 고도의 공적규제가 필요한 사업 등에 관하여 자유경쟁의 예외를 구체적으로 인정하고 있는 규정은 아니다.[12]

나. 무체재산권의 행사행위

이 법은 「저작권법」, 「특허법」, 「실용신안법」, 「디자인보호법」 또는 「상표법」에 따른 권리의 정당한 행사라고 인정되는 행위에 대해서는 적용하지 아니한다(법 제117조). '특허권의 정당한 행사라고 인정되지 아니하는 행위'에 대하여는 공정거래법이 적용된다고 볼 수 있다.

판례는 '특허권의 정당한 행사라고 인정되지 아니하는 행위'란 행위의 외형상 특허권의 행사로 보이더라도 그 실질이 특허제도의 취지를 벗어나 제도의 본질적 목적에 반하는 경우를 의미하고, 여기에 해당하는지는 특허법의 목적과 취지, 당해 특허권의 내용과 아울러 당해 행위가 공정하고 자유로운 경쟁에 미치는 영향 등 제반 사정을 함께 고려하여 판단하여야 한다고 판시하였다.[13]

무체재산권은 별개의 법률에 의하여 배타적 권리가 인정되고 있으며, 이는 권리자에게 법률상 독점권을 인정함으로써 기술개발이나 창작활동 등을 촉진 내지 장려하려는 취지이다. 그러나 무체재산권의 행사라 할지라도 그 권리의 범위를 넘어 행사하는 것은 공정거래법에 위배될 소지가 있기 때문에, 무체재산권의 행사에 대하여 공정거래법상의 규제를 가하고 있다. 공정거래위원회는 이를 구체화했다.[14]

사례

① 원고들은 항구토작용을 하는 '온단세트론'의 제조방법에 관한 특허를 받아 '조프란'이란 상품명으로 항구토제를 판매하고 있었는데, 동아제약이 원고들의 특허와 다른 제조방법으로 '온단세트론'을 자체 개발하

10 경제법 변호사시험 제6회(2017년).

11 대법원 2011. 5. 26. 선고 2008두20376 판결.

12 대법원 2011. 5. 26. 선고 2008도6341 판결.

13 대법원 2014. 2. 27. 선고 2012두24498 판결.

14 지식재산권의 부당한 행사에 대한 심사지침(공정거래위원회 2016. 3. 23. 예규 제247호).

였다면서 '온단세트론' 성분을 포함하는 항구토제인 '온다론'을 출시하자, 원고들은 동아제약을 상대로 특허침해금지의 소를 제기하였고, 동아제약은 원고들을 상대로 특허청에 소극적 권리범위확인심판을 청구하였다. 그 후 원고들과 동아제약은 2000. 4. 17. 동아제약이 5년간 '온다론'의 제조·판매를 중단하고 관련청구와 소를 모두 취하하기로 하는 내용의 화해계약 및 원고들이 동아제약에게 '조프란'의 국·공립병원 판매권과 '발트렉스'의 독점판매권을 부여하는 내용의 공급계약을 포함하는 이 사건 합의를 하였다.[15]

- 그 합의가 '특허권의 정당한 행사라고 인정되지 아니하는 행위'에 해당하는지는 특허권자가 그 합의를 통하여 자신의 독점적 이익의 일부를 상대방에게 제공하는 대신 자신의 독점적 지위를 유지함으로써 공정하고 자유로운 경쟁에 영향을 미치는지에 따라 개별적으로 판단하여야 하고, 이를 위하여는 합의의 경위와 내용, 합의의 대상이 된 기간, 합의에서 대가로 제공하기로 한 경제적 이익의 규모, 특허분쟁에 관련된 비용이나 예상이익, 그 밖에 합의에서 정한 대가를 정당화할 수 있는 사유의 유무 등을 종합적으로 고려하여야 한다.

다. 일정한 조합의 행위

공정거래법은 소규모의 사업자 또는 소비자의 상호부조를 목적으로 하여 설립된 일정한 조합(조합의 연합회를 포함)의 행위에 대하여는 공정거래법을 적용하지 아니한다(법 제118조). 여기서의 조합이란 소규모의 사업자 또는 소비자의 상호부조를 목적으로 할 것, 임의로 설립되고, 조합원이 임의로 가입 또는 탈퇴할 수 있을 것, 각 조합원이 평등한 의결권을 가질 것, 조합원에 대하여 이익배분을 행하는 경우에는 그 한도가 정관에 정하여져 있을 것을 모두 충족해야 한다.

일정한 조합의 행위를 적용제외로 인정하는 이유는 시장에서 소규모사업자 또는 소비자의 열악한 지위를 강화하여 궁극적으로 소비자후생을 증인하려는 데에 있으므로, 만일 조합이 불공정거래행위 또는 부당하게 경쟁을 제한하여 가격을 인상하게 되는 경우에는 그러하지 아니하다(법 제118조 단서).

사례

농업협동조합중앙회의 시장지배적 사업자의 지위남용사건(배타조건부거래행위)에서 농업협동조합중앙회가 공정거래법 제60조에 해당되어 공정거래법의 적용이 제외된다고 주장한 사례

- 이 사건의 경우 농협 회원은 지역조합, 품목조합 및 품목조합연합회로 이루어져 있어 소규모의 사업자 또는 소비자에 해당하지 않고, 농협은 농업협동조합법에 의하여 설립된 법인으로서 그 단결을 촉진하여야 할 필요성이 있는 임의로 설립된 조합에 해당되지 아니하므로, 법 제118조의 적용대상인 조합에 해당하지 않는다고 판단하였다.

---

15 대법원 2014. 2. 27. 선고 2012두24498 판결은 의약품의 특허권자가 자신의 특허권을 침해할 가능성이 있는 의약품의 제조·판매를 시도하면서 그 특허의 효력이나 권리범위를 다투는 자에게 그 행위를 포기 또는 연기하는 대가로 일정한 경제적 이익을 제공하기로 하고 특허 관련 분쟁을 종결하는 합의를 한 사례이다.
공정거래법 위반의 점 : 부당한 공동행위(제40조 제1항 제4호 '거래지역 또는 거래상대방을 제한하는 행위', 제40조 제1항 제9호 '제1호부터 제8호까지 외의 행위로서 다른 사업자의 사업활동 또는 사업내용을 방해하거나 제한함으로써 일정한 거래분야에서 경쟁을 실질적으로 제한하는 행위')이다.

V. 공정거래법상 규제수단

1. 행정적 제재

가. 시정권고

공정거래위원회는 이 법을 위반하는 행위가 있는 경우에 해당 사업자 또는 사업자단체에 시정방안을 정하여 이에 따를 것을 권고할 수 있다(법 제88조 제1항). 권고를 받은 자는 시정권고를 통지받은 날부터 10일 이내에 해당 권고를 수락하는지에 관하여 공정거래위원회에 통지하여야 한다(법 제88조 제2항). 시정권고를 받은 자가 해당 권고를 수락한 때에는 이 법에 따른 시정조치가 명하여진 것으로 본다(법 제88조 제3항).

나. 시정조치

공정거래위원회는 공정거래법에 위반하는 행위가 있을 때에는 당해 사업자에 대하여 시정을 위한 필요한 조치를 명할 수 있다(법 제7조, 제14조 제1항, 제42조 제1항, 제49조 제1항, 제52조 제1항). 공정거래법에 의한 시정명령이 지나치게 구체적인 경우 다소간의 변형을 거치면서 행해지는 수많은 거래에서 정합성이 떨어져 결국 무의미한 시정명령이 되므로 그 본질적인 속성상 다소간의 포괄성·추상성을 띨 수밖에 없다. 한편 시정명령 제도를 둔 취지에 비추어 시정명령의 내용은 과거의 위반행위에 대한 중지는 물론 가까운 장래에 반복될 우려가 있는 동일한 유형의 행위의 반복금지까지 명할 수는 있는 것으로 해석함이 상당하다.[16] 그 중 시정명령을 받은 사실의 공표란, 행정법상의 의무위반·불이행에 대하여 행정청이 그 사실을 일반에게 공표함으로써 그에 따르는 사회적 비난이라는 간접적·심리적 강제에 의하여 그 의무이행을 확보하려는 제도로서 국민의 알권리의 보장과 새로운 의무이행의 확보수단으로서 이용되고 있다.[17]

공정거래위원회의 시정조치에 대해서는 그 처분의 통지를 받은 날부터 30일 이내에 그 사유를 갖추어 공정거래위원회에 이의신청을 할 수 있다. 이 경우 공정거래위원회는 이의신청에 대하여 60일 이내에 재결을 하여야 한다(법 제96조). 이와 별도로 만일 처분취소소송을 제기하고자 할 때에는 처분의 통지를 받은 날 또는 이의신청에 대한 재결서의 정본을 송달받은 날부터 30일 이내에 이를 제기하여야 한다(법 제99조). 처분취소소송은 서울고등법원을 전속관할로 한다(법 제100조).

다. 과징금

1) 의의

공정거래위원회는 공정거래법에 위반하는 행위가 있을 때에는 당해 사업자에 대하여 과징금을

16 대법원 2003. 2. 20. 선고 2001두5347 전원합의체 판결.

17 김동희, 『행정법Ⅰ』(제16판), 박영사, 2010, 454면.

부과할 수 있다(법 제8조, 제43조, 제50조, 제53조). 과징금은 행정법상의 의무위반에 대하여 행정청이 그 의무자에게 부과·징수하는 금전적 제재를 말하며, 이것도 역시 행정법상 의무이행의 확보수단의 하나로 보고 있다. 다만 대법원은 "공정거래위원회가 법 위반행위에 대하여 과징금을 부과할 것인지 여부와 만일 과징금을 부과할 경우 법과 법 시행령이 정하고 있는 일정한 범위 안에서 과징금의 액수를 구체적으로 얼마로 정할 것인지에 관하여 재량을 가지고 있다고 할 것이므로, 공정거래위원회의 법 위반행위자에 대한 과징금 부과처분은 재량행위라 할 것이고, 다만 이러한 재량을 행사함에 있어 과징금 부과의 기초가 되는 사실을 오인하였거나, 비례·평등의 원칙에 위배하는 등의 사유가 있다면 이는 재량권의 일탈·남용으로서 위법하다"하고 있다.[18]

2) 과징금의 법적 성질

대법원은 "과징금은 그 취지와 기능, 부과의 주체와 절차 등을 종합할 때 부당공동행위의 억지라는 행정목적을 실현하기 위하여 그 위반행위에 대하여 제재를 가하는 행정상의 제재금으로서의 기본적 성격에 부당이득환수적 요소가 부가되어 있는 점"을 명확히 하고 있다.[19]

3) 과징금 부과시 참작사유

과징금의 부과는 공정거래위원회의 재량행위이다. 그러나 공정거래위원회가 공정거래법의 규정에 의한 과징금을 부과하는 경우에는 위반행위의 내용 및 정도, 위반행위의 기간 및 회수, 위반행위로 인해 취득한 이익의 규모 등을 모두 참작하여야 한다(법 제102조).

4) 과징금 부과의 대상

공정거래위원회는 이 법의 규정을 위반한 회사인 사업자가 합병으로 소멸한 경우에는 해당 회사가 한 위반행위를 합병 후 존속하거나 합병에 따라 설립된 회사가 한 행위로 보아 과징금을 부과·징수할 수 있다(법 제102조 제2항). 공정거래위원회는 이 법을 위반한 회사인 사업자가 분할되거나 분할합병되는 경우 분할되는 사업자의 분할일 또는 분할합병일 이전의 위반행위를 분할되는 회사, 분할 또는 분할합병으로 설립되는 새로운 회사, 분할되는 회사의 일부가 다른 회사에 합병된 후 그 다른 회사가 존속하는 경우 그 다른 회사의 어느 하나에 해당하는 회사의 행위로 보고 과징금을 부과·징수할 수 있다(법 제102조 제3항).

라. 동의의결

1) 의의 및 취지

동의의결제도는 소비자, 다른 사업자 등의 피해를 구제하거나 예방하기 위하여 시정조치가 필요한 사건에 대하여 법 위반 여부를 확정하지 않고 공정거래위원회가 사업자와의 동의하에 경쟁질서

---

18 대법원 2010. 3. 11. 선고 2008두15176 판결.

19 대법원 2004. 10. 28. 선고 2002두7456 판결.

의 회복, 소비자 피해구제 예방 등을 위한 시정방안을 결정하는 제도이다(법 제89조). 공정거래위원회의 동의의결은 해당 행위가 이 법에 위반된다고 인정한 것을 의미하지 아니하며, 누구든지 신청인이 동의의결을 받은 사실을 들어 해당 행위가 이 법에 위반된다고 주장할 수 없다(법 제89조 제4항)라는 효력이 있다.[20]

동의의결제도는 한미자유무역협정(FTA)을 이행하기 위해 도입되었고 사업자가 동의의결을 신청하고 이해관계인의 의견을 듣는 과정을 통해서 단시일 내에 사안을 해결할 수 있다는 이점이 있다. 이로 인하여 사업자의 경제적 부담이 줄어들 수 있고 소비자의 실질적인 피해구제가 될 수 있다. 그러나 미국에서는 복잡한 사건의 효율적인 해결 수단으로 활용되는 법원에 의한 화해결정제도가 변형되어 한국에 도입된 것이데, 동의의결 요건이 엄격하여 활용도가 낮다.[21]

2) 제외대상행위

당해 조사나 심의의 대상이 되는 행위가 부당한 공동행위의 금지(제40조 제1항) 위반행위인 경우, 고발요건(제129조 제2항)에 해당하는 경우는 공정거래법위반의 정도가 명백하고 중대하여 경쟁질서를 현저히 저해한다고 보아 동의의결제도의 대상에서 제외되고, 동의의결이 있기 전 신청인이 신청을 취소하는 경우에는 동의의결이 사업자의 신청을 요건으로 하는 제도이므로 그 대상에서 제외된다.

3) 절차

- 동의의결의 신청

공정거래위원회의 조사나 심의를 받고 있는 사업자 또는 사업자단체(신청인)는 당해 조사나 심의의 대상이 되는 행위로 인한 경쟁제한상태 등의 자발적 해소, 소비자 피해구제, 거래질서의 개선 등을 위하여 동의의결을 하여 줄 것을 공정거래위원회에 신청할 수 있다(법 제89조 제1항 본문). 신청인은 해당 행위를 특정할 수 있는 사실관계, 해당 행위의 중지, 원상회복 등 경쟁질서의 회복이나 거래질서의 적극적 개선을 위하여 필요한 시정방안, 소비자, 다른 사업자 등의 피해를 구제하거나 예방하기 위하여 필요한 시정방안이 기재된 서면으로 신청하여야 한다(법 제89조 제2항).

- 통지·통보

공정거래위원회는 동의의결을 하기 전에 30일 이상의 기간을 정하여 해당 행위의 개요, 관련 법령 조항, 시정방안, 사안과 관련된 신고인 등 이해관계인의 이해를 돕는 그 밖의 정보를 신고인 등 이해관계인에게 통지하거나, 관보 또는 공정거래위원회의 인터넷 홈페이지에 공고하는 등의 방법으로 의견을 제출할 기회를 주어야 한다(법 제90조 제2항). 공정거래위원회는 위 사항을 관계 행정기관

---

20 동의의결제도를 적용한 최초의 사례는 네이버(주)의 시장지배적 지위남용행위 등에 대한 건(사건번호 : 2013서감2466) 및 네이버비즈니스플랫폼(주)의 시장지배적 지위남용행위 등에 대한 건(사건번호 : 2013서감2467) 관련 동의의결(2014. 1. 2, 의견수렴 공고)

21 주진열, 『로스쿨 경제법』, 박영사, 2022, 24면.

의 장에게 통보하고 그 의견을 들어야 하며, 검찰총장과는 협의하여야 한다(법 제90조 제3항).

– 동의의결의 의결

공정거래위원회는 해당 행위의 사실관계에 대한 조사를 마친 후 통지·통보된 시정방안이 해당 행위가 이 법을 위반한 것으로 판단될 경우에 예상되는 시정조치, 그 밖의 제재와 균형을 이룰 것과 공정하고 자유로운 경쟁질서나 거래질서를 회복시키거나 소비자, 다른 사업자 등을 보호하기에 적절하다고 인정될 것을 모두 충족한다고 판단되는 경우에는 해당 행위 관련 심의 절차를 중단하고 시정방안과 같은 취지의 동의의결을 할 수 있다. 이 경우 신청인과의 협의를 거쳐 시정방안을 수정할 수 있다(법 제89조 제3항). 이 때에는 공정거래위원회는 신속한 조치의 필요성, 소비자 피해의 직접 보상 필요성 등을 종합적으로 고려하여 동의의결 절차의 개시 여부를 결정하여야 한다(법 제90조 제1항).

– 동의의결의 취소

공정거래위원회는 동의의결의 기초가 된 시장상황 등 사실관계의 현저한 변경 등으로 인해 시정방안이 적정하지 아니하게 된 경우, 신청인이 제공한 불완전하거나 부정확한 정보로 인하여 동의의결을 하게 되었거나, 신청인이 거짓 또는 그 밖의 부정한 방법으로 동의의결을 받은 경우, 신청인이 정당한 이유 없이 동의의결을 이행하지 아니하는 경우에 해당하는 경우에는 동의의결을 취소할 수 있다(법 제91조 제1항).

– 이행강제금

공정거래위원회는 정당한 이유 없이 동의의결 시 정한 이행기한까지 동의의결을 이행하지 아니한 자에게 동의의결이 이행되거나 취소되기 전까지 이행기한이 지난 날부터 1일당 200만 원 이하의 이행강제금을 부과할 수 있다(법 제92조 제1항).

마. 이행강제금

1) 공정거래위원회는 기업결합의 제한(제9조 제1항)에 위반하여 시정조치를 부과받은 후 그 정한 기한 내에 이행을 하지 아니하는 자에게 이행기한이 지난 날부터 1일당 ① 주식취득 또는 새로운 회사설립에의 참여의 기업결합의 경우: 취득 또는 소유한 주식의 장부가격과 인수하는 채무의 합계액, ② 다른 회사와의 합병의 기업결합의 경우: 합병의 대가로 지급하는 주식의 장부가격과 인수하는 채무의 합계액, ③ 영업양수의 기업결합의 경우: 영업양수금액에 1만분의 3을 곱한 금액을 초과하지 아니하는 범위에서 이행강제금을 부과할 수 있다. 다만, 임원겸임(제9조 제1항 제2호)의 기업결합을 한 자에게는 이행기한이 지난 날부터 1일당 200만원의 범위에서 이행강제금을 부과할 수 있다(법 제16조).

2) 공정거래위원회가 사업자단체 또는 이들의 임직원에게 원가 및 경영상황에 관한 보고, 그 밖에 필요한 자료나 물건의 제출 명령 또는 제출된 자료나 물건의 일시 보관 처분을 할 수 있다

(법 제81조 제1항 제3호). 공정거래위원회는 이 법의 시행을 위하여 필요하다고 인정할 때에는 소속 공무원(제122조에 따른 위임을 받은 기관의 소속 공무원을 포함한다)으로 하여금 사업자 또는 사업자단체의 사무소 또는 사업장에 출입하여 업무 및 경영상황, 장부·서류, 전산자료·음성녹음자료·화상자료, 그 밖에 대통령령으로 정하는 자료나 물건을 조사하게 할 수 있다(법 제81조 제2항). 이 경우에 조사를 하는 공무원은 사업자, 사업자단체 또는 이들의 임직원에게 조사에 필요한 자료나 물건의 제출을 명하거나 제출된 자료나 물건을 일시 보관할 수 있다(법 제81조 제6항). 공정거래위원회는 사업자 또는 사업자단체가 위와 같은 보고 또는 자료나 물건의 제출 명령을 이행하지 아니한 경우에 그 보고 또는 자료나 물건이 이 법 위반 여부를 확인하는 데 필요하다고 인정할 때에는 소회의의 결정으로 이행기한을 정하여 그 보고 또는 자료나 물건의 제출을 다시 명령할 수 있으며, 이를 이행하지 아니한 자에게는 이행기한이 지난 날부터 1일당 대통령령으로 정하는 1일 평균매출액의 1천분의 3의 범위에서 이행강제금을 부과할 수 있다. 다만, 매출액이 없거나 매출액의 산정이 곤란한 경우에는 이행기한이 지난 날부터 1일당 200만원의 범위에서 이행강제금을 부과할 수 있다(법 제86조 제1항).

2. 민사적 제재

가. 금지청구

1) 의의 및 취지

부당지원행위를 제외한 사업자와 사업자단체의 불공정거래행위로 인하여 피해를 입거나 피해를 입을 우려가 있는 자는 그 사업자 등에게 자신에 대한 침해행위의 금지 또는 예방을 청구할 수 있는 금지청구권이 도입되었다(법 제108조).

구법에서 피해자가 법원에 이 법 위반행위에 대하여 금지청구를 하는 것은 원칙적으로 허용되지 아니하여 사건처리기간이 장기화되거나, 공정거래위원회가 무혐의 결정을 하는 경우에 피해자 입장에서는 신속한 피해구제를 위한 별다른 대안이 없는 상황이었다. 이를 개선하고자 금지청구를 도입되었다. 피해를 입을 우려가 있는 자도 청구할 수 있게 함으로써 피해자의 보호를 강화하였다.

2) 금지청구의 내용

부당지원행위를 제외한 불공정거래행위(법 제45조 제1항, 제51조 제1항 제4호)를 위반한 행위로 피해를 입거나 피해를 입을 우려가 있는 자는 그 위반행위를 하거나 할 우려가 있는 사업자 또는 사업자단체에게 자신에 대한 침해행위의 금지 또는 예방을 청구할 수 있다(법 제108조 제1항).

3) 절차

금지청구의 소를 제기하는 경우에는 민사소송법에 따른 관할권을 갖는 지방법원 외에 해당 지방법원 소재지를 관할하는 고등법원이 있는 곳의 지방법원에도 제기할 수 있다(법 제108조 제2항). 법원은 금지청구의 소가 제기된 경우에는 그로 인한 피고의 이익을 보호하기 위하여 필요하다고 인정하면 피고의 신청이나 직권으로 원고에게 상당한 담보의 제공을 명할 수 있다(법 제108조 제3항).

나. 손해배상청구

1) 의의 및 취지

사업자 또는 사업자단체가 공정거래법을 위반함으로써 피해를 입은 자가 있는 경우에는 해당 피해자에 대하여 손해배상의 책임을 진다(법 제109조 제1항 본문). 다만, 사업자 또는 사업자단체가 고의 또는 과실이 없음을 입증한 경우에는 그러하지 아니하다. 이는 피해자로 하여금 손해배상의 청구를 용이하게 하는 동시에 위법행위의 사전예방적 효과를 도모하기 위한 것이다.

2) 손해배상청구권의 성립요건

- 사업자 또는 사업자단체의 공정거래법 위반행위가 존재할 것
- 위반행위로 인한 손해의 발생사실 및 그 손해액의 증명
- 위반행위와 손해의 발생 사이에 인과관계가 존재할 것

부당한 공동행위를 한 사업자로부터 직접 상품을 구입한 직접구매자뿐만 아니라 그로부터 다시 그 상품 또는 그 상품을 원재료로 한 상품을 구입한 이른바 간접구매자도 부당한 공동행위와 자신의 손해 사이에 상당인과관계가 인정되는 한 부당한 공동행위를 한 사업자에 대하여 손해배상청구를 할 수 있다.[22]

- 사업자의 고의·과실의 증명을 요하지 않는다.

따라서 피해자가 일반 민법상 불법행위책임과는 달리 이를 증명할 필요는 없다. 그러나 일반 민사상의 불법행위 책임을 묻는 경우에는 이를 필요로 하며, 이를 증명하여야 한다.

사례

거래관계에 있는 납품업자들에 대하여 거래상 우월한 지위를 가진 대규모소매점업자가 납품업자로부터 협력사원을 파견 받아 납품한 상품 등의 판매업무에 종사하게 한 행위는, 거래상 지위의 남용행위로서 민사상 불법행위에 해당하고, 그로 인해 지출한 인건비 등 비용의 합계액이 손해의 범위에 포함되며, 협력사원 파견으로 얻은 매출의 확대 등 이익이 있었던 점을 감안하여 신의칙 내지 공평의 원칙을 고려하여 책임을 제한할 수 있다고 한 사례[23]

- 공정거래법 제45조 제1항 제6호, 영 제52조 [별표2] 제6호에서 '거래상 지위의 남용행위'를 규정하고 있는데, 만약 사업자가 거래상 지위의 남용행위를 함으로써 거래상대방에게 손해를 입힌 때에는 위 법상의 시정조치 또는 과징금의 부과 대상이 되는 것과는 별개로 민사상 불법행위를 구성하므로 그 거래상대방이 이로 인하여 입은 손해를 배상할 책임을 지는 것이다.

---

22 대법원 2014. 9. 4. 선고 2013다215843 판결.

23 대법원 2009. 7. 23. 선고 2008다40526 판결.

3) 부당한 공동행위 및 금지되는 보복조치를 한 사업자·사업자단체에 대한 3배이내배상제도

- 3배이내배상제도의 내용

사업자 또는 사업자단체는 부당한 공동행위(제40조), 불공정거래행위 및 재판매가격유지행위와 관련하여 분쟁조정신청(제76조 제1항), 신고(제80조 제2항), 공정거래위원회의 조사(제81조)에 대한 협조를 한 사업자에게 그 행위를 한 것을 이유로 거래의 정지 또는 물량의 축소, 그 밖에 불이익을 주는 행위를 하거나 계열회사 또는 다른 사업자로 하여금 이를 하도록 한 행위(제44조)로써 손해를 입은 자가 있는 경우에는 그 자에게 발생한 손해의 3배를 넘지 아니하는 범위에서 손해배상의 책임을 진다. 다만, 사업자 또는 사업자단체가 고의 또는 과실이 없음을 입증한 경우에는 손해배상의 책임을 지지 아니하고, 사업자가 자진신고자에 해당하는 경우 그 배상액은 해당 사업자가 부당한 공동행위를 위반하여 손해를 입은 자에게 발생한 손해를 초과해서는 아니 된다(법 제109조 제2항).

- 법원의 3배이내배상액시 고려사항

법원은 3배이내배상액을 정할 때에는 ① 고의 또는 손해 발생의 우려를 인식한 정도, ② 위반행위로 인한 피해 규모, ③ 위반행위로 사업자 또는 사업자단체가 취득한 경제적 이익, ④ 위반행위에 따른 벌금 및 과징금, ⑤ 위반행위의 기간·횟수 등, ⑥ 사업자의 재산상태, ⑦ 사업자 또는 사업자단체의 피해구제 노력의 정도를 고려하여야 한다(법 제109조 제3항).

- 자진신고자의 공동불법행위책임

부당한 공동행위를 자진신고한 사업자가 3배이내배상책임을 지는 경우에는 다른 사업자와 공동으로 부당한 공동행위의 금지를 위반하여 손해를 입은 자에게 발생한 손해를 초과하지 아니하는 범위에서 「민법」 제760조에 따른 공동불법행위자의 책임을 진다(법 제109조 제4항).

4) 손해배상청구소송에서 자료제출의무 부과

- 취지

현행 「민사소송법」에 따른 문서제출명령은 해당 기업이 영업비밀을 이유로 거부할 수 있고, 전자문서·동영상 등 서류 외의 자료는 제출대상에서 제외되며, 제출명령에 불응해도 이에 대한 제재가 미약하여 피해자가 손해 및 손해액 입증에 필요한 증거를 확보하는데 어려움이 존재한다. 이러한 문제를 해소하고 손해배상청구소송이 활성화될 수 있도록 부당한 공동행위 및 부당지원행위를 제외한 불공정거래행위에 대하여 법원이 해당 기업에 자료제출명령을 할 수 있도록 하고, 영업비밀이라 하더라도 손해의 증명 또는 손해액 산정에 반드시 필요한 경우에는 자료제출을 거부할 수 없도록 하며, 제출명령 불응 시 자료의 기재로 증명하고자 하는 사실을 진실한 것으로 인정할 수 있게 한 것이다.

- 내용

법원은 부당한 공동행위 및 부당한 지원행위를 제외한 불공정거래행위로 인한 손해배상청구소송에서 당사자의 신청에 따라 상대방 당사자에게 해당 손해의 증명 또는 손해액의 산정에 필요한 자료(자진신고 등에 관한 자료는 제외한다)의 제출을 명할 수 있다. 다만, 그 자료의 소지자가 자료의 제출을 거절할 정당한 이유가 있으면 그러하지 아니한다(법 제111조 제1항).

- 자료제출명령에 따르지 아니한 경우의 효과

법원은 당사자가 정당한 이유 없이 자료제출명령에 따르지 아니한 경우에는 자료의 기재에 대한 상대방의 주장을 진실한 것으로 인정할 수 있다(법 제111조 제4항). 이 경우 법원은 자료의 제출을 신청한 당사자가 자료의 기재에 관하여 구체적으로 주장하기에 현저히 곤란한 사정이 있고 자료로 증명할 사실을 다른 증거로 증명하는 것을 기대하기도 어려운 경우에는 그 당사자가 자료의 기재로 증명하려는 사실에 관한 주장을 진실한 것으로 인정할 수 있다(법 제111조 제5항).

5) 손해액인정제도

피해자는 사업자 또는 사업자단체의 공정거래법 위반행위와 상당인과관계가 있는 손해액을 증명하여야 하는 바 구체적인 손해액의 증명이 쉽지 않다. 이에 법은 "이 법의 규정을 위반한 행위로 인하여 손해가 발생된 것은 인정되나, 그 손해액을 입증하기 위하여 필요한 사실을 입증하는 것이 해당 사실의 성질상 극히 곤란한 경우에는, 법원은 변론 전체의 취지와 증거조사의 결과에 기초하여 상당한 손해액을 인정할 수 있다"는 조항을 두고 있다(법 제115조).[24]

대법원은 일반 불법행위에 기한 손해배상청구에서의 손해액 증명과 동일하게 판단하고 있다. 즉 "위법한 입찰 담합행위로 인한 손해는 담합행위로 인하여 형성된 낙찰가격과 담합행위가 없었을 경우에 형성되었을 가격(이하 '가상 경쟁가격'이라 한다)의 차액을 말한다. 여기서 가상 경쟁가격은 담합행위가 발생한 당해 시장의 다른 가격형성 요인을 그대로 유지한 상태에서 담합행위로 인한 가격상승분만을 제외하는 방식으로 산정하여야 한다. 위법한 입찰 담합행위 전후에 특정 상품의 가격형성에 영향을 미치는 경제조건, 시장구조, 거래조건 및 그 밖의 경제적 요인의 변동이 없다면 담합행위가 종료된 후의 거래가격을 기준으로 가상 경쟁가격을 산정하는 것이 합리적이라고 할 수 있지만, 담합행위 종료 후 가격형성에 영향을 미치는 요인들이 현저하게 변동한 때에는 그와 같이 볼 수 없다"고 하였다.[25]

6) 손해전가의 항변

손해전가의 항변은 사업자가 법위반행위로 인하여 피해를 입은 자가 이를 제3자에게 전가한 경우에 손해배상액을 산정함에 있어서 이를 공제할 것을 주장하는 것이다. 손해액을 산정함에 있어서 전가된 부분을 공제하여야 하는지가 쟁점이다.

---

24 민사소송법 제202조의2(손해배상 액수의 산정)
손해가 발생한 사실은 인정되나 구체적인 손해의 액수를 증명하는 것이 사안의 성질상 매우 어려운 경우에 법원은 변론 전체의 취지와 증거조사의 결과에 의하여 인정되는 모든 사정을 종합하여 상당하다고 인정되는 금액을 손해배상 액수로 정할 수 있다. [본조신설 2016. 3. 29.]

25 대법원 2011. 7. 28. 선고 2010다18850 판결.

사례

甲 주식회사 등을 비롯한 국내 밀가루 시장점유율의 대부분을 차지하는 8개 밀가루 제조·판매회사들이 공동으로 밀가루 생산량(판매량)을 제한하고 밀가루 가격을 결정·유지·변경하였는데, 甲 회사 등으로부터 밀가루를 매입한 乙 주식회사가 갑 회사 등을 상대로 손해배상을 구한 사안에서, 甲 회사 등이 을 회사에 밀가루를 판매하면서 판매증대를 목적으로 지급한 장려금이 甲 회사 등의 손해배상액에서 공제될 성질의 것은 아니라고 판단하고, 담합행위로 인하여 인상된 가격으로 밀가루를 구매한 乙 회사가 밀가루를 원료로 생산하여 판매하는 제품에 관한 가격 인상을 통하여 인상된 밀가루 가격의 전부 또는 일부를 최종 소비자에게 전가하였다는 이유로 위와 같이 전가된 손해액 부분의 공제를 주장한 이른바 '손해전가의 항변(passing-on defence)'을 한 사건[26]

- 대법원은 손해전가의 항변을 인정하지 않았으나 공평의 이념상 손해배상액을 일부 제한하였다. 즉, "담합에 의하여 가격이 인상된 재화 등을 매수한 매수인이 다시 이를 제3자인 수요자에게 판매하거나 그 재화 등을 원료 등으로 사용·가공하여 생산된 제품을 수요자에게 판매한 경우에, 재화 등의 가격 인상 후 수요자에게 판매하는 재화 등 또는 위 제품의 가격이 인상되었다고 하더라도, 재화 등의 가격 인상을 자동적으로 제품 등의 가격에 반영하기로 하는 약정이 있는 경우 등과 같이 재화 등의 가격 인상이 제품 등의 판매 가격 상승으로 바로 이어지는 특별한 사정이 없는 한, 제품 등의 가격은 매수인이 당시의 제품 등에 관한 시장 상황, 다른 원료나 인건비 등의 변화, 가격 인상으로 인한 판매 감소 가능성, 매수인의 영업상황 및 고객 보호 관련 영업상의 신인도 등 여러 사정을 고려하여 결정할 것이다. … 재화 등의 가격 인상과 제품 등의 가격 인상 사이에 직접적인 인과관계가 있다거나 제품 등의 인상된 가격 폭이 재화 등의 가격 인상을 그대로 반영하고 있다고 단정할 수 없다. 다만 이와 같이 제품 등의 가격 인상을 통하여 부분적으로 손해가 감소되었을 가능성이 있는 경우에는 직접적인 상당인과관계가 인정되지 아니한다고 하더라도 이러한 사정을 손해배상액을 정할 때에 참작하는 것이 공평의 원칙상 타당할 것이다."라고 하였다.

3. 형사적 제재

가. 의의

고발이라 함은 고소권자와 범인 이외의 사람이 수사기관에 대하여 범죄사실을 신고하여 범인의 처벌을 구하는 의사표시를 말하며[27], 고발은 일반적으로 수사의 단서에 불과하나 관세법위반 또는 공정거래법위반 등에 대하여는 소추조건이 된다. 제124조(벌칙) 및 제125조(벌칙)의 죄는 공정거래위원회의 고발이 있어야 공소를 제기할 수 있는데(법 제129조 제1항), 공정거래위원회에 대하여 전속고발권을 부여하고 있다.[28]

---

26 대법원 2012. 11. 29. 선고 2010다93790 판결.

27 이재상, 『신형사소송법』(제2판), 박영사, 2011, 200면 : 고소란 범죄의 피해자 또는 그와 일정한 관계에 있는 고소권자가 수사기관에 대하여 범죄사실을 신고하여 범인의 처벌을 구하는 의사표시이다.

28 따라서 공정거래위원회의 고발이 없는 경우에 검사는 공소를 제기할 수 없으며, 공소가 제기된 경우에도 법원은 실체판결을 할 수는 없고, 형식재판인 공소기각의 판결(형사소송법 제327조 제2호)로서 사건을 종결하여야 한다. 공정거래위원회의 고발에 대하여 행정소송의 대상이 될 수 있는지에 대하여 대법원은 처분성을 인정하지 않았다(대법원 1995. 5. 12.

나. 취지

공정거래법이 채택하고 있는 법위반행위에 대한 제재로서 형벌을 제외한 나머지 제재수단은 그 어느 것이나 위반행위로 인하여 초래된 경쟁제한의 상태를 배제하여 이를 회복하거나 위반행위자가 당해 위반행위로 취득한 이득의 범위 내에서 이를 박탈하는 데 그치는 것에 불과하다. 따라서 시정조치나 과징금 등의 행정조치만으로는 부족하고 강한 심리강제효과를 갖는 형벌의 적극적인 활용이 요청된다. 그러나 공정거래법위반행위는 기업의 영업활동과 밀접하게 결합되어 있거나 영업활동 그 자체로서 행하여지기 때문에, 그에 대하여 무분별하게 형벌을 선택한다면 관계자나 관계기업은 기업활동에 불안감을 느끼게 되고 자연히 기업활동이 위축될 우려가 있다. 이에 공정거래법위반행위에 대한 형벌은 가능한 한 위법성이 명백하고 국민경제와 소비자일반에게 미치는 영향이 특히 크다고 인정되는 경우에 제한적으로 활용되지 않으면 안 된다고 본다.

공정거래법위반죄를 친고죄로 하고 공정거래위원회만이 고발을 할 수 있도록 한 전속고발제도는 위와 같은 제반 사정을 고려하여 독립적으로 구성된 공정거래위원회로 하여금 거래행위의 당사자가 아닌 제3자의 지위에 있는 법집행기관으로서 상세한 시장분석을 통하여 위반행위의 경중을 판단하고 그때그때의 시장경제상황의 실상에 따라 시정조치나 과징금 등의 행정조치만으로 이를 규제함이 상당할 것인지 아니면 더 나아가 형벌까지 적용하여야 할 것인지의 여부를 결정하도록 함으로써 공정거래법의 목적을 달성하고자 하는 데에 그 취지가 있다.[29]

다. 고발의무

법은 제129조 제1항에서 "제124조(벌칙) 및 제125조(법칙)의 죄는 공정거래위원회의 고발이 있어야 공소를 제기할 수 있다"는 규정하고 있다. 따라서 공정거래위원회는 심사 결과 인정되는 공정거래법위반행위에 대하여 일응 고발할 것인가의 여부를 결정할 재량권을 갖는다. 그러나 공정거래위원회에 고발의무를 두어 그 재량의 남용을 막고 있다. 공정거래위원회는 제124조 및 제125조의 죄 중 그 위반의 정도가 객관적으로 명백하고 중대하여 경쟁질서를 현저히 저해한다고 인정하는 경우에는 검찰총장에게 고발하여야 한다(법 제129조 제2항). 검찰총장은 위 고발요건에 해당하는 사실이 있음을 공정거래위원회에 통보하여 고발을 요청할 수 있다(법 제129조 제3항). 공정거래위원회가 위 고발요건에 해당하지 아니한다고 결정하더라도 감사원장, 중소벤처기업부장관, 조달청장은 사회적 파급효과, 국가재정에 끼친 영향, 중소기업에 미친 피해 정도 등 다른 사정을 이유로 공정거래위원회에 고발을 요청할 수 있다(법 제129조 제4항). 검찰총장, 감사원장, 중소벤처기업부장관, 조달청장의 고발요청이 있는 때에는 공정거래위원회 위원장은 검찰총장에게 고발하여야 한다(법 제129조 제5항). 공정거래위원회는 공소가 제기된 후에는 고발을 취소하지 못한다(법 제129조 제6항).

선고 94누13794 판결)

29 헌법재판소 1995. 7. 21. 선고 94헌마136 결정.

Chapter 02 시장지배적지위의 남용금지

Ⅰ. 취지

우리나라 경제체제는 자유경제체제에 바탕을 두고 누가 무엇을 어떻게 생산·판매하는가는 민간기업의 자율에 맡기고 있다. 다른 한편으로는 정부가 재정금융정책을 통하여 거시적으로 경제에 개입할 뿐 아니라, 가격의 책정, 인허가 등에서 기업활동을 규제·조정하는 혼합경제체제이다. 그러나 현실의 시장조건은 불완전하기 때문에 가격기구에 의해 효율적인 자원배분이 이루어질 수 없는 시장상황이 발생하게 되며, 이에 따라 자본과 기술력을 보다 많이 보유한 단독 또는 소수기업이 제품의 가격과 수급 또는 거래조건을 당해 기업의 의사에 맞게 결정할 수 있는 힘, 즉 시장지배력을 갖게 되는데, 이러한 기업을 시장지배적 사업자라고 한다.

이와 같이 단독 또는 소수의 사업자가 시장을 지배하게 되면 상품이나 용역의 가격, 질, 양 등이 그러한 사업자들의 자의에 의하여 좌우되게 되므로 경쟁관계에 있는 타사업자의 기업활동이 억제될 뿐만 아니라, 소비자로서도 경쟁을 통한 양질의 상품을 저렴한 가격으로 제공받을 수 있는 기회가 상실될 것이다. 따라서 이러한 폐단을 방지하기 위하여 공정거래법은 시장지배적사업자의 부당한 행위를 금지하고 있는 것이다.

대법원 역시 "과거 개발경제시대의 영향 등으로 독과점의 폐해에 대한 우려가 큰 우리나라 경제현실 등에 비추어 볼 때 시장경제원리가 제대로 작동하기 위한 전제조건으로서의 경쟁 기능의 유지를 위하여 시장지배적지위의 남용행위에 대한 규제가 매우 중요하다"라고 있다.[30] 한편 우리 법은 미국이나 일본에 있어서와 달리 독과점적 시장구조의 형성자체를 규제하는 것이 아니라 독과점적 지위는 인정하되 그 지위의 남용행위만을 규제하고 있다.

30 대법원 2007. 11. 22. 선고 2002두8626 전원합의체 판결〈포스코 열연코일 공급거절 사건〉

Ⅱ. 시장지배적사업자

1. 시장지배적사업자의 의의

시장지배적사업자는 일정한 거래분야의 공급자나 수요자로서 단독으로 또는 다른 사업자와 함께 상품이나 용역의 가격·수량·품질 기타의 거래조건을 결정·유지 또는 변경할 수 있는 시장지위를 가진 사업자이다(법 제2조 제3호 제1문).[31]

2. 일정한 거래분야의 획정

일정한 거래분야는 거래의 객체별·단계별 또는 지역별로 경쟁관계가 있거나 경쟁관계가 성립할 수 있는 분야이다(법 제2조 제4호).

가. 상품시장

거래되는 특정 상품의 가격이나 용역의 대가(이하 "가격"이라 한다)가 상당기간 어느 정도 의미 있는 수준으로 인상(인하)될 경우 동 상품이나 용역의 대표적 구매자(판매자)가 이에 대응하여 구매(판매)를 전환할 수 있는 상품이나 용역의 집합을 말한다.

동일한 상품시장에 속하는지 여부는 상품이나 용역의 기능 및 효용의 유사성, 구매자들의 대체가능성에 대한 인식 및 그와 관련한 구매행태, 판매자들의 대체가능성에 대한 인식 및 그와 관련한 경영의사결정행태 등을 고려한다.

나. 지역시장

다른 모든 지역에서의 가격은 일정하나 특정 지역에서만 상당기간 어느 정도 의미 있는 가격인상(가격인하)이 이루어질 경우 당해 지역의 대표적 구매자(판매자)가 이에 대응하여 구매(판매)를 전환할 수 있는 지역전체를 말한다.

동일한 지역시장에 속하는지 여부는 상품이나 용역의 특성(부패성, 변질성, 파손성 등) 및 판매자의 사업능력(생산능력, 판매망의 범위 등), 운송비용, 구매자의 구매지역 전환가능성에 대한 인식 및 그와 관련한 구매자들의 구매지역 전환행태, 판매자의 구매지역 전환가능성에 대한 인식 및 그와 관련한 경영의사결정행태, 시간적, 경제적, 법적 측면에서의 구매지역 전환의 용이성을 고려한다.[32]

---

31 대법원 2005. 12. 9. 선고 2003두6283 판결 : 신용카드회사들과 비씨카드 회원은행들을 신용카드 시장의 이자율과 수수료율 등 거래조건을 결정, 유지 또는 변경할 수 있는 시장지위를 가진 시장지배적 사업자로 볼 수 있는지가 쟁점이었다. 이에 대하여 대법원은 "별도의 독립된 사업자들이 각기 자기의 책임과 계산 하에 독립적으로 사업을 하고 있을 뿐 손익분배 등을 함께 하고 있지 않다면 그 사업자들이 다른 사업자들과 함께 시장지배적 사업자에 해당하는 것은 별론으로 하고, 그 사업자들을 통틀어 시장지배적 지위의 남용을 금지한 같은 법 제5조, 제2조 제3호에서 규정하고 있는 하나의 사업자에 해당한다고 볼 수는 없다"고 판시하였다.

3. 시장지배적 사업자의 추정

일정한 거래분야에서 당해 사업자의 시장점유율이 ① 하나의 사업자의 시장점유율이 100분의 50 이상이거나 ② 셋 이하의 사업자의 시장점유율의 합계가 100분의 75 이상(다만, 이 경우에 시장점유율이 10%미만인 자는 제외) 사업자(일정한 거래분야에서 연간 매출액 또는 구매액이 40억원 미만인 사업자는 제외한다)는 시장지배적사업자로 추정할 수 있다(법 제6조). 당해 사업자와 계열관계에 있는 사업자는 시장지배적사업자의 판단 및 추정에 있어서 하나의 사업자로 본다(영 제2조 제2항, 제11조 제3항).[33]

*** 시장점유율의 산정**

① 시장점유율 = $\dfrac{\text{당해 사업자의 총 공급액 또는 구매액}}{\text{직전 사업연도 1년간 상품 또는 용역의 총공급액 또는 구매액}} \times 100$

② 시장점유율을 금액 기준으로 산정하기 어려운 경우, 물량 또는 생산능력기준으로 산정한다(영 제2조 제1항).

사례

① 관련시장에서 A, B, C, D가 60%, 25%, 9%, 6%인 경우 : A는 50% 이상이므로 시장지배적사업자로 추정한다(법 제6조 제1호), B는 3개 이하 점유율 합계가 94%이므로 시장지배적사업자로 추정한다(법 제6조 제2호). 단 C의 경우는 시장점유율 10% 미만이므로 추정되지 않는다.
② 관련시장에서 A, B, C, D가 40%, 2%, 30%, 9%이고 A와 B가 계열회사인 경우 : A, B, C 시장지배적사업자로 추정된다(법 제6조 제2호, 영 제2조 제2항, 제11조 제3항).

4. 종합적 고려

당해 사업자가 시장지배적사업자인지 여부는 시장점유율, 진입장벽의 존재여부 및 정도, 경쟁사

32 대법원 2007. 11. 22. 선고 2002두8626 전원합의체 판결〈포스코 열연코일 공급거절 사건〉; 대법원은 "무역자유화 및 세계화 추세 등에 따라 자유로운 수출입이 이루어지고 있어 국내 시장에서 유통되는 관련 상품에는 국내 생산품 외에 외국 수입품도 포함되어 있을 뿐 아니라 또한 외국으로부터의 관련 상품 수입이 그다지 큰 어려움 없이 이루어질 수 있는 경우에는 관련 상품의 수입 가능성도 고려하여 사업자의 시장지배 가능성을 판단하여야 한다. 따라서 이와 같이 현재 및 장래의 수입 가능성이 미치는 범위 내에서는 국외에 소재하는 사업자들도 경쟁관계에 있는 것으로 보아 그들을 포함시켜 시장지배 여부를 정함이 상당한바, 이러한 경우에는 위에서 본 관련지역시장 판단에 관한 여러 고려 요소들을 비롯하여 특히 관련상품시장의 국내외 사업자 구성, 국외 사업자가 자신의 생산량 중 국내로 공급하거나 국내 사업자가 국외로 공급하는 물량의 비율, 수출입의 용이성·안정성·지속성 여부, 유·무형의 수출입장벽, 국내외 가격의 차이 및 연동성 여부 등을 감안하여야 할 것이다."하고, "… 국내에서 열연코일의 가격이 상당기간 어느 정도 인상되더라도 이에 대응하여 국내 구매자들이 동북아시아 지역으로 열연코일의 구매를 전환할 가능성은 없다는 이유에서 열연코일에 관한 동북아시아시장을 관련지역시장에 포함시킬 수 없다고 인정한 결론은 옳다."고 판시하고 있다.

33 시장지배적사업자의 추정규정을 서술함에 있어서 제6조 제1호인지 제6조 제2호인지를 명시해야 한다.

업자의 상대적 규모, 경쟁사업자간의 공동행위의 가능성, 유사품 및 인접시장의 존재, 시장봉쇄력, 자금력 등을 종합적으로 고려하여 판단한다(법 제2조 제3호 제2문).

가. 진입장벽의 존재 및 정도

당해 시장에 대한 신규진입이 가까운 시일 내에 용이하게 이루어질 수 있는 경우에는 시장지배적 사업자일 가능성이 낮아질 수 있다. 신규진입의 가능성을 평가함에 있어서는 법적·제도적인 진입장벽의 유무, 필요 최소한의 자금규모, 특허권 기타 지적재산권을 포함한 생산기술조건, 입지조건, 원재료조달조건, 유통계열화의 정도 및 판매망 구축비용, 제품차별화의 정도, 수입의 비중 및 변화추이, 관세율 및 각종 비관세장벽이 고려된다.

최근 3년간 당해 시장에 신규로 진입한 사업자, 당해 시장에 참여할 의사와 투자계획 등을 공표한 사업자, 현재의 생산시설에 중요한 변경을 가하지 아니하더라도 당해 시장에 참여할 수 있는 등 당해 시장에서 상당기간 어느 정도 의미 있는 가격인상이 이루어지면 중대한 진입비용 또는 퇴출비용의 부담 없이 가까운 시일 내에 당해 시장에 참여할 것으로 판단되는 사업자가 있다면 신규진입은 용이할 것이다.

나. 경쟁사업자의 상대적 규모

당해 사업자에 비해 경쟁사업자의 규모가 상대적으로 큰 경우에는 시장지배적 사업자일 가능성이 낮아질 수 있다. 경쟁사업자의 상대적 규모를 평가함에 있어서는 경쟁사업자의 시장점유율, 경쟁사업자의 생산능력, 경쟁사업자의 원재료 구매비중 또는 공급비중, 경쟁사업자의 자금력이 고려된다. 당해 시장에 대량구매사업자나 대량공급사업자가 존재하는 경우(대량구매사업자나 대량공급사업자가 당해 사업자의 계열회사인 경우를 제외한다)에는 시장지배적 사업자일 가능성이 낮아질 수 있다.

다. 경쟁사업자간의 공동행위의 가능성

사업자간의 가격·수량 기타의 거래조건에 관한 명시적·묵시적 공동행위가 이루어지기 용이한 경우에는 시장지배적 사업자일 가능성이 높아질 수 있다. 사업자간의 공동행위 가능성을 평가함에 있어서는 최근 수년간 당해 거래분야에서 거래되는 가격이 동일한 거래분야에 속하지 않는 유사한 상품이나 용역의 평균가격에 비해 현저히 높았는지 여부, 국내에서 거래되는 가격이 수출가격이나 수입가격(관세, 운송비 등을 감안한다)에 비해 현저히 높은지 여부, 당해 거래분야에서 거래되는 상품이나 용역에 대한 수요의 변동이 작은 경우로서 경쟁관계에 있는 사업자가 수년간 안정적인 시장점유율을 차지하고 있는지 여부, 경쟁관계에 있는 사업자가 공급하는 상품의 동질성이 높고, 경쟁관계에 있는 사업자간의 생산, 판매 및 구매조건이 유사한지 여부, 경쟁관계에 있는 사업자의 사업활동에 관한 정보수집이 용이한지 여부, 과거 부당한 공동행위가 이루어진 사실이 있었는지 여부 등이 고려된다.

라. 유사품 및 인접시장의 존재

유사품 및 인접시장이 존재하여 당해 시장에 영향을 미치는 경우에는 시장지배적 사업자일 가능성이 낮아질 수 있다. 유사품 및 인접시장의 존재를 판단함에 있어서는 기능 및 효용측면에서 유사하나 가격 또는 기타의 이유로 별도의 시장을 구성하고 있다고 보는 경우에는 생산기술의 발달가능성, 판매경로의 유사성 등 그 유사상품이나 용역이 당해 시장에 미치는 영향, 거래지역별로 별도의 시장을 구성하고 있다고 보는 경우에는 시장간의 지리적 근접도, 수송수단의 존재여부, 수송기술의 발전가능성, 인접시장에 있는 사업자의 규모 등 인근 지역시장이 당해 시장에 미치는 영향이 고려된다.

마. 시장봉쇄력

당해 사업자(계열회사를 포함한다)의 원재료 구매비율이나 공급비율(원재료 구매액이나 공급액/원재료의 국내 총공급액)이 법 제6조(시장지배적 사업자의 추정)에 규정된 시장점유율 요건에 해당되면 시장지배적 사업자일 가능성이 높아질 수 있다.

바. 자금력

당해 사업자의 자금력이 다른 사업자에 비해 현저히 크다면 시장지배적 사업자일 가능성이 높아질 수 있다. 자금력을 평가함에 있어서는 자본 또는 부채의 동원능력, 매출액, 이윤, 순이익률, 현금흐름, 자본시장에의 접근가능성, 계열회사의 자금력 등을 고려한다.

사례

甲, 乙은 X상품을 생산하여 판매하는 사업자인데, 국내 X상품시장에서 甲, 乙의 시장점유율은 각각 70%, 30%이다(관련시장은 국내 X상품시장으로 한다). 국내 X상품시장은 신규진입에 필요한 최소한의 자금규모가 매우 크고, 고도의 생산기술이 필요하며, 생산에 필요한 인허가를 취득하는 것이 상당히 어렵다. 甲이 공정거래법상 시장지배적사업자에 해당하는지를 설명하시오.[34]

Ⅲ. 시장지배적지위의 남용행위

시장지배적지위의 남용행위는 6가지 유형으로 ① 부당한 가격 결정·유지·변경행위(법 제5조 제1항 제1호), ② 부당한 출고조절행위(법 제5조 제1항 제2호), ③ 부당한 사업활동 방해행위(법 제5조 제1항 제3호), ④ 부당한 시장진입 방해행위(법 제5조 제1항 제4호), ⑤ 부당한 경쟁사업자 배제행위(법 제5조 제1항 제5호 전단), ⑥ 소비자이익의 현저한 저해행위(법 제5조 제1항 제5호 후단)이다. 위 행위

34 경제법 변호사시험 제12회(2023년).

유형 중 ①, ②, ⑥은 강학상 이른바 '착취적 남용'으로 분류되는 행위로서 시장지배적사업자가 독점적 이윤을 획득하기 위해 거래상대방이나 소비자의 이익을 직접 침해하는 행위 유형이다. ③, ④, ⑤는 '방해 또는 배제적 남용'으로 분류되는 행위로서 경쟁사업자를 배제하는 효과를 초래하는 행위 유형이다. 부당성에서는 공통되는 일반이론을 기술하고 추가하여 전자는 주로 거래상대방이나 소비자에게 미치는 영향을 중심으로, 후자는 경쟁제한적 효과를 중심으로 살펴야 한다.

1. 부당한 가격 결정·유지·변경행위

법은 상품의 가격이나 용역의 대가를 부당하게 결정·유지 또는 변경하는 행위를 금하고 있다(법 제5조 제1항 제1호). 시행령에서는 정당한 이유 없이 상품의 가격이나 용역의 대가를 수급의 변동이나 공급에 필요한 비용(동종 또는 유사업종의 통상적인 수준의 것에 한한다)의 변동에 비하여 현저하게 상승시키거나 근소하게 하락시키는 경우(영 제9조 제1항)로 구체화하고 있다.

「공급에 필요한 비용의 변동」은 가격결정과 상관관계가 있는 재료비, 노무비, 제조경비, 판매비와 일반관리비, 영업외비용 등의 변동을 말한다. 이를 기준으로 가격변동이 현저한지를 판단하다.[35]

사례

국내에서 소비재 X를 제조·판매하는 사업자는 A, B, C, D뿐이다(관련 지역시장은 '국내시장', 관련 상품시장은 'X의 제조·판매시장'으로 가정한다). A, B, C, D의 2010년 X의 국내매출액은 각각 5,000억 원, 2,500억 원, 2,000억 원, 500억 원이다. 현재까지 X는 수입이 안 되고 있고, 다른 사업자들의 신규 진입도 용이하지 않다. 최근 A가 X를 공급하는 데 필요한 비용이 10% 상승하였고, B, C, D 역시 X의 공급에 필요한 비용이 유사한 비율로 상승하였다. A, B, C, D 모두 눈치만 보고 있던 중 시장점유율이 가장 높은 A의 대표이사가 B와 C의 대표이사와 회합을 하고 자신의 가격인상 계획을 밝히면서 동참해줄 것을 요청하였다. 이에 대하여 B와 C의 대표이사는 잠자코 듣기만 하였다. 그 후 A는 X의 판매가격을 30% 인상하였고, 1주일 후 B와 C 역시 각각 29%, 28% 판매가격을 인상하였다. B와 C가 가격을 인상한 1주일 후 D 역시 X의 판매가격을 20% 인상하였다. A가 공정거래법상 시장지배적 사업자라고 가정할 경우, A의 가격인상 행위가 동법상 시장지배적 지위의 남용행위에 해당하는지를 설명하시오.[36]

2. 부당한 출고조절행위

법은 상품의 판매 또는 용역의 제공을 부당하게 조절하는 행위를 금지하고 있다(법 제5조 제1항 제2호). 이러한 행위는 결국 가격인상 또는 가격하락방지, 수급차질 등의 효과를 가져오기 때문에 규제의 필요성이 있는 것이다.

35 시장지배적 지위남용행위 심사기준[공정거래위원회고시 제2021-18호, 2021. 12. 30.]

36 경제법 변호사시험 제1회(2012년). 부당한 공동행위의 사실관계가 함께 서술된 형식임.

가. 정당한 이유 없이 최근의 추세에 비추어 상품 또는 용역의 공급량을 현저히 감소시키는 경우 (영 제9조 제2항 제1호)

사례

남양유업이 수도권에 조제분유 품귀현상이 일어나고 있음에도 불구하고 평소에 비해 출고량을 현저히 감소시킨 행위

- 시장지배적 지위남용행위(부당한 출고조절행위) 여부의 판단 기준으로서 출고량 감소와 재고량 증가가 각 최근의 추세에 비추어 현저한지 여부를 판단함에 있어서, 시장지배적 사업자의 일부 창고의 출고량과 재고량만을 기준으로 판단할 수 없다.[37]

나. 정당한 이유 없이 유통단계에서 공급부족이 있음에도 불구하고 상품 또는 용역의 공급량을 감소시키는 경우(영 제9조 제2항 제2호)

사례

제일제당이 대두유 수요가 급증한 상태였음에도 대두유 출고량은 오히려 감소시킨 행위[38]

3. 부당한 사업활동 방해행위

법은 다른 사업자의 사업활동을 부당하게 방해하는 행위를 금하고 있다(법 제5조 제1항 제3호). 직접 또는 간접적[39]으로 다음 각 호의 1에 해당하는 행위를 함으로써 다른 사업자[40]의 사업활동을 어렵게 하는 경우[41]이다(영 제9조 제3항).

가. 정당한 이유없이 다른 사업자의 생산활동에 필요한 원재료 구매를 방해하는 행위 (영 제9조 제3항 제1호)

「원재료 구매를 방해한다」함은 원재료 구매를 필요량 이상으로 현저히 증가시키거나, 원재료 공급자로 하여금 당해 원재료를 다른 사업자에게 공급하지 못하도록 강제 또는 유인하는 것을 말한다.

---

37 대법원 2001. 12. 24. 선고 99두11141 판결.

38 대법원 2002. 5. 24. 선고 2000두9991 판결 : 외환위기 발생 직후에 시장지배적 사업자인 식료품 제조업자가 대두유의 출고를 다소 감소시킨 경우 부당한 출고조절행위에 해당한다고 볼 수 없다.

39 「간접적」이라 함은 특수관계인 또는 다른 자로 하여금 당해 행위를 하도록 하는 것을 말한다.

40 「다른 사업자」란 시장지배적 사업자의 거래상대방인 사업자도 포함한다고 보아야 한다.

41 「다른 사업자의 사업활동을 어렵게 하는 경우」를 판단함에 있어서는 다른 사업자의 생산·재무·판매활동을 종합적으로 고려하되, 사업활동이 어려워질 우려가 있는 경우를 포함한다.

나. 정상적인 관행에 비추어 과도한 경제상의 이익을 제공하거나 제공할 것을 약속하면서 다른 사업자의 사업활동에 필수적인 인력을 채용하는 행위(영 제9조 제3항 제2호)

「다른 사업자의 사업활동에 필수적인 인력」이라 함은 장기간 근속한 기술인력, 많은 비용을 투입하여 특별양성한 기술인력, 당해 업체에서 특별한 대우를 받은 기술인력, 당해 업체의 중요산업정보를 소지하고 있어 이를 유출할 가능성이 있는 기술인력이다.

다. 정당한 이유 없이 다른 사업자의 상품 또는 용역의 생산·공급·판매에 필수적인 요소의 사용 또는 접근을 거절·중단하거나 제한하는 행위(영 제9조 제3항 제3호)

- 필수설비이론(Essential Facilities Doctrine)

「필수적인 요소(이하 "필수요소"라 한다)」라 함은 네트워크, 기간설비 등 유·무형의 요소를 포함하며, 당해 요소를 사용하지 않고서는 상품이나 용역의 생산·공급 또는 판매가 사실상 불가능하여 일정한 거래분야에 참여할 수 없거나, 당해 거래분야에서 피할 수 없는 중대한 경쟁열위상태가 지속될 것, 특정 사업자가 당해요소를 독점적으로 소유 또는 통제하고 있을 것, 당해 요소를 사용하거나 이에 접근하려는 자가 당해 요소를 재생산하거나 다른 요소로 대체하는 것이 사실상·법률상 또는 경제적으로 불가능할 것이 요건이다.

사례

① 필수요소에의 접근이 사실상 또는 경제적으로 불가능할 정도의 부당한 가격이나 조건을 제시하는 경우
② 필수요소를 사용하고 있는 기존 사용자에 비해 현저하게 차별적인 가격이나 배타조건, 끼워팔기 등 불공정한 조건을 제시하는 경우

라. 제1호 내지 제3호외의 부당한 방법으로 다른 사업자의 사업활동을 어렵게 하는 행위로서 공정거래위원회가 고시하는 행위(영 제9조 제3항 제4호)

1) 부당하게 특정사업자에 대하여 거래를 거절하거나 거래하는 상품 또는 용역의 수량이나 내용을 현저히 제한하는 행위

시장지배적 지위남용행위로서의 거래거절행위는 '시장지배적 사업자가 부당하게 특정 사업자에 대한 거래를 거절함으로써 그 사업자의 사업활동을 어렵게 하는 행위'라 할 것이다.

사례

① 포스코가 열연코일시장에서의 시장지배적사업자로서 냉연강판시장에서 자신과 경쟁관계에 있는 현대하이스코에 대하여 냉연강판생산의 필수적인 열연코일의 공급을 거절한 행위[42]

42 대법원 2007. 11. 22. 선고 2002두8626 전원합의체 판결.

② 원자재인 X상품은 국내에서 사업자 甲, 乙, 丙이 생산하고 있는데(관련시장은 '국내 X상품시장'이라고 가정함), 甲, 乙, 丙의 시장점유율은 각각 60%, 35%, 5%이다. 국내 X상품시장에서 甲, 乙, 丙의 연간 매출액 총합계는 약 10조 원이다. X상품 제조를 위해서는 대규모 투자와 고도의 기술이 필요하여 이 시장에는 최근 20년 동안 새로운 진입자가 없었다. 한편 원자재인 X상품을 가공하여 소비재인 Y상품을 제조·판매하고 있는 사업자 A는 지난 10년 동안 甲으로부터 X상품을 전량 구매해 왔고, 乙과 丙으로부터는 X상품을 구매하지 않았다. 국내 Y상품시장에서 A의 시장점유율은 50%이다(관련시장은 '국내 Y상품시장'이라고 가정함). 甲은 A가 국내 Y상품시장에서 상당한 이익을 얻고 있음을 알고 이 시장에 직접 진출하기 위하여 A에게 X상품의 공급을 전면 중단하겠다고 통지하였다. 이에 A는 乙과 丙에게 X상품의 판매를 요청하였으나, 乙과 丙은 A의 요청을 받아들이지 않았다. 그 결과 A는 Y상품 제조를 할 수 없게 되어 甲에게 X상품 물량을 종전 대비 50% 정도라도 제공해 줄 것을 요청하였으나, 甲은 A의 요청을 들어줄 수 있었음에도 불구하고 결국 X상품 공급을 전면 중단하였다(이하 '甲의 행위'라 함). 이로 인하여 A는 Y상품 제조에 필요한 X상품을 구매하지 못하여 폐업하였고, 국내 Y상품시장에서 소비자가격이 크게 상승하였다. A가 폐업한 뒤 甲은 국내 Y상품시장에서 50%의 점유율을 차지하였다. 甲이 시장지배적 사업자라고 가정할 때, 甲의 행위가 공정거래법상 시장지배적 지위 남용행위에 해당되는지를 설명하시오(단, 공정거래법 제5조 제1항 제1호 및 제5호 해당 여부는 논하지 말 것).[43]

2) 거래상대방에게 정상적인 거래관행에 비추어 타당성이 없는 조건을 제시하거나 가격 또는 거래조건을 부당하게 차별하는 행위

사례

국내 승용차 및 5t 이하 화물차 판매시장에서 시장지배적 사업자인 자동차 제조·판매회사가 판매대리점의 거점 이전 승인 및 판매인원 채용등록을 지연하거나 거부하는 등 판매대리점의 사업활동을 방해한 행위[44]

3) 부당하게 거래상대방에게 불이익이 되는 거래 또는 행위를 강제하는 행위

사례

① 이동통신서비스 업체인 에스케이텔레콤 주식회사가 자신의 MP3폰과 자신이 운영하는 온라인 음악사이트의 음악파일에 자체 개발한 DRM(Digital Rights Management)을 탑재하여 갑 회사의 MP3폰을 사용하는 소비자로 하여금 위 음악사이트에서 구매한 음악파일만 재생할 수 있도록 하고, 다른 사이트에서 구매한 음악은 위 음악사이트에 회원으로 가입한 후 별도의 컨버팅 과정 등을 거치도록 한 행위[45]

② 엔에이치엔 주식회사가 인터넷 포털서비스 이용자시장에서 동영상 플레이어 내 동영상 시청에 방해가 되는 선광고를 협의하지 않으면 게재할 수 없도록 한 광고제한행위[46]

---

43 경제법 변호사시험 제8회(2019년).

44 대법원 2010. 3. 25. 선고 2008두7465 판결.

45 대법원 2011. 10. 13. 선고 2008두1832 판결. 부당성은 부정됨.

46 대법원 2014. 11. 13. 선고 2009두20366 판결. 시장의 획정과 부당성은 부정됨.

4) 거래상대방에게 사업자금을 대여한 후 정당한 이유없이 대여자금을 일시에 회수하는 행위

5) 다른 사업자의 계속적인 등의 이행을 부당한 방법으로 어렵게 하는 행위

6) 지식재산권과 관련된 특허침해소송, 특허무효심판, 기타 사법적·행정적 절차를 부당하게 이용하여 다른 사업자의 사업활동을 어렵게 하는 행위[47]

4. 부당한 시장진입 방해행위

법은 새로운 경쟁사업자의 참가를 부당하게 방해하는 행위를 금하고 있다(법 제5조 제1항 제4호). 직접 또는 간접적으로 다음 각 호의 1에 해당하는 행위를 함으로써 새로운 경쟁사업자[48]의 신규진입을 어렵게 하는 경우이다(영 제5조 제4항).[49]

가. 정당한 이유 없이 거래하는 유통사업자[50]와 배타적 거래계약을 체결하는 행위

(영 제9조 제4항 제1호)

「배타적 거래계약」이라 함은 유통사업자로 하여금 자기 또는 자기가 지정하는 사업자의 상품이나 용역만을 취급하고 다른 사업자의 상품이나 용역은 취급하지 않을 것을 전제로 상품이나 용역을 공급하는 것을 말한다.

나. 정당한 이유없이 기존사업자의 계속적인 사업활동에 필요한 권리 등을 매입하는 행위

(영 제9조 제4항 제2호)

「계속적인 사업활동에 필요한 권리」는 특허권·상표권 등의 지적재산권, 행정관청 또는 사업자단체의 면허권 등 인·허가, 기타 당해 거래분야에서 관행적으로 인정되는 모든 권리를 포함한다.

다. 정당한 이유 없이 새로운 경쟁사업자의 상품 또는 용역의 생산·공급·판매에 필수적인 요소의 사용 또는 접근을 거절하거나 제한하는 행위(영 제9조 제4항 제3호)

라. 제1호 내지 제3호외의 부당한 방법으로 새로운 경쟁사업자의 신규진입을 어렵게 하는 행위로서 공정거래위원회가 고시하는 행위(영 제9조 제4항 제4호)

1) 정당한 이유 없이 신규진입 사업자와 거래하거나 거래하고자 하는 사업자에 대하여 상품의 판매 또는 구매를 거절하거나 감축하는 행위

---

47 시장지배적 지위남용행위 심사기준[공정거래위원회고시 제2021-18호, 2021. 12. 30.] Ⅳ. 3. 라.

48 「새로운 경쟁사업자」라 함은 일정한 거래분야에 신규로 진입하려고 하는 사업자 및 신규로 진입하였으나 아직 판매를 개시하고 있지 아니한 사업자를 말한다.

49 「신규진입을 어렵게 하는 경우」를 판단함에 있어서는 다른 사업자의 생산·재무·판매활동 등을 종합적으로 고려하되, 신규진입을 어렵게 할 우려가 있는 경우를 포함한다.

50 「유통사업자」라 함은 최종소비자가 아닌 거래상대방을 말한다.

2) 경쟁사업자의 신규진입에 필요한 소정의 절차(관계기관 또는 단체의 허가, 추천 등)의 이행을 부당한 방법으로 어렵게 하는 행위

3) 당해 상품의 생산에 필수적인 원재료(부품, 부자재 포함)의 수급을 부당하게 조절함으로써 경쟁사업자의 신규진입을 어렵게 하는 행위

4) 지식재산권과 관련된 특허침해소송, 특허무효심판 기타 사법적·행정적 절차를 부당하게 이용하여 경쟁사업자의 신규진입을 어렵게 하는 행위[51]

5. 부당한 경쟁사업자 배제행위

법은 부당하게 경쟁사업자를 배제하기 위하여 거래하는 행위를 금하고 있다(법 제5조 제1항 제5호 전단).

가. 부당하게 상품 또는 용역을 통상거래가격에 비하여 낮은 대가로 공급하거나 높은 대가로 구입하여 경쟁사업자를 배제시킬 우려가 있는 경우(영 제9조 제5항 제1호)

「낮은 대가의 공급 또는 높은 대가의 구입」 여부를 판단함에 있어서는 통상거래가격과의 차이의 정도, 공급 또는 구입의 수량 및 기간, 당해 품목의 특성 및 수급상황 등을 종합적으로 고려한다. 「경쟁사업자를 배제시킬 우려가 있는 경우」를 판단함에 있어서는 당해 행위의 목적, 유사품 및 인접시장의 존재여부, 당해 사업자 및 경쟁사업자의 시장지위 및 자금력 등을 종합적으로 고려한다.

나. 부당하게 거래상대방이 경쟁사업자와 거래하지 아니할 것을 조건으로 그 거래상대방과 거래하는 경우(영 제9조 제5항 제2호)

- 배타조건부 거래행위

이 경우 경쟁사업자의 대체거래선 확보의 용이성, 당해 거래의 목적·기간·대상자 및 당해 업종의 유통관행 등을 종합적으로 고려한다.

사례

① A사는 국내에서 컴퓨터를 제조하는 사업자이다. 국내에서 컴퓨터를 제조하는 사업자로는 A사, B사, C사, D사가 있고, 시장점유율은 A사 40%, B사 30%, C사 20%, D사 10%이다(관련시장은 '국내 컴퓨터 공급시장'으로 가정한다). A사는 자신이 제조한 컴퓨터를 별개의 사업자인 소매업체를 통해 판매하는데, 소매업체들은 A사의 제품뿐 아니라 다른 컴퓨터 제조업체들의 제품도 판매하여 왔다. A사가 거래하는 소매업체들은 국내 전체 컴퓨터 판매 매출액의 70%를 차지하고 있다. A사는 오랜 기술개발 끝에 컴퓨터 X를 시중에 출시하면서 자사의 컴퓨터 X를 판매하는 모든 소매업체에 A사와 경쟁관계에 있는 컴퓨터 제조사가 생산하는 유사한 사양의 컴퓨터를 취급하지 말도록 요청하면서, 이를 준수하지 않는 경우 해당 소매업

51 시장지배적 지위남용행위 심사기준[공정거래위원회고시 제2021-18호, 2021. 12. 30.] Ⅳ. 4. 라.

체에 A사가 생산하는 모든 컴퓨터의 공급을 중단할 것이라고 통보하였다. 그에 따라 A사와 거래하는 소매업체들은 컴퓨터 X와 유사한 사양의 D사 컴퓨터 판매를 중단하였다. 그로 인해 D사의 컴퓨터 매출액이 크게 감소하였고, D사는 가뜩이나 좋지 않은 재무상황이 더 나빠져 도산하게 되었다. A사의 행위가 시장지배적 지위 남용행위에 해당하는지를 설명하시오(단, 공정거래법 제5조 제1항 제3호 및 동법시행령 제5조 제3항의 해당 여부는 논하지 말 것)[52]

② 甲은 국내에서 오프라인 매장을 개설하여 가전제품을 전문적으로 판매하는 유통전문회사이다. 관련 시장을 '국내 가전양판시장'이라고 가정할 때 甲은 이 시장에서 시장점유율 45%를 차지하고 있고, 경쟁사 중에는 乙의 시장점유율이 30%이며, 나머지 경쟁자들의 시장점유율은 각 5% 미만이다. 甲은 1년 전부터 가전제품 제조사들과의 전속거래를 유도하기 위한 전략을 시행하고 있다. 그에 따라 甲은 자신에게만 가전제품을 납품하기로 하는 약정을 체결하는 가전제품 제조사에 대하여는 자신의 부담으로 고객에 대한 구매할인을 제공해 주고 있다. 이런 전략이 효과를 거두어 乙을 제외한 나머지 경쟁자들 중에는 시장에서 퇴출되는 사업자가 나타나기 시작하였다.

한편 乙은 丙을 계열회사로 두고 있는데, 丙은 제조업체로부터 제품 배송을 위탁받아 유통전문회사의 오프라인 매장에 배송하는 물류배송업체이다. 현재 乙은 甲에 비해 중소 가전업체의 가전제품을 많이 취급하고 있다. 중소 가전업체는 판로 확대를 위하여 가전제품 유통전문회사의 오프라인 매장에서 가전제품을 판매할 것을 희망하고 있는데, 乙은 중소 가전업체에 대하여 乙의 오프라인 매장에서 가전제품을 판매하게 될 경우 제품 배송 용역은 丙으로부터 구입하도록 하고 있다. 따라서 중소 가전업체는 乙의 오프라인 매장에서 가전제품을 판매하기 위하여서는 丙의 제품 배송 용역을 구입할 수밖에 없는 형편이다.

- 甲이 시장지배적 사업자라고 가정하고 甲의 행위에 공정거래법 제5조 제1항 제5호 전단에 정한 '경쟁사업자를 배제하기 위하여 거래하는 행위' 규정을 적용할 경우, 甲의 행위가 이 행위 유형에 형식적으로 해당한다고 볼 수 있는 근거를 설명하시오.
- 甲의 행위가 위와 같은 규정에 해당한다고 할 경우 甲의 행위가 부당한지를 판단해 보시오.[53]

③ 농협은 13개 비료제조회사와 화학비료 구매납품계약을 체결하면서 식량작물용 화학비료에 관하여 자신과 전속거래를 하도록 명시하고 이를 위반할 경우 해지조항을 둠으로써 경쟁사업자인 비료 제조회사의 영업소나 판매대리점 등을 통한 식량작물용 화학비료의 시중 판매를 원천적으로 봉쇄함[54]

④ 甲은 자신의 시장점유율을 높이고 乙을 국내 X상품시장에서 배제하기 위해 자신이 거래하는 모든 X상품 유통업체들과의 계약서에 '유통업체는 X상품을 甲으로부터만 공급받고 甲의 경쟁사업자로부터는 공급받지 않기로 한다'는 조항을 도입하였고, 유통업체가 이를 위반하는 경우 일정한 제재를 부과할 수 있도록 하는 조항을 두었다. 甲이 시장지배적사업자라고 전제할 경우 甲의 행위가 공정거래법 제5조 제1항 제5호 전단의 시장지배적지위의 남용행위에 해당하는지를 설명하시오.[55]

52 경제법 변호사시험 제4회(2015년).

53 경제법 변호사시험 제10회(2021년).

54 대법원 2009. 7. 9. 선고 2007두22078 판결.

55 경제법 변호사시험 제12회(2023년).

6. 소비자이익의 현저한 저해행위

법은 소비자의 이익을 현저히 저해할 우려가 있는 행위를 금하고 있다(법 제5조 제1항 제5호 후단). 이 규정은 위에서 언급한 행위유형에 속하지 않은 남용행위를 규제하기 위한 것으로 일반규정의 성격을 띠므로 먼저 다른 행위유형에 해당하는지 여부를 살펴본 후 적용해야 한다. 법 제5조 제1항 제5호 후단의 규율 대상은 '시장지배적 사업자의 소비자 이익을 저해하는 남용행위'로 위 규정은 ① 시장지배적 사업자의 소비자 이익을 저해할 우려가 있는 행위의 존재, ② 소비자 이익 저해 정도의 현저성, ③ 그 행위의 부당성이 인정되어야 적용할 수 있다. 이때 소비자의 이익을 '현저히' 저해할 우려가 있는지 여부는 당해 상품이나 용역의 특성, 당해 행위가 이루어진 기간·횟수·시기, 이익이 저해되는 소비자의 범위 등을 살펴, 당해 행위로 인하여 변경된 거래조건을 유사 시장에 있는 다른 사업자의 거래조건과 비교하거나 당해 행위로 인한 가격상승의 효과를 당해 행위를 전후한 시장지배적 사업자의 비용 변동의 정도와 비교하는 등의 방법으로 구체적·개별적으로 판단하여야 한다.

사례

① 이동통신서비스 업체인 갑 주식회사가 자신의 MP3폰과 자신이 운영하는 온라인 음악사이트의 음악파일에 자체 개발한 DRM(Digital Rights Management)을 탑재하여 갑 회사 MP3폰을 사용하는 소비자로 하여금 위 음악사이트에서 구매한 음악파일만 재생할 수 있도록 하고, 다른 사이트에서 구매한 음악은 위 음악사이트에 회원으로 가입한 후에 별도의 컨버팅 과정 등을 거치도록 하는 행위[56]

② 마이크로소프트사건에서 '서버 및 PC용 운용체계시장'에서 독보적인 시장지배력이 있는 MS사가 종된 상품인 윈도우미디어플레이어나 메신저를 주된 상품인 운영체계와 결합하여 판매함으로써 거래상대방에게 불이익이 되는 거래를 강제하고 소비자들로 하여금 운영체계를 구입하기 위하여 원하지 않는 메신저 등을 함께 구입하도록 강제한 행위[57]

Ⅳ. 남용행위의 부당성

1. 시장지위 남용행위의 부당성에 관하여는 '포스코판결'에서 대법원은 부당성에 관하여 다음과 같이 밝혔다. 즉, 부당성은 독과점적 시장에서의 경쟁촉진이라는 입법목적에 따라 독자적으로 해

56 대법원 2011. 10. 13. 선고 2008두1832 판결 : 현저한 침해성이 부정됨.

57 서울중앙지방법원 2009. 6. 11. 선고 2007가합90505 판결.
① 다른 사업자의 사업 활동을 부당하게 방해하는 행위에 대하여 구체적으로 '부당하게 거래 상대방에게 불이익이 되는 거래 또는 행위를 강제하는 행위'를 함으로써 다른 사업자의 사업 활동을 어렵게 하는 경우[법 제5조 제1항 제3호, 영 제9조 제3항 제4호, 시장지배적 지위 남용행위 심사기준 Ⅳ. 3. 라. (3)]
② 소비자이익의 현저한 저해행위(법 제5조 제1항 제5호 후단)
③ 거래강제 중 끼워팔기(법 제45조 제1항 제5호, 영 제52조 [별표2] 제5호 가목)

석해야 하므로 특정사업자가 불이익을 입게 되었다는 사정만으로 그 부당성을 인정하기 곤란하고 (주관적) 시장에서의 독점을 유지 강화할 의도나 목적, (객관적) 그러한 경쟁제한의 효과가 생길 만한 우려가 있는 행위로서의 성질을 가질 경우에 인정된다. 거래거절행위로 인하여 현실적으로 경쟁제한의 효과가 나타났음이 입증된 경우에 그 행위 당시에 경쟁제한을 초래할 우려가 있었고 또한 그에 대한 의도나 목적이 있었음을 사실상 추정된다.

2. 대법원은 다른 유형의 남용행위에 대해서도 위와 같은 기준을 적용하였으나 구체적인 행위유형에 대해서는 그 행위의 성격에 따라 이론을 추가하였다.

- 대법원은 배타조건부 거래(법 제5조 제1항 제5호 전단)에서의 부당성은 "거래행위의 목적 및 태양, 시장지배적사업자의 시장점유율, 경쟁사업자의 시장 진입 내지 확대 기회의 봉쇄 정도 및 비용 증가 여부, 거래의 기간, 인정시장 종합적으로 고려하여 판단해야 한다. 다만, 배타조건부 거래행위는 통상 그러한 행위 자체에 경쟁이 제한하려는 목적이 포함되었다고 볼 수 있을 것이다."라고 판시하였다[58]
- 대법원은 소비자이익의 현저한 저해행위(법 제5조 제1항 제5호 후단)에서의 부당성은 "시장지배적 사업자의 지위 남용행위의 규제 목적이 단순히 그 행위의 상대방인 개별 소비자의 이익을 직접 보호하고자 하는 데 있는 것이 아니라, 독과점 시장에서 경쟁촉진과 아울러 시장지배적 사업자의 과도한 독점적 이익 실현행위로부터 경쟁시장에서 누릴 수 있는 소비자의 이익을 보호하고자 하는 데 있음을 고려할 때, 시장지배적 사업자의 행위의 의도나 목적이 독점적 이익의 과도한 실현에 있다고 볼 만한 사정이 있는지, 상품의 특성·행위의 성격·행위기간·시장의 구조와 특성 등을 고려하여 그 행위가 이루어진 당해 시장에서 소비자 이익의 저해의 효과가 발생하였거나 발생할 우려가 있는지 등을 구체적으로 살펴 판단하여야 한다. 다만, 시장지배적 사업자의 소비자 이익을 저해할 우려가 있는 행위가 존재하고, 그로 인한 소비자 이익의 저해 정도가 현저하다면, 통상 시장지배적 사업자가 과도한 독점적 이익을 취하고자 하는 행위로서 부당하다고 볼 경우가 많다"라고 판시하였다.

Ⅴ. 불공정거래행위와의 관계

시장지배적사업자의 행위가 시장지배적지위 남용행위와 불공거래행위에 동시에 해당하는 경우에는 두 가지 금지규정이 경합하여 적용될 수 있을 것이다. 양자는 과징금 및 형벌에 있어서 차이가 있는바, 이 경우 시장지배적지위 남용행위금지규정이 특별규정에 해당하므로 특별법 우선의 원칙에 따라서 시장지배적지위 남용행위 위반으로 규제하는 것이 타당하다는 견해가 있다.

58 대법원 2009. 7. 9. 선고 2007두22078 판결.

다만 대법원은 포스코 판결에서 양자가 그 규제목적 및 범위를 달리하고 있으므로 양자의 부당성 여부는 독자적으로 평가·해석해야 한다며 경합하여 적용될 수 있음을 인정하였다. 즉, 공정거래법 제45조 제1항 제1호의 모든 사업자의 불공정거래행위로서의 거래거절행위는 단지 그 거래상대방과의 관계에서 공정한 거래를 저해할 우려가 있는 행위라고 평가되는 경우에 이를 규제할 필요성이 있고 그 부당성에 대해서는 그 당해 거래거절행위의 공정거래저해성 여부에 주목한다. 사업자의 거래거절행위가 시장에 미치는 영향을 고려하지 아니하고 그 거래상대방인 특정 사업자가 당해 거절행위로 인하여 불이익을 입었는지 여부에 따라 그 부당성의 유무를 판단한다.[59]

시장지배적 지위 남용행위의 모든 유형이 불공정거래행위와 경합한다고 보기 어려워 그 관계를 일반법 특별법 관계로 보기에는 무리가 있다고 생각한다.

판 례 대법원 2007.11.22. 선고 2002두8626 전원합의체 판결

〈포스코 열연코일 공급거절사건〉

1. 사실관계

원고인 주식회사 포스코는 국내 유일의 일관제철업체이며, 동부제강(주), 연합철강공업(주), 현대하이스코(주) 등이 단압업체로서 냉연강판 제조에 참여하고 있었다. 포스코는 자가소비를 포함하여 2000년 기준으로 국내 열연코일 시장의 79.8%를 점유하고 있었으며, 냉연강판 시장에서는 포스코가 58.4%, 동부제강(주) 13.7%, 현대하이스코(주) 11.1%, 연합철강공업(주) 7.9%의 점유율을 갖고 있었다. 포스코는 냉연강판시장에서도 점유율 1위의 사업자에 해당하였다. 이러한 상황에서 포스코는 현대하이스코(주)가 1999. 2. 냉연강판공장 완공을 전후하여 시험가동 또는 제품생산을 위해 1997. 8. 6., 1998. 6. 1., 1998. 10. 10., 2000. 12. 22., 2001. 2. 14. 등 수차례에 걸쳐 포스코에게 내연용 열연코일의 공급을 요청하였음에도 불구하고, 경쟁사업자인 현대하이스코(주)에 대해서 이를 전혀 공급하지 않았다. 그 후 현대하이스코(주)는 일본회사로부터 열연코일을 수입하여 냉연강판을 생산하였다.

2. 사건의 경과

공정거래위원회는 포스코의 현대하이스코(주)에 대한 열연코일 공급거절행위는 공정거래법 제5조 제1항 제3호, 같은 법 시행령 제9조 제3항 제4호 및 「시장지배적지위남용행위심사기준」 Ⅳ. 3. 다. (1)에서 규정하고 있는 '부당하게 특정 사업자에 대하여 거래를 거절한 경우'(이하 '거래거절'이라 한다)에 해당한다고 보아서 2001. 4. 12. 시정명령 및 과징금납부명령, 법위반사실 공표명령을

59 대법원 2007. 11. 22. 선고 2002두8626 판결.

하였다.[60] ② 서울고등법원은 공정거래위원회의 처분이 적법하다고 판단하여 포스코의 청구를 기각하였다.[61] ③ 대법원은 2007. 11. 22. 포스코가 시장지배적 지위에 있음은 인정하나 지위남용행위에 해당하기 위한 요건인 부당성을 충족하지 못하였다고 보아서 원심을 파기환송하였다.[62] 이에 서울고등법원은 파기환송심에서 공정거래위원회의 모든 처분을 취소하였다.[63]

3. 성립요건

국내 유일의 열연코일 제조업자인 포스코가 냉연강판 제조업자인 현대하이스코(주)에 대하여 열연코일의 공급을 거절한 행위가 ① 시장지배적 사업자가 ② 부당하게 ③ 특정사업자에 대한 거래를 거절함으로써 다른 사업자의 사업활동을 어렵게 하는 행위인지 여부

4. 대법원의 태도

가. 포스코가 시장지배적 사업자인지 여부

1) 시장지배적사업자에 대한 일반이론

공정거래법 제2조 제3호, 제4호에 의하면, 시장지배적 사업자는 거래의 객체별, 단계별 또는 지역별로 경쟁관계에 있거나 경쟁관계가 성립될 수 있는 분야(이하 '일정한 거래분야'라고 한다)의 공급자나 수요자로서 단독으로 또는 다른 사업자와 함께 상품이나 용역의 가격·수량·품질 기타의 거래조건을 결정·유지 또는 변경할 수 있는 시장지위를 가진 사업자를 말하고, 시장지배적 사업자인지 여부를 판단함에 있어서는 시장점유율, 진입장벽의 존재 및 정도, 경쟁사업자의 상대적 규모 등을 종합적으로 고려하여 판단하여야 한다.

한편 일정한 거래분야에서 하나의 사업자의 시장점유율이 100분의 50 이상이거나, 셋 이하의 사업자의 시장점유율의 합계가 100분의 75 이상인 경우에는 그 사업자는 시장지배적 사업자로 추정한다(공정거래법 제6조). 시장점유율이 100분의 10 미만인 자를 제외한다.

따라서 특정 사업자가 시장지배적 지위에 있는지 여부를 판단하기 위해서는 경쟁관계가 문제될 수 있는 일정한 거래 분야에 관하여 거래의 객체인 관련상품에 따른 시장(이하 '관련상품시장'이라 한다)과 거래의 지리적 범위인 관련지역에 따른 시장(이하 '관련지역시장'이라 한다) 등을 구체적으로 정하고 그 시장에서 지배가능성이 인정되어야 한다.

2) 시장의 획정

관련상품시장은 일반적으로 시장지배적 사업자가 시장지배력을 행사하는 것을 억제하여 줄 경쟁관계에 있는 상품들의 범위를 말하는 것으로서, 구체적으로는 거래되는 상품의 가격이 상당기간

60 공정거래위원회 의결 제2001-068호.

61 서울고등법원 2002. 8. 27. 선고 2001누5370 판결.

62 대법원 2007. 11. 22. 선고 2002두8626 판결.

63 서울고등법원 2008. 4. 24. 선고 2007누32718 판결.

어느 정도 의미 있는 수준으로 인상 또는 인하될 경우 그 상품의 대표적 구매자 또는 판매자가 이에 대응하여 구매 또는 판매를 전환할 수 있는 상품의 집합을 의미하고, 그 시장의 범위는 거래에 관련된 상품의 가격, 기능 및 효용의 유사성, 구매자들의 대체가능성에 대한 인식 및 그와 관련한 구매행태는 물론 판매자들의 대체가능성에 대한 인식 및 그와 관련한 경영의사결정 형태, 사회적·경제적으로 인정되는 업종의 동질성 및 유사성 등을 종합적으로 고려하여 판단하여야 할 것이며, 그 외에도 기술발전의 속도, 그 상품의 생산을 위하여 필요한 다른 상품 및 그 상품을 기초로 생산되는 다른 상품에 관한 시장의 상황, 시간적·경제적·법적 측면에서의 대체의 용이성 등도 함께 고려하여야 할 것이다.

관련지역시장은 일반적으로 서로 경쟁관계에 있는 사업자들이 위치한 지리적 범위를 말하는 것으로서, 구체적으로는 다른 모든 지역에서의 가격은 일정하나 특정 지역에서만 상당기간 어느 정도 의미 있는 가격인상 또는 가격인하가 이루어질 경우 당해 지역의 대표적 구매자 또는 판매자가 이에 대응하여 구매 또는 판매를 전환할 수 있는 지역 전체를 의미하고, 그 시장의 범위는 거래에 관련된 상품의 가격과 특성 및 판매자의 생산량, 사업능력, 운송비용, 구매자의 구매지역 전환가능성에 대한 인식 및 그와 관련한 구매자들의 구매지역 전환행태, 판매자의 구매지역 전환가능성에 대한 인식 및 그와 관련한 경영의사결정 행태, 시간적·경제적·법적 측면에서의 구매지역 전환의 용이성 등을 종합적으로 고려하여 판단하여야 할 것이며, 그 외에 기술발전의 속도, 관련 상품의 생산을 위하여 필요한 다른 상품 및 관련 상품을 기초로 생산되는 다른 상품에 관한 시장의 상황 등도 함께 고려하여야 할 것이다.

그리고 무역자유화 및 세계화 추세 등에 따라 자유로운 수출입이 이루어지고 있어 국내 시장에서 유통되는 관련 상품에는 국내 생산품 외에 외국 수입품도 포함되어 있을 뿐 아니라 또한 외국으로부터의 관련 상품 수입이 그다지 큰 어려움 없이 이루어질 수 있는 경우에는 관련 상품의 수입가능성도 고려하여 사업자의 시장지배 가능성을 판단하여야 한다. 따라서 이와 같이 현재 및 장래의 수입 가능성이 미치는 범위 내에서는 국외에 소재하는 사업자들도 경쟁관계에 있는 것으로 보아 그들을 포함시켜 시장지배 여부를 정함이 상당한바, 이러한 경우에는 위에서 본 관련지역시장 판단에 관한 여러 고려 요소들을 비롯하여 특히 관련상품시장의 국내외 사업자 구성, 국외 사업자가 자신의 생산량 중 국내로 공급하거나 국내 사업자가 국외로 공급하는 물량의 비율, 수출입의 용이성·안정성·지속성 여부, 유·무형의 수출입장벽, 국내외 가격의 차이 및 연동성 여부 등을 감안하여야 할 것이다.

3) 사안의 적용

원심이 관련상품시장에 관하여 '원고가 생산하고 있는 열연코일 중 자동차냉연강판용 열연코일을 구분하여 이를 거래대상이 아닌 공정 중에 있는 물품이라고 할 수 없다'고 보는 한편, 나아가 '열연코일의 기능 및 효용의 측면, 수요대체성의 측면, 공급대체성의 측면 및 한국산업표준산업분류 등을 참작하여 열연코일 전체를 거래대상으로 삼는 이외에 이를 세분하여 그 중 자동차냉연강판용 열연코일만을 거래대상으로 삼는 별도의 시장을 상정할 수는 없다'고 인정한 것은 정당하며, 또한 관련 지역시장에 관하여 열연코일의 국내가격과 수출가격 사이의 관계를 판단하는 전제로서 열연코일의 국내가격은 원화가격으로, 수출가격은 미국 달러화가격으로 비교함으로써 환율을 고려하지 아니하였을 뿐만 아니라 열연코일의 국내판매가격은 표준가격으로, 수출가격은 실거래가격의 평균가격으로 비교함으로써 등가성을 확보하지 아니한 채 비교한 잘못은 있으나, 그 밖에 원심 판시와 같은 사유로 국내에서 열연코일의 가격이 상당기간 어느 정도 인상되더라도 이에 대응하여 국내 구매자들이 동북아시아 지역으로 열연코일의 구매를 전환할 가능성은 없다는 이유에서 열연코일에 관한 동북아시아시장을 관련지역시장에 포함시킬 수 없다고 인정한 결론은 옳고, 나아가 이에 기초하여 원고가 위 시장들에 관하여 시장지배적 지위에 있다고 판단한 것은 정당하다.

나. 남용행위의 유형

공정거래법 제5조 제1항 제3호에 의하여 금지되는 시장지배적 사업자의 지위남용행위의 한 유형으로서의 거래거절행위는 '시장지배적 사업자가 부당하게 특정 사업자에 대한 거래를 거절함으로써 그 사업자의 사업활동을 어렵게 하는 행위'라 할 것이다.

다. 거래거절행위의 부당성 여부

거래거절행위가 시장지배적 사업자의 지위남용행위에 해당하려면 그 거래거절행위가 다른 사업자의 사업활동을 부당하게 어렵게 하는 행위로 평가될 수 있어야 하는바, 계약자유 및 사적자치에 관한 일반 원칙과 관련해 볼 때 시장지배적 사업자의 지위남용행위에 해당하기 위한 요건으로서 여기에서 말하는 '부당성'이란 무엇을 의미하는지 문제된다.

1) 일반이론

- 공정거래법은 그 제5조 제1항 제3호에서 시장지배적사업자의 시장지배적지위의 남용행위로서의 거래거절행위를 규제하면서 이와는 별도로, 그 제45조 제1항 제1호에서 개별 사업자가 부당하게 거래를 거절하여 공정한 거래를 저해할 우려가 있는 행위를 한 경우, 그 거래거절을 한 사업자의 시장지배적 지위 유무와 상관없이 이를 불공정거래행위로 보아 규제하고 있는바, 공정거래법 제5조 제1항 제3호의 시장지배적 사업자의 거래거절행위와 공정거래법 제45조 제1항 제1호의 불공정거래행위로서의 거래거절행위는 그 규제목적 및 범위를 달리하고 있으므로 공정거래법 제5조 제1항 제3호가 규제하는 시장지배적 사업자의 거래거절행위의 부당성의 의미는 공정거래법 제45조 제1항 제1호의 불공정거래행위로서의 거래거절행위의 부당성과는 별도로 독자적으로 평가·해석하여야 한다.
- 공정거래법이 그 제4조에서 공정거래위원회로 하여금 독과점적 시장에서 경쟁을 촉진하기 위한 시책을 수립·시행하여야 할 의무를 부과하고 또한 그 제5조에서 시장지배적 사업자를 수범자로

하여 그 지위남용행위를 규제하면서 그 지위남용행위의 하나로 거래거절행위를 규정하고 있는 이유는, 불공정거래행위로서의 거래거절행위와는 달리 시장지배적 사업자가 존재하는 독과점적 시장에서 시장지배적 사업자의 경쟁을 제한하는 거래거절행위를 규제하여야 할 필요성이 있기 때문이다. 따라서 공정거래법 제5조 제1항 제3호의 시장지배적 사업자의 지위남용행위로서의 거래거절의 부당성은 '독과점적 시장에서의 경쟁촉진'이라는 입법목적에 맞추어 해석하여야 할 것이므로, 시장지배적 사업자가 개별 거래의 상대방인 특정 사업자에 대한 부당한 의도나 목적을 가지고 거래거절을 한 모든 경우 또는 그 거래거절로 인하여 특정 사업자가 사업활동에 곤란을 겪게 되었다거나 곤란을 겪게 될 우려가 발생하였다는 것과 같이 특정 사업자가 불이익을 입게 되었다는 사정만으로는 그 부당성을 인정하기에 부족하고, 그 중에서도 특히 시장에서의 독점을 유지·강화할 의도나 목적, 즉 시장에서의 자유로운 경쟁을 제한함으로써 인위적으로 시장질서에 영향을 가하려는 의도나 목적을 갖고, 객관적으로도 그러한 경쟁제한의 효과가 생길 만한 우려가 있는 행위로 평가될 수 있는 행위로서의 성질을 갖는 거래거절행위를 하였을 때에 그 부당성이 인정될 수 있다 할 것이다. 그러므로 시장지배적 사업자의 거래거절행위가 그 지위남용행위에 해당한다고 주장하는 피고로서는 그 거래거절이 상품의 가격상승, 산출량 감소, 혁신 저해, 유력한 경쟁사업자의 수의 감소, 다양성 감소 등과 같은 경쟁제한의 효과가 생길 만한 우려가 있는 행위로서 그에 대한 의도와 목적이 있었다는 점을 입증하여야 할 것이고, 거래거절행위로 인하여 현실적으로 위와 같은 효과가 나타났음이 입증된 경우에는 그 행위 당시에 경쟁제한을 초래할 우려가 있었고 또한 그에 대한 의도나 목적이 있었음을 사실상 추정할 수 있다 할 것이지만, 그렇지 않은 경우에는 거래거절의 경위 및 동기, 거래거절행위의 태양, 관련시장의 특성, 거래거절로 인하여 그 거래상대방이 입은 불이익의 정도, 관련시장에서의 가격 및 산출량의 변화 여부, 혁신 저해 및 다양성 감소 여부 등 여러 사정을 종합적으로 고려하여 거래거절행위가 위에서 본 경쟁제한의 효과가 생길 만한 우려가 있는 행위로서 그에 대한 의도나 목적이 있었는지를 판단하여야 할 것이다. 그리고 이때 경쟁제한의 효과가 문제되는 관련시장은 시장지배적 사업자 또는 경쟁사업자가 속한 시장뿐만 아니라 그 시장의 상품 생산을 위하여 필요한 원재료나 부품 및 반제품 등을 공급하는 시장 또는 그 시장에서 생산된 상품을 공급받아 새로운 상품을 생산하는 시장도 포함될 수 있다고 할 것이다.

2) 사안의 적용

- 원심은, 원고가 강관용 열연코일을 자동차용으로 전환하여 공급하는 것을 포함하여 참가인에게 자동차냉연강판용 열연코일을 공급하는 것은 고부가가치 최종제품인 자동차용 냉연강판의 판매를 포기하고 경쟁자인 참가인의 자동차강판제조용 원료 공급업체로 전락하는 것이라는 취지의 입장을 표방하여 온 사실, 원고는 자기보다 먼저 냉연강판을 생산해온 연합철강이나 동부제강에게는 냉연용 열연코일을 공급하여 왔음에도 자기가 냉연강판을 생산한 이후에 냉연강판시장에

진입하게 된 참가인에게만은 냉연용 열연코일의 공급을 거부하고 있는 사실, 그리하여 참가인은 냉연용 열연코일의 구매를 전적으로 수입에 의존할 수밖에 없는 상황에서 열연코일 수입에 따른 추가비용부담(운임, 관세, 하역비 등), 거래의 불안정성(물량의 안정적 확보 곤란, 원료 혼용에 따른 생산성 저하, 과다한 운송기간에 따른 시장변화에 대한 신속한 적응 곤란, 환리스크 등) 등으로 인하여 사업활동에 상당한 어려움을 겪고 있고, 또 열연코일의 국내 구매가 불가능하다는 사정으로 인하여 외국으로부터 열연코일 수입시 구매력이 약해지고 거래조건협상이 불리해지는 여건에 처해 있는 사실을 인정한 다음, 원고의 참가인에 대한 거래거절행위는 열연코일시장에서의 자기의 시장지배적 지위를 이용하여 냉연강판시장에 새로 진입한 경쟁사업자인 참가인에 대하여 냉연강판 생산에 필수적인 열연코일의 거래를 거절함으로써 열연코일시장에서의 시장지배적지위를 남용하여 냉연강판시장에서 경쟁사업자인 참가인의 사업활동을 방해하고 자기의 시장지배적지위를 계속 유지·강화하려는 의도 하에 행하여진 행위로서, 이는 시장에서의 경쟁촉진을 통해 소비자 후생을 극대화하고 국민경제의 발전을 도모한다는 법 취지에 어긋날 뿐만 아니라, 참가인에게 단순한 불편이나 경제적 손실의 정도를 넘어 경쟁자로서 충분하게 기능할 수 없을 정도의 장애를 초래하여 경쟁저해의 결과를 가져온 것이라고 할 것이므로, 원고의 참가인에 대한 거래거절행위는 시장지배적사업자가 특정 사업자의 사업활동을 어렵게 하는 부당한 행위에 해당한다고 판단하였다.

- 그러나 앞서 본 바와 같이 시장지배적 사업자의 거래거절행위로 인하여 관련시장에서 상품의 가격상승 등 현실적으로 경쟁제한의 효과가 나타난 경우에는 그에 대한 우려가 있는 행위로서 시장지배적 사업자에게 경쟁제한의 의도나 목적이 있었음을 사실상 추정할 수 있다고 할 것인데, 원심이 들고 있는 사정들은 모두 원고의 이 사건 거래거절행위에 의하여 참가인이 입게 된 구체적인 불이익에 불과한 것들로서 현실적으로 경쟁제한의 결과가 나타났다고 인정할 만한 사정에 이르지 못할 뿐만 아니라, 오히려 원심에 제출된 증거들에 의하면, 원고의 이 사건 거래거절행위에도 불구하고 참가인은 일본으로부터 열연코일을 자신의 수요에 맞추어 수입하여 냉연강판을 생산·판매하여 왔고, 냉연강판공장이 완공되어 정상조업이 개시된 2001년 이후부터는 지속적으로 순이익을 올리는 등 냉연강판 생산·판매사업자로서 정상적인 사업활동을 영위하여 왔던 사실을 알 수 있으며, 또한 원고의 이 사건 거래거절행위 이후 국내에서 냉연강판의 생산량이 줄었다거나 가격이 상승하는 등 경쟁이 제한되었다고 볼 만한 자료도 나타나 있지 않으므로, 경쟁 저해의 결과를 초래하였다는 원심의 판단을 수긍하기 어렵다.

또한, 이 사건 거래거절행위는 냉연강판시장에 원재료인 냉연용 열연코일을 공급하던 원고가 냉연강판시장에 진입한 이후에도 경쟁사업자에 해당하는 기존의 냉연강판 제조업체들에게는 계속적으로 냉연용 열연코일을 공급하여 오다가 새로이 냉연강판시장에 진입한 경쟁사업자인 참가인에 대하여 신규공급을 거절한 것인바, 비록 원고가 열연코일시장에서의 시장지배적지위를 이용하여 후방시장인 냉연강판시장에서의 신규 경쟁사업자에게 영향을 미칠 수 있는 거래거절행위를 한 것이기는 하나, 이는 원재료 공급업체가 새로이 냉연강판시장에 진입하면서 기존의 냉연강판 제조업체에 대한 원재료의 공급을 중단하여 경쟁사업자의 수를 줄이거나 그의 사업능력을 축소시킴으로써 경쟁을 제한하는 결과를 낳는 경우와는 달리, 원고와 기존 냉연강판 제조업체들에 의하여 형성된 기존의 냉연강판시장의 틀을 유지하겠다는 것이어서 그 거래거절에 의하여 기존 냉연강판시장의 가격이나 공급량 등에 직접적으로 영향을 미치지는 아니하므로, 참가인의 신규 참여에 의하여 냉연강판시장에서 현재보다 소비자에게 유리한 여건이 형성될 수 있음에도 참가인이 원고 외의 다른 공급사업자로부터 열연코일을 구할 수 없어, 거래거절에 의하여 신규 참여가 실질적으로 방해되는 것으로 평가될 수 있는 경우 등에 이르지 않는 한, 그 거래거절 자체만을 가지고 경쟁제한의 우려가 있는 부당한 거래거절이라고 하기에는 부족하다고 보아야 할 것이다. 오히려, 이 사건에서는 앞서 본 바와 같이 원고의 거래거절행위에도 불구하고 참가인은 일본으로부터 열연코일을 자신의 수요에 맞추어 수입하여 냉연강판을 생산·판매하여 왔고 순이익까지 올리는 등 정상적인 사업활동을 영위하여 옴으로써 결국 냉연강판시장의 규모가 확대되었다고 할 것이다. 따라서 이와 같은 사정과 아울러 이 사건 거래거절행위로 인하여 거래거절 당시 생산량 감소나 가격 상승과 같은 경쟁제한 효과가 발생할 우려가 있었다는 사정에 관한 자료도 없는 점에 비추어 보면, 위에서 본 바와 같이 원심이 들고 있는 이 사건 거래거절로 인하여 참가인이 입게 된 불이익에 관한 사정들만으로는 이 사건 거래거절행위를 거래거절 당시 경쟁제한의 효과가 생길 만한 우려가 있는 행위로 평가하기에는 부족하다고 봄이 상당하다.

핵심판례 대법원 2009. 7. 9. 선고 2007두22078 판결

〈농업중앙회의 시장지배적 지위 남용행위 - 배타조건부거래행위사건〉

1. 사실관계

원고인 농업협동조합중앙회는 농업협동조합법에 의해 설립된 특수법인이다. 국내 화학비료 생산에는 중소기업을 포함하여 약 20-30여개의 기업이 참여하고 있으나, 남해화학, 동부한농화학, KG케미컬, 풍농, 조비 등 5개 업체가 전체 시장의 90%를 차지하고 있다. 국내 화학비료는 1987년 "비료판매자유화조치"로 종전의 농협에 의한 국내생산비료 전량인수제도가 폐지된 이후 농협계통(농협중앙회 및 단위조합, 이하 농협이라고 한다)과 일반시판(제조회사 영업소, 대리점 포함)을 통해 유통되고 있다. 1987. 8. 19. 농업이 대행하던 정부의 비료사업은 중단되고 농협 및 민간시판 자율판매체제를 전환되었고 급기야 2005. 7. 1. 가격보조를 완전히 폐지하였다. 화학비료는 식량작물용과 원예용으로 구분되어 지는데, 식량작물용 화학비료는 100% 농협에 의해서 유통되고 있는 반면, 원예용 화학비료는 농협을 통해 43.3%(원고 39.6%, 단위조합 3.7%), 시판상을 통해 56.7%가 각각 유통되고 있다. 농협은 화학비료를 제조회사로부터 입찰 및 수의계약을 통해 구매하고 대농민 판

매가격은 통상 구매가격에 8%(중앙회 2%, 단위조합 6%)의 수수료를 더한 수준으로 결정하고 2005년 농협의 수수료수입은 총 394억원이다.

농협은 2005. 11. 2. 남해화학(주) 등 10개 비료제조회사 영업담당 임원 및 책임자들과 협의회를 개최하고, 차년도 식량작물용 화학비료 구매납품계약방향과 관련하여 비료제조회사들의 화학비료 개별시판을 불허하고, 이를 위반하는 경우 일방적으로 계약해지 및 가격인하하겠다는 방침을 통보하였다. 이에 따라 원고는 2006. 1. 남해화학(주) 13개 비료제조회사와 2006년 화학비료 구매납품계약을 체결하면서 특정비료에 대하여 자신과 전속거래하도록 명시하였고 나머지 식량작물용화학비료에 대해서도 비료제조회사가 원고가 정한 대농민 공급기준가격을 조정하여 일반에 시판할 경우에는 사전통보 없이 비료제조회사로부터 공급받은 비료의 구매가격을 임의로 조정할 수 있도록 하고 비료제조회사가 농협과 계약한 비료 혹은 계약하지 않은 비료를 일반에 시판할 경우 기계약된 전 비료에 대하여 계약을 해지할 수 있도록 약정하였다.

2. 사건의 경과

1) 공정거래위원회는 농협의 이 사건 행위는 시장지배적 지위를 이용하여 경쟁사업자와 거래하지 아니할 것을 조건으로 거래상대방과 거래함으로써 거래상대방의 거래처선택의 자유를 제한함과 동시에 구매, 유통경로의 독점을 통한 경쟁사업자의 시장진입과 확대가 봉쇄되고 있고, 경쟁사업자와 거래하지 아니할 조건으로 매년 일괄구매계약을 통해 전량 원고에 납품됨에 따라 시장에서의 자유로운 경쟁을 부당하게 제한하므로, 공정거래법 제5조 제1항 제5호 및 시행령 제9조 제5항 제2호의 '부당하게 거래상대방이 경쟁사업자와 거래하지 아니할 것을 조건으로 그 거래상대방과 거래하는 경우'로 판단하고, 2007. 1. 25. 원고에게 시정명령 및 과징금부과명령을 하였다.[64]

2) 서울고등법원은 공정거래위원회의 처분이 적법하다고 판단하여 농협의 청구를 기각하였고,[65] 대법원은 2007. 7. 9. 농협의 상고를 기각하였다.[66]

3. 쟁점

가. 시장지배적 지위남용행위로서 배타조건부 거래의 부당성 판단방법

나. 시장지배적 지위남용행위의 공정거래법 제116조에 정한 정당한 행위 유무판단

다. 사업자조합이 공정거래법 제118조에 정한 법 적용 제외 조합에 해당 여부

---

64 공정거래위원회 2007. 1. 25. 의결 제2007-13호, 2006거감2157.

65 서울고등법원 2007. 9. 19. 선고 2007누7149 판결.

66 대법원 2009. 7. 9. 선고 2007두22078 판결.

4. 대법원의 태도

가. 시장지배적 지위남용행위로서 배타조건부 거래의 부당성 판단방법

1) 일반이론

대법원은 시장지배적 지위남용행위로서의 배타조건부 거래행위의 부당성에 대하여 "그 배타조건부 거래행위가 부당하게 거래상대방이 경쟁사업자와 거래하지 아니할 것을 조건으로 그 거래상대방과 거래하는 행위로 평가될 수 있어야 하는바, 여기서 말하는 '부당성'은 '독과점적 시장에서의 경쟁촉진'이라는 입법 목적에 맞추어 해석하여야 할 것이므로, 시장에서의 독점을 유지·강화할 목적, 즉 시장에서의 자유로운 경쟁을 제한함으로써 인위적으로 시장질서에 영향을 가하려는 목적을 가지고, 객관적으로도 그러한 경쟁제한의 효과가 생길 만한 우려가 있는 행위로 평가될 수 있는 배타조건부 거래행위를 하였을 때에 그 부당성이 인정될 수 있다."고 하여 2007년 대법원 전원합의체 판결인 포스코판결의 태도를 그대로 따르고 있다. 대법원은 이에 추가하여 "다만, 시장지배적 지위남용행위로서의 배타조건부 거래행위는 거래상대방이 경쟁사업자와 거래하지 아니할 것을 조건으로 그 거래상대방과 거래하는 경우이므로, 통상 그러한 행위 자체에 경쟁을 제한하려는 목적이 포함되어 있다고 볼 수 있는 경우가 많을 것이다."라고 하여 부당성을 증명함에 있어서는 사업활동 방해행위의 경우와는 차별성이 존재한다고 볼 수 있다. 대법원이 사업활동 방해행위와 달리 본 근거를 설시하고 있지 않다.

2) 사안의 적용

본 사안에서 농협의 배타조건부 거래행위는 이 사건 구매납품계약이 체결된 2006. 1.부터 2006. 6. 30.까지의 식량작물용 화학비료의 시장점유율을 보면 원고는 여전히 100%에 가까운 시장점유율을 보이고 있는 반면, 원고의 경쟁사업자인 일반 시판상들의 시장점유율은 전년도보다 오히려 악화된 0%를 보이고 있어 현실적으로도 이 사건 구매납품계약에 의한 경쟁제한의 효과가 발생한 것으로 보이는 점, 식량작물용 화학비료 유통시장에서 경쟁사업자인 비료제조회사의 영업소, 대리점의 시중판매를 원천적으로 봉쇄한 점을 들어 원고의 위 배타조건부 거래행위는 위 시장에서 경쟁을 부당하게 제한하였다고 보았다.

나. 시장지배적 지위남용행위의 공정거래법 제116조에 정한 정당한 행위 유무판단

1) 일반이론

법 제116조는 "이 법은 사업자 또는 사업자단체가 다른 법령에 따라 하는 정당한 행위에 대해서는 적용하지 아니한다"고 규정하고 있다. 그런데 여기서 말하는 정당한 행위라 함은 당해 사업의 특수성으로 경쟁제한이 합리적이라고 인정되는 사업 또는 인가제 등에 의하여 사업자의 독점적 지위가 보장되는 반면 공공성의 관점에서 고도의 공적규제가 필요한 사업 등에서 자유경쟁의 예외를 구체적으로 인정하고 있는 법률 또는 그 법률에 의한 명령의 범위 내에서 행하는 필요·최소한의 행위를 말하는 것이다.

2) 사안의 적용

농업협동조합법 제134조, 비료관리법 제7조, 농림부장관의 비료수급계획 등 원고가 주장하는 어떠한 법령에도 식량작물용 화학비료 구매사업을 경쟁제한이 합리적이라고 인정되는 사업으로 보거나, 원고의 독점적 지위를 보장하거나, 고도의 공공적 규제가 필요하다고 보아 자유경쟁의 예외를 구체적으로 인정하는 내용이 기재되어 있지 않으므로, '식량작물용 화학비료 구매사업이 사업의 특수성으로 인하여 경쟁제한이 합리적이라고 인정되는 사업' 또는 '인가제 등에 의하여 사업자의 독점적 지위가 보장되는 사업'이라고 할 수 없다고 판단하였다.

다. 사업자조합이 공정거래법 제118조에 정한 법 적용 제외 조합에 해당 여부

1) 일반이론

사업자조합이 적용제외 조합에 해당하기 위하여는 소규모의 사업자 또는 소비자의 상호부조를 목적으로 할 것, 임의로 설립되고, 조합원이 임의로 가입 또는 탈퇴할 수 있을 것, 각 조합원이 평등한 의결권을 가질 것, 조합원에 대하여 이익배분을 행하는 경우에는 그 한도가 정관에 정하여져 있을 것을 요건을 하고 있다(법 제118조). 이 때의 소규모의 사업자에 해당여부에 관하여 대법원은 "소규모의 사업자들만으로 구성되어야 하고 소규모 사업자 이외의 자가 가입되어 있어서는 안되며, 법 제118조에 정한 소규모 사업자는 대기업과 대등하게 교섭할 수 있게 하기 위하여 단결할 필요성이 있는 규모의 사업자일 것을 요한다."라고 하였다.

2) 사안의 적용

이 사건의 경우 농협 회원은 지역조합, 품목조합 및 품목조합연합회로 이루어져 있어 소규모의 사업자 또는 소비자에 해당하지 않고, 농협은 농업협동조합법에 의하여 설립된 법인으로서 그 단결을 촉진하여야 할 필요성이 있는 임의로 설립된 조합에 해당되지 아니하므로, 법 제118조의 적용대상인 조합에 해당하지 않는다고 판단하였다.

Chapter 03 기업결합의 제한

Ⅰ. 기업결합의 의의

기업결합이라 함은 개별 기업의 경제적 독립성을 소멸시키고 사업활동에 관한 의사결정의 통일을 기하기 위한 기업간의 자본적·인적·조직적 결합을 말한다. 기업간의 경쟁이 치열해짐에 따라 보다 우월한 생산조건이나 시장지배의 확보를 위해 기업의 대형화가 이루어지고, 이에 따라 현대의 기업은 고립적인 존재가 아니라 복잡한 결합관계로 얽혀가는 경향을 보이고 있다. 일반적으로 기업결합은 분산투자 효과로 투자위험을 감소시키고, 기술혁신, 시장의 변화 등에 대해 전략적으로 대응하고 결합을 통한 규모의 경제달성으로 비용을 절감시키는 등의 장점이 있다.[67] 그러나 경우에 따라서는 경쟁사업자와의 결합을 통해 인위적으로 시장지배력을 획득할 목적으로 기업결합이 이루어지기도 한다. 이에 법은 일정한 요건에 해당하는 기업결합은 금지하고 있다. 즉, 누구든지 직접 또는 특수관계인을 통하여 일정한 거래분야에서 경쟁을 실질적으로 제한하는 기업결합을 금지하고(법 제9조 1항), 그 기업결합의 유형을 그 결합의 수단·방법에 따라 주식취득·임원겸임·회사합병·영업양수·새로운 회사설립에의 참여 등으로 구분한다.

공정거래법이 금지하는 경쟁제한적인 기업결합의 요건은 ① 법 제9조 제1항 각 호의 하나에 해당하는 기업결합 행위가 존재할 것, ② 당해 행위로 인해 취득회사·피취득회사 사이에 지배관계가 형성될 것, ③ 당해 기업결합의 경쟁제한성을 판단하기 위한 전제로 일정한 거래분야(관련시장)가

67 공정거래위원회 기업결합과, "2017년도 기업결합 동향", 2018. 2. 14.에 따르면, 국내 기업의 국내 기업 인수는 전년 대비 건수(468건→505건) 및 금액(26조 원→42.6조 원)이 모두 증가했다. 국내 기업의 외국기업 인수는 건수(22건→9건)는 감소한 반면 금액(0.3조 원→11.2조 원)은 대폭 증가했다. 자산 총액 5조 원 이상의 대기업집단의 경우 전반적으로 사업 구조 개편과 사업 다각화를 위한 기업결합에 적극적인 것으로 나타났다. 대기업집단에 의한 기업결합은 전년 대비 건수(122건→135건, 10.7%) 및 금액(11.1조 원→18.9조 원, 70.3%) 모두 증가했다. 특히, 2017년은 삼성전자-하만(Harman) 건(9.3조 원), 롯데제과-롯데 쇼핑 건(3.9조 원)과 같이 결합 금액 1조 원 이상의 대형 기업결합이 추진되어 결합 건수 증가율에 비해 결합 금액 증가율이 더욱 높게 나타났다. 사업 구조 개편 목적으로 볼 수 있는 계열사와의 기업결합의 경우 건수는 47.8%(46건→68건), 금액은 135.5%(3.1조 원→7.3조 원) 증가했다. 건수와 금액이 감소했던 2015, 2016년과 달리 2017년은 증가세로 돌아섰으며, 합병(47건, 69.1%), 영업 양수(19건, 27.9%), 주식 취득(2건, 3.0%)의 수단을 통하여 추진되었다. 비계열사와의 기업결합에서 수평결합의 비중은 전년 대비 감소(38.2%→23.9%)하고, 수직결합 및 혼합결합의 비중이 증가(61.8%→76.1%)한 것은 대기업집단이 사업 다각화를 통한 역량 강화를 시도한 것으로 분석된다.

획정될 것, ④ 그 관련시장에서의 기업결합이 경쟁제한성이 있을 것, ⑤ 효율성증대 또는 회생불가능한 회사와의 기업결합 등 예외사유에 해당하지 않을 것이다.

Ⅱ. 기업결합의 유형

1. 시장효과·형태에 의한 분류

① 수평적 결합(horizontal integration)

수평적 기업결합이라 함은 동종의 상품 또는 용역을 제공하는 동일 단계에서의 기업체간의 결합, 즉 동일한 시장에서의 경쟁관계에 있는 회사간의 결합을 말한다(예 : 자동차제조회사간, 유통회사간, 은행간의 결합).[68]

② 수직적 결합(vertical integration)

수직적 기업결합이라 함은 원재료의 생산에서 상품(용역을 포함)의 생산 및 판매에 이르는 생산과 유통과정에 있어서 인접하는 단계에 있는 회사간의 결합을 말한다(예 : 정유회사와 석유화학제품 생산회사간, 자동차제조회사와 판매회사간의 결합).

③ 혼합 기업결합(conglomerate integration)

혼합 기업결합이라 함은 수평형 또는 수직형 기업결합 이외의 기업결합을 말한다. 상호경쟁관계나 거래관계가 없는 기업간의 결합이다(예 : 전자회사와 섬유회사간의 결합).

2. 방법·수단에 의한 분류

① 주식의 취득 또는 소유(법 제9조 제1항 제1호)

여기의 주식에는 출자지분도 포함되는 것으로 본다.

② 임원겸임(법 제9조 제1항 제2호)

임원의 겸임이란 어떤 회사의 임원 또는 종업원이 다른 회사의 임원지위를 보유하는 것을 말한다. 법에서는 임원의 겸임만을 금하고 있으나, 일반적으로 콘체른을 구성하는 기업간의 결속 내지 지배를 보장하는 수단으로서 임원의 겸임뿐만 아니라 임원의 파견도 이용되고 있으므로, 입법의 취지상 임원의 파견도 여기에 포함되는 것으로 해석된다.[69] 그러나 법은 임원겸임에 의한 기업결합의 규제는 대규모회사(2조원 이상의 회사)에 대하여만 적용하고 있다(법 제9조 제1항 본문 단서, 영

68 기업결합 심사기준[공정거래위원회고시 제2022-22호, 2022. 12. 30] Ⅱ. 7.
69 권오승, 앞의 책, 169쪽.

제15조 제3항).

③ **합병**(법 제9조 제1항 제3호)

회사의 합병은 둘 이상의 회사가 법적인 단일체를 형성하는 완벽한 형태의 기업결합으로서 기업결합의 형태로서는 가장 강력한 방법에 해당한다. 합병에는 흡수합병과 신설합병이 있으며, 흡수합병은 한 기업이 다른 기업에 흡수되어 소멸되는 것을 말하고, 신설합병은 기존의 기업들이 모두 소멸하고 제3의 새로운 기업을 설립하는 것을 말한다.

④ **영업양수**(법 제9조 제1항 제4호)

영업의 양수라 함은 영업을 위한 물적·인적 시설의 일체로서의 영업을 그 동일성을 유지하면서 그 전부 또는 주요부분을 양수 또는 임차하거나 또는 경영을 수임하는 것을 말한다.

⑤ **새로운 회사설립에의 참여**(법 제9조 제1항 제5호)

일반적으로 시장에 새로운 회사가 등장하는 경우에 경쟁을 촉진하는 효과가 있으나, 그것이 예컨대, 원재료 구입에 있어서의 경쟁을 제한할 목적으로 원재료의 공동구입을 위한 회사와 같이 수인의 사업자가 공동으로 사업을 영위할 목적으로 회사를 설립하는 경우에는 규제의 대상이 된다.

Ⅲ. 지배관계의 형성

합병 또는 영업양수의 경우에는 당해 행위로 지배관계가 형성되나, 주식취득, 임원겸임 또는 회사신설의 경우에는 취득회사 등이 피취득회사에 대해서 다음에 규정한 사항을 고려하여 지배관계 여부를 판단한다.

1. 주식의 취득 또는 소유의 경우

① 취득회사 등의 주식소유비율이 50/100 이상인 경우에는 지배관계가 형성된다.

② 취득회사 등의 주식소유비율이 50/100 미만인 경우에는 취득회사 등이 피취득회사의 경영전반에 실질적인 영향력을 행사할 수 있는 경우 지배관계의 형성이 인정된다.

각 주주의 주식소유비율, 주식분산도, 주주 상호간의 관계, 피취득회사가 그 주요 원자재의 대부분을 취득회사 등으로부터 공급받고 있는지 여부, 취득회사 등과 피취득회사간의 임원겸임관계, 취득회사 등과 피취득회사간의 거래관계, 자금관계, 제휴관계 등의 유무 등을 종합적으로 고려한다.

③ 취득회사 등에 의해 단독으로 지배관계가 형성되지는 않지만, 다른 자(피취득회사의 주식을 공동으로 취득하려는 자 또는 기존 주주)와 공동으로 피취득회사의 경영전반에 실질적인 영향력을

행사할 수 있는 경우에도 지배관계가 형성된 것으로 본다.

주식 또는 의결권의 보유비율, 임원의 지명권 보유여부, 예산, 사업계획, 투자계획 및 기타 주요 의사결정에 대한 거부권 보유여부, 의결권의 공동행사 약정 존재여부, 사업수행에 필요한 주요 행정권한 보유여부 등을 종합적으로 고려한다.

2. 임원 겸임의 경우

취득회사 등이 피취득회사의 경영전반에 실질적인 영향력을 행사할 수 있는 경우 지배관계가 형성되는 것으로 본다.

취득회사 등의 임·직원으로서 피취득회사의 임원지위를 겸임하고 있는 자(이하 "겸임자"라 한다)의 수가 피취득회사의 임원총수의 3분의 1 이상인 경우, 겸임자가 피취득회사의 대표이사 등 회사의 경영전반에 실질적인 영향력을 행사할 수 있는 지위를 겸임하는 경우, 이외에도 주식소유에 대한 지배관계 판단기준이 적용가능한 경우에는 이를 준용한다.

3. 새로운 회사설립에의 참여의 경우

새로운 회사 설립에의 참여의 경우 참여회사 중 2 이상 회사의 신설회사에 대한 지배관계가 형성되어야 한다. 기업결합 당사회사와 신설회사 간의 지배관계 형성여부는 주식소유에 대한 지배관계 판단기준을 준용한다.

Ⅳ. 관련시장의 획정

일정한 거래분야는 거래의 객체별, 단계별 또는 지역별로 경쟁관계가 있거나 경쟁관계가 성립할 수 있는 분야이다(법 제2조 제4호).

1. 상품시장

거래되는 특정 상품의 가격이나 용역의 대가(이하 "가격"이라 한다)가 상당기간 어느 정도 의미 있는 수준으로 인상(인하)될 경우 동 상품이나 용역의 대표적 구매자(판매자)가 이에 대응하여 구매(판매)를 전환할 수 있는 상품이나 용역의 집합을 말한다.

동일한 상품시장에 속하는지 여부는 상품이나 용역의 기능 및 효용의 유사성, 구매자들의 대체가능성에 대한 인식 및 그와 관련한 구매형태, 판매자들의 대체가능성에 대한 인식 및 그와 관련한 경영의사결정행태 등을 고려한다.

2. 지역시장

다른 모든 지역에서의 가격은 일정하나 특정 지역에서만 상당기간 어느 정도 의미 있는 가격인상(가격인하)이 이루어질 경우 당해 지역의 대표적 구매자(판매자)가 이에 대응하여 구매(판매)를 전환할 수 있는 지역전체를 말한다.

동일한 지역시장에 속하는지 여부는 상품이나 용역의 특성(부패성, 변질성, 파손성 등) 및 판매자의 사업능력(생산능력, 판매망의 범위 등), 운송비용, 구매자의 구매지역 전환가능성에 대한 인식 및 그와 관련한 구매자들의 구매지역 전환형태, 판매자의 구매지역 전환가능성에 대한 인식 및 그와 관련한 경영의사결정행태, 시간적, 경제적, 법적 측면에서의 구매지역 전환의 용이성을 고려한다.

Ⅴ. 실질적 경쟁제한성

1. 의의

"경쟁을 실질적으로 제한하는 행위"라 함은 일정한 거래분야의 경쟁이 감소하여 특정 사업자 또는 사업자단체의 의사에 따라 어느 정도 자유로이 가격·수량·품질 기타 거래조건 등의 결정에 영향을 미치거나 미칠 우려가 있는 상태를 초래하는 행위를 말한다(법 제2조 제5호). 경쟁의 '실질적 제한'은 기업결합으로 인해 시장에서 유효경쟁이 침해될 우려 있는 상태로 시장구조가 비경쟁적으로 변화해 결합기업의 시장지배력이 형성·유지·강화되고, 경쟁사업자의 자율적 사업활동이 곤란한 상태를 의미한다.

2. 실질적 경쟁제한성의 추정

일정한 기업결합이 존재하나 그 기업결합이 경쟁제한성이 있는지를 판단한다는 것이 반드시 용이한 것이 아니므로 증명상의 어려움을 완화하고, 기업결합의 규제 실효성을 높이기 위해서 공정거래법은 일정한 경우 그 기업결합의 경쟁제한성을 추정하고 있다(법 제9조 제3항).

① 기업결합의 당사 회사(제1항 제5호의 경우 회사설립에 참여하는 모든 회사)의 시장점유율(계열회사의 시장점유율을 합산한 점유율임)의 합계가 다음의 요건을 갖춘 경우

i) 시장점유율의 합계가 시장지배적 사업자의 추정요건에 해당할 것

ii) 시장점유율의 합계가 당해 거래분야에서 제1위일 것

iii) 시장점유율의 합계와 시장점유율이 제2위인 회사(당사회사를 제외한 회사 중 제1위인 회사를 말한다)의 시장점유율과의 차이가 그 시장점유율의 합계의 100분의 25 이상일 것

② 대규모회사의 중소시장에서의 기업결합

자산총액 또는 매출액의 규모가 2조원 이상에 해당하는 회사, 즉 대규모회사(영 제15조 제3)가

직접 또는 특수관계인을 통하여 행한 기업결합이 다음의 요건을 갖춘 경우

i) 중소기업기본법에 의한 중소기업의 시장점유율이 3분의 2 이상인 거래분야에서의 기업결합일 것

ii) 당해 기업결합으로 100분의 5 이상의 시장점유율을 가지게 될 것이다.

사례

① 이 사건 관련시장에서 시장점유율은 A사, B사, C사, D사는 40%, 30%, 20%, 10%이다.

X사가 A사와 공동으로 B사의 주식을 취득하여 기업결합을 하고자 한다. 이 기업결합의 경쟁제한성이 추정되는가?

이 사건 관련시장에서 A사, B사, X사는 모두 대규모회사는 아니다. ⅰ. 시장점유율의 합계가 시장지배적사업자의 추정요건에 해당되는지를 보면, A사와 B사의 시장점유율의 합계는 70%이므로 1사업자의 시장점유율이 50% 이상일 것을 요구하는 시장지배적사업자의 추정요건에 해당한다(제6조 제1호). ⅱ. 시장점유율의 합계가 당해 거래분야에서 제1위이다. ⅲ. 시장점유율이 2위가 되는 C사의 시장점유율은 20%이다. 시장점유율의 합계 70%과 20%의 차이는 50%이다. 그 시장점유율 합계의 25%이상일 것을 요구하므로 시장점유율의 합계의 25%는 17.5%(70%×0.25=17.5%)이다. 따라서 50%는 17.5% 이상이다. 경쟁제한성이 추정된다.

② 이 사건 관련시장에서 시장점유율은 A사, B사, C사, D사는 46%, 25%, 16%, 13%이다.

A사가 D사의 지분 60%를 인수하려고 한다. 이 기업결합의 경쟁제한성이 추정되는가?

ⅰ. 시장점유율의 합계가 시장지배적 사업자의 추정요건에 해당되는지를 보면, A사와 D사의 시장점유율의 합계는 59%이므로 1사업자의 시장점유율이 50% 이상일 것을 요구하는 시장지배적사업자의 추정요건에 해당한다(제6조 제1호). ⅱ. 시장점유율의 합계가 당해 거래분야에서 제1위이다. ⅲ. 시장점유율이 2위가 되는 B사의 시장점유율은 25%이다. 시장점유율의 합계 59%과 25%의 차이는 34%이다. 그 시장점유율 합계의 25%이상일 것을 요구하므로 시장점유율의 합계의 25%는 14.75%(59%×0.25=14.75%)이다. 따라서 34%는 17.5% 이상이다. 경쟁제한성이 추정된다.

③ A사는 국내에서 컴퓨터를 제조하는 사업자이다. 국내에서 컴퓨터를 제조하는 사업자로는 A사, B사, C사, D사가 있고, 국내 컴퓨터 공급시장에서 시장점유율은 A사 40%, B사 30%, C사 20%, D사 10%이다. A사는 자신이 제조한 컴퓨터를 별개의 사업자인 소매업체를 통해 판매하는데, 소매업체들은 A사의 제품뿐 아니라 다른 컴퓨터 제조업체들의 제품도 판매하여 왔다. A사가 거래하는 소매업체들은 국내 전체 컴퓨터 판매 매출액의 70%를 차지하고 있다. A사는 오랜 기술개발 끝에 컴퓨터 X를 시중에 출시하면서 자사의 컴퓨터 X를 판매하는 모든 소매업체에 A사와 경쟁관계에 있는 컴퓨터 제조사가 생산하는 유사한 사양의 컴퓨터를 취급하지 말도록 요청하면서, 이를 준수하지 않는 경우 해당 소매업체에 A사가 생산하는 모든 컴퓨터의 공급을 중단할 것이라고 통보하였다. 그에 따라 A사와 거래하는 소매업체들은 컴퓨터 X와 유사한 사양의 D사 컴퓨터 판매를 중단하였다. 그로 인해 D사의 컴퓨터 매출액이 크게 감소하였고, D사는 가뜩이나 좋지 않은 재무상황이 더 나빠져 도산하게 되었다. - A사가 D사의 발행주식 전부를 인수하는 경우 공정거래법상 경쟁을 실질적으로 제한하는 기업결합으로 추정되는지를 설명하시오.[70]

70 경제법 변호사시험 제4회(2015년).

A의 시장점유율은 40%, 2위인 B는 30%, D는 10%로서 A와 D의 시장점유율의 합계는 50%이다. A와 D사의 시장점유율의 합계가 50%이상이므로 시장지배적 사업자 추정요건에 해당한다. 시장점유율의 합계와 제2위인 회사의 시장점유율의 차이는 50-30=20, 그 시장점유율의 합계의 100분의 25는 50%×0.25=12.5%이다. 따라서 20이 12.5이상이므로 요건을 충족한다. 그 기업결합의 경쟁제한성이 추정된다.

3. 실질적 경쟁제한성 판단기준

기업결합의 경쟁제한성은 취득회사등과 피취득회사간의 관계를 고려하여 수평적 기업결합, 수직적 기업결합, 혼합 기업결합 유형별로 구분하여 판단한다.

① 시장의 집중상황

시장집중도 분석은 기업결합이 경쟁에 미치는 영향을 분석하는 출발점으로서의 의미를 가지며, 경쟁이 실질적으로 제한되는지 여부는 시장의 집중상황과 함께 경쟁제한성 판단기준의 사항들을 종합적으로 고려하여야 한다.

② 시장집중도의 변화추이

시장집중도를 평가함에 있어서는 최근 수년간의 시장집중도의 변화추이를 고려한다. 최근 수년간 시장집중도가 현저히 상승하는 경향이 있는 경우에 시장점유율이 상위인 사업자가 행하는 기업결합은 경쟁을 실질적으로 제한할 가능성이 높아질 수 있다. 이 경우 신기술개발, 특허권 등 향후 시장의 경쟁관계에 변화를 초래할 요인이 있는지 여부를 고려한다.

③ 수평형 기업결합이 경쟁을 실질적으로 제한하는지 여부

기업결합 전후의 시장집중상황, 단독효과[71], 협조효과[72], 해외경쟁의 도입수준 및 국제적 경쟁상황, 신규진입의 가능성, 유사품 및 인접시장의 존재여부 등을 종합적으로 고려하여 심사한다.

④ 수직형 기업결합이 경쟁을 실질적으로 제한하는지 여부

시장의 봉쇄효과[73], 협조효과, 경쟁사업자간 공동행위 가능성, 경쟁사업자의 구매·판매선 등을 종합적으로 고려하여 심사한다.

---

71 단독효과는 당사회사가 고객이나 경쟁사업자의 눈치를 보지 않고 단독으로 경쟁수준을 초과하는 가격결정을 할 수 있는 힘을 초래하는 효과이다.

72 협조효과는 본 기업결합으로 인해 사업자 간에 협조행위를 할 수 있는 정도, 범위, 가능성이 증가되어 그로 인하여 시장 내의 경쟁유인이 약화되는지 여부로 판단한다.

73 시장의 봉쇄효과와 관련하여 수직결합을 통하여 당사회사가 경쟁관계에 있는 사업자의 구매선 또는 판매선을 봉쇄하거나 다른 사업자의 진입을 봉쇄할 수 있는 경우 경쟁을 실질적으로 제한한다.

⑤ 혼합형 기업결합이 경쟁을 실질적으로 제한하는지 여부

잠재적 경쟁의 저해효과, 경쟁사업자 배제효과, 진입장벽 증대효과 등을 종합적으로 고려하여 심사한다.

사례

노트북 컴퓨터를 전문적으로 제조·판매하고 있는 A사는 국내 시장점유율 1위로서 시장점유율이 40%이다. A는 계열회사 AA사를 설립하여 주식의 100%를 취득하였고, AA사의 공장에서 생산되는 노트북 컴퓨터의 부품들을 조달하고 있다. 국내 노트북 컴퓨터를 생산하고 있는 B사는 장시간 사용하고 있는 배터리에 관한 특허를 취득하여 시장점유율을 3년 전 10%에서 현재 30%까지 끌어올려서 국내 시장점유율 2위이다. C사는 20%, D사는 10%이다. 그런데 B사는 공장의 증설과정에서 재무상태가 급격히 악화되어 경영상 어려움을 겪고 있다. B의 성장성을 높이 평가하여 경영에 참여하려는 생각을 가진 X사(X사는 컴퓨터 메인보드를 생산하는 회사이다) A사와 공동으로 B사를 경영하면 세계시장에서 좋은 성과를 얻을 것으로 생각하였다. 이에 따라 A사와 X사는 공동으로 B사에 대해 자금지원에 관한 제안을 하였고, 제3자배정 유상증자방식을 통하여 각각 B사 주식의 30%와 25%를 취득하였고 이를 공정거래위원회에 신고하였다. 이를 통해 A사는 컴퓨터 부품을 B사와 대량 공동구매할 수 있게 되었고, X사는 자신의 최신 메인보드 생산기술을 B사에 전수하여 B사는 자신이 생산하는 노트북 컴퓨터의 품질을 획기적으로 향상시킬 수 있게 되었다.[74] 이 기업결합의 경쟁제한성 여부를 서술하시오.

- A사와 B사의 기업결합은 '수평적 결합'으로서 위 기업결합으로 시장점유율이 70%가 되어 시장집중이 심화되었고, 이로써 단독으로 가격인상 등 경쟁제한행위를 하더라도 경쟁사업자(C, D사의 시장점유율은 각 20%, 10%)가 이를 억제할 능력 없거나 부족하므로 실질적 경쟁제한성 인정된다.
- X사와 B사의 기업결합은 '수직적 결합'으로서 컴퓨터 메인보드를 생산하는 X사와 노트북 컴퓨터를 생산하는 B사와의 결합을 통해 X사의 경쟁사인 다른 컴퓨터 메인보드 생산업체들의 판매기회를 봉쇄하거나 다른 사업자의 진입을 봉쇄할 수 있어 이 기업결합 역시 실질적 경쟁제한성이 인정된다. 같은 맥락에서 AA의 경쟁업체들도 B사에 대한 공급기회를 봉쇄당하게 될 것이다.

Ⅵ. 항변

1. 효율성 항변

당해 기업결합 외의 방법으로는 달성하기 어려운 효율성 증대효과가 경쟁제한으로 인한 폐해보다 큰 경우에 해당한다고 공정거래위원회가 인정하는 기업결합에 대하여는 법 제9조 제1항의 규정을 적용하지 아니한다(법 제9조 제2항 제1호). 이 경우 해당요건을 충족하는지에 대한 입증은 당해 사업자가 하여야 한다. 이러한 당해 기업결합으로 인한 특유의 효율성 증대효과를 판단함에 있어서

74 법학전문대학원 협의회, 2013년도 제2회 변호사시험 모의고사

는 기업의 생산·판매·연구개발 등의 측면 및 국민경제의 균형발전 측면 등을 종합적으로 고려하여 개별적으로 판단하되, 이러한 효율성 증대효과는 가까운 시일 내에 발생할 것이 명백하여야 한다.

2. 도산의 항변

상당 기간 대차대조표상의 자본총계가 납입자본금보다 작은 상태에 있는 등 회생이 불가한 회사와의 기업결합으로서, '기업결합을 하지 아니하는 경우 회사의 생산설비 등이 당해 시장에서 계속 활용되기 어려운 경우, 당해 기업결합보다 경쟁제한성이 적은 다른 기업결합이 이루어지기 어려운 경우'에 해당한다고(영 제16조) 공정거래위원회가 인정하는 기업결합에 대하여는 공정거래법 제9조 제1항의 규정을 적용하지 아니하며(법 제9조 제2항 제2호), 이 경우 해당요건을 충족하는지에 대한 입증은 당해 사업자가 하여야 한다.

사례

A사의 이 사건 주식 인수가 경쟁제한적이라고 가정할 때 공정거래법상 예외적으로 허용할 수 있는 기업결합에 해당하는지를 설명하시오.[75]

Ⅶ. 효과

공정거래법상 기업결합의 제재수단에 있어서는 다른 행위에 대한 제재수단과는 차이점이 있다. 법률에 시정조치의 구체적 유형을 열거하고 있는 점(법 제14조 제1항 각호), 위법한 기업결합에 대해 공정거래위원회가 합병 또는 설립무효의 소를 제기할 수 있도록 한 점(법 제14조 제2항), 금전적 제재수단으로서 과징금 대신 이행강제금을 부과되는 점(법 제16조)이다.

1. 위법한 기업결합에 대한 시정조치

공정거래위원회는 기업결합이 법 제9조의 제한에 위배하여 일정한 거래분야에서 경쟁을 실질적으로 제한하거나 저해할 우려가 있는 경우에는 기업결합 당사회사 또는 위반행위자에 대하여 ① 당해 행위의 중지, ② 취득한 주식의 전부 또는 일부의 처분, ③ 임원의 사임, ④ 양수한 영업의 양도, ⑤ 채무보증의 취소, ⑥ 시정명령을 받은 사실의 공표, ⑦ 기업결합에 따른 경쟁제한의 폐해를 방지할 수 있는 영업방식 또는 영업범위의 제한, ⑧ 공시의무의 이행 또는 공시내용의 정정, ⑨ 기타 법위반상태를 시정하기 위하여 필요한 조치를 명할 수 있다(법 제14조 제1항). 주식처분명령

75 경제법 변호사시험 제4회(2015년).

을 받은 자는 그 명령을 받은 날부터 당해 주식에 대하여 그 의결권을 행사할 수 없다(법 제15조 제1항).

공정거래위원회가 부과하는 시정조치는 그 성격에 따라서 강학상 구조적 시정조치와 행태적 시정조치로 분류되고 있다. 구조적 시정조치는 사업자들의 영업이나 자산, 사업단위에 대한 조정명령을 통해 시장의 구조적 경쟁기반을 조성하기 위한 일련의 조치라 할 수 있다. 위 시정조치 유형 중 취득한 주식의 전부 또는 일부의 처분, 임원의 사임, 양수한 영업의 양도는 구조적 시정조치에 해당하고, 기업결합에 따른 경쟁제한의 폐해를 방지할 수 있는 영업방식 또는 영업범위의 제한이 행태적 시정조치의 주된 부과근거가 된다. 행태적 시정조치는 위반사업자에게 특정방식으로 행위를 하거나 특정한 경쟁제한적 행위를 하지 말도록 의무지우는 조치이다. 가격상승폭이나 시장점유율을 제한하는 등 사업자에게 일정한 작위 내지 부작위를 명하는 방식으로 부과된다.

2. 합병 또는 설립무효의 소

공정거래위원회는 기업결합의 제한을 위반한 회사의 합병 또는 설립이 있는 때에는 당해 회사의 합병 또는 설립무효의 소를 제기할 수 있다(법 제14조 제2항).

3. 이행강제금

가. 의의

종전에는 경쟁제한적인 기업결합(이나 불공정한 방법에 의한 기업결합)을 한 자에 대하여 과징금을 부과하였으나 시정조치를 받은 후 그 정한 기간 내에 이행을 하지 아니하는 자에게 이행강제금을 부과할 수 있는 규정(법 제16조)을 신설하면서 과징금규정은 삭제되었다. 이행강제금은 그 기간의 종료일 다음 날부터 시정조치를 이행한 날까지 기간에 대하여 매 1일당 다음의 금액에 1만분의 3(0.0003%)을 곱한 금액을 초과하지 아니하는 범위 내에서 부과할 수 있다(영 제23조 제1, 2항). 다만 임원겸임(법 제9조 제1항 제2호) 위반의 경우에는 매 1일당 200만 원의 범위 안에서 이행강제금이 부과된다.

나. 이행강제금의 기준금액

① 주식의 취득 또는 소유제한을 위반한 기업결합의 경우와 새로운 회사에의 참여제한을 위반한 기업결합의 경우에는 취득 또는 소유한 주식의 장부가격과 인수하는 채무의 합계액

② 경쟁제한적인 합병의 방법으로 기업결합을 한 경우에는 합병의 대가로 교부하는 주식의 장부가격과 인수하는 채무의 합계액

③ 영업의 양수에 의한 기업결합의 경우에는 영업양수금액을 기준으로 한다.

Ⅷ. 기업결합의 신고

1. 기업결합 신고의 의의

공정거래위원회는 사업자가 그 규모를 불문하고 경쟁제한적인 기업결합을 하는 경우 언제든지 이를 인지하여 금지할 수 있다. 그런데 시중에서 일어나는 기업결합을 빠짐없이 감시하고 심사한다는 것은 현실적으로 불가능하기 때문에 일정한 규모 이상의 회사가 기업결합을 하는 경우 일률적으로 신고를 하게 하여 공정거래위원회가 효율적인 심사를 할 수 있도록 하기 위한 것이다. 기업결합에 대한 규제를 실효성 있게 하기 위하여 일정한 기업결합행위를 공정거래위원회에 신고하도록 하고 있다(법 제11조).

2. 신고의무자 및 공동신고

누구든지 경쟁제한적인 기업결합을 하여서는 아니 되나 모든 기업에 신고의무가 있는 것은 아니다.

① "기업결합신고대상회사"는 자산총액 또는 매출액의 규모가 3천억 원 이상인 회사(영 제18조 제1항) 다만, 제11조 제1항 제3호(임원겸임)에 해당하는 기업결합의 경우에는 "대규모회사[자산총액 또는 매출액의 규모가 2조원 이상인 회사(영 제15조 제3항)]"에 한한다. "기업결합신고대상회사"의 "특수관계인"은 당해 회사를 사실상 지배하고 있는 자, 동일인관련자(다만, 동일인관련자로부터 분리된 자 제외), 경영을 지배하려는 공동의 목적을 가지고 당해 기업결합에 참여하는 자를 말한다(법 제9조 제1항, 영 제14조). "상대회사"는 자산총액 또는 매출액의 규모가 300억 원 이상인 회사이다. "기업결합신고대상회사" 또는 그 특수관계인이 "상대회사"에 대하여 제1호부터 제4호까지 기업결합을 하는 경우에 신고의 의무가 있다(법 제11조 제1항, 영 제18조 제2항). "기업결합신고대상회사" 또는 그 특수관계인이 "상대회사" 또는 그 특수관계인과 공동으로 제5호의 기업결합을 하는 경우에 신고하여야 한다.

② "기업결합신고대상회사"외의 회사로서 "상대회사"의 규모에 해당하는 회사 또는 그 특수관계인이 "기업결합신고대상회사"에 대하여 제1호부터 제4호까지 기업결합을 하는 경우에도 신고의무가 있다(법 제11조 제1항 본문 후문). "기업결합신고대상회사"외의 회사로서 "상대회사"의 규모에 해당하는 회사 또는 그 특수관계인이 "기업결합신고대상회사" 또는 그 특수관계인과 공동으로 제5호의 기업결합을 하는 경우에 신고하여야 한다.

③ 외국회사인 경우 : 기업결합신고대상회사와 상대회사가 모두 외국회사(외국에 주된 사무소를 두고 있거나 외국 법률에 따라 설립된 회사를 말함)이거나 기업결합신고대상회사가 국내회사이고 상대회사가 외국회사인 경우에는 기업결합신고대상회사의 기준(3천억 원 이상인 경우)과 상대회사

의 기준(300억 원 이상인 경우)을 충족함과 동시에 그 외국회사 각각의 국내 매출액이 300억 원 이상인 경우에 한하여 신고의 대상이 된다(영 제18조 제3항).

④ 공동신고

기업결합의 신고의무자가 2 이상인 경우에는 공동으로 신고하여야 한다. 다만, 공정거래위원회가 신고의무자가 소속된 기업집단에 속하는 회사 중 하나의 회사를 기업결합신고대리인으로 정하여 그 대리인이 신고한 경우에는 단독으로 신고하여도 된다(법 제11조 제11항).

3. 신고의무발생사유 또는 신고사항

① 다른 회사의 발행주식총수의 20% 이상(상장법인-15% 이상)을 소유하게 되는 경우(법 제12조 제1항 제1호)

주식소유비율을 산정함에 있어서는 상법 제370조 상의 의결권 없는 주식은 제외하며, 당해 회사의 특수관계인이 소유하고 있는 주식을 합산한다(법 제11조 제5항, 제2호 및 제5호의 경우도 동일). 그리고 "소유하게 되는 경우"라 함은 20%(또는 15%) 미만의 소유상태에서 20%(또는 15%) 이상의 소유상태로 되는 경우를 말한다(영 제18조 제4항).

② 다른 회사의 발행주식을 20% 이상(상장법인-15% 이상)으로 소유한 자가 당해 회사의 주식을 추가로 취득하여 최다출자자가 되는 경우(법 제11조 제1항 제2호)[76]

③ 임원겸임(법 제11조 제1항 제3호)

회사의 임원 또는 종업원이 다른 회사의 임원 지위를 겸임하는 경우(법 제9조 제1항 제2호)가 이에 해당하나 계열회사의 임원을 겸임하는 경우에는 제외된다(법 제11조 제1항 제3호). 이 경우 당해 임원을 다른 회사의 임원으로 겸임하게 하는 회사를 신고의무자로 하고 있다.

④ 합병, 영업양수(법 제11조 제1항 제4호)

⑤ 새로운 회사설립에 참여하여 그 회사의 최다출자자가 되는 경우(법 제11조 제1항 제5호)

4. 신고기간

① 사후신고

기업결합의 경우 사후신고가 원칙이며, 신고의무자는 당해 "기업결합일"로부터 30일 이내에 신고를 하여야 한다(법 제11조 제6항 본문). 여기서 기업결합일의 의미는 다음과 같다(영 제17조).

---

76 "최다출자자가 되는 경우"라 함은 최다출자자가 아닌 상태에서 최다출자자가 되는 경우를 말한다(영 제18조 제5항).

- **주식취득** : 주식회사의 주식을 양수하는 경우는 주권을 교부받은 날(주권이 발행되어 있지 아니한 경우에는 주식대금을 지급한 날)[77]
- **임원겸임** : 임원이 겸임되는 회사의 주주총회 또는 사원총회에서 임원의 선임이 의결된 날
- **합병** : 합병등기일
- **영업양수** : 영업양수대금의 지급을 완료한 날. 다만, 계약체결일부터 90일을 경과하여 영업양수대금의 지급을 완료하는 경우에는 당해 90일이 경과한 날
- **새로운 회사설립에 참여하는 경우** : 배정된 주식의 주식대금의 납입기일의 다음 날

② 사전신고

다만, 기업결합의 당사자 중 1 이상의 회사가 "대규모회사"인 경우에는 사전신고를 해야 한다. 합병계약을 체결한 날 등 대통령령이 정하는 날부터 기업결합일 전까지의 기간 내에 이를 신고하여야 한다(법 제11조 제6항 단서, 영 제20조 제3항).

- **주식취득** : 주식을 취득·소유하기로 계약·합의 등을 하거나 이사회 등을 통하여 결정된 날
- **합병·영업양수** : 합병계약 또는 영업양수계약을 체결한 날
- **새로운 회사설립에 참여하는 경우** : 회사설립의 참여에 대한 주주총회 또는 사원총회나 이에 갈음하는 이사회의 의결이 있는 날

또한 신고 후 주식의 소유일, 합병등기일, 영업양수일 또는 회사의 설립일까지 신고 사항에 중요한 변경이 있는 경우에는 그 변경사항을 신고하여야 한다(영 제20조 제4항). 사전신고를 하여야 하는 자는 공정거래위원회의 심사결과를 통지받기 전까지 각각 주식소유, 합병등기, 영업양수계약의 이행행위 또는 주식인수행위를 하여서는 아니된다(법 제11조 제8항).

5. 공정거래위원회의 심사[78]

공정거래위원회는 기업결합 신고를 받으면 신고일부터 30일 안에 제7조(기업결합의 제한)에 해당하는지를 심사하고, 그 결과를 해당 신고자에게 통지하여야 한다. 다만, 공정거래위원회가 필요하다고 인정할 경우에는 그 기간의 만료일 다음 날부터 계산하여 90일까지 그 기간을 연장할 수 있다(법 제12조 제7항).

---

77 - **주식회사의 신주를 유상취득하는 경우** : 주식대금의 납입기일의 다음 날
- **주식회사 외의 회사의 지분을 양수하는 경우** : 지분양수의 효력이 발생하는 날
- 그 외의 경우로서 감자 또는 주식의 소각 그 밖의 사유로 주식소유비율이 증가하는 경우에는 주식소유비율의 증가가 확정되는 날

78 승인/조건부승인, 불승인

6. 신고기간 전 심사청구

기업결합을 하고자 하는 자는 신고기간 전이라도 당해 행위가 경쟁을 실질적으로 제한하는지의 여부에 대하여 심사청구할 수 있으며(법 제11조 제9항), 공정거래위원회는 심사를 요청받은 경우에는 30일 이내에 그 심사결과를 요청한 자에게 통지하여야 한다. 다만, 공정거래위원회가 필요하다고 인정할 때에는 그 기간의 만료일 다음날부터 기산하여 90일의 범위 안에서 그 기간을 연장할 수 있다(법 제11조 제10항).

7. 신고의무위반에 대한 제재

사업자가 신고의무 위반시 1억 원 이하의 과태료에, 회사의 임원 또는 종업원 기타이해관계인이 신고의무 위반시 1천만 원 이하의 과태료에 처한다(법 제130조 제1항 제1호).

판 례 대법원 2008. 5. 29. 선고 2006두6659 판결

〈"삼익 대 영창악기" 사건〉

1. 사실관계

원고 주식회사 삼익악기는 자기의 계열회사로서 금속제품, 캐스터 등 운반기기의 제조·판매업 등을 영위하고 있는 원고 삼송공업 주식회사와 함께, 2004. 3. 12. 피아노 등 악기류의 제조·판매업 등을 영위하는 영창악기제조 주식회사(이하 영창악기라고만 한다)의 제3자배정 유상증자에 참여하는 방식으로 영창악기의 주식을 각 26.5%, 22.08% 취득하였다. 이후 원고들은 이러한 기업결합사실을 2004. 3. 26. 공정거래위원회에 신고하였다.

그 후 원고들은 그의 특수관계인들을 영창악기의 대표이사 등 임직원으로 임명 또는 선임하여 경영상으로도 지배한 뒤, 원고 삼익악기 및 그 계열회사인 (주)프랫리드, PT SAMICK 인도네시아가 2004. 4. 30.부터 2004. 6. 19.까지 사이에 영창악기가 소유하고 있던 기재 액숀, 스켈톤 등 핵심부품의 제조에 필요한 일부 기계설비들을 매수하였다. 이에 따라, 영창악기는 피아노 생산에 필요한 일부 부품을 위 세 회사들로부터 매입하여 피아노 완제품을 생산하고 있다.

위 (주)프랫리드, PT SAMICK 인도네시아 역시 원고 삼익악기가 각각 100%, 97.5%의 지분을 소유하고 있는 회사들이고, 임원겸임 등을 통해 경영상으로도 지배하고 있다.

2. 공정거래위원회의 처분과 법원의 판단

이에 대하여 공정거래위원회는 원고들의 위 행위가 국내 업라이트 피아노, 그랜드 피아노, 디지털 피아노의 각 거래시장에서 경쟁을 실질적으로 제한하는 기업결합으로서 법 제9조 제1항에 위반

된다고 보아 2004. 9. 24. 원고들에 대하여 1년 이내에 영창악기 주식 전부를 제3자에게 매각하도록 하는 한편, 3개월 이내에 영창악기로부터 매입한 기계설비를 다시 영창악기에 매도하도록 하는 내용의 시정조치 및 이행내역보고명령을 하였다.[79] 원고들은 공정거래위원회의 위 시정조치에 불복하여 서울고등법원에 소송을 제기하였으나 패소판결을 받았고,[80] 다시 대법원에 상고하였으나 상고기각되었다.

3. 쟁점

이 사건에서는 기업결합 규제의 많은 요건들이 쟁점으로 부각된 사건으로 ① 시장획정 및 경쟁제한성 판단과 관련하여 중고피아노, 국외시장을 어떻게 보아야 할 것인지의 문제, ② 경쟁제한성 판단과 관련해서 일본산과 중국산 피아노가 향후 기업결합 당사회사의 경쟁제한적 행위를 충분히 억제할 수 있는지의 문제, ③ 효율성항변과 관련해서 효율성 증대효과 판단의 적절한 기준, 이 사건 기업결합에서 창출되는 효율성의 정도, ④ 도산기업합병의 성립 여부 등 쟁점이다.

4. 대법원의 태도

가. 지배관계의 형성에 대하여

원심은 원고 삼익악기와 영창악기가 모두 업라이트 피아노, 그랜드 피아노, 디지털 피아노의 각 피아노를 생산·판매하고 있는데, 원고 삼익악기가 영창악기의 발행주식 중 26.5%를 취득하였고, 원고 삼송공업은 원고 삼익악기가 그 발행주식 100%를 소유하고 있는 특수관계인 회사로서 영창악기의 발행주식 중 22.08%를 취득하였다. 그렇다면 이 사건 기업결합 후 취득회사(원고)들의 피취득회사(영창악기)에 대한 주식소유비율은 합계 48.58%로서 최대주주가 되고 그밖에 앞에서 본 영창악기의 주주현황, 원고들의 특수관계인들이 영창악기의 임원들로 선임된 사정 등까지 종합한다면, 이 사건 기업결합은 '취득회사의 주식소유비율이 50/100 미만이더라도 주식소유비율이 1위에 해당하고 주식분산도로 보아 주주권행사에 의한 회사지배가 가능한 경우[81]에 해당하므로, 이는 주식취득을 통하여 당사회사 간에 지배관계가 형성되는 수평적 기업결합의 하나에 해당된다고 판단하였다.

나. 관련시장의 획정에 대하여

1) 일반이론

공정거래법 제7조에 규정된 기업결합의 제한에 해당되는지 여부를 판단하기 위해서는 그 경쟁관계가 문제될 수 있는 일정한 거래분야에 관하여 거래의 객체인 관련 상품에 따른 시장 등을 획정하

79 공정거래위원회 2004. 9. 24. 의결 제2004-271호.

80 서울고등법원 2006. 3. 15. 선고 2005누3174 판결.

81 기업결합심사기준[공정거래위원회고시 제2022-22호, 2022. 12. 30. 일부개정] Ⅴ. 1. 나. (1) 참조.

는 것이 선행되어야 한다. 관련 상품시장은 일반적으로 서로 경쟁관계에 있는 상품들의 범위를 말하는 것으로서, 구체적으로는 거래되는 상품의 가격이 상당 기간 어느 정도 의미 있는 수준으로 인상될 경우 그 상품의 대표적 구매자가 이에 대응하여 구매를 전환할 수 있는 상품의 집합을 의미하고, 그 시장의 범위는 거래에 관련된 상품의 가격, 기능 및 효용의 유사성, 구매자들의 대체가능성에 대한 인식 및 그와 관련한 구매행태는 물론, 판매자들의 대체가능성에 대한 인식 및 그와 관련한 경영의사의 결정행태, 사회적·경제적으로 인정되는 업종의 동질성 및 유사성 등을 종합적으로 고려하여 판단하여야 할 것이며, 그 이외에도 기술발전의 속도, 그 상품의 생산을 위하여 필요한 다른 상품 및 그 상품을 기초로 생산되는 다른 상품에 관한 시장의 상황, 시간적·경제적·법적 측면에서의 대체의 용이성 등도 함께 고려하여야 한다.

2) 사안의 적용

공급측면의 경우 중고피아노는 신품피아노와 달리 가격이 상승하더라도 공급량이 크게 증가될 수 없다는 점, 수요측면의 경우에도 가격과 구매수량에 더 민감한 수요층(중고 피아노)과 제품 이미지, 품질, 사용기간 등에 더 민감한 수요층(신품 피아노)으로 그 대표적 수요층으로 구분되어 신품 피아노의 가격이 상승하더라도 신품 피아노를 구입하려는 소비자들이 그 의사결정을 바꿔 중고피아노로 수요를 전환할 가능성은 크지 않다고 보이는 점, 원고들이 그 동안 신품 피아노의 가격결정, 마케팅 등과 같은 영업전략을 수립함에 있어 중고 피아노의 시장규모 등을 고려했다는 자료가 없는 점 등에 비추어 중고피아노는 신품 피아노와 상품용도, 가격, 판매자와 구매자층, 거래행태, 영업전략 등에서 차이가 있고 상호간 대체가능성을 인정하기 어렵다는 이유로, 공정거래위원회가 이 사건 기업결합의 관련 시장을 국내의 업라이트 피아노, 그랜드 피아노, 디지털 피아노의 각 신품 피아노 시장으로 확정하는 것은 정당하다고 판단하였다.

다. 실질적 경쟁제한성 유무에 대하여

1) 실질적 경쟁제한성 추정에 대한 사안의 적용

이 사건 기업결합으로 인한 원고 삼익악기 및 영창악기의 시장점유율 합계는 이사건 관련시장에서의 실질적 경쟁제한성 추정요건에 해당된다.

구체적으로 이 사건 기업결합 후 업라이트피아노, 그랜드피아노, 디지털피아노 시장에서 결합당사회사인 원고 등의 점유율(2003년 매출액 기준) 합계는 각각 92%, 64.4%, 63.4%로서 모두 1위이고, 2위와의 점유율 격차가 각각 85.5%, 45.3%, 31.4%로서 모두 결합당사회사 점유율 합계의 25% 이상이므로 법 제9조 제3항 제1호의 경쟁제한성 추정요건에 해당된다.

2) 실질적 경쟁제한성 여부에 관한 일반이론

수평적 기업결합이 일정한 거래분야에서 경쟁을 실질적으로 제한하는지 여부를 판단할 때에는 기업결합 전후의 시장 집중상황, 해외 경쟁의 도입수준 및 국제적 경쟁상황, 신규진입의 가능성,

경쟁사업자 간의 공동행위 가능성, 유사품 및 인접시장의 존재 여부 등을 종합적으로 고려하여 개별적으로 판단하여야 한다.

3) 사안의 적용

신규진입의 가능성이 거의 없고 해외경쟁의 도입가능성이나 인접시장 경쟁압력의 정도 역시 매우 적고, 특히 이 사건 기업결합으로 인하여 국내의 양대 피아노 시장·판매업체는 사실상 독점화되고 직접적인 대체재 관계에 있던 두 제품이 하나의 회사 내에서 생산·판매되므로 소비자의 입장에서는 제품선택의 폭이 줄어들고 생산자의 입장에서는 이를 이용하여 가격인상을 통한 이윤증대의 가능성이 커지게 되므로, 이 사건 기업결합은 관련 시장에서의 경쟁을 실질적으로 제한하는 행위에 해당된다.

라. 효율성 항변에 대하여

1) 일반이론

공정거래법 제9조 제2항에서는 당해 기업결합 외의 방법으로는 달성하기 어려운 효율성 증대효과가 경쟁제한으로 인한 폐해보다 큰 경우(제1호)에 해당한다고 공정거래위원회가 인정하는 기업결합에 대하여는 법 제9조 제1항의 규정을 적용하지 아니하며, 이 경우 해당요건을 충족하는지에 대한 입증은 당해 사업자가 하여야 한다고 규정하고 있는바, 이러한 당해 기업결합으로 인한 특유의 효율성 증대효과를 판단함에 있어서는 기업의 생산·판매·연구개발 등의 측면 및 국민경제의 균형발전 측면 등을 종합적으로 고려하여 개별적으로 판단하되, 이러한 효율성 증대효과는 가까운 시일 내에 발생할 것이 명백하여야 한다.

2) 사안의 적용

원고들 주장의 효율성 증대효과 대부분이 이 사건 기업결합으로 인한 특유의 효율성 증대효과에 해당한다고 보기 어렵고 이 사건 기업결합의 효율성 증대효과가 경쟁제한으로 인한 폐해보다 큰 경우로 볼 수 없다.

마. 회생불가기업 항변에 대하여

1) 일반이론

공정거래법 제9조 제2항에서는 상당 기간 대차대조표상의 자본총계가 납입자본금보다 작은 상태에 있는 등 회생이 불가한 회사와의 기업결합(제2호)으로서, 법 시행령 제16조에서 규정하고 있는 요건인 '기업결합을 하지 않으면 회사의 생산설비 등이 당해 시장에서 계속 활용되기 어려운 경우, 당해 기업결합보다 경쟁제한성이 적은 다른 기업결합이 이루어지기 어려운 경우'에 해당한다고 공정거래위원회가 인정하는 기업결합에 대하여는 공정거래법 제9조 제1항의 규정을 적용하지 아니하며, 이 경우 해당요건을 충족하는지에 대한 입증은 당해 사업자가 하여야 한다고 규정하고 있다.

2) 사안의 적용

원심은 이 사건 기업결합 당시 영창악기의 자금사정이 열악하였다고 보이기는 하나 영창악기가 지급불능 상태에 있었거나 가까운 시일 내에 지급불능 상태에 이르러 회생이 불가한 회사라고 단정하기 어려운 점, 영창악기가 국내외에서 높은 브랜드 인지도를 보유하고 상당한 판매실적을 기록하고 있는 사정 등에 비추어 영창악기가 관련 시장에서 퇴출될 것이라고는 보기는 어려워 '생산설비 등이 당해 시장에서 계속 활용하기 어려운 경우'라고 단정하기 어려운 점, 실제로 원고들 이외의 다른 회사들이 영창악기에 대하여 증자참여 내지 인수를 제안했던 사정 등에 비추어 제3자의 인수가능성이 없어 '이 사건 기업결합보다 경쟁제한성이 적은 다른 기업결합이 이루어지기 어려운 경우'이였다고 단정하기 어려운 점 등을 고려하여, 이 사건 기업결합이 회생이 불가한 회사와의 기업결합에 해당한다는 원고들의 주장을 배척하였다.

Chapter
04 부당한 공동행위의 제한

Ⅰ. 의의

카르텔은 경제전반에 걸쳐 많은 폐해를 유발하여 '시장경제의 암(癌)'으로 비유된다. 기업에서는 신기술과 신상품을 개발할 유인을 감소시키고, 소비자에게는 높은 가격으로 낮은 품질의 상품을 선택권 없이 구입하도록 강제하게 되며, 국가경제 전체적으로는 기술혁신의 침체로 잠재 생산능력의 증가를 저해하는 등 경제전반에 부정적 영향을 미치게 되므로 그 규제 이유가 있다. OECD 및 선진경쟁당국들은 카르텔이 최소한 10% 정도의 가격인상을 유발한다고 추산하고 있다.

공정거래법에서는 부당한 공동행위라 함은 사업자는 계약·협정·결의 기타 어떠한 방법으로도 다른 사업자와 공동으로 부당하게 경쟁을 제한하는 제40조 제1항 각 호의 어느 하나에 해당하는 행위를 할 것을 합의(이하 "부당한 공동행위"라 한다)하거나 다른 사업자로 하여금 이를 행하도록 하는 것을 말한다(법 제40조 제1항).

Ⅱ. 2인 이상의 사업자

부당한 공동행위가 성립하려면 2 이상의 사업자가 주체가 되어야 한다. 이 점에서 사업자의 단독행위인 시장지배적지위의 남용이나 불공정거래행위와 구별된다. 사업자이면 족하며, 사업자의 규모에 관계없이 규제의 대상이 된다. 제40조 제1항 후단의 '다른 사업자로 하여금 부당한 공동행위를 행하도록 하는 행위'는 다른 사업자로 하여금 부당한 공동행위를 하도록 교사하는 행위 또는 이에 준하는 행위를 의미하고, 다른 사업자의 부당한 공동행위를 단순히 방조하는 행위는 여기에 포함되지 않는다.[82] 이 경우는 단독행위가 될 수 있다.

다수의 사업자를 실질적·경제적 관점에서 '사실상 하나의 사업자'로 볼 수 있는 경우에는 법 제40조 제1항이 적용되지 않는지와 관련하여 공정거래위원회 예규에서는 '사실상 하나의 사업자로

82 대법원 2009. 5. 14. 선고 2009두1556 판결.

볼 수 있는 경우에는 법 제40조 제1항 각호의 사항(입찰담합은 제외)에 관한 합의에는 법 제40조 제1항을 적용하지 아니한다. 다만, 그 합의에 다른 사업자가 참여한 경우는 그러하지 아니한다.'라고 하고 있다. '사실상 하나의 사업자'의 인정 기준으로 사업자가 다른 사업자의 주식을 모두 소유한 경우(법 제2조 제11호의 동일인 또는 시행령 제4조 제1호의 '동일인관련자'가 소유한 주식을 포함), 당해 사업자들 모두를 사실상 하나의 사업자로 본다.[83] 그러나 대법원은 모회사가 주식의 100%를 소유하고 있는 자회사라고 하더라도 법률적으로 별개의 독립된 거래주체로 보는 점 등을 근거로 경제적 동일체 주장을 배척하였다.[84]

Ⅲ. 합의의 존재

공정거래법 제40조 제1항의 부당한 공동행위는 사업자가 다른 사업자와 공동으로 일정한 거래분야에서 경쟁을 실질적으로 제한하는 같은 항 각 호의 1에 해당하는 행위를 할 것을 합의함으로써 성립하는 것이므로, 합의에 따른 행위를 현실적으로 하였을 것을 요하는 것이 아니다.[85] 합의 그 자체를 공동행위로 규정하고 있다.

1. 합의의 방법

부당한 공동행위가 성립하려면 계약, 협정, 결의 기타 어떠한 방법으로든지 사업자간에 공동행위를 하기로 하는 합의(의사의 합치)가 있어야 한다. 의사의 합치는 넓은 의미에서의 합의를 말하는 것으로서 반드시 청약과 승낙으로 이루어지는 법률적으로 유효한 계약일 필요가 없다. 부당한 공동행위를 인정하기 위한 합의는 계약, 협정 등과 같은 명시적 합의뿐만 아니라 사업자 간의 암묵적 양해[86]와 같은 묵시적 합의까지 포함한다.[87] [88] 묵시적 합의는 거동과 같은 물리적 수단에 의하

---

83 사업자가 다른 사업자의 주식을 모두 소유하지 아니한 경우라도 주식 소유 비율, 당해 사업자의 인식, 임원겸임 여부, 회계의 통합 여부, 일상적 지시 여부, 판매조건 등에 대한 독자적 결정 가능성, 당해 사안의 성격 등 제반사정을 고려할 때 사업자가 다른 사업자를 실질적으로 지배함으로써 이들이 상호 독립적으로 운영된다고 볼 수 없는 경우에는 사실상 하나의 사업자로 본다. 다만, 관련시장 현황, 당해 사업자의 활동 등을 고려할 때 경쟁관계에 있다고 인정되는 경우에는 그러하지 아니하다[공동행위심사기준(공정거래위원회예규 제390호, 2021. 12. 28.)].

84 서울고등법원 2009. 9. 10. 선고 2008누15277 판결.

85 대법원 1999. 2. 23. 선고 98두15849 판결.

86 주진열, 『로스쿨 경제법』, 박영사, 2022, 29면 : 평소 동종업계에 알고 지내던 A, B, C가 저녁식사에 모였는데, A가 가격인상을 제안하자, B, C는 명시적 동의 없이 고개만 약간 끄떡였다. 다음날 B, C는 A가 제안한 대로 가격을 인상시켰다. 명시적 동의가 없더라도 A, B, C의 가격인상행위(행위 일치)로부터 B, C가 고객을 약간 끄덕인 행위가 암묵적 요해였다고 인정할 수 있다. 그러나 만일 B, C의 가격인상이 없었다면, 고개를 약간 끄덕인 행위를 암묵적 요해로 볼 수 없다. 서로 친한데 저녁식사 자리에서 A 제안을 명시적으로 거절하기가 불편해서 그냥 고객을 약간 끄덕였다고 볼 수 있다.

87 대법원 2014. 7. 24. 선고 2013두16951 판결.

88 대법원 2019. 3. 14. 선고 2018두60984 판결 : 벤츠코리아 딜러들이 벰츠코리아에 공임인상을 요구하고, 벤츠코리아가 공임 상한선을 제시하여 딜러들이 여기에 따른 사례이다. '부당하게 경쟁을 제한하는 행위에 대한 합의'에 묵시적인 합의가 포함되는지 여부(적극) 및 사업자 사이에 의사연결의 상호성을 인정할 만한 사정이 증명되는 경우, 합의의 존재를

여 이루어지고 그 과정에서 당사자의 거동과 같은 물리적 수단으로 생긴 의사소통적 요서와 의사의 소통이 이루어진 맥락에 비추어 합의가 묵시적으로 이우러졌다고 인정될 수 있는 경우라고 할 수 있다.[89]

사례

甲은 Y상품도 생산하여 판매하고 있는데, 국내 Y상품시장에서 사업자 甲, 丙, 丁의 시장점유율은 각각 40%, 30%, 20%이고, 나머지는 시장점유율이 5% 미만인 사업자들이다(관련시장은 국내 Y상품시장으로 한다). 甲의 대표이사는 丙과 丁의 대표이사들과 식사를 하면서 상호 간에 심화되는 경쟁을 완화할 수 있는 방안에 대해서 논의를 하였다. 그 식사 모임에서 甲의 대표이사는 丙과 丁의 대표이사들에게 '甲은 수도권 지역에서만 Y상품을 판매하고, 丙과 丁은 비수도권 지역에서만 Y상품을 판매하는 것이 좋겠다'고 말하였고, 丙과 丁의 대표이사들은 '그것도 좋은 방안이 될 수 있겠다'고 말하였다. 그 다음 달부터 甲은 Y상품을 비수도권 지역에서 더 이상 판매하지 않았고, 丙과 丁은 Y상품을 수도권 지역에서 더 이상 판매하지 않았다. 그 결과 Y상품의 전체적인 공급량이 감소하고 가격이 인상되었다. 甲, 丙, 丁이 공정거래법상 공동행위의 합의를 한 것으로 볼 수 있는지를 설명하시오(단, 공정거래법 제40조 제5항에 따른 추정 여부는 논하지 말 것).[90]

해당 사업자가 직접 합의에 참여하지 않고, 대리점 등 타인을 통하여 간접적으로 합의에 참여하는 것도 가능하다.

어느 한 쪽의 사업자가 당초부터 합의에 따를 의사도 없이 진의 아닌 의사표시에 의하여 합의한 경우라고 하더라도 다른 쪽 사업자는 당해 사업자가 합의에 따를 것으로 신뢰하고 당해 사업자는 다른 사업자가 위와 같이 신뢰하고 행동할 것이라는 점을 이용한 경우에는 당해 합의가 경쟁을 제한하는 행위가 되는 것은 마찬가지이다. 진의 아닌 의사표시로 합의를 한 후 이 합의를 실행하지 않았다고 해도 이러한 사정은 부당한 공동행위의 성립에 방해가 되지 아니한다.

사례

① 국내 자동차 제조사는 모두 15개이다. A는 국내 자전거 제조시장(관련시장은 국내 자전거 제조시장으로 전제함)에서 시장점유율 1위인 사업자로서 30%의 시장점유율을 가지고 있고, B는 12%, C는 10%의 시장점유율을 차지하고 있다. D를 포함한 나머지 12개 사업자들은 각각 4%의 시장점유율을 가지고 있다. 2012년경 원자재가격이 급격히 상승함에 따라서 모든 자전거 제조사들은 큰 폭의 적자를 보고 있었다.

인정할 수 있는지 여부(적극) : 그 합의에는 명시적 합의뿐 아니라 묵시적인 합의도 포함된다. 여기에서 합의는 둘 이상 사업자 사이의 의사의 연락이 있을 것을 본질로 하므로, 단지 위 규정 각호에 열거된 행위가 있었던 것과 일치하는 외형이 존재한다고 하여 당연히 합의가 있었다고 인정할 수는 없지만, 사업자 사이에서의 의사연결의 상호성을 인정할 만한 사정이 증명되는 경우에는 합의가 있었다고 인정할 수 있다(대법원 2014. 6. 26. 선고 2012두4104 판결 등 참조).

89 홍대식, "합의 증명의 요소로서의 사업자 간 의사연결의 상호성-정보교환을 중심으로-", 「경쟁법연구」 제30권, 2014, 121면. 묵시적합의의 경우는 합의의 요소를 증명하기 위해서는 실행으로서의 행위에 대한 증거가 필요하다. 따라서 합의의 추정이 문제된다.

90 경제법 변호사시험 제12회(2023년).

이러한 문제를 해소하기 위하여 A, B, C는 2013. 1. 5. 모임을 가지고 자전거 판매가격을 최소 10% 이상 인상하기로 합의하였다. C는 자전거 판매가격을 인상할 의사가 없었지만, 위 모임에 참석하여 가격 인상에 동의하였다. 며칠 후 A는 자전거 판매가격을 10%인상하였고, B는 8%인상하였다. 그러나 C는 원래부터 자전거 판매가격을 인상할 의사가 없었기 때문에 가격을 인상하지 않았다. C의 행위가 부당한 공동행위에 해당하는지를 설명하시오.[91]

② 甲, 乙 및 다른 10개 건설회사 입찰 담당자들이 사전에 모여 공공건물 신축공사입찰에서 乙이 낙찰되도록 하기 위해 乙은 100억 원 미만의 금액으로 입찰하고 乙을 제외한 다른 회사들은 모두 100억 원 이상의 가격으로 입찰하기로 약속하였다. 甲회사 입찰 담당자는 다른 사업자들과 합의를 하는 과정에서 내심으로는 100억 원보다 낮은 80억 원으로 입찰하여 낙찰을 받을 의사를 가졌으나 겉으로는 위와 같이 합의하였다. 그 후 합의와 달리 甲은 실제 80억 원으로 입찰하여 낙찰을 받았다.

합의는 일정한 거래분야나 특정한 입찰에 참여하는 모든 사업자들 중에서 일부의 사업자들 사이에만 이루어진 경우에도 성립될 수 있다. 공급자들이 아닌 수요자들의 합의라 하더라도 그로 인하여 부당한 공동행위가 성립될 수 있다.

부당한 공동행위의 '합의'에 대한 입증의 정도는 법관으로 하여금 합리적 의심을 할 여지가 없을 정도로 엄격한 증명을 요한다. 이는 그 행위의 속성상 직접증거의 확보가 어렵기 때문에 간접사실이나 정황사실을 입증함으로써 그 범죄행위를 증명하는 방법을 취할 수밖에 없는 경우에도 마찬가지이다.[92]

2. 합의의 유형

가. 가격협정

가격협정이라 함은 사업자가 다른 사업자와 공동으로 상품이나 용역의 가격을 결정·유지 또는 변경하는 행위를 말한다(법 제40조 제1항 제1호). '가격'이란 사업자가 거래의 상대방에게 상품 또는 용역을 제공하고 반대급부로 받는 일체의 경제적 이익을 말하는 것으로, 당해 상품이나 용역의 특성, 거래내용 및 방식 등에 비추어 거래의 상대방이 상품 또는 용역의 대가로서 사업자에게 현실적으로 지급하여야 하는 것이라면 그 명칭에 구애됨이 없이 가격에 포함된다.[93] 권고가격, 기준가격, 표준가격, 수수료, 임대료, 이자 등 명칭 여하를 불문한다. 가격을 '결정·유지 또는 변경'하는 행위에는 가격을 인상하는 행위뿐만 아니라 가격을 인하하거나 현행가격을 유지하는 행위, 최고가격이나 최저가격범위를 설정하는 행위도 포함된다. 인상률, 할인율, 할증률, 이윤율 등과 같이 가격에 영향을 미치는 요소를 결정·유지·변경하는 행위, 일률적인 원가계산 방법을 따르도록 함으로써 실

91 경제법 변호사시험 제3회(2014년).

92 대법원 2008. 5. 29. 선고 2006도6625 판결.

93 대법원 2001. 5. 8. 선고 2000두10212 판결.

질적으로 가격을 결정·유지·변경하는 행위 등과 같이 가격에 영향을 미치는 행위도 포함된다.

사례

① 국내 X상품시장에서 사업자 A, B, C, D의 2021년 기준 시장점유율은 각각 40%, 30%, 20%, 10%이다. 이 사안의 관련시장은 국내 X상품시장으로 한다. 그런데 이들 사업자는 모두 2019년 말부터 영업적자를 겪고 있다. 이에 2022년 1월 초 A의 대표이사는 B, C, D의 대표이사들에게 영업적자 극복을 위한 회의를 제안하였고, 이에 A, B, C, D의 대표이사들이 회합하였다. 이 회의에서 A의 대표이사는 B, C, D의 대표이사들에게 영업적자가 해소되는 시점까지 X상품 가격을 20% 정도 인상하자고 제안하였다. 이에 응하여 B, C, D의 대표이사들도 상품 가격을 인상하기로 하였다.[94]
② (주)삼성캐피탈 등이 할부금리를 공동으로 인하한 행위[95]
③ C와 D는 Y 상품의 도매가격을 10,000원 이상으로 유지하기로 합의하였다.[96]

나. 거래조건협정

거래조건협정이라 함은 사업자가 다른 사업자와 공동으로 상품 또는 용역의 거래조건이나, 그 대금 또는 대가의 지급조건을 정하는 행위를 말한다(법 제40조 제1항 제2호).

사례

① 세제제조업체들이 판촉물이나 샘플의 제공을 금지하는 합의를 한 사례[97]
② 대한손해보험협회와 손해보험회사들이 자동차보험 계약자들에게 무료로 제공하던 긴급출동 서비스의 하나인 '기타 응급조치'서비스를 폐지하기로 합의한 사례[98]
③ 롯데리아, 맥도널드, KFC 등 4개 패스트푸드사업자들이 탄산음료 리필서비스 중단을 공동으로 결정한 사례[99]
④ 3개 유제품사업자간에 덤증정 중단하기로 공동으로 결정한 사례[100]

다. 공급제한협정

공급제한협정이라 함은 다른 사업자와 공동으로 상품의 생산·출고·수송 또는 거래의 제한이나 용역의 거래를 제한하는 행위를 말한다(법 제40조 제1항 제3호). 가격협정에 비하여 각 당사자의 이익이 서로 대립하기가 쉽고 가격에 미치는 영향도 간접적이나 수급에 직접 영향을 미치게 되므로, 가격협정을 수반하지 않더라도 부당한 공동행위로서 규제를 받게 된다.

---

94 경제법 변호사시험 제11회(2022년).
95 대법원 2004. 10. 18. 선고 2002두7456 판결.
96 경제법 변호사시험 제2회(2013년).
97 대법원 2009. 6. 25. 선고 2008두17035 판결.
98 대법원 2006. 11. 23. 선고 2004두8323 판결.
99 공정거래위원회 2003. 1. 13. 제2003-20호.
100 공정거래위원회 2011. 4. 26. 2010서감1888.

사례

① 녹십자수의약품(주) 등 5개사가 2차에 걸친 회의를 갖고 10개 전염병 예방약을 대한수의사회 및 산하지부에서 출자 설립한 한수약품(주)을 통해서만 공급키로 합의한 사례
② 3개 시외버스운송사업자 간의 시외버스의 운행횟수 또는 운행비율을 합의함으로써 평택-춘천 구간 여객운송시장에서 경쟁을 부당하게 제한하는 행위[101]

라. 시장분할협정

시장분할협정이란 사업자가 다른 사업자와 공동으로 거래지역 또는 거래 상대방을 제한하는 행위를 말한다(법 제40조 제1항 제4호). 이는 가격협정의 보조수단으로 사용되는 경우가 많으며, 그 종류로는 거래처고정 카르텔, 수주조정 카르텔 또는 공동판매 카르텔 등이 있다.

사례

① 국내 자동차 타이어 소매시장(국산, 수입산 모두 포함)은 A, B, C 3사의 과점체제인데 2015년 말을 기준으로 시장점유율은 A사 40%, B사 30%, C사 20%이다. 국내 자동차 타이어 소매시장의 규모는 연간 1조원 정도이다. A사의 국내 대리점들은 모두 독립적인 전속 대리점들이며, 시설투자비 등 대리점 개설비용이 크고, 대리점 계약기간은 10년(단, 계약기간 갱신 가능)이다. 최근 A사의 국내 대리점 간 경쟁이 치열하여 일부 대리점들은 원거리까지 광고전단지를 배포하는 등 공격적인 영업을 하고 있어, 상당수 대리점들은 A사에게 대리점별 영업구역을 정하여 줄 것을 요청하고 있다. 한편, 불경기가 계속되면서 A사의 국내매출액이 2014년 이후 급감하고 있다. A사와 동사의 모든 국내 대리점들이 2016. 1. 5. 대리점별 영업구역을 정하고 이에 합의하였다면, 이러한 대리점들의 행위가 「공정거래법」(이하, '공정거래법'이라 한다) 제40조 제1항 각호에 정한 부당한 공동행위의 유형 중 어느 유형에 해당할 수 있는가? 또한 그 유형에 해당한다고 할 경우 이를 위법하다고 볼 수 있는지를 설명하시오.[102]
② 타이어 제조사인 A사(국내 타이어 소매시장의 40% 점유)와 동사의 모든 국내 대리점들이 대리점별 영업구역을 정하고 이에 합의한 경우
③ 8개 빙과류 도매업자가 서로 경쟁사업자의 기존 거래처를 침범하지 않기로 하는 합의를 한 경우
④ 9개 자동차 해상운송 사업자간 대한민국에서 수출되거나 대한민국으로 수입되는 완성 자동차 해상운송서비스와 관련된 거래지역이나 거래상대방을 공동으로 제한하는 합의를 한 경우[103]

마. 설비제한협정

설비제한협정이라 함은 사업자가 다른 사업자와 공동으로 상품의 생산 또는 용역의 제공을 위한 설비의 신설 또는 증설이나 장비의 도입을 방해하거나 제한하는 행위를 말한다(법 제40조 제1항 제5호).

101 공정거래위원회 2014. 11. 28. 2014카조2544.
102 경제법 변호사시험 제5회(2016년).
103 공정거래위원회 2017. 9. 1. 의결 2016국카3364.

사례

7개 버스사업자 간의 차후 가평군 관내 여타지역으로의 노선연장 등 모든 사업계획 변경신청 및 운행대수 증차는 하지 않기로 한다는 합의[104]

바. 상품 또는 용역의 종류·규격제한협정

상품 또는 용역의 종류·규격제한협정이라 함은 사업자가 다른 사업자와 공동으로 상품 또는 용역의 생산 또는 거래시에, 그 상품 또는 용역의 종류 또는 규격을 제한하는 행위를 말한다(법 제40조 제1항 제6호).

사례

① 엘지건설 주식회사, 주식회사 대우건설 간의 공공 공사설계·시공일괄입찰에 참가하면서 사전에 공동으로 특정 공법 및 설비를 기본설계도서에서 제외하기로 합의하는 방법으로 상품의 종류 및 규격을 제한하는 행위[105]
② 포항지역 32개 룸살롱사업자 간의 공동으로 합의하여 업소내에 소주반입과 판매를 금지함으로써 경북 포항시지역 룸살롱업시장에서의 경쟁을 부당하게 제한하는 행위[106]
③ 6개 출판사가 공동으로 영어부교재의 규격, 체계를 결정한 행위[107]

사. 영업의 공동수행 등

이는 사업자가 다른 사업자와 공동으로 영업의 주요 부분을 공동으로 수행·관리하거나 수행·관리하기 위한 회사 등을 설립하는 행위를 가리킨다(법 제40조 제1항 제7호).

사례

① 2017년 말 기준으로 국내 X 상품 시장은 甲이 25%(1위), 乙이 20%(2위), 丙이 15%(3위)를 각각 점유하고 있다. X 상품을 생산하기 위해서는 반드시 중간재인 Y 상품이 필요한데, Y상품은 전량 C국으로부터 수입되어 왔고, 2018년에 C국의 정치·경제 상황이 불안정해지면서 Y상품의 원활한 공급이 크게 우려되는 상황을 맞게 되었다. 甲은 그 동안 Y상품을 대체할 수 있는 자체 중간재를 개발하려고 했지만, 개발을 위해 소요되는 막대한 비용과 불확실한 성공가능성으로 인해 선뜻 개발에 착수하지 못하고 있었다. 그러던 중 C국으로부터 자재를 수급하는 것에 대한 불안전성이 커지자 甲은 乙과 丙에 공동으로 회사를 설립하여 Y상품의 대체재를 연구·개발할 것을 제안하였고, 乙과 丙도 甲의 제안에 공감하여 갑, 을, 병은 공동으로 A회사를 설립하였다. A 회사는 Y 상품보다 원가가 낮으면서도 성능이 좋은 대체재를 개발하는

104 공정거래위원회 2009. 1. 2. 의결 제2009-002호.
105 공정거래위원회 2004. 2. 2. 의결 2003공동2167.
106 공정거래위원회 2008. 8. 11. 의결 2008구사1297.
107 대법원 1992. 11. 13. 선고 92누8040 판결.

데 성공하였으며, 그에 따라 甲, 乙, 丙 은 X 상품의 단가를 인하하여 시장에서 경쟁의 우위를 점하게 됨은 물론 소비자들도 가격 인하의 혜택을 누리게 되었다. 국내 X 상품 시장에서 甲, 乙, 丙 시장점유율 합계도 2019년 말 기준으로 종전의 60%에서 70%로 증가하였다. 甲, 乙, 丙의 A 회사 설립행위가 부당한 공동행위에 해당하는지를 설명하시오.

② A 회사를 통해 합작투자의 성과를 경험한 甲, 乙, 丙은 2019년 말 X 상품을 포함하여 취급상품의 유통비용을 절감할 목적으로 유통업무를 전담하는 B 회사를 설립하였다. 그런데, 甲, 乙, 丙의 예상과 달리 유통경로를 통합함에 따른 비용절감 효과는 미미했던 반면, 甲, 乙, 丙의 X 상품 유통을 B 회사가 전담함에 따라 시장에서 X 상품을 유통하는 사업자 수가 감소하였고, X 상품을 유통하는 사업자 수가 감소하였고, X 상품의 추가적인 가격인하는 발생하지 않고 있다. 甲, 乙, 丙의 B 회사 설립행위가 부당한 공동행위에 해당하는지를 설명하시오.[108]

③ A, B, C, D는 국내에서 소비재인 Y 상품을 제조·판매하는 사업자(관련 시장은 국내 Y 제조·판매 시장으로 전제하고, 이에 대하여 논하지 말 것)로 시장점유율이 각각 A 40%, B 30%, C 20%, D 10%이다. C와 D는 Y 상품의 단위당 생산비용을 절감하기 위한 목적으로 계약기간을 10년으로 하여 Y 상품의 제조에 필요한 부품 Z(이는 Y 상품의 제조에만 사용되는 부품이라고 가정한다)를 공동으로 구매하기로 하는 계약(이하 '공동구매계약'이라 함)을 체결하였다. A는 계열회사로부터 부품 Z를 전량 공급받고 있으나, B, C, D는 10여 개 중소기업으로부터 공급받는 방식으로 이를 조달하여 왔는데, 부품 Z의 해외가격은 국내가격보다 낮아서 수출이 곤란하고, 운송비용이 커서 수입 역시 이루어지지 않고 있다. C와 D 사이의 공동구매계약이 공정거래법상 부당한 공동행위에 해당되는지를 설명하시오.[109]

아. 입찰담합협정

법은 입찰 또는 경매에 있어 낙찰자, 경락자, 투찰가격, 낙찰가격 또는 경락가격, 낙찰 또는 경락의 비율, 설계 또는 시공의 방법, 그 밖에 입찰 또는 경매의 경쟁 요소가 되는 사항을 결정하는 행위를 금하고 있다(법 제40조 제1항 제8호, 영 제44조 제1항). 이 유형은 2007. 8. 개정법에서 신설한 것이다. 기존에는 주로 제1호의 가격협정 등으로 규율하였는데 입찰의 경우 입찰자들이 서로 다른 가격을 제시하는 것이기 때문에 제1호에 의하여 규제하기 곤란한 점이 있었다.

사례

① 甲, 乙, 丙, 丁(건설 4사)은 각각 국내 관급항만건설공사 시장의 35%, 30%, 15%, 10%(관련시장은 '국내 관급항만건설공사 시장'이라고 가정한다)를 차지하고 있다. 국내에서 관급항만건설공사를 수행하기 위해서는 높은 기술력과 상당한 정도의 시공경험을 갖추어야 하고 현재까지 외국 건설사가 국내 관급항만건설공사를 수행한 적은 없다. 현재 정부에서 발주하는 항만건설공사의 대부분은 건설 4사가 수주하고 있는데, 정부는 관급공사시장에서 자유경쟁을 촉진하고 과점구조에 따른 과도한 공사대금의 합리적 조정을 위하여

108 경제법 변호사시험 제9회(2020년).
109 경제법 변호사시험 제2회(2013년).

항만건설공사의 수주 방식을 기존의 수의계약에서 경쟁입찰 방식으로 바꾸었다. 경쟁입찰 방식으로 바꾼 이후 첫 번째 항만건설공사 입찰에서는 甲이 500억 원을, 乙이 550억 원을, 丙이 570억 원을, 丁이 590억 원을 입찰가로 제출하여 甲이 낙찰을 받았고, 두 번째 입찰에서는 甲이 450억 원을, 乙이 410억 원을, 丙이 480억 원을, 丁이 490억 원을 입찰가로 제출하여 乙이 낙찰을 받았다. 그리고 세 번째 입찰에서는 甲이 330억 원을, 乙이 350억 원을, 丙이 320억 원을, 丁이 370억 원을 입찰가로 제출하여 丙이 낙찰을 받았고, 네 번째 입찰에서는 甲이 270억 원을, 乙이 280억 원을, 丙이 250억 원을, 丁이 230억 원을 입찰가로 제출하여 丁이 낙찰을 받았다. 이후 공정거래위원회는 甲, 乙, 丙, 丁이 순차적으로 낙찰을 받은 점에 의문을 가지고 조사를 한 결과, 甲, 乙, 丙 3사가 회합을 가지고 낙찰예정자와 그에 따른 각 건설사의 입찰가격을 합의하였다는 사실을 알게 되었다. 甲, 乙, 丙 3사의 행위가 공정거래법상 부당한 공동행위에 해당하는지에 대해 설명하시오.[110]

② 주식회사 엘지씨엔에스, 지에스네오텍 주식회사는 서울시 발주 주요도로 도로 교통관리시스템 설치공사 입찰에 참여하면서 경쟁업체와 합의하여 낙찰예정자를 결정하고 관련 입찰이 유찰되지 아니하도록 하기 위하여 경쟁업체의 설계도서 등을 이용하여 형식적으로 입찰에 참여한 사례[111]

자. 기타 다른 사업자의 사업활동방해 내지 정보교환

이는 제1호 내지 제8호 외의 행위로서 다른 사업자의 사업활동 또는 사업내용을 방해하거나 제한하거나 가격, 생산량, 원가, 출고량, 재고량 또는 판매량, 거래조건 또는 대금 대가의 지급조건으로 정하는 정보를 주고받음으로써 일정한 거래분야에서 경쟁을 실질적으로 제한하는 행위를 말한다(법 제40조 제1항 제9호, 영 제44조 제2항).

사례

부천지역 3개 교복대리점인 아이비클럽, 엘리트, 스쿨룩스 사업자 간의 다른 교복 판매사업자가 유통업체에 입점할 경우 자신들은 입점하지 않기로 합의하는 방법으로 다른 사업자의 사업활동 또는 사업내용을 방해하거나 제한함으로써 부천지역 교복판매시장에서 부당하게 경쟁을 제한하는 행위[112]

3. 합의의 추정

가. 입법취지와 법적 성격

합의의 존재에 대한 증명은 원칙적으로 공정거래위원회에서 하여야 할 것이다. 그러한 합의가 명시적 방법, 예컨대 계약서, 협정서에 의한 경우에는 그 증명이 용이할 것이나, 증거은폐 등으로 인하여 그 증명이 어려운 경우나 묵시적 방법에 의한 경우 등에는 증명의 어려움이 따르게 된다.

110 경제법 변호사시험 제7회(2018년).

111 공정거래위원회 2010. 7. 1. 의결 2009카총3482.

112 공정거래위원회 2015. 8. 13. 의결 2015카조1520.

이러한 경우에는 직접적인 증거로서 이를 증명할 수 없으므로 결국 일치된 행위라는 외적 상태로부터 '합의의 존재'라는 내적 상태를 추론할 수밖에 없으며, 이를 위하여 공정거래법은 다음과 같은 추정조항을 두고 있다.

담합유형에 해당하는 행위를 하는 둘 이상의 사업자가 일정한 추정사유가 있을 때에 그 사업자들 사이에 공동으로 담합행위를 할 것을 합의한 것으로 추정한다(법 제40조 제5항).

이는 법률의 규정에 의한 하나의 사실로부터 다른 사실의 존재를 추인하는 '법률상 추정'이라고 할 것이다. 추정의 대상이 되는 것은 '부당한 공동행위를 할 것을 합의한 것', 즉 합의한 사실로 보고 있다.[113]

나. 합의의 추정의 요건

아래의 요건을 충족하면 그 사업자들 사이에 공동으로 담합유형에 해당하는 행위를 할 것을 합의한 것으로 추정한다(법 제40조 제5항).

1) 행위의 외형상 일치

둘 이상의 사업자가 외형상 담합유형에 해당하는 행위를 한 경우

2) 가) 정황증거 : 해당 거래분야 또는 상품·용역의 특성, 해당 행위의 경제적 이유 및 파급효과, 사업자 간 접촉의 횟수·양태 등 제반 사정에 비추어 그 행위를 그 사업자들이 공동으로 한 것으로 볼 수 있는 상당한 개연성이 있을 때(법 제40조 제5항 제1호)

나) 정보교환 : 담합유형에 해당하는 행위에 필요한 정보를 주고받은 때(법 제40조 제5항 제2호)

2020년 공정거래법 개정으로 정보교환행위가 합의의 독자적인 추정요건으로 추가되었다. 행위의 외형상 일치와 정보교환 행위가 존재하면 해당 합의는 법률상 추정된다. 따라서 공정거래위원회는 정보교환 행위만 증명하면 되고, 정보교환과 관련된 '관련시장의 구조와 특성, 교환된 정보의 성질·내용, 정보 교환의 주체 및 시기와 방법, 정보 교환의 목적과 의도, 정보 교환 후의 가격·산출량 등의 사업자 간 외형상 일치 여부 내지 차이의 정도 및 그에 관한 의사결정 과정·내용, 그 밖에 정보 교환이 시장에 미치는 영향 등 모든 사정'에 대한 추가적인 증명부담을 덜게 되었다.[114,115] 반면에 합의사실을 추정되는 사업자는 그 행위가 합의에 기한 것이 아님을 증명해야 한다.

---

113 대법원 2003. 5. 27. 선고 2002두4648 판결 등 다수

114 개정규정이 도입되기 전에 판례는 가격정보 교환행위에 관하여 "경쟁 사업자들이 가격 등 주요 경쟁요소에 관한 정보를 교환한 경우, 그 정보 교환은 가격 결정 등의 의사결정에 관한 불확실성을 제거하여 담합을 용이하게 하거나 촉진할 수 있는 수단이 될 수 있으므로 사업자 사이의 의사연결의 상호성을 인정할 수 있는 유력한 자료가 될 수 있지만, 그렇더라도 그 정보 교환 사실만으로 부당하게 경쟁을 제한하는 행위에 대한 합의가 있다고 단정할 수는 없고, 관련 시장의 구조와 특성, 교환된 정보의 성질·내용, 정보 교환의 주체 및 시기와 방법, 정보 교환의 목적과 의도, 정보 교환 후의 가격·산출량 등의 사업자 간 외형상 일치 여부 내지 차이의 정도 및 그에 관한 의사결정 과정·내용, 그 밖에 정보 교환이 시장에 미치는 영향 등 모든 사정을 종합적으로 고려하여 그러한 합의가 있는지를 판단하여야 한다."라고 판시하였다(대법원 2015. 12. 24. 선고 2013두25924 판결).

115 권오승·서 정, 『독점규제법 이론과 실무』, 법문사, 2022, 330면.

다. 합의의 추정에 대한 판례의 태도

– 사업자 사이에 의사연결의 상호성을 인정할 만한 사정에 대한 증명

1) '부당하게 경쟁을 제한하는 행위에 대한 합의'로서 이때 '합의'에는 명시적 합의뿐 아니라 묵시적인 합의도 포함되지만, 그 합의는 둘 이상 사업자 사이에 의사의 연락이 있을 것을 본질로 하므로 단지 위 규정 각 호에 열거된 '부당한 공동행위'가 있었던 것과 일치하는 외형이 존재한다고 하여 당연히 합의가 있었다고 인정할 수는 없고 사업자 사이에 의사연결의 상호성을 인정할 만한 사정에 대한 증명이 있어야 한다.

2) 의식적 병행행위

의식적 병행행위라 함은 과점시장에서 사업자들 상호간에 의사의 연락은 없지만 동일한 행위가 병행적으로 이루어지고 있고, 사업자들이 이를 상호 인식이 있는 경우를 말하거나, 또는 경쟁자 각자의 행위가 유사하고 그러한 행위를 계속하는 것이 각자의 이익에 부합할 것이라고 믿지만 전면적 협정에 이를 정도의 직접적인 의사의 교환을 삼가면서 서로 세부적인 면에서 유사한 행위를 하는 것을 말한다.

과점시장에서는 경쟁사업자가 가격을 책정하면 다른 사업자는 이에 적절한 방법으로 대처하기 마련이고, 이때 어느 사업자가 경쟁사업자의 가격을 모방하는 것이 자신의 이익에 부합할 것으로 판단되면 경쟁사업자와의 명시적 합의나 암묵적인 양해 없이도 독자적으로 실행에 나아갈 수 있는 것이므로, 과점시장에서 경쟁상품의 가격이 동일·유사하게 나타나는 외형상의 일치가 상당한 기간 동안 지속되고 사업자들이 이러한 사정을 모두 인식하고 있다 하더라도, 이에 더하여 사업자들 사이에 가격결정과 관련된 명시적·묵시적 의사 연락이 있다고 볼 만한 추가적 사정이 증명되지 아니하면 가격결정에 관한 합의가 있다고 인정할 수 없다.

그리고 경쟁사업자들 사이에 가격결정에 관한 합의가 있었다고 하더라도 어느 사업자가 그러한 합의에 가담하였다고 볼 만한 사정은 제한적인 반면, 그 사업자가 시장 여건에 따라 자신의 이익을 극대화하기 위하여 독자적으로 행동하였다거나 또는 경쟁사업자들과 사이에 담합을 한 것과는 일반적으로 양립하기 어려운 행동을 하였다고 볼 만한 사정이 상당한 기간 동안 지속되는 등 경쟁사업자들과 사이에 의사 연락이 있었다고 보기 어려운 경우에는 그 사업자가 그 합의에 가담하였다고 인정할 수 없다.[116]

116 대법원 2014. 5. 29. 선고 2011두23085 판결. 대법원은 LPG담합 사건에서 LPG사업자들 사이에 가격의 외형상 일치가 존재하였으나 현대오일뱅크와 다른 LPG사업자들을 의사연결의 상호성 여부를 달리 판단하였다. 다른 LPG사업자들의 경우에는 외형상 일치 이외에도 가격에 관한 의견교환을 하는 등 의사연결의 상호성을 인정할 만한 사정이 있었다. 그러나 현대오일뱅크의 경우에는 ① 가격에 관한 의견교환에 관한 별다른 증거는 없다는 점, ② 타사의 가격을 추종하는 것이 자신의 이익을 독자적으로 추구하는 행동으로 설명할 수 있는 점, ③ 담합의 내용과는 배치되는 저가 판매를 지속하였다는 점 등이 있었다.

다. 합의 추정의 복멸

1) 추정의 복멸

법 제40조 제5항에 의하여 합의가 추정되는 경우, 사업자는 그 행위가 합의에 기한 것이 아님을 증명함으로써 추정을 복멸할 수 있다.

대법원은 법 제40조 제5항에 따라 공동행위의 합의추정을 받는 사업자들로서는 외부적으로 드러난 동일 또는 유사한 행위가 실제로는 아무런 합의 없이 각자의 경영판단에 따라 독자적으로 이루어졌음에도 마침 우연한 일치를 보게 되는 등 공동행위의 합의가 없었다는 사실을 입증하거나, 또는 외부적으로 드러난 동일 또는 유사한 행위가 합의에 따른 공동행위가 아니라는 점을 수긍할 수 있는 정황을 입증하여 그 추정을 복멸시킬 수 있다고 판시하였다.[117]

한편 부당한 공동행위의 합의의 추정을 복멸시킬 수 있는 사정을 판단함에 있어서는, 당해 상품 거래분야 시장의 특성과 현황, 상품의 속성과 태양, 유통구조, 가격결정 구조, 시장가격에 영향을 미치는 제반 내외부적 영향, 각 개별업체가 동종 거래분야 시장에서 차지하고 있는 지위, 가격의 변화가 개별사업자의 영업이익과 시장점유율 등에 미치는 영향, 사업자의 개별적 사업여건에 비추어 본 경영판단의 정당성, 사업자 상호간의 회합 등 직접적 의사교환의 실태, 협의가 없었더라도 우연의 일치가 이루어질 수도 있는 개연성의 정도, 가격모방의 경험과 법위반 전력, 당시의 경제정책적 배경 등을 종합적으로 고려하여 거래 통념에 따라 합리적으로 판단하여야 할 것이다.[118]

2) 행정지도에 기한 외형상 일치

공정거래위원회가 사업자들의 행위가 합의에 의한 것임을 직접 입증하지 못하여 법 제40조 제5항에 따라 합의가 추정된 경우에, 그 외형의 일치가 행정관청의 행정지도에 따른 것이라는 이유로 합의의 추정을 복멸할 수 있는지가 문제된다.[119]

행정지도란 행정기관이 그 소관 사무의 범위에서 일정한 행정목적을 실현하기 위하여 특정인에게 일정한 행위를 하거나 하지 아니하도록 지도, 권고, 조언 등을 하는 행정작용을 말한다(행정절차

---

117 대법원 2005. 1. 28. 선고 2002두12052 판결.

118 대법원 2003. 5. 27. 선고 2002두4648 판결.

119 행정지도에 관한 공정거래법상 다른 쟁점으로는 행정지도에 따른 행위를 공정거래법 제116조상의 '법령에 따른 정당한 행위'로 판단하여 공정거래법의 적용이 제외된다고 볼 수 있는지 이다.

가. 행정지도가 부당한 공동행위의 원인이 되었다 하더라도 그 부당한 공동행위는 원칙적으로 위법하다. 즉 ① 행정기관이 법령상 구체적 근거 없이 사업자들의 합의를 유도하는 행정지도를 한 결과 부당한 공동행위가 행해졌다 하더라도 그 부당한 공동행위는 원칙적으로 위법하다. ② 행정기관이 사업자들에게 개별적으로 행정지도를 한 경우, 사업자들이 이를 기화로 가격협정 등의 별도의 합의를 한 때에는 부당한 공동행위에 해당한다.

나. 다른 법령에서 행정기관에게 사업자들로 하여금 가격 등 경쟁요소에 관하여 행정처분을 할 수 있는 구체적 권한을 부여한 경우, 이러한 처분에 따라 사업자들이 가격 등을 합의한 때에는 공정거래법 제116조(법령에 따른 정당한 행위)에 의해 공정거래법 적용이 제외될 수 있다. 예컨대 ① 다른 법령에서 사업자가 법 제40조 제1항 각호의 1에 해당하는 행위를 하는 것을 구체적으로 허용하고 있는 경우, ② 다른 법령에서 행정기관이 사업자로 하여금 법 제40조 제1항 각호의 1에 해당하는 행위를 하는 것을 행정 지도할 수 있도록 규정하고 있는 경우로서 i) 그 행정지도의 목적, 수단, 내용, 방법 등이 근거법령에 부합하고 ii) 사업자들이 그 행정지도의 범위 내에서 행위를 한 경우, ③ 행정지도에 사업자들이 개별적으로 따른 경우에는 부당한 공동행위에 해당하지 않는다.

법 제2조 제3호).[120]

대법원은 보험사업자의 위 신고에 대한 심사과정에서 금융감독원장이 행정지도를 통하여 사실상 보험료결정에 관여하였고 그 결과 보험료가 동일하게 유지되었다면 위와 같은 사정은 공동행위의 합의추정을 복멸시킬 수 있는 정황으로서 참작될 수 있다라고 판단하였다.[121]

사례

① 국내에서 소비재 X를 제조·판매하는 사업자는 A, B, C, D뿐이다(관련 지역시장은 '국내시장', 관련 상품시장은 'X의 제조·판매시장'으로 가정한다). A, B, C, D의 2010년 X의 국내매출액은 각각 5,000억 원, 2,500억 원, 2,000억 원, 500억 원이다. 현재까지 X는 수입이 안 되고 있고, 다른 사업자들의 신규진입도 용이하지 않다. 최근 A가 X를 공급하는 데 필요한 비용이 10% 상승하였고, B, C, D 역시 X의 공급에 필요한 비용이 유사한 비율로 상승하였다. A, B, C, D 모두 눈치만 보고 있던 중 시장점유율이 가장 높은 A의 대표이사가 B와 C의 대표이사와 회합을 하고 자신의 가격인상 계획을 밝히면서 동참해줄 것을 요청하였다. 이에 대하여 B와 C의 대표이사는 잠자코 듣기만 하였다. 그 후 A는 X의 판매가격을 30% 인상하였고, 1주일 후 B와 C 역시 각각 29%, 28% 판매가격을 인상하였다. B와 C가 가격을 인상한 1주일 후 D 역시 X의 판매가격을 20% 인상하였다. 그로부터 한 달이 지난 2011. 6. 1. 소비자단체 Z가 공정거래위원회에 위 행위를 신고하였다.

- A, B, C의 행위가 공정거래법상 부당한 공동행위에 해당하는지를 설명하시오.
- D의 경우에도 부당한 공동행위의 '합의'가 인정되는지를 설명하시오.[122]

② 甲, 乙, 丙 3사는 명시적으로 입찰담합협정을 하였다. 그런데 丁은 위 합의에 참여하지 않았고, 다만 甲, 乙, 丙 3사의 합의사실과 네 번째 입찰에 관한 정보를 우연히 알게 되어 위와 같이 입찰에 참여하였다고 주장한다. 丁의 행위가 공정거래법상 부당한 공동행위에 해당할 수 있는지에 대해 설명하시오.[123]

---

120 김동희, 『행정법Ⅰ』(제18판), 박영사, 2012, 203-206면 ; 법령의 직접적 근거에 의한 행정지도, 법령의 간접적 근거에 의한 행정지도(법령상 직접적 근거규정은 없으나, 당해 사항에 일정한 행정처분을 할 수 있는 근거가 있는 경우에는, 이를 배경으로 하여 사전적으로 행정지도가 행하여지는 경우도 적지 않다), 법령의 근거 없는 행정지도(행정기관이 행정지도에 관한 법규상의 수권이 없이 행정지도를 하는 경우이다. 이 경우 행정기관은 단지 조직법상의 권한에 의거하여 행정지도를 하는 것으로, 행정지도의 대부분은 이에 해당하는 것이다)가 있다. 행정지도는 상대방의 임의적 협력을 전제로 하는 비권력작용이라는 점에서 행정쟁송의 대상으로서의 '처분성'을 인정하기 어렵고, 손해가 발생한 경우에 국가 등의 배상책임 인정에도 난점이 있다.

121 대법원은 보험사업자의 보험료산출방법서 변경에 관한 인가권 및 심사권은 금융감독원장에 있는 것이 아니지만(금융감독위원회에게 인가권이 있다) 금융감독원의 손해보험상품관리규정과 보험상품관리규정에서 보험사업자가 금융감독원장에게 위 변경을 신고한 후 소정의 기간 내에 수리가 거부되지 아니하면 인가가 의제되는 것으로 규정하고 있으므로, 보험사업자의 위 신고에 대한 심사과정에서 금융감독원장이 행정지도를 통하여 사실상 보험료결정에 관여하였고 그 결과 보험료가 동일하게 유지되었다면 위와 같은 사정은 공동행위의 합의추정을 복멸시킬 수 있는 정황으로서 참작될 수 있다라고 판단하였다.
원심법원에서는 "… 그에 따라 원고들이 기본보험료를 결정하여 신고하다보니 기본보험료가 원고들 사이에 동일하게 유지 또는 인상된 것으로 보이고, 여기에 국내 자동차보험시장의 특성과 현황, 자동차보험료의 결정 구조, 자동차보험료가 국내 경제에 미치는 영향, 당시의 경제정책적 배경 등을 종합적으로 고려해 볼 때, 기본보험료 인상률이 원고들 사이에 동일하게 유지 또는 변경되었다는 사정만으로 원고들 사이에 보험료의 유지, 변경에 관한 합의가 있었다고 추정하기에는 거래통념상 합리성이 없다고 판단된다는 이유로 위 각 보험료의 유지, 변경에 관한 원고들의 합의추정은 복멸된다"고 판단하였다.

122 경제법 변호사시험 제1회(2012년).

123 경제법 변호사시험 제7회(2018년).

Ⅳ. 부당한 경쟁제한성

1. 경쟁제한성

가. 경쟁제한성 증명에 대한 견해 대립

1999. 2. 개정법은 '일정한 거래분야에서 경쟁을 실질적으로 제한하는'이라는 문구 대신에 '공동으로 부당하게 경쟁을 제한하는'으로 그 성립요건을 개정하였다. 경쟁제한성이라 함은 일정한 거래분야의 경쟁이 감소하여 특정 사업자 또는 사업자단체의 의사에 따라 어느 정도 자유로이 가격·수량·품질 기타 거래조건 등의 결정에 영향을 미치거나 미칠 우려가 있는 상태를 초래하는 행위를 말한다(법 제2조 제5호).

1) 미국의 이론

미국에서는 가격협정, 시장분할협정 등 일정한 유형의 합의에 관하여 합의의 존재만 증명하면 경쟁제한성에 대한 추가적인 증명이나 판단 없이 곧바로 위법성을 인정할 수 있다. 이를 통상 당연위법(per se illegal)이라 한다. 당연위법의 원칙은 특정한 유형의 행위는 경쟁을 제한하는 효과가 있는 것이 보통이라는 경험칙과 그러한 협정에 대해서까지 높은 분석비용을 지불하면서 엄밀하게 경쟁제한성 평가를 할 사회적 효용이 적다는 점을 근거로 한다.[124]

2) 학설

경성카르텔은 독과점의 형성·강화만을 목적으로 하는 카르텔로 가격협정, 시장분할협정, 입찰담합을 말한다. 연성카르텔은 경쟁제한적 효과뿐만 아니라 효율성증대 효과를 함께 발생시킬 수 있는 카르텔로 공동연구 등이 이에 해당된다.

일부 견해는 1999. 2. 개정을 근거로 가격담합이나 시장분할 등 일부 경성카르텔에 대하여 관련시장을 획정하거나 경쟁제한효과를 따로 분석하지 않고 곧바로 경쟁제한성을 인정하려는 취지임을 들어 이 경우 경쟁제한성에 대한 구체적인 증명이 필요 없다고 한다. 경성카르텔에 대해서는 경쟁제한성에 관한 증명부담을 덜어주고 그 대신 연성카르텔의 부당성 판단에 대해서 신중한 심사가 이루어져야 한다고 한다.[125] 경성카르텔은 당연위법원칙이, 연성카르텔은 합리의 원칙이 적용된다는 견해이다.

① 당연위법(per se illegal)의 원칙은 어떤 행위의 위법성을 따질 필요 없이 시장에 미치는 영향이 반경쟁적이어서 그 행위는 당연히 위법이 된다. 즉, 당연위법의 행위유형들은 그 성격상 경쟁제한효과가 강해서 경쟁에 미치는 영향에 대한 구체적 분석 없이 일률적으로 위법한 것이 된다.

---

124 권오승·서 정, 『독점규제법 이론과 실무』, 법문사, 2022, 279면.
125 권오승·서 정, 『독점규제법 이론과 실무』, 법문사, 2022, 282-283면.

② 합리의 원칙(rule of reason)은 어떤 행위 유형들은 경쟁제한적인지, 경쟁촉진적인지 여부를 판단하기 위하여 시장의 구조적 특성과 시장에 미치는 영향을 구체적으로 분석하여 위법을 판단하는 경우이다. 행위의 목적이나 경쟁제한효과가 불분명하거나 사업자가 행위의 경쟁촉진효과나 효율성 증대효과를 주장하는 경우 경쟁제한효과와 경쟁촉진효과(효율성 증대효과)를 비교형량하여야 하는 것이 합리의 원칙이다.[126]

그러나 다른 견해는 ① 공정거래법 제40조 제1항의 문리적 해석상 경쟁제한성을 공정거래위원회가 증명하지 않고 침익적 행정처분을 할 수 없다는 점, ② 현행법이 '일정한 거래분야에서 경쟁을 실질적으로 제한하는'이라는 문구를 '부당하게 경쟁을 제한하는'으로 개정하였다 하더라도 현행법상 당연위법의 원칙이 도입되었다거나 경쟁성제한성에 대한 증명이 필요 없게 되었다고 단정지을 수 없다고 한다.[127]

나. 공정거래위원회의 위법성 심사기준의 원칙

공동행위의 위법성 심사는 공동행위의 성격에 대한 분석으로부터 출발한다. 성격상 경쟁제한 효과만 생기는 것이 명백한 경우에는(예컨대 가격·산출량의 결정·제한이나 시장·고객의 할당 등) 특별한 사정이 없는 한 구체적인 경쟁제한성에 대한 심사 없이 부당한 공동행위로 판단할 수 있다. 다만, 이 경우에도 당해 공동행위와 관련되는 시장의 구조, 거래형태, 경쟁상황 등 시장상황에 대한 개략적인 분석은 하여야 한다. 그러나 공동행위의 성격상 경쟁제한 효과와 효율성증대 효과를 함께 발생시킬 수 있는 경우(예컨대 공동마케팅, 공동생산, 공동구매, 공동연구·개발, 공동표준개발 등)에는 당해 공동행위의 위법성을 판단하기 위해 경쟁제한 효과와 효율성증대 효과를 종합적으로 심사함을 원칙으로 한다.

다. 판례의 태도

판례는 '경쟁제한성'을 가지는지 여부는 당해 상품의 특성, 소비자의 제품선택 기준, 당해 행위가 시장 및 사업자들의 경쟁에 미치는 영향 등 여러 사정을 고려하여, 당해 공동행위로 인하여 일정한 거래분야에서의 경쟁이 감소하여 가격·수량·품질 기타 거래조건 등의 결정에 영향을 미치거나 미칠 우려가 있는지를 살펴, 개별적으로 판단하여야 한다.[128]

한편 당해 공동행위가 경쟁제한적 효과 외에 경쟁촉진적 효과도 함께 가져오는 경우에는 양자를 비교·형량하여 경쟁제한성을 가지는지 여부를 판단하여야 한다. 경쟁제한적 효과와 경쟁촉진적 효과, 소비자후생 증대효과를 비교형량하여 경쟁제한적 효과가 더 큰 경우 경쟁제한성을 인정한다. 여기에서 경쟁제한적 효과는 공동행위의 내용, 공동행위에 가담한 사업자들의 시장점유율,[129] 공동

126 이재구, 『공정거래법』, 지식과감성, 2022, 359면.

127 양명조, 『경제법강의』(제5판), 신조사, 2007, 149면.

128 대법원 2009. 3. 26. 선고 2008두21058 판결.

129 대법원은 "부당한 공동행위에 해당하는지 여부를 판단하기 위해서는, 먼저 경쟁관계가 문제 될 수 있는 일정한 거래분야

행위 가담 사업자들 사이의 경쟁제한의 정도 등을 고려하고, 경쟁촉진적 효과는 당해 공동행위로 인한 제반 비용감소 등 효율성 증대 효과 및 소비자 후생 증가 등을 포괄적으로 감안하되 합리적인 관점에서 그러한 경쟁촉진적 효과를 발생시키는 데 당해 공동행위가 필요한지 여부 등을 종합적으로 고려하여야 한다.[130] 가격 고정, 입찰담합 등 이른바 경성카르텔의 경우는 경쟁제한적 효과를 상쇄할 만한 소비자 보호·국민 경제의 균형 발전에 해당하지 않는 한 부당하다고 본다.[131]

사례

A, B, C, D는 국내에서 소비재인 Y상품을 제조·판매하는 사업자로서 시장점유율이 각각 A 40%, B 30%, C는 25%, D는 5%이다. A, B, C 실무진들이 모여서 가격합의를 하였다. 이 소비재에 대해서는 현재 수입되지 않고, 근래 3년 동안 상품시장에 신규진입한 사업자는 없다. 경쟁제한성에 대해서 설명하시오.

- 사안에서 가격합의는 전형적 경성카르텔로서, 비교적 경쟁제한성이 용이하게 인정된다. 또한 참가사업자인 A, B, C의 시장점유율의 합계가 95%에 이른다는 사실, X는 아직까지 수입되지 않고 있어 해외경쟁 없다는 사실, 다른 사업자들의 신규진입 역시 용이하지 않다는 사실 고려시, 이들 사업자간의 합의는 부당한 경쟁제한성을 가진다.

2. 부당성

대법원은 제주도관광협회 사건에서 사업자단체에 의한 가격결정행위가 일정한 거래분야의 경쟁이 감소하여 사업자단체의 의사에 따라 어느 정도 자유로이 가격의 결정에 영향을 미치거나 미칠 우려가 있는 상태를 초래하는 행위, 즉 공정거래법 제51조 제1항 제1호, 제40조 제1항 제1호의 '사업자단체의 가격을 결정·유지 또는 변경하는 행위에 의하여 일정한 거래분야의 경쟁을 실질적으로 제한하는 행위'('가격제한행위'라고 한다)에 해당하더라도, 이로 인하여 경쟁이 제한되는 정도에 비하여 같은 법 제40조 제2항 각 호에 정해진 목적 등에 이바지하는 효과가 상당히 커서 소비자를 보호함과 아울러 국민경제의 균형 있는 발전을 도모한다는 법의 궁극적인 목적에 실질적으로 반하지 아니하는 예외적인 경우에 해당한다면, 부당한 가격제한행위라고 할 수 없다.[132]

에 관하여 거래의 객체인 관련상품에 따른 시장(이하 '관련상품시장'이라고 한다)을 구체적으로 정하여야 한다. 여기에서 관련상품시장의 범위는 경쟁관계에 있는 상품들의 범위를 말하는데, 이를 정할 때에는 거래에 관련된 상품의 가격, 기능 및 효용의 유사성, 구매자들의 대체가능성에 대한 인식 및 그와 관련한 구매행태는 물론 공급자들의 대체가능성에 대한 인식 및 그와 관련한 경영의사결정 형태, 사회적·경제적으로 인정되는 업종의 동질성 및 유사성 등을 종합적으로 고려하여 판단하여야 하고, 그 밖에도 그 상품의 생산을 위하여 필요한 다른 상품 및 그 상품을 기초로 생산되는 다른 상품에 관한 시장의 상황, 시간적·경제적·법적 측면에서 대체의 용이성 등도 함께 고려하여야 한다. 한편, 부당한 공동행위의 다양성과 그 규제의 효율성 및 합리성 등을 고려하면 공정거래위원회가 어느 공동행위의 관련상품시장을 획정할 때 반드시 실증적인 경제 분석을 거쳐야만 한다고 요구할 수는 없고, 피고가 이를 거치지 아니한 채 관련상품시장을 획정하였더라도 문제가 된 공동행위의 유형과 구체적 내용, 그 내용 자체에서 추론할 수 있는 경제적 효과, 공동행위의 대상인 상품이나 용역의 일반적인 거래현실 등에 근거하여 그 시장 획정의 타당성을 인정할 수 있다고 보아야 한다."라고 판시하였다(대법원 2014. 11. 27. 선고 2013두24471 판결)

130 대법원 2015. 6. 11. 선고 2013두1676 판결.

131 대법원 2009. 3. 26. 선고 2008두21058 판결, 이봉의, 『공정거래법』, 박영사, 2022. 673, 674면.

사례

제주지역의 일부 관광사업자들로 구성된 사업자단체가 관광상품과 용역의 판매 가격 및 송객수수료가 위 판매가격에서 차지하는 비율을 하향조정하기로 결의한 다음 이를 준수하도록 구성원인 사업자들에게 통보한 행위는, 위 사업자단체가 제주지역 내의 전체 관광산업에서 차지하는 비중이 높지 아니할 뿐만 아니라 구성사업자의 탈퇴에 특별한 제한이 없고 구성사업자가 위 사업자단체의 결의사항을 위반하였을 경우에도 효과적인 제재수단이 없는 점, 위 사업자단체의 결의가 제주도 관광사범수사지도협의회의 수수료 지급실태에 대한 조사 및 협의에 따라 지나치게 과다한 송객수수료의 지급으로 인한 관광의 부실화 및 바가지요금, 물품강매 등 관광부조리를 방지하고 관광상품 판매가격의 인하를 유도하기 위하여 행하여진 점 등에 비추어 구 독점규제법 상의 부당한 가격제한행위에 해당하지 아니한다고 한 사례[133]

Ⅴ. 공동행위의 사전 인가

부당한 공동행위가 인가사유에 해당하는 목적을 위하여 하는 경우로서 대통령령으로 정하는 요건에 해당하고 공정거래위원회의 인가를 받은 경우에는 적용하지 아니한다(법 제40조 제2항).

1. 인가사유

가. 불황극복을 위한 산업구조조정

불황극복을 위한 산업구조조정을 위한 공동행위의 인가는 당해 공동행위가 ① 해당 산업 내 상당수 기업이 불황으로 인해 사업활동에 곤란을 겪을 우려가 있을 것, ② 해당 산업의 공급능력이 현저하게 과잉상태에 있거나 생산시설 또는 생산방법의 낙후로 생산능률이나 국제경쟁력이 현저하게 저하되어 있을 것, ③ 기업의 합리화를 통해서는 ① 또는 ②의 상황을 극복할 수 없을 것 ④ 경쟁을 제한하는 효과보다 산업구조조정의 효과가 더 클 것이라는 요건을 모두 갖출 것을 요한다(법 제40조 제2항 제1호, 영 제45조 제1항 제1호).

나. 연구·기술개발

연구·기술개발을 위한 공동행위의 인가는 당해 공동행위가 ① 해당 연구·기술개발이 산업경쟁력 강화를 위해 매우 필요하며 그 경제적 파급효과가 클 것, ② 연구·기술개발에 소요되는 투자금액이 과다하여 한 사업자가 조달하기 어려울 것, ③ 연구·기술개발성과의 불확실에 따른 위험분산을 위해 필요할 것 및 ④ 경쟁을 제한하는 효과보다 연구·기술개발의 효과가 클 것이라는 요건을 모두 갖출 것을 요한다(법 제40조 제2항 제2호, 영 제45조 제1항 제2호).

132 대법원 2005. 9. 9. 선고 2003두11841 판결.

133 대법원 2005. 9. 9. 선고 2003두11841 판결.

다. 거래조건의 합리화

거래조건의 합리화를 위한 공동행위의 인가는 당해 공동행위가 ① 거래조건의 합리화로 생산능률의 향상, 거래의 원활화 및 소비자의 편익증진에 명백하게 기여할 것, ② 거래조건의 합리화 내용이 해당 사업분야의 대부분의 사업자들에게 기술적·경제적으로 가능할 것 및 ③ 경쟁을 제한하는 효과보다 거래조건의 합리화의 효과가 클 것이라는 요건을 모두 갖출 것을 요한다(법 제40조 제2항 제3호, 영 제45조 제1항 제3호).

라. 중소기업의 경쟁력향상

중소기업의 경쟁력향상을 위한 공동행위의 인가는 당해 공동행위가 ① 공동행위에 따라 중소기업의 품질·기술향상 등 생산성 향상이나 거래조건에 관한 교섭력 강화가 명백할 것, ② 공동행위에 참가하는 사업자[134] 모두가 중소기업자일 것 및 ③ 공동행위 외의 방법으로는 대기업과 효율적으로 경쟁하거나 대기업에 대항하기 어려운 경우에 해당할 것에 한하여 이를 할 수 있다(법 제40조 제2항 제3호, 영 제45조 제1항 제3호).

2. 인가의 한계

위와 같은 요건을 충족하여 사업자가 공동행위의 인가를 신청한 경우에도 당해 공동행위가 ① 해당 공동행위의 목적을 달성하기 위해 필요한 정도를 초과하는 경우, ② 수요자 및 관련 사업자의 이익을 부당하게 침해할 우려가 있는 경우, ③ 참가사업자 간에 공동행위의 내용과 관련하여 부당한 차별이 있는 경우, ④ 해당 공동행위에 참가하거나 탈퇴하는 것을 부당하게 제한하는 경우 중 하나에 해당하는 경우에는 공정거래위원회는 인가를 해서는 안 된다(영 제45조 제2항).

Ⅵ. 금지위반의 효과

1. 사법상의 효과

부당한 공동행위를 할 것을 약정하는 계약 등은 사업자간에 있어서는 이를 무효로 한다(법 제40조 제4항). 이는 부당한 공동행위를 하기로 의사의 합치를 한 사업자들간의 계약 등은 무효가 된다는 의미이고, 문제가 된 의사합치에 기하여 다른 제3자와 체결된 계약의 효력에는 영향이 없다.

2. 시정조치

공정거래위원회는 부당한 공동행위가 있을 때에는 그 사업자에게 당해 행위의 중지, 시정명령을

134 참가사업자라 한다.

받은 사실의 공표 또는 그 밖에 필요한 시정조치를 명할 수 있다(법 제42조 제1항). 기타 시정을 위한 필요한 조치로서는 입찰참가자격 제한 요청, 합의의 파기 등이 포함된다.

3. 과징금

대통령령이 정하는 매출액에 100분의 20을 곱한 금액을 초과하지 아니하는 범위에서 과징금을 부과할 수 있다. 매출액이 없는 경우에는 40억 원을 초과하지 아니하는 범위 안에서 과징금을 부과할 수 있다(법 제43조). 과징금 한도액의 기준이 되는 매출액이란 위반사업자가 위반기간동안 일정한 거래분야에서 판매한 관련 상품이나 용역의 매출액 또는 이에 준하는 금액(이하 "관련매출액"이라 한다)을 말한다. 이 경우 위반행위가 상품이나 용역의 구매와 관련하여 이루어진 경우에는 관련 상품이나 용역의 매입액을 말하고, 입찰담합 및 이와 유사한 행위인 경우에는 계약금액을 말한다(영 제50조, 제13조 제1항). 관련매출액을 산정할 경우 관련상품의 범위는 위반행위로 인하여 직접 또는 간접적으로 영향을 받는 상품의 종류와 성질, 거래지역, 거래상대방, 거래단계 등을 고려하여 정하고, 위반기간은 위반행위의 개시일부터 종료일까지의 기간으로 하며, 매출액은 사업자의 회계자료 등을 참고하여 정하는 것을 원칙으로 하되, 각각의 범위는 행위유형별로 개별적·구체적으로 판단한다(영 제86조 제1항).

4. 형사처벌

부당한 공동행위를 한 자 또는 이를 행하도록 한 자에 대하여는 3년 이하의 징역 또는 2억 원 이하의 벌금에 처하고(법 제124조 제1항 제9호), 부당한 공동행위에 대한 공정거래위원회의 시정명령에 불응한 자에 대하여는 2년 이하의 징역 또는 1억 5천만 원 이하의 벌금에 처한다(법 제125조 제1호).

Ⅶ. 자진신고자에 대한 면책

1. 의의 및 취지

법은 공동행위에 참가했던 자가 공정거래위원회에 그 사실을 신고하는 경우 시정조치와 과징금에 한하여 이를 감경 또는 면제할 수 있도록 하고 있고 제129조에 따른 고발을 면제할 수 있는 제도를 설치하고 있다(법 제44조 제1항).

이 제도의 취지는 부당한 공동행위에 참여한 사업자가 자발적으로 부당한 공동행위 사실을 신고하거나 조사에 협조하여 증거자료를 제공한 것에 대한 혜택을 부여함으로써 참여사업자들 간의 신뢰를 약화시켜 부당한 공동행위를 중지 내지 예방하고자 함에 있다.[135]

135 대법원 2011. 9. 8. 선고 2009두15005 판결.

2. 면책의 기준 및 내용

가. 공정거래위원회가 조사를 시작하기 전에 자진신고한 자로서 ① 부당한 공동행위임을 입증하는 데 필요한 증거를 단독으로 제공한[136]최초의 자일 것, ② 공정거래위원회가 부당한 공동행위에 대한 정보를 입수하지 못하였거나 부당한 공동행위임을 입증하는 데 필요한 증거를 충분히 확보하지 못한 상태에서 자진신고하였을 것, ③ 부당한 공동행위와 관련된 사실을 모두 진술하고, 관련 자료를 제출하는 등 조사 및 심의·의결이 끝날 때까지 성실하게 협조하였을 것, ④ 그 부당한 공동행위를 중단하였을 것(영 제51조 제1항 제1호) 모두에 해당하는 경우에는 과징금, 시정조치 및 고발을 면제한다.

나. 공정거래위원회가 조사를 시작한 후에 조사에 협조한 자로서 ① 공정거래위원회가 부당한 공동행위에 대한 정보를 입수하지 못하였거나 부당한 공동행위임을 입증하는 데 필요한 증거를 충분히 확보하지 못한 상태에서 조사에 협조하였을 것, ② 위 자진신고자로서의 면제요건 제1호 가목, 다목, 라목(위 ①, ③, ④요건)에 해당하는 경우에는 과징금을 면제하고, 시정조치를 감경하거나 면제한다(영 제51조 제1항 제2호).

다. 공정거래위원회가 조사를 시작하기 전에 자진신고하거나 공정거래위원회가 조사를 시작한 후에 조사에 협조한 자로서 ① 부당한 공동행위임을 입증하는 데 필요한 증거를 단독으로 제공한 두 번째의 자일 것, ② 위 자진신고자로서의 면제요건 제1호 다목, 라목(위 ③, ④요건)에 해당하는 경우, ③ 가. 나.에 해당하는 자진신고자들이 자진신고하거나 조사 등에 협조한 날부터 2년 이내에 자진신고하거나 조사 등에 협조했을 것을 모두 충족하면 과징금의 50%를 감경하고, 시정조치를 감경할 수 있다(영 제51조 제1항 제3호).

라. 부당한 공동행위로 인하여 과징금 부과 또는 시정조치의 대상이 된 자가 그 부당한 공동행위 외에 그 자가 관련되어 있는 다른 부당한 공동행위에 대하여 위 자진신고자로서의 면제요건(가) 또는 첫 번째 협조자로서의 면제요건(나)을 충족하는 경우에는 그 부당한 공동행위에 대하여 다시 과징금을 감경 또는 면제하고, 시정조치를 감경할 수 있다(이른바 'Amnesty plus, 영 제51조 제1항 제4호).

마. 위와 같은 감경요건에 해당하는 경우라 하더라도 ① 다른 사업자에게 그 의사에 반하여 해당 부당한 공동행위에 참여하도록 강요하거나 이를 중단하지 못하도록 강요한 사실이 있는 경우 또는 ② 일정 기간 동안 반복적으로 부당한 공동행위를 한 경우에는 시정조치와 과징금의 감면을 하지 아니한다(영 제51조 제2항).

---

136 그 부당한 공동행위에 참여한 둘 이상의 사업자가 공동으로 증거를 제공하는 경우에도 이들이 실질적 지배관계에 있는 계열회사이거나 회사의 분할 또는 영업양도의 당사회사로서 공정거래위원회가 고시한 요건에 해당하면 단독으로 제공한 것으로 본다.

바. 자진신고자 감면규정에 따라 면책을 받은 자가 그 감경 또는 면제받은 날로부터 5년 이내에 새롭게 부당한 공동행위규정을 위반하는 경우에는 자진신고자규정에 따른 감경 또는 면제를 하지 아니한다(법 제44조 제2항).

사. 시정조치나 과징금을 감경 또는 면제받은 자가 그 부당한 공동행위와 관련된 재판에서 ① 조사과정에서 한 진술이나 제출했던 자료의 중요한 내용을 재판에서 전부 또는 일부 부정하는 경우, ② 공정거래위원회의 조사 등의 과정에서 진술한 내용이나 제출했던 자료가 재판에서 거짓인 것으로 밝혀진 경우, ③ 정당한 이유 없이 재판에서 공동행위 사실에 대한 진술을 하지 않는 경우, ④ 정당한 이유 없이 재판에 출석하지 않는 경우, ⑤ 자진신고한 부당한 공동행위 사실을 부인하는 취지의 소를 제기하는 경우에 해당하는 경우에는 시정조치나 과징금의 감경 또는 면제를 취소할 수 있다(법 제44조 제3항, 영 제51조 제3항).

아. 공정거래위원회 및 그 소속 공무원은 사건처리를 위하여 필요한 경우(자진신고자 등이 해당 정보를 제공하는 데 동의한 경우, 해당 사건과 관련된 소송의 제기, 수행 등에 필요한 경우)를 제외하고는 자진신고자 또는 공정거래위원회의 조사 및 심의·의결에 협조한 자의 신원·제보 내용 등 자진신고나 제보와 관련된 정보 및 자료를 사건 처리와 관계없는 자에게 제공하거나 누설해서는 아니 된다(법 제44조 제4항, 영 제51조 제4항).

자. 공정거래위원회는 자진신고자 등 지위확인을 받은 사업자에 대해서는 검찰에 고발하지 아니한다. 다만, 당해 공동행위가 법 제129조(고발) 제2항이나 제3항에 의하여 검찰총장이 위원회에 고발 요청을 한 경우에는 그러하지 아니하다(「부당한 공동행위 자진신고자 등에 대한 시정조치 등 감면제도 운영고시」 제20조).

사례

경쟁입찰 방식으로 바꾼 이후 첫 번째 항만건설공사 입찰에서는 甲이 500억 원을, 乙이 550억 원을, 丙이 570억 원을, 丁이 590억 원을 입찰가로 제출하여 甲이 낙찰을 받았고, 두 번째 입찰에서는 甲이 450억 원을, 乙이 410억 원을, 丙이 480억 원을, 丁이 490억 원을 입찰가로 제출하여 乙이 낙찰을 받았다. 그리고 세 번째 입찰에서는 甲이 330억 원을, 乙이 350억 원을, 丙이 320억 원을, 丁이 370억 원을 입찰가로 제출하여 丙이 낙찰을 받았고, 네 번째 입찰에서는 甲이 270억 원을, 乙이 280억 원을, 丙이 250억 원을, 丁이 230억 원을 입찰가로 제출하여 丁이 낙찰을 받았다. 이후 공정거래위원회는 甲, 乙, 丙, 丁이 순차적으로 낙찰을 받은 점에 의문을 가지고 조사를 한 결과, 甲, 乙, 丙 3사가 회합을 가지고 낙찰예정자와 그에 따른 각 건설사의 입찰가격을 합의하였다는 사실을 알게 되었다. 공정거래위원회의 조사과정에서 丙은 조사에 적극 협조하여 위 합의의 입증에 필요한 증거자료를 제출하였다. 丙에 대하여 공정거래위원회가 시정조치 또는 과징금을 감경 또는 면제할 수 있는지에 대해 설명하시오.[137]

137 경제법 변호사시험 제7회(2018년).

3. 1순위 조사협의자 지위 획득에 관한 판례의 태도

수회에 걸친 일련의 합의가 전체적으로 1개의 부당한 공동행위로 성립하여 실행되고 있는 도중에 어느 한 사업자가 담합대상 제품의 생산을 시작하면서 비로소 가격합의 등에 참여함으로써 전체 공동행위 기간 중 일부에 관해서만 담합에 가담하였는데, 그 사업자가 자신이 가담한 기간뿐만 아니라 1개의 부당한 공동행위 전체 기간에 대한 증거자료를 최초로 제출하여 조사에 협조하였을 경우에는 1개의 부당한 공동행위 전체에 대한 최초 조사협조자로서의 지위가 인정되는 것이고, 그 후 다른 참여사업자가 최초 조사협조자인 사업자가 가담하지 아니한 기간에 해당하는 부당한 공동행위에 대하여 증거자료를 제출하고 조사에 협조하였다고 하더라도 그 일부 기간에 대해서만 별도의 최초 조사협조자로서의 지위를 획득한다고 볼 수는 없다.[138]

Ⅷ. 공동행위의 시기와 종기 및 개수

1. 공동행위의 개수

공동행위의 개수는 사안의 적용시 각각의 공동행위로 보는 경우와 전체를 하나의 공동행위로 보는 경우에 그 종기가 달라짐으로 인하여 여러 쟁점에서 문제가 될 수 있다.

대법원은 흑연전극봉 외국사업자들의 국제카르텔사건에서 사업자들이 경쟁을 제한할 목적으로 공동하여 향후 계속적으로 가격의 결정, 유지 또는 변경행위 등을 하기로 하면서, 그 결정주체, 결정방법 등에 관한 일정한 기준을 정하고, 향후 이를 실행하기 위하여 계속적인 회합을 가지기로 하는 등의 기본적 원칙에 관한 합의를 하고, 이에 따라 위 합의를 실행하는 과정에서 수회에 걸쳐 회합을 가지고 구체적인 가격의 결정 등을 위한 합의를 계속하여 온 경우, 그 회합 또는 합의의 구체적 내용이나 구성원에 일부 변경이 있더라도, 그와 같은 일련의 합의는 전체적으로 하나의 부당한 공동행위로 봄이 상당하므로, 위 조항의 '법의 규정에 위반하는 행위가 종료한 날'을 판단함에 있어서도 각각의 회합 또는 합의를 개별적으로 분리하여 판단할 것이 아니라 그와 같은 일련의 합의를 전체적으로 하나의 행위로 보고 판단하여야 할 것이다라고 판시하였다.[139]

사례

원고와 소외 회사들은 1992. 5. 21. 런던에서 최고책임자급 회합을 개최하여 흑연전극봉 가격인상 등을 위한 공동행위의 기본원칙에 합의하였다. 그 합의 이후에 1998. 2. 13.까지 약 4~5차례의 최고책임자급 회합 및 약 20여 차례의 실무자급 회합을 개최하여 구체적인 판매가격의 합의, 시장분할합의, 수출량제한합의 등을 한 것이다.[140]

138 대법원 2011. 9. 8. 선고 2009두15005 판결.
139 대법원 2006. 3. 24. 선고 2004두11275 판결.

2. 공동행위의 시기와 종기

공동행위의 시기는 과징금 산정하기 위한 관련매출액의 범위와 관련해서 문제되고 공동행위의 종기는 위반기간의 종기이므로 행정처분시효기간의 기산점이 되고 적용법령의 적용기준이 된다. 관련매출액의 범위에도 당연히 문제된다.

가. 공동행위의 시기

공동행위의 시기는 제40조 제1항 각호의 어느 하나에 해당하는 행위를 할 것을 합의한 날이다. 합의일을 특정하기 어려운 경우에는 사업자별로 실행개시일을 위반행위의 개시일로 본다.[141]

나. 공동행위의 종기

공동행위의 종기는 그 합의에 기한 실행행위가 종료한 날이다. 대법원은 가성소다제조사들의 부당한 공동행위사건에서 독점규제법 제40조 제1항 제1호 소정의 가격 결정 등의 합의 및 그에 기한 실행행위가 있었던 경우 부당한 공동행위가 종료한 날은 그 합의에 기한 실행행위가 종료한 날이므로, ① 합의에 참가한 일부 사업자가 부당한 공동행위를 종료하기 위해서는 다른 사업자에 대하여 합의에서 탈퇴하였음을 알리는 명시적 내지 묵시적인 의사표시를 하고 독자적인 판단에 따라 담합이 없었더라면 존재하였을 가격 수준으로 인하하는 등 합의에 반하는 행위를 하여야 하며, ② 합의에 참가한 사업자 전부에 대하여 부당한 공동행위가 종료되었다고 하기 위해서는 합의에 참가한 사업자들이 명시적으로 합의를 파기하고 각 사업자가 각자의 독자적인 판단에 따라 담합이 없었더라면 존재하였을 가격 수준으로 인하하는 등 합의에 반하는 행위를 하거나 또는 합의에 참가한 사업자들 사이에 반복적인 가격 경쟁 등을 통하여 담합이 사실상 파기되었다고 인정할 수 있을 만한 행위가 일정 기간 계속되는 등 합의가 사실상 파기되었다고 볼 수 있을 만한 사정이 있어야 한다.[142]

사례

① 합의에 정해진 조건이나 기한이 있는 경우
  - 그 조건이 충족되거나 기한이 종료한 경우

② 공동행위의 구성사업자가 합의 탈퇴의사를 명시적 내지 묵시적으로 표시하고 실제 그 합의에 반하는 행위를 한 경우. 다만, 합의에 반하는 행위를 하는 것이 현저히 곤란한 객관적이고 구체적인 사유가 인정되는 경우에는 합의 탈퇴의 의사표시로 부당한 공동행위가 종료한 것으로 볼 수 있다.
  - 합의 탈퇴의사 표시를 하였으나, 가격인하 등 합의에 반하는 행위를 할 수 있었음에도 불구하고 하지 않은 경우에는 합의 탈퇴의사 표시만으로 공동행위가 종료한 것으로 볼 수 없다.

---

140 대법원 2006. 3. 24. 선고 2004두11275 판결.

141 공동행위 심사기준(공정거래위원회예규 제390호, 2021. 12. 28.) Ⅲ. 2. 가.

142 대법원 2008. 10. 23. 선고 2007두12774 판결.

- 합의에 참가한 각 사업자가 각자의 독자적인 판단에 따라 담합이 없었더라면 존재하였을 가격 수준으로 인하하는 경우 그 독자적인 가격 결정일을 합의에 기한 실행행위가 종료한 날로 본다.
- 합의에 참가한 사업자들 사이에 반복적인 가격 경쟁이 있는 등 담합이 사실상 파기되었다고 인정할 수 있을 만한 행위가 일정 기간 계속되는 경우 그 행위가 발생한 날이 속한 달의 전월의 마지막 날에 합의에 기한 실행행위가 종료한 것으로 본다.

Ⅸ. 부당한 공동행위로 인한 손해배상책임

1. 부당한 공동행위를 한 사업자·사업자단체에 대한 3배이내배상책임제도

가. 내용

사업자 또는 사업자단체는 부당한 공동행위(제40조), 불공정거래행위 및 재판매가격유지행위와 관련하여 분쟁조정신청(제76조 제1항), 신고(제80조 제2항), 공정거래위원회의 조사(제81조)에 대한 협조를 한 사업자에게 그 행위를 한 것을 이유로 거래의 정지 또는 물량의 축소, 그 밖에 불이익을 주는 행위를 하거나 계열회사 또는 다른 사업자로 하여금 이를 하도록 한 행위(제44조)로써 손해를 입은 자가 있는 경우에는 그 자에게 발생한 손해의 3배를 넘지 아니하는 범위에서 손해배상의 책임을 진다(법 제109조 제2항 본문). 다만, 사업자 또는 사업자단체가 고의 또는 과실이 없음을 입증한 경우에는 손해배상의 책임을 지지 아니하고, 사업자가 자진신고자에 해당하는 경우 그 배상액은 해당 사업자가 부당한 공동행위를 위반하여 손해를 입은 자에게 발생한 손해를 초과해서는 아니 된다(법 제109조 제2항 단서).

나. 법원의 3배이내 배상액 산정시 고려사항

법원은 3배이내배상액을 정할 때에는 ① 고의 또는 손해 발생의 우려를 인식한 정도, ② 위반행위로 인한 피해 규모, ③ 위반행위로 사업자 또는 사업자단체가 취득한 경제적 이익, ④ 위반행위에 따른 벌금 및 과징금, ⑤ 위반행위의 기간·횟수 등, ⑥ 사업자의 재산상태, ⑦ 사업자 또는 사업자단체의 피해구제 노력의 정도를 고려하여야 한다(법 제109조 제3항).

다. 자진신고자의 공동불법행위책임

부당한 공동행위를 자진신고한 사업자가 3배이내배상책임을 지는 경우에는 다른 사업자와 공동으로 부당한 공동행위의 금지를 위반하여 손해를 입은 자에게 발생한 손해를 초과하지 아니하는 범위에서 「민법」 제760조에 따른 공동불법행위자의 책임을 진다(법 제109조 제4항).

2. 손해배상청구소송에서 자료제출의무 부과

가. 취지

현행 「민사소송법」에 따른 문서제출명령은 해당 기업이 영업비밀을 이유로 거부할 수 있고, 전자문서·동영상 등 서류 외의 자료는 제출대상에서 제외되며, 제출명령에 불응해도 이에 대한 제재가 미약하여 피해자가 손해 및 손해액 입증에 필요한 증거를 확보하는데 어려움이 존재한다. 이러한 문제를 해소하고 손해배상청구소송이 활성화될 수 있도록 부당한 공동행위 및 부당지원행위를 제외한 불공정거래행위에 대하여 법원이 해당 기업에 자료제출명령을 할 수 있도록 하고, 영업비밀이라 하더라도 손해의 증명 또는 손해액 산정에 반드시 필요한 경우에는 자료제출을 거부할 수 없도록 하며, 제출명령 불응 시 자료의 기재로 증명하고자 하는 사실을 진실한 것으로 인정할 수 있게 한 것이다.

나. 내용

법원은 부당한 공동행위 및 부당한 지원행위를 제외한 불공정거래행위로 인한 손해배상청구소송에서 당사자의 신청에 따라 상대방 당사자에게 해당 손해의 증명 또는 손해액의 산정에 필요한 자료(자진신고 등에 관한 자료는 제외한다)의 제출을 명할 수 있다. 다만, 그 자료의 소지자가 자료의 제출을 거절할 정당한 이유가 있으면 그러하지 아니한다(법 제111조 제1항).

다. 자료제출명령에 따르지 아니한 경우의 효과

법원은 당사자가 정당한 이유 없이 자료제출명령에 따르지 아니한 경우에는 자료의 기재에 대한 상대방의 주장을 진실한 것으로 인정할 수 있다(법 제111조 제4항). 이 경우 법원은 자료의 제출을 신청한 당사자가 자료의 기재에 관하여 구체적으로 주장하기에 현저히 곤란한 사정이 있고 자료로 증명할 사실을 다른 증거로 증명하는 것을 기대하기도 어려운 경우에는 그 당사자가 자료의 기재로 증명하려는 사실에 관한 주장을 진실한 것으로 인정할 수 있다(법 제111조 제5항).

판 례 대법원 2002. 5. 28. 선고 2000두1386 판결

〈화장지 담합건〉

1. 사실관계

가. 1차 인하 및 1차 인상 부분

① 1995년부터 화장지의 원료인 펄프와 고지의 가격이 대폭 인하되자 정부는 화장지 4사에 대하여 화장지의 가격을 인하하라는 행정지도를 하였고, 시장점유율이 가장 높은 유한킴벌리와 쌍용제

지가 제일 먼저 화장지(18롤 들이, 규격 70~75m, 아래에서도 같다)의 공장도가격 인하 방침을 정하였는데, 유한킴벌리가 그 가격을 8,261원으로 내정한 반면, 쌍용제지는 8,448원으로 내정하였고, 유한킴벌리와 쌍용제지의 정부와의 협의결과를 지켜보고 있던 모나리자와 대한펄프는 쌍용제지를 모방하여 가격을 내정하였으며, 이에 따라 화장지 3사[143]는 1996. 6. 1. 화장지의 공장도가격을 동일하게 8,448원으로 인하하였고(이를 '1차 인하'라고 한다), ② 그 뒤 쌍용제지가 1997. 3. 1. 신제품을 출시하면서 그 가격을 8,866원으로 정하자, 모나리자는 1997. 5. 1. 기존 제품의 가격을 8,866원으로 인상하였으며, 대한펄프도 1997. 5. 10. 신제품을 출시하면서 그 가격을 8,866원으로 정하였음(이를 '1차 인상'이라고 한다)을 알 수 있다.

나. 2차 인상 및 3차 인상 부분

이 사건에서 보면, 유한킴벌리가 1997. 7. 16. 화장지의 공장도가격을 9,306원으로 인상하자, 1차 인하와 1차 인상에서의 가격모방에 따라 가격동조화 현상의 경험이 누적된 화장지 3사도 1997. 8. 1. 화장지의 가격을 9,306원으로 동시에 인상하였고(이를 '2차 인상'이라고 한다), 이어 유한킴벌리가 화장지 가격을 10,494원으로 인상하기로 결정하고 1997. 12. 24. 그 가격을 인상하자, 화장지 3사는 그보다 하루 앞선 1997. 12. 23. 화장지 가격을 일제히 10,494원으로 인상하였다(이를 '3차 인상'이라고 한다).

2. 쟁점

합의의 추정과 추정의 복멸

3. 대법원의 태도

가. 일반이론

과점적 시장구조 하에서 시장점유율이 높은 선발 업체가 독자적인 판단에 따라 가격을 결정한 뒤 후발업체가 일방적으로 이를 모방하여 가격을 결정하는 경우에는, 선발 업체가 종전의 관행 등 시장의 현황에 비추어 가격을 결정하면 후발업체들이 이에 동조하여 가격을 결정할 것으로 예견하고 가격 결정을 하였다는 등의 특별한 사정이 없는 한, 법 제40조 제5항에 따른 공동행위의 합의 추정은 번복된다. 다만, 이 때 후발업체들이 서로간의 명시적이거나 묵시적인 합의 또는 양해에 따라 선발 업체의 가격을 모방한 경우에는 그 후발업체들 상호간의 공동행위가 문제되나, 후발업체들 상호간의 공동행위 성립 여부는 그들의 시장점유율 등 가격결정 영향력 등에 따라 별도로 판단되어야 한다. 이러한 법리에 따라서 이 부분 원심 판단을 살펴본다.

143 쌍용제지 주식회사, 주식회사 대한펄프, 주식회사 모나리자.

나. 사안의 적용

① 1차 인하 및 1차 인상 부분

이와 같이 1차 인하에서 화장지 3사의 공장도가격 결정이 동일하게 된 것은 후발업체인 모나리자와 대한펄프가 선발 업체인 쌍용제지의 가격 결정을 일방적으로 모방하였기 때문이고, 또 1차 인상에 있어서도 쌍용제지가 신제품의 가격을 인상하자 모나리자와 대한펄프가 2개월의 간격을 두고 다시 일방적으로 그 가격을 모방함으로써 화장지 3사가 부당한 공동행위를 한 것과 같은 외관이 만들어진 것일 뿐만 아니라, 이 사건에서 인정되는 화장지 공급시장의 특성과 현황, 그 유통구조와 가격결정구조, 화장지 3사가 그 시장에서 차지하고 있는 지위, 가격 모방의 전력, 당시의 경제정책적 배경 등을 종합적으로 고려하여 볼 때, 1차 인하 및 1차 인상은 단순한 가격모방행위에 불과하다고 보이므로, 이 부분 화장지 3사의 공동행위 합의의 추정은 번복되었다고 보아야 한다. 한편, 모나리자와 대한펄프가 1차 인하와 1차 인상에서 행동을 통일하여 동일한 가격을 유지하였지만, 이 사건에서 이들이 공동으로 가격을 결정하여 유지하는 행위를 하기로 합의하였다고 보기 어렵고, 또 모나리자와 대한펄프의 시장점유율 등을 감안할 때 이들의 가격일치행위가 경쟁을 실질적으로 제한하는 행위에 이른다고 볼 수 없으므로, 이들이 공동행위의 합의를 한 것으로 추정할 수도 없다.

② 2차 인상 및 3차 인상 부분

1차 인하 및 1차 인상 당시와는 달리 2차 인상 및 3차 인상에 있어서는 화장지 3사의 가격인상 결정을 위한 내부품의 일자가 같은 시기에 이루어지고 실제 가격인상 시기도 같은 날로 결정되는 등 가격동조화 현상이 더욱 심화되었고, 이러한 현상은 화장지 제조업체가 가격 변동 정보를 유통업체에 미리 통지하여 주는 유통구조의 특성상 제조업체 사이에 가격 결정에 관한 정보를 간접적으로 쉽게 교환할 수 있는 유통구조의 특성에 기인한 것으로 보인다. 이러한 사정에 비추어 보면, 원고가 주장하는 화장지 시장의 특성과 가격변동 시점별 변동요인 등을 모두 감안하더라도, 2차 인상과 3차 인상은 후발업체인 모나리자와 대한펄프가 선발 업체인 쌍용제지나 유한킴벌리의 가격 결정을 일방적으로 모방한 것으로는 보기 어렵고, 달리 부당한 공동행위의 추정을 번복할 만한 다른 사정을 인정할 수도 없다.

판 례 대법원 2011.4.14. 선고 2009두4159 판결

〈뱅커스 유산스 인수수수료 담합건〉

1. 사실관계

가. 원고를 비롯한 8개 은행은 금감원의 2002. 10. 15.자 뱅커스 유산스 거래에 대한 회계처리

변경 요청에 대응하여 원고 등이 2002. 11. 6. 수출환어음의 인수시점부터 대금만기일까지 매 3개월당 인수금액의 0.4%에 해당하는 뱅커스 유산스 인수수수료를 2003년부터 신설하기로 합의한 다음 2003년 중에 뱅커스 유산스 인수수수료를 신설하였다.

나. 피고는, 원고 등의 이 사건 공동행위는, 독점규제 및 공정거래에 관한 법률 제40조 제1항 제1호의 '다른 사업자와 공동으로 부당하게 경쟁을 제한하는, 가격을 결정·유지 또는 변경하는 행위를 할 것을 합의'한 것에 해당한다고 보아, 2008. 5. 27. 시정명령 및 과징금납부명령 등의 처분을 하였다.[144]

2. 쟁점

부당한 공동행위의 합의에 참가한 사업자 일부 또는 전부가 부당한 공동행위를 종료하였다고 보기 위한 요건

3. 대법원의 태도

가. 일반이론

공정거래법 제40조 제1항 제1호에 정한 가격 결정 등의 합의 및 그에 터잡은 실행행위가 있었던 경우 부당한 공동행위가 종료한 날은 그 합의에 터 잡은 실행행위가 종료한 날이므로, 합의에 참가한 일부 사업자가 부당한 공동행위를 종료하기 위해서는 다른 사업자에 대하여 합의에서 탈퇴하였음을 알리는 명시적 내지 묵시적인 의사표시를 하고 독자적인 판단에 따라 담합이 없었더라면 존재하였을 가격 수준으로 인하하는 등 합의에 반하는 행위를 하여야 한다. 또한 합의에 참가한 사업자 전부에 대하여 부당한 공동행위가 종료되었다고 하기 위해서는 합의에 참가한 사업자들이 명시적으로 합의를 파기하고 각 사업자가 각자의 독자적인 판단에 따라 담합이 없었더라면 존재하였을 가격 수준으로 인하하는 등 합의에 반하는 행위를 하거나 또는 합의에 참가한 사업자들 사이에 반복적인 가격 경쟁 등을 통하여 담합이 사실상 파기되었다고 인정되는 행위가 일정 기간 계속되는 등 합의가 파기되었다고 볼 만한 사정이 있어야 한다.

나. 사안의 적용

원심은 원고가 2005. 2. 14.부터 뱅커스 유산스 거래에 대한 인수수수료를 업체별 수익비용분석 및 거래기여도에 따라 0.1%~0.5%로 차등 적용하는 것으로 수수료율 체계를 변경한 것만으로는 원고가 합의에 명백히 반하는 행위를 하였다고 볼 수 없어, 그 때에 이 사건 공동행위가 종료하였다고 할 수 없다고 판단하였다.

144 공정거래위원회 2008. 5. 27. 의결 제2008-157호(8개 은행의 뱅커스 유산스 인수수수료 관련 부당한 공동행위에 대한 건).

판 례

대법원 2009. 5. 28. 선고 2008두549 판결

〈정보교환 금지명령사건〉

1. 사실관계

가. 원고들 및 6개사는 모두 밀가루를 제조·판매하는 사업자들로서 공정거래법 제2조 제1호 소정의 사업자에 해당한다. 2004년의 밀가루 내수 시장은 상위 4개 업체가 대략 75%의 시장점유율을 차지하고 있는 과점적 시장으로서, 상위 3사의 시장점유율은 급등하게 각각 25% 내외를 점유하고 있고, 8개사의 시장점유율은 최근 3-4년 동안 거의 변동이 없었으며, 8개사 전체의 시장점유율은 거의 100%이다.

원고들 등 8개사는, ① 2000년부터 2005년까지(2001년까지는 삼양사를 제외한 7개사) 각 회사별 밀가루 내수 반출량을 종전 각 회사별 시장점유율을 기준으로 정해진 제분협회비 비율대로 정하기로 하는 내용의 생산량(판매량) 제한합의, ② 2000년부터 2004년까지(2001년까지는 상양사를 제외한 7개사) 각 등급별 가격의 구체적인 인상시기 및 정도를 정한 가격 합의, ③ 2001년과 2002년 장려금을 축소 또는 폐지하는 내용의 장려금 합의를 하여 실행해 왔다.

나. 공정거래위원회는 2006. 4. 13. 이 사건 행위가 공정거래법 제40조 제1항 제1호, 제2호, 제3호에 해당된다고 보고 원고들에 대하여 각 시정명령(정보교환 금지명령 포함), 공표명령 및 과징금 납부명령을 하였다.[145]

---

145 공정거래위원회 2006. 4. 13. 의결 제2006-079호(8개 밀가루 제조·판매업체들의 부당한 공동행위에 대한 건). 시정명령의 구체적인 내용은 다음과 같다.

1. 피심인들은 밀가루 판매량 또는 생산량을 공동으로 합의하여 결정하는 방법으로 밀가루시장의 경쟁을 부당하게 제한하는 행위를 다시 하여서는 아니된다.
2. 피심인들은 밀가루가격을 공동으로 합의하여 결정하는 방법으로 밀가루시장의 경쟁을 부당하게 제한하는 행위를 다시 하여서는 아니된다.
3. 피심인들은 밀가루 판매시의 장려금 등 거래조건을 공동으로 합의하여 결정하는 방법으로 밀가루 시장의 경쟁을 부당하게 제한하는 행위를 다시 하여서는 아니된다.
4. 피심인들은 시장을 통한 정보수집의 경우를 제외하고 직접 또는 협회를 통하는 방법, 기타 여하한 방법으로 상호간의 가격, 밀가루 판매량 또는 생산량에 관한 정보를 교환하여서는 아니된다.
5. 피심인들은 이 시정명령을 받은 날부터 60일 이내에 자신의 밀가루 판매가격을 재결정하고 그 근거와 결과를 공정거래위원회에 보고하여야 한다.
6. 피심인들은 이 시정명령을 받은 날부터 30일 이내에 위 1. 내지 3.의 행위를 함으로써 독점규제 및 공정거래에 관한 법률을 위반하였다는 이유로 공정거래위원회로부터 시정명령을 받았다는 사실을 별지 기재의 문안대로 2개 중앙일간지에 5단×18.5cm의 크기로 토·일요일 및 공휴일을 제외한 평일에 1회 게재함으로써 공표하여야 한다. 단, 공표관련 대상 일간지의 범위, 게재면 및 글자크기는 사전에 공정거래위원회와 협의를 거친 것이어야 한다.
7. 피심인들은 다음 각 호에 따라 과징금을 국고에 납부하여야 한다.
   가. 과징금액 : 총계 43,547백만원 (이하 생략)

2. 쟁점

가. 공정거래위원회가 부당한 공동행위를 한 사업자에게 공정거래법 제42조 제1항에 규정된 "기타 시정을 위해 필요한 조치"로서 '정보교환 금지명령'을 내릴 수 있는지

나. 이 사건 정보교환 금지명령이 과잉금지의 원칙이나 명확성의 원칙에 위반되는지 여부

3. 대법원의 태도

가. 일반이론

공정거래법 제42조 제1항은 "공정거래위원회는 부당한 공동행위가 있을 때에는 그 사업자에게 당해 행위의 중지, 시정명령을 받은 사실의 공표 또는 그 밖에 필요한 조치를 명할 수 있다"고 규정하고 있다. 위 조항의 문언 내용, 나아가 공정거래법에 의한 시정명령이 지나치게 구체적이면 날마다 다소간의 변형을 거치면서 행하여지는 수많은 거래에 대한 대응성이 떨어져 결국 무의미한 시정명령이 되므로 그 시정명령의 속성상 다소간 포괄성·추상성을 띨 수밖에 없다는 점 및 시정명령 제도를 둔 취지에 비추어 시정명령의 내용은 과거의 위반행위에 대한 중지는 물론 가까운 장래에 반복될 우려가 있는 동일한 유형의 행위에 대한 반복금지까지 명할 수 있는 것으로 해석함이 상당한 점(대법원 2003. 2. 20. 선고 2001두5347 전원합의체 판결 등 참조) 등에 비추어 보면, 위 조항에 정한 "그 밖에 필요한 조치"에는 행위의 중지뿐만 아니라 그 위법을 시정하기 위하여 필요하다고 인정되는 제반 조치가 포함된다고 할 것이다. 따라서 이 사건에서와 같이 사업자들이 상호 정보교환을 통하여 부당한 공동행위를 하기에 이른 경우에 공정거래위원회는 그것이 부당한 공동행위의 시정을 위하여 필요하다면 그 사업자들에 대하여 정보교환 금지명령을 할 수 있다. 다만 그와 같은 정보교환 금지명령이 공정거래법 제42조 제1항에서 정한 필요한 조치로서 허용되는지는 그 정보교환의 목적, 관련시장의 구조 및 특성, 정보교환의 방식, 교환된 정보의 내용, 성질 및 시간적 범위 등을 종합적으로 고려하여 판단하여야 한다. 나아가 시정명령의 속성상 다소간 포괄성·추상성을 띨 수밖에 없다 하더라도, 정보교환 금지명령은 금지되어야 하는 정보교환의 내용이 무엇인지 알 수 있게 명확하고 구체적이어야 하며, 당해 위반행위의 내용과 정도에 비례하여야 한다.

나. 사안의 적용

원심판결 및 원심이 적법하게 조사한 증거 등에 의하면, 원고들을 비롯한 8개사는 수시로 밀가루 가격, 판매량 또는 생산량에 대한 정보(이하 '이 사건 정보'라 한다)를 교환함으로써 밀가루 가격, 판매량 또는 생산량을 합의하여 결정하는 등 이 사건 부당공동행위를 한 사실, 원고들이 이 사건 정보를 교환한 목적은 이 사건 부당공동행위를 쉽게 실행하려는 데 있는 사실, 국내 밀가루 시장은 상위 3개사의 시장점유율이 75%에 이르는 과점적 시장이고 밀가루는 제품 간 차이가 크지 아니하여 가격담합이 쉽게 이루어질 수 있는 사실, 이 사건 정보는 소비자, 행정기관 등 제3자에게

공개되지 않고 제분협회 회원사 내부에서만 주기적으로 교환되었던 사실, 이 사건 정보는 제분협회 회원사들의 가격·판매량·생산량 등에 관한 세부 정보로서 일반적으로 영업활동에서 비밀로 취급되고 경쟁에 영향을 미칠 수 있는 성질의 정보이며, 이를 통하여 정보를 제공한 개별 회원사를 특정할 수 있는 사실, 이 사건 정보는 정보교환시점을 기준으로 최근, 현재 또는 장래의 가격 및 생산량 등에 관한 정보를 내용으로 하고 있는 사실 등을 알 수 있다. 이러한 사정들에 비추어 보면, 원고들의 이 사건 정보교환행위는 공정거래법 제40조 소정의 부당공동행위를 목적으로 하는 것으로서 그 금지명령은 공정거래법 제42조 제1항에서 정하는 '그 밖에 필요한 시정조치'에 해당한다고 할 것이다.

나아가 원심판결 이유에 의하면, 피고가 "8개사는 시장을 통한 정보수집의 경우를 제외하고 직접 또는 협회를 통하는 방법, 기타 여하한 방법으로 상호 간의 가격, 밀가루 판매량 또는 생산량에 관한 정보를 교환하여서는 아니된다"는 정보교환 금지명령을 한 사실을 알 수 있는데, 위 "시장을 통한 정보수집의 경우를 제외하고"라는 문구 및 위 시정명령 전체의 취지에 비추어 보면, 이 사건 정보교환 금지명령은 현재 또는 장래에 관한 공개되지 아니한 정보의 교환만을 금지하는 것임을 알 수 있으므로 명확성과 구체성의 원칙이나 비례의 원칙에 위반되지 아니한다고 할 것이다.

Chapter 05 불공정거래행위의 금지

Ⅰ. 의의 및 취지

1. 개념과 법적 근거

공정거래법 제45조는 다양한 유형의 불공정거래행위를 금지하고 있다. 법 제45조 제1항은 본문에서 '공정한 거래를 저해할 우려가 있는 행위'를 금지하고, 각 호에서 구체적으로 ① 거래거절(법 제45조 제1항 제1호), ② 차별적 취급(법 제45조 제1항 제2호), ③ 경쟁사업자 배제(법 제45조 제3호), ④ 부당한 고객유인(법 제45조 제1항 제4호), ⑤ 거래강제(법 제45조 제1항 제5호), ⑥ 거래상 지위의 남용(법 제45조 제1항 제6호), ⑦ 구속조건부거래(법 제45조 제1항 제7호), ⑧ 사업활동방해(법 제45조 제1항 제8호), ⑨ 부당한 지원행위(법 제45조 제1항 제9호) 등 9가지 유형의 불공정거래행위를 열거하고 있다. 제10호에서는 제1호 내지 제9호 이외의 행위로서 공정한 거래를 저해할 우려가 있는 행위를 규제하고 있다. 제45조 제3항은 불공정거래행위의 유형 또는 기준은 대통령령으로 정하도록 하여, 시행령 제52조 [별표 2]에서 법 제45조 제1항에서 정한 9가지 유형에 근거하여 불공정거래행위의 유형을 28가지로 세분화하고 있다.

한편, 사업자가 행하는 불공정거래행위에 관하여 사업자단체가 이를 행하게 하거나 방조한 책임이 있는 경우는 사업자단체의 금지행위로 규제하고 있다(법 제51조 제1항 제4호).

<table>
<tr><th colspan="3">불공정거래행위의 금지</th></tr>
<tr><td colspan="2">제45조 제1항
부당하게 - 공정위 증명
정당한 이유 없이 - 사업자 증명</td><td>위법성
공정위 심사지침</td></tr>
<tr><td rowspan="2">제1호
부당하게 거래를 거절하는 행위
(거래거절)</td><td>가. 공동의 거래거절</td><td>정당한 이유 없이
관련시장에서 경쟁을 제한하는지 여부를 위주로 판단(“A”)</td></tr>
<tr><td>나. 기타의 거래거절</td><td>부당하게 A</td></tr>
<tr><td rowspan="4">제2호
부당하게 거래의 상대방을 차별하여 취급하는 행위
(차별적 취급)</td><td>가. 가격차별</td><td>부당하게 A</td></tr>
<tr><td>나. 거래조건차별</td><td>부당하게 A</td></tr>
<tr><td>다. 계열회사를 위한 차별</td><td>정당한 이유 없이
A 또는 경제력 집중 우려를 위주로 판단</td></tr>
<tr><td>라. 집단적 차별</td><td>부당하게 A</td></tr>
<tr><td rowspan="2">제3호
부당하게 경쟁자를 배제하는 행위
(경쟁사업자 배제)</td><td>가. 부당염매</td><td>계속 - 정유
일시 - 부당
A</td></tr>
<tr><td>나. 부당고가매입</td><td>부당하게 A</td></tr>
<tr><td rowspan="3">제4호
부당하게 경쟁자의 고객을 자기와 거래하도록 유인한 행위
(부당한 고객유인)</td><td>가. 부당한 이익에 의한 고객유인</td><td rowspan="3">부당하게
바람직한 경쟁질서를 저해하는 불공정한 경쟁수단에 해당되는지 여부(“B”)</td></tr>
<tr><td>나. 위계에 의한 고객유인</td></tr>
<tr><td>다. 기타의 부당한 고객유인</td></tr>
<tr><td rowspan="3">제5호
부당하게 경쟁자의 고객을 가기와 거래하도록 강제하는 행위
(거래강제)</td><td>가. 끼워팔기</td><td rowspan="3">부당하게
가. A or B
나. 다. B</td></tr>
<tr><td>나. 사원판매</td></tr>
<tr><td>다. 기타의 거래강제</td></tr>
<tr><td rowspan="5">제6호
자기의 거래상의 지위를 부당하게 이용하여 상대방과 거래하는 행위
(거래상의 지위남용)</td><td>가. 구입강제</td><td rowspan="5">부당하게
B
(거래내용의 공정성을 침해하는 행위에 해당되는지 여부)</td></tr>
<tr><td>나. 이익제공강요</td></tr>
<tr><td>다. 판매목표강제</td></tr>
<tr><td>라. 불이익제공</td></tr>
<tr><td>마. 경영간섭</td></tr>
</table>

<table>
<tr><th colspan="3">불공정거래행위의 금지</th></tr>
<tr><td rowspan="2">제7호
거래의 상대방의 사업활동을 부당하게 구속하는 조건으로 거래하는 행위
(구속조건부 거래)</td><td>가. 배타조건부거래</td><td rowspan="2">부당하게
A</td></tr>
<tr><td>나. 거래지역 또는 거래상대방 제한</td></tr>
<tr><td rowspan="4">제8호
부당하게 다른 사업자의 사업활동을 방해하는 행위
(사업활동방해)</td><td>가. 기술의 부당이용</td><td rowspan="4">부당하게
B
(불공정한 경쟁수단에 해당되는지 여부)</td></tr>
<tr><td>나. 인력의 부당유인·채용</td></tr>
<tr><td>다. 거래처 이전 방해</td></tr>
<tr><td>라. 기타의 사업활동 방해</td></tr>
<tr><td rowspan="4">제9호
부당하게 특수관계인 또는 다른 회사를 지원하는 행위
(부당한 지원행위)</td><td>가. 부당한 자금지원</td><td rowspan="4">부당하게
A or
경제력 집중이 야기되는 등으로 공정한 거래가 저해될 우려가 있는지 여부)</td></tr>
<tr><td>나. 부당한 자산지원</td></tr>
<tr><td>다. 부당한 인력지원</td></tr>
<tr><td>라. 부당한 거래단계 추가 등</td></tr>
<tr><td colspan="3">제10호
그 밖의 행위로서 공정한 거래를 해칠 우려가 있는 행위</td></tr>
</table>

2. 도입 취지

공정거래법은 자유시장경제체계의 근간인 자유롭고 공정한 경쟁의 보호를 목적으로 한다. 따라서, 시장지배적 지위 남용행위나 부당한 공동행위와 같이 공정거래법상 거래형태의 개선을 위한 규제에서는 경쟁제한성이 행위 규제의 근거가 된다. 그런데, 시장에서의 경쟁은 그 기반으로서 사적 자치 내지는 경제활동의 자유 보장, 거래질서의 건전성을 전제로 하는 것이므로, 공정거래법은 일반거래분야에 속하는 행위로서 경쟁과의 관련성이 상대적으로 적은 행위에 대하여도 불공정거래행위로서 규제할 수 있는 근거를 마련하고 있다.

시장지배적 지위를 갖지 않는 사업자의 경쟁제한적인 행위뿐만 아니라 당사자 사이의 거래상의 지위가 균등하지 않는 거래관계에서 일방 사업자가 경제력을 남용하여 불공정한 경쟁수단을 동원하는 행위나 계약자유를 침해하거나 그 한계를 일탈하여 거래조건 또는 내용이 불공정한 행위도 불공정거래행위로 규정하고 있다. 이러한 측면에서 불공정거래행위에 대한 규제는 시장지배적 지위의 형성이나 부당한 공동행위의 성립 가능성을 사전에 방지한다는 보완적 내지 예방적 기능을 수행한다고 할 수 있다.[146]

146 홍대식, 『독점규제법』(제2판), 법문사, 2012, 201-202면.

Ⅱ. 불공정거래행위 일반론

1. 관련시장의 획정

법 제45조 제1항에 규정된 불공정거래행위의 경쟁제한효과를 분석함에 있어 관련 시장범위 획정은 중요한 의미를 갖는다. 관련시장의 범위가 적정수준보다 넓게 획정될 경우 행위효과가 과소한 것으로 평가될 수 있으며, 반대로 관련시장 범위가 적정수준보다 좁게 획정될 경우에는 행위효과가 과대하게 평가될 수 있기 때문이다.

관련시장 범위는 거래대상(상품 또는 용역)의 특성, 거래지역, 거래단계, 거래상대방에 따라 획정될 수 있다. 이때, 거래대상의 특성에 의한 시장획정은 대상 상품 또는 용역의 수요대체성과 공급대체성을 종합적으로 고려하여 판단한다. 또한, 거래지역에 의한 시장획정은 대상 상품 또는 용역에 대해 지역적으로 수요대체성(타 지역으로 수요를 전환할 수 있는지 여부)과 공급대체성(공급이 타 지역에서 당해 지역으로 전환될 수 있는지 여부)이 있는지 여부를 종합적으로 고려하여 판단한다.

2. 공정거래저해성

법 제45조 제1항에 열거된 개별행위 유형이 법위반에 해당되는지 여부를 판단하는 기준은 당해 행위가 '공정한 거래를 저해할 우려'(이하 '공정거래저해성'이라 함)가 있는지 여부이다. 공정거래저해성은 획일적인 내용으로 설명하기보다는 대체로 개별 행위유형의 특수성을 고려하여 다양한 개념으로 파악하고 있다.

공정거래위원회의 심사지침에 의하면, 위 공정거래저해성은 법 제45조 제1항 각호에 규정된 '부당하게'와 그 의미가 동일한 것으로 본다.[147] 공정거래저해성이란 경쟁제한성과 불공정성(unfairness)을[148] 포괄하는 복합적인 의미를 갖는 것으로 보면서 세부적으로는 그 행위유형을 경쟁제한성 위주로 심사하는 유형과 불공정성 위주로 심사하는 유형, 둘 다 판단하는 유형, 경쟁제한성 이외에 경제력 집중 우려 또는 경제력 집중 야기성 위주로 심사하는 유형으로 구별하고 있다. 원칙적으로 공정거래저해성은 당해 행위의 효과를 기준으로 판단한다. 사업자의 의도나 거래상대방의 주관적 예측은 공정거래저해성을 입증하기 위한 정황증거로서의 의미를 갖는다.

이에 대하여 대법원 판례는 불공정거래행위의 위법성 판단기준으로서 경쟁제한성을 위주로 하

---

147 불공정거래행위 심사지침[공정거래위원회예규 제387호, 2021. 12. 22.]

148 ① 경쟁제한성이란 당해 행위로 인해 시장 경쟁의 정도 또는 경쟁사업자(잠재적 경쟁사업자 포함)의 수가 유의미한 수준으로 줄어들거나 줄어들 우려가 있음을 의미한다.
② 불공정성(unfairness)이란 경쟁수단 또는 거래내용이 정당하지 않음을 의미한다. 경쟁수단의 불공정성은 상품 또는 용역의 가격과 질 이외에 바람직하지 않은 경쟁수단을 사용함으로써 정당한 경쟁을 저해하거나 저해할 우려가 있음을 의미한다. 거래내용의 불공정성이라 함은 거래상대방의 자유로운 의사결정을 저해하거나 불이익을 강요함으로써 공정거래의 기반이 침해되거나 침해될 우려가 있음을 의미한다.

는지 아니면 불공정성을 위주로 하는지는 일률적으로 판단하기 어렵고, 행위 유형 별로 보더라도 공정거래위원회의 심사지침과 반드시 부합하는 태도라고 보기 어렵다.

3. '부당하게'와 '정당한 이유없이'의 구분

공정거래저해성은 그 판단방법과 관련하여 시행령 제52조 [별표 2]의 각호에서 다시 '부당하게'와 '정당한 이유없이'로 구체화된다. '부당하게'를 요건으로 하는 행위유형은 당해 행위의 외형이 있다고 하여도 그 사실만으로 공정거래저해성이 있다고 인정되는 것은 아니며, 원칙적으로 경쟁제한성·불공정성(unfairness)과 효율성 증대효과·소비자후생 증대효과 등을 비교 형량하여 경쟁제한성·불공정성의 효과가 보다 큰 경우에 위법한 것으로 본다. '부당하게'를 요건으로 하는 행위에 대해서는 공정거래위원회가 위법성을 입증할 책임을 부담하는 것으로 본다. "정당한 이유없이"를 요건으로 하는 행위(공동의 거래거절, 계열회사를 위한 차별, 계속적 염매)에 대해서는 당해 행위의 외형이 있는 경우에는 원칙적으로 공정거래저해성이 있는 것으로 본다. 사업자가 정당한 이유가 있는지에 대해 입증할 책임이 있는 것으로 본다.[149]

4. '우려'의 의미

'공정한 거래를 저해할 우려가 있는 행위'와 관련하여 '우려'의 의미는 공정한 거래를 저해하는 효과가 실제로 구체적인 형태로 나타나는 경우뿐만 아니라 나타날 가능성이 큰 경우를 포함한다(추상적 위험). 현재는 그 효과가 없거나 미미하더라도 미래에 발생할 가능성이 큰 경우를 포함한다.

Ⅲ. 불공정거래행위의 유형별 검토

1. 거래거절

공정거래법에서 부당하게 거래를 거절하는 행위를 금지하고 있고(법 제45조 제1항 제1호) 세부유형으로 공동의 거래거절과 기타의 거래거절이 있다(영 제52조 [별표 2] 제1호 가목, 나목). 원칙적으로 사업자는 거래를 개시 또는 계속할 것인지 여부와 누구와 거래할 것인지를 자유로이 결정할 수 있다고 할 것이다. 그러나 거래의 개시나 계속을 거절함으로써 다른 사업자의 사업활동을 현저히 곤란하게 하고 그 결과 당해 시장에서 경쟁의 정도가 감소하거나, 거래거절이 공정거래법상 금지된 행위의 실효성을 확보하기 위한 수단으로 활용될 경우 이는 관련 시장에서 경쟁을 제한하고 시장의 효율성 저하를 초래하게 되므로 금지된다.

149 대법원 2001. 12. 11. 선고 200두833 판결.

가. 공동의 거래거절

1) 대상행위

정당한 이유 없이 자기와 경쟁관계에 있는[150] 다른 사업자와 공동으로 특정사업자에 대하여 거래의 개시를 거절하거나 계속적인 거래관계에 있는 특정사업자에 대하여 거래를 중단하거나 거래하는 상품 또는 용역의 수량이나 내용을 현저히 제한하는 행위를 말한다(영 제52조 [별표 2] 제1호 가목).

2) 위법성의 판단기준

① 공동의 거래거절이 관련 시장에서 경쟁을 제한하는지 여부를 위주로 판단한다. 관련시장이라 함은 행위자가 속한 시장 또는 거래거절의 상대방이 속한 시장을 말한다.

② 공동의 거래거절을 당한 사업자는 여러 사업자와의 거래개시 또는 계속이 제한되므로 사업활동에 어려움을 겪게 되고 그 결과 정상적인 경쟁이 저해될 가능성이 높다. 따라서 공동의 거래거절은 원칙적으로 경쟁제한성이 있는 것으로 본다. 그러나, 사업자들이 「정당한 이유」를 소명하였을 경우 그 타당성을 판단하되, 재고부족이나 거래상대방 사업자의 부도 등 채무불이행 가능성 등으로 인해 공동의 거래거절이 합리적이라고 인정되는 경우, 특정사업자가 공동의 거래거절을 당하더라도 대체거래선을 용이하게 찾을 수 있는 경우, 등과 같이 정당한 이유가 있다고 인정될 경우에는 공정거래저해성이 없는 것으로 볼 수 있다.

사례

원고들(국민은행 등 7개 은행들)이 이 사건 CD공동망을 이용하여 원고들과 계속적인 거래를 해 온 하나은행에 대하여 공동으로 원고들의 중앙컴퓨터에서 하나은행이 삼성카드의 고객에게 부여한 가상계좌번호를 인식하지 못하게 하는 방법으로 하나은행으로 하여금 삼성카드 고객의 가상계좌서비스와 연결된 CD공동망을 사용하지 못하도록 단절한 행위[151]

나. 기타의 거래거절

1) 대상행위

부당하게 특정사업자에 대하여 거래의 개시를 거절하거나 계속적인 거래관계에 있는 특정사업자에 대하여 거래를 중단하거나 거래하는 상품 또는 용역의 수량이나 내용을 현저히 제한하는 행위를 말한다(영 제52조 [별표 2] 제1호 나목). 단독의 거래거절 또는 개별적 거래거절이라고도 한다.[152]

---

150 공동의 거래거절에 참가하는 사업자는 반드시 현실적 또는 잠재적 경쟁관계에 있어야 한다.

151 대법원 2006. 5. 12. 선고 2003두14253 판결.

152 사업자가 거래상대방에 대해 거래상 지위가 있음을 이용하여 불이익의 일환으로 합리적 이유 없이 '거래거절'을 하거나 거래상대방의 사업활동을 곤란하게 할 목적으로 '거래거절'을 하는 경우에는 거래상 지위남용(불이익제공) 또는 사업활동방해(기타의 사업활동방해)에 해당될 수 있다. 이 경우에는 경쟁제한성 분석이 요구되지 않는다.

다른 거래거절의 유형인 '공동의 거래거절'과는 달리 거래거절이라는 행위 자체로 바로 불공정거래행위에 해당하는 것은 아니고, 그 거래거절이 특정사업자의 거래기회를 배제하여 그 사업활동을 곤란하게 할 우려가 있거나 오로지 특정사업자의 사업활동을 곤란하게 할 의도를 가진 유력 사업자에 의하여 그 지위 남용행위로써 행하여지거나 또는 공정거래법이 금지하고 있는 거래강제 등의 목적 달성을 위하여 그 실효성을 확보하기 위한 수단으로 부당하게 행하여진 경우라야 공정한 거래를 저해할 우려가 있는 거래거절행위로서 공정거래법이 금지하는 불공정거래행위에 해당한다고 할 수 있다.[153]

2) 위법성의 판단기준

단독의 거래거절이 관련 시장에서 경쟁을 제한하는지 여부를 위주로 판단한다. '관련 시장'이라 함은 행위자가 속한 시장 또는 거래거절의 상대방이 속한 시장을 말한다. 이때 경쟁제한성이 있는지 여부는 ① 거래거절 대상이 되는 물품·용역이 거래상대방의 사업영위에 필수적인지 여부. 대상이 되는 물품·용역이 사업영위에 필수적이지 않다면 경쟁제한성이 낮다고 볼 수 있다. ② 거래거절을 당한 특정사업자가 대체거래선을 용이하게 찾을 수 있는지 여부. 대체거래선을 큰 거래비용 없이 용이하게 찾을 수 있는 경우에는 거래거절의 경쟁제한성이 낮다고 볼 수 있다. ③ 거래거절로 인해 특정사업자의 사업활동이 곤란하게 되고 그 결과 당해 시장에서 경쟁의 정도를 실질적으로 감소시키게 되는지 여부 ④ 거래거절로 인해 경쟁사업자(잠재적 경쟁사업자 포함)의 시장진입이 곤란하게 되는지 여부 ⑤ 거래거절이 공정거래법에 금지된 행위(재판매가격유지행위, 부당공동행위 등)를 강요하기 위한 수단으로 활용되었는지 여부 등 종합적으로 고려하여 판단한다.

〈판례의 태도〉

거래거절행위의 부당성 유무를 판단할 때에는 당사자의 거래상 지위 내지 법률관계, 상대방의 선택 가능성·사업규모 등의 시장상황, 그 행위의 목적·효과, 관련 법규의 특성 및 내용 등 여러 사정을 고려하여 그 행위가 공정하고 자유로운 경쟁을 저해할 우려가 있는지 여부에 따라야 한다.[154]

사례

① Y제품에 대한 시장점유율이 20%인 C는 자신의 유통업체들과 Y상품에 대한 공급계약을 체결하면서 유통업체들이 Y상품을 소비자들에게 12,000원 이하로 판매하지 못하도록 하고, 이를 위반할 경우 C가 계약을 해지할 수 있는 권한을 갖도록 하는 약정을 포함하였다. 그 유통업체들과 사이의 약정에 근거하여 Y 상품을 12,000원 이하로 판매한 유통업체들과의 계약을 실제로 해지하였다면, 이러한 행위가 공정거래법 제45조 제1항의 불공정거래행위에 해당되는지 살펴보시오(단, 공정거래법 제45조 제1항 제6호 해당 여부는 논하지 말 것)[155]

---

153 대법원 2010. 8. 26. 선고 2010다28185 판결.

154 대법원 1998. 9. 8. 선고 96누9003 판결.

② 甲, 乙, 丙, 丁(이하 '라면 4사'라 한다.)은 국내에서 라면을 제조·판매하는 사업자로서 대형마트, 대리점, 도매상 등을 통하여 라면을 공급하고 있는데, 대형마트를 통하여 판매되는 비중은 라면 4사 모두 80% 이상이다. A, B, C 3개의 대형마트(이하 '마트 3사'라 한다.)는 라면 4사로부터 라면을 공급받아 소비자에게 판매하고 있는데, 대형마트를 통하여 판매되는 라면 4사의 라면 중 50% 이상은 A마트를 통하여 판매되고 있다. A마트는 개점 10주년 행사 명목으로 10일간 라면 가격을 10년 전 가격으로 인하하여 판매하기로 기획하였는데, 이는 B 및 C마트가 판매하는 가격에 비해 20% 이상 낮은 가격이었다. 광고를 통하여 A마트의 가격인하 행사를 알게 된 B 및 C마트는 그 행사로 인해 자신의 라면판매가 부진하게 될 것을 우려하여 라면 4사에 유통질서 확립을 위한 조치를 요청하였다. 이에 甲은 A마트에 대해 '소비자에게 판매하는 자사의 제품 가격을 권장가격 수준으로 유지하고, 만약 이를 준수하지 않을 경우 제품공급을 중단할 수 있음'을 통보하였다. 하지만 A마트는 예정대로 개점 10주년 행사를 진행하였고, 甲은 이를 이유로 A마트에 대한 라면 공급을 중단하였다. 甲이 A마트에 대하여 라면 공급을 중단한 행위가 불공정거래행위 중 어느 유형에 해당할 수 있는지와 그 유형에 해당한다고 할 경우 이를 위법하다고 볼 수 있는지를 설명하시오(단, 제45조 제1항 제7호, 제8호 적용여부는 판단하지 아니함).[156]

③ 하이트맥주(주)와 대선주조(주)는 특정 주류도매업자가 자신들의 주류제품을 기존 도매업자들보다 저가로 판매한다는 이유로 이 특정 도매업자에 대하여 주류제품의 공급을 중단 또는 공급물량을 제한하거나, 자신들과 거래를 개시하고자 하는 신규 주류도매업자에 대하여 합리적인 이유없이 거래개시를 거절하는 행위를 한 사례[157]

2. 차별적 취급

공정거래법에서는 부당하게 거래의 상대방을 차별하여 취급하는 행위를 금지하고 있고(법 제45조 제1항 제2호) 세부유형으로 가격차별, 거래조건차별, 계열회사를 위한 차별, 집단적 차별이 있다(영 제52조 [별표 2] 제2호 가목-라목). 원칙적으로 사업자는 가격 등 거래조건, 거래내용을 자유로이 설정할 수 있다고 할 것이다. 그러나, 사업자가 단독으로 또는 공동으로 거래지역이나 거래상대방에 따라 가격 등 거래조건·거래내용을 차별적으로 설정함으로써 자기가 속한 시장 또는 거래상대방이 속한 시장에서의 정상적인 경쟁을 저해할 경우에는 시장의 효율성 저하를 초래할 수 있으므로 금지된다.

가. 가격차별

가격차별은 부당하게 거래지역 또는 거래상대방에 따라 현저하게 유리하거나 불리한 가격으로 거래하는 행위를 말한다(영 제52조 [별표 2] 제2호 가목).

155 경제법 변호사시험 제2회(2013년).

156 경제법 변호사시험 제6회(2017년).

157 공정거래위원회 2004. 7. 31. 의결 제2004-238호, 2004부사0093.

1) 대상행위

거래지역이나 거래상대방에 따른 가격차별이 대상이 된다. 이때, 가격이란 상품 또는 용역의 제공에 대하여 상대방이 실제 지불하는 모든 대가를 말한다. 여기에는 할인율 등 가격에 직접 영향을 미치는 거래조건이 포함된다. 거래의 대상인 상품 또는 용역은 실질적으로 동일한 것이어야 한다. 가격차별의 대상이 되는 거래상대방은 사업자 또는 소비자이다.

2) 위법성의 판단기준

가격차별이 행위자가 속한 시장 또는 거래상대방이 속한 시장에서의 경쟁을 제한하는지 여부를 위주로 판단한다. 이때, 경쟁제한성이 있는지 여부는 다음 사항을 종합적으로 고려하여 판단한다.

〈행위자가 속한 시장에서의 경쟁제한성〉

① 행위자가 가격차별로 인해 시장에서의 지위를 유지·강화하거나 할 우려가 있는지 여부
② 가격차별이 경쟁사업자를 배제하려는 의도 하에 이루어졌는지 여부. 새로운 시장에 진입하기 위하여 행해지는 가격차별은 경쟁에 대응하기 위한 수단으로서 경쟁사업자 배제효과는 크지 않은 것으로 볼 수 있다.
③ 가격차별 정도가 관련 시장에서 경쟁사업자를 배제할 우려가 있거나, 가격차별에 의해 설정된 가격수준이 상품 또는 용역의 제조원가나 매입원가를 하회하는지 여부
④ 가격차별이 일회성인지 지속적인지 여부 등. 일회성의 가격차별은 경쟁제한효과가 미미하다고 볼 수 있으며 상당기간에 걸쳐 지속적으로 이루어질수록 경쟁제한효과가 커질 수 있다.

〈거래상대방이 속한 시장에서의 경쟁제한성〉

① 가격차별의 대상이 되는 거래상대방이 속한 시장에서 가격차별로 인해 거래상대방 또는 거래상대방의 경쟁사업자들이 배제되거나 배제될 우려가 있는지 여부
② 가격차별에 의해 상대적으로 불리한 취급을 받게 되는 거래상대방이 거래처를 쉽게 전환할 수 있는지 여부. 가격차별 대상인 거래상대방이 거래선을 용이하게 전환할 수 있다면 경쟁제한성이 낮다고 볼 수 있다.
③ 가격차별 정도가 거래상대방의 경쟁사업자를 배제할 우려가 있거나, 가격차별에 의해 설정된 가격수준이 상품 또는 용역의 제조원가나 매입원가를 하회하는지 여부
④ 가격차별이 일회성인지 지속적인지 여부 등. 일회성의 가격차별은 경쟁제한효과가 미미하다고 볼 수 있으며 상당기간에 걸쳐 지속적으로 이루어질수록 경쟁제한효과가 커질 수 있다.

〈판례의 태도〉

가격차별을 규제하는 입법 취지와 위 각 규정을 종합하면, 가격차별이 부당성을 갖는지 유무를 판단함에 있어서는 가격차별의 정도, 가격차별이 경쟁사업자나 거래상대방의 사업활동 및 시장에 미치는 경쟁제한의 정도, 가격차별에 이른 경영정책상의 필요성, 가격차별의 경위 등 여러 사정을 종합적으로 고려하여 그와 같은 가격차별로 인하여 공정한 거래가 저해될 우려가 있는지 여부에 따라 판단하여야 할 것이다.[158]

158 대법원 2006. 12. 7. 선고 2004두4703 판결.

사례

① 백화점과 할인점의 주력품목, 소비자들의 이용동기 등에서의 세부적인 차이에도 불구하고, 최근 양 업종의 영업전략, 특히 할인점의 영업범위 확대로 인하여 취급품목이 중복됨에 따라 제한적이기는 하지만 백화점과 할인점은 상호 경쟁관계에 있다. 신용카드사업자인 갑은 백화점 업종에 대하여 적용하는 신용카드 가맹점 수수료율은 2.5 ~ 2.6%이고 할인점 업종에 대하여 적용하는 신용카드 가맹점 수수료율은 1.5%인 사실 등을 인정한 다음, 원고가 상호 경쟁관계에 있는 가맹점인 백화점 업종과 할인점 업종의 가맹점 수수료율에 1% 내지 1.1%의 차이를 둔 사례[159] - '거래상대방에 따른 현저한 가격차이가 존재하는 경우'

② 대우의료재단(거제병원 장례식장)은 장례식장을 운영함에 있어 장례를 치르려는 상주들이 장의 서비스분야에서 자기와 경쟁관계에 있는 상조회사 및 외부장의사를 통하여 장례물품을 구입할 경우 자기의 장례식장 이용료를 과도하게 높게 하는 등의 방법으로 거래상대방을 부당하게 차별취급한 사례[160]

나. 거래조건차별

거래조건차별은 부당하게 특정사업자에 대하여 수량·품질 등의 거래조건이나 거래내용에 관하여 현저하게 유리하거나 불리한 취급을 하는 행위를 말한다(영 제52조 [별표 2] 제2호 나목).

1) 대상행위

가격 이외의 거래조건을 차별하는 행위가 대상이 된다. 이는 가격이나 가격에 직접 영향을 미치는 조건(예 : 수량할인 등)을 제외한 계약의 이행방법, 대금의 결제조건 등 거래내용면에서의 차별을 말한다. 거래조건 차별은 특정사업자를 대상으로 하므로 소비자에 대한 차별은 포함되지 않는다. 다만, 차별대상 사업자가 엄격하게 특정될 것을 요하지 않으며, 특정기준을 충족하는 모든 사업자 또는 특정지역에 소재한 모든 사업자에 대한 차별도 특정성이 있는 것으로 본다.

2) 위법성의 판단기준

거래조건 차별이 당해 사업자가 속한 시장 또는 거래상대방이 속한 시장에서의 경쟁을 제한하는지 여부를 위주로 판단한다. 이때, 경쟁제한성이 있는지 여부 및 법위반으로 보지 않을 수 있는 경우는 가격차별에 준하여 판단한다.

사례

① 乙은 도매상들에게 공급한 제품의 대금을 90일 만기의 어음으로 받고 있었다. 그런데 도매상 X가 영업부진으로 인하여 현재 대차대조표상 자본총계가 납입자본금보다 작은 상태이고, 乙에 대해서는 지난 1년간의 물품대금을 지급하지 못하고 있다. 이에 乙은 도매상 X에 대해 향후 공급하는 라면제품부터는 그 대금 전액을 즉시 현금으로 결제할 것을 요구한 행위[161]

---

159 대법원 2006. 12. 7. 선고 2004두4703 판결.

160 공정거래위원회 2004. 3. 12. 의결 제2004-091호, 2003부사1832.

161 경제법 변호사시험 제6회(2017년).

② 사업자가 경쟁사업자의 상품·용역 또는 수입품을 병행 취급하는 대리점(판매업자)에 한하여 합리적 이유 없이 자기의 상품·용역의 제공시기, 배송회수, 결제방법 등을 현저하게 불리하게 취급함으로써 당해 대리점의 사업활동을 곤란하게 하거나 대리점간 경쟁을 저해하는 행위

다. 계열회사를 위한 차별

계열회사를 위한 차별은 정당한 이유 없이 자기의 계열회사를 유리하게 하기 위하여 가격·수량·품질 등의 거래조건이나 거래내용에 관하여 현저하게 유리하거나 불리하게 하는 행위를 말한다(영 제52조 [별표 2] 제2호 다목).

1) 대상행위

계열회사를 유리하게 하는 가격 등 거래조건·거래내용 등의 차별행위가 대상이 된다. 차별의 상대방에는 소비자도 포함된다.

2) 위법성의 판단기준

'계열회사를 위한 차별'의 경우에는 정당한 이유가 없는 한 불공정거래행위가 되는 것으로 문언을 달리하여 규정하고 있는 취지는, 이러한 형태의 차별은 경쟁력이 없는 기업집단 소속 계열회사들을 유지시켜 경제의 효율을 떨어뜨리고 경제력 집중을 심화시킬 소지가 커서 다른 차별적 취급보다는 공정한 거래를 저해할 우려가 많으므로 외형상 그러한 행위유형에 해당하면 일단 공정한 거래를 저해할 우려가 있는 것으로 보되 공정한 거래를 저해할 우려가 없다는 점에 대한 입증책임을 행위자에게 부담하도록 하겠다는 데에 있다.[162]

경쟁제한성 또는 경제력 집중 우려를 위주로 위법성을 판단하되, 가격 등 거래조건·거래내용 등에 관하여 계열회사에 대해 현저하게 유리하거나 계열회사의 경쟁사업자에 대해 현저하게 불리하게 취급하였을 경우에는 계열회사를 유리하게 하기 위한 행위로 인정하여 원칙적으로 경쟁제한성 또는 경제력 집중 우려가 있는 것으로 본다.[163]

〈판례의 태도〉

'계열회사를 위한 차별'이 성립되기 위해서는 자기의 계열회사를 유리하게 하기 위하여 차별을 행하였다는 행위자의 의도나 목적이 인정되어야 한다. 계열회사를 유리하게 하기 위한 의도는, 특정 사업자가 자기의 이익을 위하여 영업활동을 한 결과가 계열회사에 유리하게 귀속되었다는 사실만으로는 인정하기에 부족하고, 차별행위의 동기, 그 효과의 귀속주체, 거래의 관행, 당시 계열회사의 상황 등을 종합적으로 고려하여 사업자의 주된 의도가 계열회사가 속한 일정한 거래분야에서 경쟁을 제한하고 기업집단의 경제력 집중을 강화하기 위한 것이라고 판단되는 경우에 한하여 인정된다.[164]

---

162 대법원 2001. 12. 11. 선고 2000두833 판결.

163 대법원 2004. 12. 9. 선고 2002두12076 판결.

'계열회사를 위한 차별'의 위법성을 평가함에 있어서 단순한 사업경영상 또는 거래상의 필요성 내지 합리성이 인정된다는 사정만으로 곧 그 위법성이 부인되는 것은 아니지만, 차별적 취급의 원인이 된 사업경영상의 필요성 등은 다른 사유와 아울러 공정한 거래질서의 관점에서 평가하여 공정거래저해성의 유무를 판단함에 있어서 고려되어야 하는 요인의 하나가 될 수 있다.

사례

① SK텔레콤이 자신의 계열회사인 SK글로벌로부터 구입한 단말기를 무이자할부 판매한 경우에만 그 할부채권을 매입하여 주고 삼성전자, LG전자 등 단말기 제조업자로부터 직접 구입한 단말기(유통모델)를 판매한 경우에는 채권매입대상에서 제외한 행위[165]

② 현대자동차와 기아자동차가 계열회사인 현대캐피탈과의 오토할부약정에 따라 회사채금리에 1.8%의 부가금리를 가산한 금리(정산금리)를 항상 현대캐피탈에 보장해주고 있는 상황에서 현대캐피탈 이용고객에 대해서만 낮은 할부금리를 적용해 주도록 하고, 다른 할부 금융사들에게는 이용고객이 현대차나 기아차를 구입하더라도 아무런 보장이나 혜택을 부여하지 않은 행위[166]

라. 집단적 차별

집단적 차별은 집단으로 특정사업자를 부당하게 차별적으로 취급하여 그 사업자의 사업활동을 현저하게 유리하거나 불리하게 하는 행위를 말한다(영 제52항 [별표 2] 제2호 라목).

1) 대상행위

여러 사업자가 공동으로 특정사업자에 대하여 행해지는 차별취급이 대상이 된다. 부당한 공동행위와 달리 집단적 차별취급은 합의가 없더라도 성립될 수 있으며 차별취급에 참가하는 사업자가 반드시 현실적 또는 잠재적 경쟁관계에 있을 필요는 없다. 또한 실제로 차별행위가 행해져야 한다. 차별취급에는 가격 등 거래조건, 거래내용 등의 차별이 포함된다. 차별취급의 상대방은 특정사업자이다. 따라서 불특정다수의 사업자와 소비자는 대상이 되지 아니한다.

2) 위법성의 판단기준

집단적 차별행위의 위법성은 가격차별 및 거래조건 차별의 경우에 준하여 판단한다. 다만, 집단적 차별은 여러 사업자에 의해서 행해지므로 원칙적으로 가격차별 및 거래조건 차별의 경우에 비해 위법성이 인정될 가능성이 큰 것으로 본다.

---

164 대법원 2004. 12. 9. 선고 2002두12076 판결.
165 대법원 2004. 12. 9. 선고 2002두12076 판결.
166 대법원 2004. 10. 28. 선고 2002누16827 판결.

사례

① 복수의 사업자가 특정사업자에 대해 동시에 합리적인 이유없이 가격차별 또는 거래조건 차별 등을 행하는 경우
② 복수의 제조업자가 공동으로 덤핑판매를 하거나 온라인판매를 한다는 이유만으로 특정판매업자에 대하여 공급가격을 다른 판매업자에 비하여 비싸게 책정함으로써 사업활동을 현저히 불리하게 하고 다른 판매업자를 경쟁상 우위에 서게 하는 행위

3. 경쟁사업자 배제

공정거래법은 부당하게 경쟁자를 배제하는 행위를 금지하고 있고(법 제45조 제1항 제3호) 세부유형으로 부당염매와 부당고가매입이 있다(영 제52항 [별표 2] 제3호 가목, 나목). 사업자가 상품 또는 용역을 현저히 낮은 가격으로 공급함으로써 경쟁사업자를 시장에서 배제시킨 후 독점적 지위를 구축하여 독점가격 책정이 가능해질 경우, 이는 경쟁을 저해하고 궁극적으로 소비자후생 수준의 저하로 귀결될 수 있으므로 금지된다. 또한, 사업자가 경쟁사업자를 당해 시장에서 배제할 목적으로 경쟁사업자가 필요로 하는 상품·원재료의 상당량을 고가로 매입할 경우 이는 시장에서의 정상적인 경쟁을 저해하게 되므로 금지된다.

가. 부당염매

부당염매는 자기의 상품 또는 용역을 공급함에 있어서 정당한 이유 없이 그 공급에 소요되는 비용보다 현저히 낮은 대가로 계속하여 공급하거나 기타 부당하게 상품 또는 용역을 낮은 대가로 공급함으로써 자기 또는 계열회사의 경쟁사업자를 배제시킬 우려가 있는 행위를 말한다(영 제52항 [별표 2] 제3호 가목).

1) 대상행위

부당염매에는 계속적 염매와 일시적 염매가 있다. 계속적 염매란 상당기간에 걸쳐 반복해서 공급비용보다 현저히 낮은 수준으로 상품 또는 용역의 공급이 이루어짐을 말한다. 일시적 염매란 일회 또는 단기간에 걸쳐 현저히 낮은 대가로 상품 또는 용역의 공급이 이루어짐을 의미한다. 공급비용보다 현저히 낮은 수준인지 여부는 제조원가나 매입원가를 기준으로 한다. 제조원가는 재료비, 인건비, 기타 제조경비, 일반관리비를 포함하여 산정한다. 매입원가는 실제 구입가격을 기준으로 한다. 염매의 상대방에는 사업자뿐만 아니라 소비자도 포함된다.

2) 위법성의 판단기준

염매행위가 당해 상품 또는 용역이 거래되는 시장에서 자기 또는 계열회사의 경쟁사업자를 배제시킬 우려(경쟁제한성)가 있는지 여부를 위주로 판단한다. "경쟁사업자를 배제시킬 우려"란 당해

염매행위로 인해 경쟁사업자가 시장에서 배제될 가능성이 있으면 족하고 실제 경쟁사업자가 시장에서 배제될 것을 요구하지 않는다.

① 염매행위를 하는 동기가 경쟁사업자를 배제하고 시장에서 독과점적 지위를 구축하는데 있는지 여부
② 당해 염매행위로 인해 경쟁사업자가 사업활동을 유지하기에 현저히 어려움이 있거나 부도 등의 위기에 처할 우려가 있는지 여부
③ 당해 시장의 경쟁구조. 당해 시장에서의 사업자 수가 적고, 집중도가 높을 경우에는 경쟁사업자 배제우려가 클 수 있다.
④ 진입장벽 유무 등. 규모의 경제·사업영위 인허가 등 요소가 없어 당해 시장에 진입하는 데 실질적인 어려움이 없다면 현재의 경쟁사업자가 배제되더라도 신규 진입자가 잠재적 경쟁사업자로 대두되므로 경쟁사업자 배제우려가 없거나 미미하게 된다.

〈판례의 태도〉

이른바 계속거래상의 부당염매는 사업자가 채산성이 없는 낮은 가격으로 상품 또는 용역을 계속하여 공급하는 것을 가리키므로 그 행위의 외형상 그에 해당하는 행위가 있으면 '정당한 이유가 없는 한' 공정한 거래를 저해할 우려가 있다고 보아야 할 것이나, 그 후단에서 규정하는 이른바 기타 거래상의 부당염매는 그 행위태양이 단순히 상품 또는 용역을 낮은 가격으로 공급하는 것이어서 그 자체로 이를 공정한 거래를 저해할 우려가 있다고 보기 어려운 만큼 그것이 '부당하게' 행하여진 경우라야 공정한 거래를 저해할 우려가 있다고 보아야 할 것이다.

그 부당성의 유무는 당해 염매행위의 의도, 목적, 염가의 정도, 반복가능성, 염매대상 상품 또는 용역의 특성과 그 시장상황, 행위자의 시장에서의 지위, 경쟁사업자에 대한 영향 등 개별사안에서 드러난 여러 사정을 종합적으로 살펴 그것이 공정한 거래를 저해할 우려가 있는지의 여부에 따라 판단하여야 한다.

시장진입이 예상되는 잠재적 사업자도 경쟁사업자의 범위에 포함된다고 보아야 할 것이고, 나아가 경쟁사업자를 배제시킬 우려는 실제로 경쟁사업자를 배제할 필요는 없고 여러 사정으로부터 그러한 결과가 초래될 추상적 위험성이 인정되는 정도로 족하다고 할 것인바, 경쟁사업자를 배제시킬 우려는 당해 염매행위의 의도, 목적, 염가의 정도, 행위자의 사업규모 및 시장에서의 지위, 염매의 영향을 받는 사업자의 상황 등을 종합적으로 살펴 개별적으로 판단하여야 한다.[167]

사례

① 삼성테스코 주식회사가 홈플러스 안산점이 개점일인 2000. 8. 30.부터 같은 해 11. 2.까지 약 2개월간 코카콜라를 정당한 이유가 없거나 부당하게 구입원가 984.5원/1.5ℓ보다 현저히 낮은 가격인 390원/1.5ℓ에서 890원/1.5ℓ에 판매한 행위[168]

167 대법원 2001. 6. 12. 선고 99두4686 판결.

168 공정거래위원회 2001. 2. 14. 의결 제2001-31호, 2001유거0037.

② 지방자치단체가 발주하는 지역정보화시스템통합용역사업의 경쟁입찰에서 시스템통합사업자가 최소한의 인건비조차도 반영되지 않은 저가로 입찰하여 낙찰받은 경우
③ 규모의 경제 등 이유로 당해 시장에의 신규진입이 단기간 내 용이하지 않은 상황하에서 경쟁사업자를 퇴출시키기 위한 목적으로 제조원가에 못 미치는 가격으로 계속하여 상품 또는 용역을 공급하는 행위

나. 부당고가매입

부당고가매입은 부당하게 상품 또는 용역을 통상거래가격에 비하여 높은 대가로 구입하여 자기 또는 계열회사의 경쟁사업자를 배제시킬 우려가 있는 행위를 말한다(영 제52조 [별표 2] 제3호 나목).

1) 대상행위

통상 거래가격에 비하여 높은 가격으로 상품 또는 용역을 구입하는 행위가 대상이 된다. 통상 거래가격이라 함은 당시의 시장에서 사업자간에 정상적으로 이루어지는 거래에서 적용되는 가격수준을 말한다. 인위적으로 제품이나 원재료의 품귀를 발생시켜 경쟁사업자를 배제할 수 있기 위해서는 매점되는 상품 또는 용역의 물량이 전체 공급량에서 차지하는 비중이 중요하므로, 고가매입이 계속해서 이루어질 필요는 없다. 고가매입의 상대방은 사업자에 한하며 소비자는 포함되지 않는다.

2) 위법성의 판단기준

고가매입이 당해 상품 또는 용역의 품귀를 가져옴으로써 자기 또는 계열회사의 경쟁사업자를 배제시킬 우려(경쟁제한성)가 있는지 여부를 위주로 판단한다.

① 고가매입의 대상이 되는 상품 또는 용역이 경쟁사업자(잠재적 경쟁사업자 포함)의 사업영위에 필수적인지 여부
② 당해 상품 또는 용역의 수급이 원활한지 여부와 다른 대체재를 용이하게 조달할 수 있는지 여부. 대체재가 존재하더라도 추가비용이 많이 소요되는 경우에는 경쟁사업자 배제우려가 있을 수 있다.
③ 고가매입으로 인해 경쟁사업자들의 사업활동이 곤란하게 되거나 곤란해질 가능성이 있는지 여부 등

사례

① 합리적 이유없이 제품의 생산·판매에 필수적인 요소를 통상거래가격에 비하여 높은 대가로 매점하여 자기 또는 계열회사의 경쟁사업자가 시장에서 배제될 수 있을 정도로 사업활동을 곤란하게 하는 행위
② 신규로 시장에 진입하려는 사업자를 저지하기 위한 목적으로 그 사업자가 필요로 하는 상품 또는 용역을 통상 거래가격 보다 높은 가격으로 매점함으로써 사실상 진입을 곤란하게 하는 행위

4. 부당한 고객유인

공정거래법은 부당하게 경쟁자의 고객을 자기와 거래하도록 유인하는 행위를 금지하고 있고(법 제45조 제1항 제4호) 세부유형으로 부당한 이익에 의한 고객유인, 위계에 의한 고객유인, 기타의 부당한 고객유인이 있다(영 제52조 [별표 2] 제4호 가목-다목). 소비자가 만족도를 극대화할 수 있기 위해서는 정확한 정보를 바탕으로 저렴하고 품질 좋은 상품 또는 용역을 구입할 수 있어야 할 것이다. 이를 위해 사업자는 자기가 제공하는 상품 또는 용역의 가격과 품질을 경쟁수단으로 삼아야 할 것이다. 사업자가 부당한 이익제공이나 위계, 거래방해 등의 방법으로 경쟁사업자의 고객을 유인하는 것은 그 경쟁수단이 불공정한 것으로서 시장에서의 바람직한 경쟁질서를 저해하고 소비자가 품질 좋고 저렴한 상품 또는 용역을 선택하는 것을 방해하므로 금지된다.

가. 부당한 이익에 의한 고객유인

부당한 이익에 의한 고객유인은 정상적인 거래관행에 비추어 부당하거나 과대한 이익을 제공 또는 제공할 제의를 하여 경쟁사업자의 고객을 자기와 거래하도록 유인하는 행위를 말한다(영 제52조 [별표 2] 제4호 가목).

1) 대상행위

자기와 거래하도록 하기 위해 경쟁사업자의 고객에게 이익을 제공하거나 제공할 제의를 하는 행위가 대상이 된다. 이때, 경쟁사업자의 고객에는 경쟁사업자와 거래를 한 사실이 있거나 현재 거래관계를 유지하고 있는 고객뿐만 아니라 잠재적으로 경쟁사업자와 거래관계를 형성할 가능성이 있는 고객이 포함된다.

이익제공 또는 제의의 방법에는 제한이 없으며, 표시·광고를 포함한다. 제공되는 이익에는 리베이트의 제공이나 가격할인 등 고객에게 유리하도록 거래조건의 설정·변경, 판촉지원금 내지 판촉물의 지급, 경쟁사업자의 제품을 자사제품으로 교환하면서 덤으로 자사제품의 과다한 제공 등 적극적 이익제공과 원래 부과되어야 할 요금·비용의 감면, 납부기한 연장, 담보제공 의무나 설정료의 면제 등 소극적 이익제공 등 모든 경제적 이익이 포함된다.

이익제공(제의)의 상대방에는 소비자뿐만 아니라 사업자도 포함된다.

2) 위법성의 판단기준

이익제공 또는 제공제의가 가격과 품질 등에 의한 바람직한 경쟁질서를 저해하는 불공정한 경쟁수단에 해당되는지 여부를 위주로 판단한다. 불공정한 경쟁수단에 해당하는지를 다음 사항을 종합적으로 고려한다.

① 정상적인 거래관행에 비추어 부당하거나 과대한 이익제공(제의)에 해당되는지 여부. 정상적인 거래관행이란 원칙적으로 해당업계의 통상적인 거래관행을 기준으로 판단하되 구체적 사안에

따라 바람직한 경쟁질서에 부합되는 관행을 의미하며 현실의 거래관행과 항상 일치하는 것은 아니다. 부당한 이익에 해당되는지는 관련 법령에 의해 금지되거나 정상적인 거래관행에 비추어 바람직하지 않은 이익인지 여부로 판단한다. 또한, 과대한 이익에 해당되는지는 정상적인 거래관행에 비추어 통상적인 수준을 넘어서는지 여부로 판단하되, 제공되는 이익이 경품에 해당되는 경우에는 「경품류제공에관한불공정거래행위유형및기준(공정위 고시)」에서 허용되는 범위를 초과하는지 여부로 판단한다.

② 경쟁사업자(잠재적 경쟁사업자 포함)의 고객을 자기와 거래하도록 유인할 가능성이 있는지 여부. 이익제공(제의) 사업자가 경쟁사업자의 고객과 실제로 거래하고 있을 필요는 없으며, 객관적으로 고객의 의사결정에 상당한 영향을 미칠 수 있는 가능성이 있으면 유인가능성을 인정할 수 있다.[169]

〈판례의 태도〉

사업자의 행위가 경쟁사업자의 고객을 자기와 거래하도록 유인하는 행위에 해당하는 개별 사안에서 고객 유인행위의 위법성을 판단함에 있어서는 이로 인하여 사업자와 경쟁사업자 상품 간의 가격 등 비교를 통한 소비자의 합리적인 선택이 저해되는지 여부, 해당 업계 사업자 간의 공정한 경쟁질서가 저해되는지 여부와 함께 사업자가 제공하는 경제적 이익의 정도, 제공의 방법, 제공기간, 이익 제공이 계속적·반복적인지 여부 등을 종합적으로 고려하여야 한다.[170]

사례

① 제약사가 의약품의 판매를 촉진하기 위해서 병·의원, 약국 등에 정상적인 상관행을 초과하여 과다한 이익을 제공한 행위[171]

② 경쟁사업자의 고객을 자기와 거래하도록 소개·의뢰·추천하는 자에게 리베이트 등의 이익을 제공하거나 제공하겠다는 제의를 함으로써 고객을 유인하는 행위

③ 甲 주식회사가 발효 에센스 신제품을 출시하면서 '이제 더 이상 비싼 수입화장품에 의존하지 않아도 됩니다. 발효 효모액 80% 함유'라는 문구를 사용하여 광고하고, 乙 주식회사의 발효 에센스 제품의 공병을 가져오면 甲 회사의 발효 에센스 정품으로 교환해 주는 행사를 한 사안[172]

169 대법원 2010. 11. 25. 선고 2009두9543 판결.

170 대법원 2014. 3. 27. 선고 2013다212066 판결.

171 대법원 2010. 11. 25. 선고 2009두9543 판결 : 부당한 이익의 제공이 경쟁사업자의 고객을 자기와 거래하도록 유인할 가능성이 있는지 여부는 객관적으로 고객의 의사결정에 상당한 영향을 미칠 가능성이 있는지 여부에 따라 결정된다고 할 것인데, 전문의약품의 경우 보건의료 전문가인 의사가 환자를 위하여 의약품을 구매 또는 처방하는 특수성이 있으므로 의사나 의료기관의 의약품에 대한 의사결정은 곧바로 최종 소비자인 환자의 의약품 구매로 연결될 수밖에 없는 점, 이 사건에서 문제된 원고의 구체적인 개개의 지원행위는 의사나 의료기관 등을 상대로 의약품의 처방증대 또는 판매증진을 위한 의도로 행해진 것인 점 등에 비추어 보면, 원고의 의료기관 등에 대한 이 사건 각 지원행위는 경쟁사업자의 고객을 유인할 가능성이 있다.

172 대법원 2014. 3. 27. 선고 2013다212066 판결.

나. 위계에 의한 고객유인

부당한 표시·광고 외의 방법으로 자기가 공급하는 상품 또는 용역의 내용이나 거래조건 기타 거래에 관한 사항에 관하여 실제보다 또는 경쟁사업자의 것보다 현저히 우량 또는 유리한 것으로 고객을 오인시키거나 경쟁사업자의 것이 실제보다 또는 자기의 것보다 현저히 불량 또는 불리한 것으로 고객을 오인시켜 경쟁사업자의 고객을 자기와 거래하도록 유인하는 행위를 말한다(영 제52조 [별표 2] 제4호 나목).

1) 대상행위

자기와 거래하도록 하기 위해 경쟁사업자의 고객을 기만 또는 위계의 방법으로 유인하는 행위가 대상이 된다. 이때, 경쟁사업자의 고객에는 경쟁사업자와 거래를 한 사실이 있거나 현재 거래관계를 유지하고 있는 고객뿐만 아니라 잠재적으로 경쟁사업자와 거래관계를 형성할 가능성이 있는 고객이 포함된다. 또한, 기만 또는 위계는 표시나 광고 이외의 방법으로 고객을 오인시키거나 오인시킬 우려가 있는 행위를 말한다. 위계 또는 기만적인 유인행위로 인하여 고객이 오인될 우려가 있음으로 충분하고, 반드시 고객에게 오인의 결과가 발생하여야 하는 것은 아니라고 할 것이고 여기에서 오인이라 함은 고객의 상품 또는 용역에 대한 선택 및 결정에 영향을 미치는 것을 말하고, 오인의 우려라 함은 고객의 상품 또는 용역의 선택에 영향을 미칠 가능성 또는 위험성을 말한다.[173] 상품 또는 용역의 내용이나 거래조건 기타 거래에 관한 사항에 대해 기만 또는 위계의 방법을 사용한 행위가 대상이 된다. 상품 또는 용역의 내용에는 품질, 규격, 제조일자, 원산지, 제조방법, 유효기간 등이 포함된다. 거래조건에는 가격, 수량, 지급조건 등이 포함된다. 기타 거래에 관한 사항에는 국산품 혹은 수입품인지 여부, 신용조건, 업계에서의 지위, 거래은행, 명칭 등이 포함된다.

기만 또는 위계의 상대방은 소비자뿐만 아니라 사업자도 포함된다.

2) 위법성의 판단기준

기만 또는 위계가 가격과 품질 등에 의한 바람직한 경쟁질서를 저해하는 불공정한 경쟁수단에 해당되는지 여부를 위주로 판단한다. 이때, 불공정한 경쟁수단에 해당되는지 여부는 다음 사항을 종합적으로 고려하여 판단한다.

① 기만 또는 위계가 경쟁사업자(잠재적 경쟁사업자 포함)의 고객을 오인시키거나 오인시킬 우려가 있는지 여부. 오인 또는 오인의 우려는 불특정다수인을 대상으로 하는 표시나 광고의 경우와 달리 거래관계에 놓이게 될 고객의 관점에서 판단하되, 실제로 당해 고객에게 오인의 결과를 발생시켜야 하는 것은 아니며 객관적으로 그의 구매의사결정에 영향을 미칠 가능성이 있으면 충분하다.

173 대법원 2002. 12. 26. 선고 2001두4306 판결.

② 기만 또는 위계가 고객유인을 위한 수단인지 여부 등. 위계로 인하여 경쟁사업자의 고객이 오인할 우려가 있더라도 그 결과 거래처를 전환하여 자기와 거래할 가능성이 없는 경우에는 단순한 비방에 불과할 뿐 부당한 고객유인에는 해당되지 않는다.

사례

① B 회사의 영업사원들은 경쟁사업자가 판매하는 X 상품에 인체에 유해한 성분이 들어있지 않음에도 불구하고 경쟁사업자가 판매하는 X 상품에는 인체에 유해한 성분이 있다고 고객에게 설명하면서 X 상품을 판매하였는데, 이러한 행위가 공정거래법상 불공정거래행위에 해당하는지 설명하시오(단, 공정거래법 제45조 제1항 제5호 후단 여부는 논하지 말 것)[174]

② A 주식회사는 자기가 생산·공급하는 의약품인 프로페시아에 대한 판촉활동과 관련하여 경쟁사의 의약품인 알로피아에 대하여 '인도산'이라고 할 수 없음에도 불구하고 '인도산'이라는 등 사실과 다르게 비방함으로써 경쟁사 제품의 판매를 위축시키는 것과 같이 부당하게 다른 사업자의 사업활동을 방해하는 행위[175]

③ 경쟁사업자의 부도 임박·정부지원 대상에서 제외 등의 근거 없는 사실을 유포하여 고객을 자기와 거래하도록 유인하는 행위

다. 기타의 부당한 고객유인

기타의 부당한 고객유인은 경쟁사업자와 그 고객의 거래에 대하여 계약성립의 저지, 계약불이행의 유인 등의 방법으로 거래를 부당하게 방해함으로써 경쟁사업자의 고객을 자기와 거래하도록 유인하는 행위를 말한다(영 제52조 [별표 2] 제4호 다목).

1) 대상행위

경쟁사업자와 고객의 거래를 방해함으로써 자기와 거래하도록 유인하는 행위가 대상이 된다. 거래방해의 수단에는 제한이 없으며, 부당한 이익제공이나 위계를 제외한 모든 수단이 포함된다. 거래방해에는 거래성립의 방해와 거래계속의 방해가 있다. 거래방해의 상대방은 경쟁사업자 또는 경쟁사업자의 고객이며, 고객에는 사업자와 소비자가 포함된다. 이때, 경쟁사업자의 고객에는 경쟁사업자와 거래를 한 사실이 있거나 현재 거래관계를 유지하고 있는 고객뿐만 아니라 잠재적으로 경쟁사업자와 거래관계를 형성할 가능성이 있는 고객이 포함된다.

2) 위법성의 판단기준

거래방해가 바람직한 경쟁질서를 저해하는 불공정한 경쟁수단에 해당되는지 여부를 위주로 판단한다. 이때, 불공정한 경쟁수단에 해당되는지 여부는 다음 사항을 종합적으로 고려하여 판단한다.

---

174 경제법 변호사시험 제9회(2020년).

175 공정거래위원회 2009. 5. 12. 의결 제2009-114호, 2007경규1874.

① 거래방해가 고객유인을 위한 수단인지의 여부. 이를 판단하기 위해서는 방해의 동기나 의도, 방해 이후 고객의 거래처 내지 거래량의 변화추이, 경쟁사업자의 시장지위와 경쟁의 정도 등을 고려한다. 거래방해 그 자체가 거래조건의 이점 등 자기의 효율성에 기초할 경우 고객유인의 효과가 있더라도 법위반으로 보지 않는다. 거래방해는 거래를 곤란하게 하는 것으로 족하며, 실제로 경쟁사업자와 고객간의 거래가 불발로 끝나거나 기존의 거래관계가 종료되었을 것을 요하지 않는다.

② 거래방해에 의해 경쟁사업자와 거래를 중단시킴으로써 자기와 거래할 가능성이 있는지 여부

사례

① 경쟁사업자와 고객간의 거래를 방해하기 위한 목적으로 경쟁사업자와 고객간 계약의 성립을 저지하거나 계약해지를 유도하는 행위
② 합리적 이유없이 자신의 시장지위를 이용하여 판매업자에 대해 경쟁사업자의 제품을 매장내의 외진 곳에 진열하도록 강요하는 행위

5. 거래강제

공정거래법은 부당하게 경쟁자의 고객을 자기와 거래하도록 강제하는 행위를 금지하고 있고(법 제45조 제1항 제5호) 세부유형으로 끼워팔기, 사원판매, 기타의 거래강제가 있다(영 제52조 [별표 2] 제5호 가목-다목). 사업자가 거래상대방 또는 자사 직원 등으로 하여금 본인의 의사에 반하여 자기 또는 자기가 지정하는 자의 상품 또는 용역을 구입(판매)하도록 강제하는 행위는 시장에서의 지위를 이용하여 고객을 확보하는 행위로서, 불합리한 수단으로 시장지배력의 확장을 도모하며 소비자의 자율적 선택권을 제약하므로 금지된다.

가. 끼워팔기

끼워팔기는 거래상대방에 대하여 자기의 상품 또는 용역을 공급하면서 정상적인 거래관행에 비추어 부당하게 다른 상품 또는 용역을 자기 또는 자기가 지정하는 사업자로부터 구입하도록 하는 행위를 말한다(영 제52조 [별표 2] 제5호 가목).

1) 대상행위

서로 다른 별개의 상품 또는 용역을 자기 또는 자기가 지정하는 사업자로부터 구입하도록 하는 행위가 대상이 된다. 이때 끼워팔기의 대상이 '서로 다른 별개의 상품 또는 용역'에 해당되는지 여부는 이들이 시장에서 통상 별도로 거래되는지 여부와 더불어 그 상업적 용도나 기능적 특성, 소비자 인식태도, 경우에 따라서는 제품통합과 기술혁신의 추세 등을 종합적으로 고려하여 판단한다. 끼워팔기를 행하는 주체는 주된 상품(또는 용역)과 종된 상품(또는 용역)을 동시에 공급할 수도 있

고, 자기가 지정하는 제3자로 하여금 종된 상품(또는 용역)을 공급하게 할 수 있다. 거래상대방에는 사업자뿐만 아니라 소비자가 포함된다.

2) 위법성의 판단기준

끼워팔기가 바람직한 경쟁질서를 저해하는 불공정한 경쟁수단에 해당되는지 또는 경쟁을 제한하는지 여부를 위주로 판단한다. 이때, 불공정한 경쟁수단 해당 여부 또는 경쟁제한성 여부는 다음 사항을 종합적으로 고려하여 판단한다.

① 끼워팔기를 하는 사업자가 거래상대방에 대해 주된 상품(또는 용역)과 종된 상품(또는 용역)의 동반 구입을 강제할 수 있는지 여부. 사업자가 주된 상품을 공급하는 것과 연계하여 거래상대방이 그의 의사에 불구하고 상대방이 구입하고자 하지 않거나 상대적으로 덜 필요로 하는 상품 또는 용역을 구입하도록 하는 상황을 만들어낼 정도의 지위를 갖는 것으로 족하다.[176]

② 끼워팔기가 정상적인 거래관행에 비추어 부당한지 여부. 정상적인 거래관행에 해당되는지 여부는 당해 시장에서의 통상적인 거래관행을 기준으로 하되, 통상적인 거래관행에 해당된다고 할지라도 끼워팔기에 의해 경쟁제한효과가 발생하거나 소비자의 자율적 선택권이 침해되는 경우에는 부당한 것으로 본다.

③ 주된 상품(또는 용역)과 종된 상품(또는 용역)을 같이 구입하도록 강제하는지 여부 등. 강제성이 있는지 여부는 거래상대방의 입장에서 서로 다른 두 상품(또는 용역)을 따로 구입하는 것이 자유로운지를 기준으로 판단한다. 이때, '강제성'은 주된 상품(또는 용역)에 대한 구매자의 거래처 전환가능성이 적을수록 큰 것으로 보며, 다른 거래처에서 구입할 경우 주된 상품(또는 용역)의 거래거절이나 공급량감소 등 각종 불이익이 예상됨으로 인하여 사실상 거래처를 전환할 수 없는 경우 등에는 강제성이 인정될 수 있다. 이때 거래상대방이 자기 또는 자기가 지정하는 사업자로부터 실제로 구입하였을 것을 필요로 하지 않는다.

〈판례의 태도〉

끼워팔기가 정상적인 거래관행에 비추어 부당한지 여부는 종된 상품을 구입하도록 한 결과가 상대방의 자유로운 선택의 자유를 제한하는 등 가격과 품질을 중심으로 한 공정한 거래질서를 저해할 우려가 있는지 여부에 따라 판단하여야 한다.[177]

사례

① 한국토지공사가 택지분양과정에서 공동주택지(비인기토지)의 판매가 저조하자 상대적으로 분양이 양호한 인기토지를 판매하면서 비인기토지의 매입시 인기토지에 대한 매입우선권을 부여함으로써 비인기토지를 매입하지 않고서는 사실상 인기토지를 매입할 수 없게 만든 경우[178]

---

176 대법원 2006. 5. 26. 선고 2004두3014 판결.

177 대법원 2006. 5. 26. 선고 2004두3014 판결.

> ② Microsoft사가 윈도우 PC운영체계(Windows XP)와 미디어 플레이어 프로그램(Windows Media Player)을 결합하여 판매한 행위[179]
> ③ 乙은 丙을 계열회사로 두고 있는데, 丙은 제조업체로부터 제품 배송을 위탁받아 유통전문회사의 오프라인 매장에 배송하는 물류배송업체이다. 현재 乙은 甲에 비해 중소 가전업체의 가전제품을 많이 취급하고 있다. 중소 가전업체는 판로 확대를 위하여 가전제품 유통전문회사의 오프라인 매장에서 가전제품을 판매할 것을 희망하고 있는데, 乙은 중소 가전업체에 대하여 乙의 오프라인 매장에서 가전제품을 판매하게 될 경우 제품 배송 용역은 丙으로부터 구입하도록 하고 있다. 따라서 중소 가전업체는 乙의 오프라인 매장에서 가전제품을 판매하기 위하여서는 丙의 제품 배송 용역을 구입할 수밖에 없는 형편이다. 乙이 중소 가전업체에 대하여 한 행위가 공정거래법상 불공정거래행위에 해당하는지를 설명하시오(단, 공정거래법 제45조 제1항 제6, 7, 8호의 적용 여부는 판단하지 아니함)[180]

나. 사원판매

부당하게 자기 또는 계열회사의 임직원으로 하여금 자기 또는 계열회사의 상품이나 용역을 구입 또는 판매하도록 강제하는 행위를 말한다(영 제52조 [별표 2] 제5호 나목).

1) 대상행위

자기 또는 계열회사의 임직원에게 자기 또는 계열회사의 상품이나 용역을 구입 또는 판매하도록 강제하는 행위가 대상이 된다. 임원이란 이사·대표이사·업무집행사원·감사나 이에 준하는 자 또는 지배인 등 본점이나 지점의 영업전반을 총괄적으로 처리하는 상업사용인을 말한다. 직원이란 계속하여 회사의 업무에 종사하는 자로서 임원 외의 자를 말한다. 임직원에는 정규직, 계약직, 임시직 등 고용의 형태를 묻지 않는다.

2) 위법성의 판단기준

사원판매가 바람직한 경쟁질서를 저해하는 불공정한 경쟁수단에 해당되는지 여부를 위주로 판단한다. 이때, 불공정한 경쟁수단에 해당되는지 여부는 다음 사항을 종합적으로 고려하여 판단한다.

① 사업자가 임직원에 대해 자기 또는 계열회사의 상품이나 용역의 구입 또는 판매를 강제하는지 여부. 임직원에게 구입이나 판매를 강제하는 수단에는 제한이 없으며, 사업자측의 구입·판매목표량의 설정과 할당, 목표미달시 제재의 유무와 정도 등을 종합적으로 고려하여 강제성의 유무를 판단한다.
  - 목표량 미달시 인사고과에서 불이익을 가하거나, 판매목표 미달분을 억지로 구입하도록 하거나, 목표달성 여부를 고용관계의 존속이나 비정규직에서 정규직으로의 전환과 결부시키는 경

178 대법원 2006. 5. 26. 선고 2004두3014 판결.
179 공정거래위원회 2006. 2. 24. 의결 제2006-042호, 2002경촉0453, 2005경촉0375.
180 경제법 변호사시험 제10회(2021년).

우에는 원칙적으로 강제성이 인정된다.

- 임직원에게 판매목표를 개인별로 설정한 후 이를 달성시키기 위한 방안으로 판매실적을 체계적으로 관리하고 임원이나 최고경영층에 주기적으로 보고하는 경우에는 원칙적으로 강제성이 인정된다.

② 임직원에 대한 구입(또는 판매)강제가 경쟁사업자의 고객(잠재적 고객 포함)을 자기 또는 계열회사와 거래하도록 하기 위한 수단으로 사용되는지 여부 등. 구입(또는 판매)강제로 인하여 임직원이 실제로 상품 또는 용역을 구입하였을 것을 요하지는 않는다.

〈판례의 태도〉

사원판매의 부당성과 관련하여 문제된 행위의 태양과 범위, 대상 상품의 특성, 행위자의 시장에서의 지위, 경쟁사의 수효와 규모 등과 같은 구체적 상황을 종합적으로 고려할 때 당해 행위가 거래 상대방인 임직원의 선택의 자유를 제한함으로써 가격과 품질을 중심으로 한 공정한 거래질서를 침해할 우려가 있다고 인정되어야 한다. 하지만, 당해 행위에 의하여 구입, 판매와 같은 거래가 반드시 현실적으로 이루어져야 하거나 혹은 공정한 거래질서에 대한 침해의 우려가 구체적일 것까지 요구되는 것은 아니고, 공정한 거래질서에 대한 침해의 우려가 있는 한 단순한 사업경영상의 필요나 거래상의 합리성 내지 필요성 유무는 불공정거래행위의 성립에 영향을 미칠 수 없다.[181]

사례

① 대우자동차판매 주식회사가 그 관리직 대리급 이상 임직원과 쌍용자동차로부터 전입 직원들을 상대로 그 취급 차종에 관한 판매행위를 한 경우, 대상 임직원들의 차량 구입 및 차종에 대한 선택의 기회를 제한하여 그 구입을 강제한 것[182]

② 거제수산업협동조합이 자신의 마트·뷔페예식사업단 및 일반부서 등의 직원에게 공제료·수수료·예탁금·계약고의 유치에 대한 개인별 목표를 부여하거나, 12개 금융지점 및 일반부서 등의 직원에게 마트 상품판매 및 뷔페예식이용에 대한 개인별 목표를 부여하는 등 부당하게 해당 직원이 수행하는 업무와 실질적으로 밀접한 관련이 없는 개인별 목표를 부여하고 이를 달성하도록 강제하는 행위[183]

③ 주식회사 엘지화학은 부당하게 자기의 임직원으로 하여금 계열회사인 주식회사 엘지파워콤의 초고속인터넷 서비스 상품을 구입 또는 판매하도록 강제하는 행위[184]

다. 기타의 거래강제

기타의 거래강제는 정상적인 거래관행에 비추어 부당한 조건 등 불이익을 상대방에게 제시하여 자기 또는 자기가 지정하는 사업자와 거래하도록 강제하는 행위를 말한다(영 제52조 [별표 2] 제5호 다목).

---

181 대법원 2001. 2. 9. 선고 2000두6206 판결.

182 대법원 2001. 2. 9. 선고 2000두6206 판결.

183 공정거래위원회 2013. 3. 21. 의결 제2013-035호, 2012부사1913.

184 공정거래위원회 2008. 3. 6. 의결 제2008-090호, 2006서경2307.

1) 대상행위

자기 또는 자기가 지정하는 사업자와 거래하도록 강요하는 행위가 대상이 된다. 이에는 명시적인 강요와 묵시적인 강요, 직접적 강요와 간접적 강요를 포함한다. 기타의 거래강제는 행위자와 상대방간 거래관계 없이도 성립할 수 있으나, 거래상 지위남용(구입강제)의 경우 행위자와 상대방간 거래관계가 있어야 성립할 수 있다는 점에서 구별된다. 거래상대방에는 사업자뿐만 아니라 소비자도 포함된다.

2) 위법성의 판단기준

거래강제 행위가 바람직한 경쟁질서를 저해하는 불공정한 경쟁수단에 해당되는지 여부를 위주로 판단한다. 이때, 불공정한 경쟁수단에 해당되는지 여부는 다음 사항을 종합적으로 고려하여 판단한다.

① 사업자가 거래상대방에 대해 불이익을 줄 수 있는 지위에 있는지 여부

② 당해 불이익이 정상적인 거래관행에 비추어 부당한지 여부. 정상적인 거래관행 해당여부는 당해 업계의 통상적인 거래관행을 기준으로 한다. 정상적인 거래관행에 비추어 부당한 불이익으로는 특별한 사유 없이 주된 거래관계에서 공급량이나 구입량의 축소, 대금지급의 지연, 거래의 중단 또는 미개시, 판매장려금 축소 등이 있다.

③ 거래상대방에 대해 자기 또는 자기가 지정하는 사업자와 거래하도록 강제하는 효과가 있는지 여부 등. 상대방이 행위자의 요구사항을 자유로이 거부할 수 있는지 여부를 기준으로 강제성 여부를 판단한다. 상대방이 주된 거래관계를 다른 거래처로 전환하기가 용이한 경우에는 강제성이 인정되지 않는다. 반면, 자기 또는 자기가 지정하는 사업자와 거래할 경우 일정한 인센티브를 제공하는 것은 강제성이 없는 것으로 본다.

사례

① 아파트의 수분양자 등에게 중도금 대출을 알선하고 수분양자로 하여금 지정 법무사에게 등기업무를 위임하도록 하는 것은 시공사의 업무편의를 위한 것으로 사실상 거래강제에 해당하지만 지정법무사를 선임해 일괄하여 그 업무를 처리하게 한 결과 비용의 40%를 절감한 점, 다른 법무사의 등기신청도 얼마든지 가능했던 점에 비추어 부당성이 부정된 사례[185]

② 사업자가 자신의 협력업체에 대해 자신의 상품판매 실적이 부진할 경우 협력업체에서 탈락시킬 것임을 고지하여 사실상 상품판매를 강요하는 행위

185 서울고등법원 2007. 9. 13. 선고 2006누27900 판결.

6. 거래상 지위의 남용

공정거래법은 자기의 거래상의 지위를 부당하게 이용하여 상대방과 거래하는 행위를 금지하고 있고(법 제45조 제1항 제6호) 세부유형으로 구입강제, 이익제공강요, 판매목표강제, 불이익제공, 경영간섭이 있다(영 제52조 [별표 2] 제6호 가목-마목). 사업자가 거래상 우월적 지위가 있음을 이용하여 열등한 지위에 있는 거래상대방에 대해 일방적으로 물품 구입강제 등 각종 불이익을 부과하거나 경영에 간섭하는 것은 경제적 약자를 착취하는 행위로서 거래상대방의 자생적 발전기반을 저해하고 공정한 거래기반을 침해하므로 금지된다.

가. 구입강제

구입강제는 거래상대방이 구입할 의사가 없는 상품 또는 용역을 구입하도록 강제하는 행위를 말한다(영 제52조 [별표 2] 제6호 가목).

1) 대상행위

사업자가 거래상대방에게 구입의사가 없는 상품 또는 용역을 구입하도록 강제하는 행위가 대상이 된다. 구입요청을 거부하여 불이익을 당하였거나 주위의 사정으로 보아 객관적으로 구입하지 않을 수 없는 사정이 인정되는 경우에는 구입강제가 있는 것으로 본다. 거래상대방은 주로 사업자가 될 것이나 소비자도 포함된다. 구입이 강제되는 상품 또는 용역은 사업자 자신의 것일 수도 있고, 다른 사업자의 것일 수도 있다.

2) 위법성의 판단기준

구입강제가 거래내용의 공정성을 침해하는 행위에 해당되는지 여부를 위주로 판단한다. 이때, 거래내용의 공정성을 침해하는지 여부는 다음 사항을 종합적으로 고려하여 판단한다.

① 사업자가 거래상대방에 대해 거래상 지위를 가지고 있는지 여부.[186] 거래상 지위가 있는지 여부는 거래상대방의 입장에서 사업자가 상품 또는 용역의 구입을 요청할 경우 원치 않더라도 이를 받아들일 수밖에 없는지를 기준으로 한다. 거래상 지위유무는 대체거래선 확보의 용이성, 사업자에 대한 수입 의존도, 사업자의 업무상 지휘감독권 여부, 거래대상인 상품 또는 용역의 특성 등을 종합적으로 고려하여 판단한다.

〈판례의 태도〉

'거래상 지위'는 일방이 상대적으로 우월한 지위 또는 적어도 상대방과의 거래활동에 상당한 영향을 미칠 수 있는 지위를 갖고 있으면 인정할 수 있고, 거래상 지위가 있는지는 당사자가 처한 시장의 상황, 당사자

186 거래상 지위가 인정될 가능성이 있는 거래관계(예시)는 본사와 협력업체 또는 대리점, 대형소매점과 입점업체, 도시가스사와 지역관리소, 제조업체와 부품납품업체, 지역독점적 공공시설 관리업자와 시설임차사업자, 독점적 공공사업자와 계약업체, 방송사와 방송프로그램 공급사업자 등간 거래관계이다.

간의 전체적 사업능력의 격차, 거래의 대상인 상품의 특성 등을 모두 고려하여 판단하여야 한다.[187]

② 구입강제 행위가 부당한지 여부 등. 당해 행위를 한 목적, 거래상대방의 예측가능성(당초 계약서에 구입의무가 규정되어 있거나 충분히 예측 가능한 경우에는 부당성이 낮은 것으로 볼 수 있음), 당해업종에서의 통상적인 거래관행, 구입강제로 인한 거래상대방의 피해 발생 여부, 관계법령 등을 종합적으로 고려하여 부당성 여부를 판단한다.

사례

① 컨테이너를 이용한 육·해상 복합운송의 경우 해상운송업체가 거래상의 우월한 지위를 이용하여 거래상대방인 화주들에게 자기가 지정한 육상운송업체를 이용하도록 안내문을 발송하고 일부 업체에 대하여는 그 이용을 적극적으로 권유하였을 뿐만 아니라 합리적인 이유 없이 다른 육상운송업체를 이용하려는 화주들에게는 컨테이너를 배정하지 않음으로써 화주들로 하여금 어쩔 수 없이 해상운송업체가 지정한 업체로부터 육상운송용역을 제공받도록 사실상 강요한 행위[188]

② A사는 국내 소비자에게는 국내 대리점들을 통하여 자동차 타이어를 판매하고 있다(관련 지역시장은 '국내시장', 관련 상품시장은 '자동차 타이어 소매시장'으로 가정한다). A사의 국내 대리점들은 모두 독립적인 전속 대리점들이며, 시설투자비 등 대리점 개설 비용이 크고, 대리점 계약기간은 10년(단, 계약기간 갱신 가능)이다. A사가 타이어 재고량이 적정수준을 초과하였음을 이유로 2015. 7.부터 국내 대리점들에게 전월 주문량 대비 5%의 물량을 10% 인하된 가격에 추가로 구입하도록 하였다면, A사의 이러한 행위가 공정거래법상 불공정거래행위의 유형 중 어느 유형에 해당할 수 있는가? 또한 그 유형에 해당한다고 할 경우 이를 위법하다고 볼 수 있는지를 설명하시오[189]

나. 이익제공강요

이익제공강요는 거래상대방에게 자기를 위하여 금전·물품·용역 기타의 경제상 이익을 제공하도록 강요하는 행위를 말한다(영 제52조 [별표 2] 제6호 나목).

1) 대상행위

거래상대방에게 금전·물품 등의 경제상 이익을 제공하도록 강요하는 행위가 대상이 된다. 경제상 이익에는 금전, 유가증권, 물품, 용역을 비롯하여 경제적 가치가 있는 모든 것이 포함된다. 계열회사의 거래상 지위를 이용하여 이익제공을 강요하는 행위도 포함된다. 이익제공강요에는 거래상대방에게 경제상 이익을 제공하도록 적극적으로 요구하는 행위뿐만 아니라 자신이 부담하여야 할 비용을 거래상대방에게 전가하여 소극적으로 경제적 이익을 누리는 행위도 포함된다. 이익제공 강요의 상대방에는 사업자뿐만 아니라 소비자도 포함된다.

---

187 대법원 2011. 5. 13. 선고 2009두24108 판결.

188 대법원 2002. 1. 25. 선고 2000두9359 판결.

189 경제법 변호사시험 제5회(2016년).

2) 위법성의 판단기준

이익제공 강요가 거래내용의 공정성을 침해하는 행위에 해당되는지 여부를 위주로 판단한다. 이때, 거래내용의 공정성을 침해하는지 여부는 다음 사항을 종합적으로 고려하여 판단한다.

① 사업자가 거래상대방에 대해 거래상 지위를 가지는지 여부(구입강제의 경우에 준함).
② 이익제공강요 행위가 부당한지 여부 등. 당해 행위를 한 의도 및 목적, 거래상대방의 예측가능성(당초 계약서에 이익제공의무가 규정되어 있거나 충분히 예측가능한 경우에는 부당성이 낮은 것으로 볼 수 있음), 당해업종에서의 통상적인 거래관행, 당해 이익제공의 내용과 성격, 관계법령 등을 종합적으로 고려하여 부당성 여부를 판단한다.
③ 사업자가 실제로 이익을 제공받았을 것을 요하지 않는다.

사례

① 국내 X상품시장에서 사업자 A, B, C, D의 2021년 기준 시장점유율은 각각 40%, 30%, 20%, 10%이다. 이 사안의 관련시장은 국내 X상품시장으로 한다. 그런데 이들 사업자는 모두 2019년 말부터 영업적자를 겪고 있다. A는 영업적자를 극복하기 위한 방안으로써 자사의 거래상 지위를 이용하여 계속적 거래관계에 있는 납품업체로 하여금 자사에 금전을 제공하도록 강제하였다. 이러한 A의 행위가 공정거래법상 불공정거래행위에 해당하는지를 설명하시오(단, 공정거래법 제45조 제1항 제8호, 제10호의 적용 여부는 논하지 말 것)[190]
② 합리적 이유없이 사업자가 상품(원재료 포함) 또는 용역 공급업체에 대해 거래와 무관한 기부금 또는 협찬금이나 기타 금품·향응 등을 요구하는 행위

다. 판매목표강제

판매목표강제는 자기가 공급하는 상품 또는 용역과 관련하여 거래상대방의 거래에 관한 목표를 제시하고 이를 달성하도록 강제하는 행위를 말한다(영 제52조 [별표 2] 제6호 다목).

1) 대상행위

사업자가 거래상대방에게 판매목표를 정해주고 이를 달성하도록 강제하는 행위가 대상이 된다. 대상상품 또는 용역은 사업자가 직접 공급하는 것이어야 한다. 대체로 상품의 경우 판매량의 할당이, 용역의 경우 일정수의 가입자나 회원확보가 문제된다. 또한 판매목표 강제는 대리점계약서에 명시적으로 규정된 경우 뿐만 아니라 계약체결 후 구두로 이루어지는 경우도 포함된다. 판매목표강제의 상대방은 사업자에 한정되며, 소비자는 포함되지 않는다.

190 경제법 변호사시험 제11회(2022년).

2) 위법성의 판단기준

판매목표 강제가 거래내용의 공정성을 침해하는 행위에 해당되는지 여부를 위주로 판단한다. 이때, 거래내용의 공정성을 침해하는지 여부는 다음 사항을 종합적으로 고려하여 판단한다.

① 사업자가 거래상대방에 대해 거래상 지위를 가지는지 여부(구입강제의 경우에 준함).
② 판매목표의 달성에 강제성이 있는지 여부 등. 판매목표의 달성을 '강제'하기 위한 수단에는 제한이 없으며, 목표가 과다한 수준인지, 실제 거래상대방이 목표를 달성하였는지 여부는 강제성 인정에 영향을 미치지 않는다. 목표불이행시 실제로 제재수단이 사용되었을 필요는 없다.

〈판례의 태도〉

'판매목표강제'에 해당하는지는 당해 행위의 의도와 목적, 효과와 영향 등과 같은 구체적 태양과 상품의 특성, 거래의 상황, 해당 사업자의 시장에서 우월적 지위의 정도 및 상대방이 받게 되는 불이익의 내용과 정도 등에 비추어 볼 때 정상적인 거래관행을 벗어난 것으로서 공정한 거래를 저해할 우려가 있는지를 판단하여 결정하여야 한다.[191]

사례

① 복합 종합유선방송사업자 甲 회사가 케이블방송 등의 설치, 관리 및 유지 등의 업무를 위탁한 종합유선방송사업자인 乙 회사를 통해 협력업체들에 대해 케이블방송 및 인터넷의 신규가입자 유치목표를 설정하고, 이를 달성하지 못할 경우 지급할 업무위탁 수수료를 감액하는 불이익을 주는 방법으로 협력업체들의 자유로운 의사결정을 저해하거나 불이익을 강요한 행위[192]
② 대리점이 판매목표량을 달성하지 못하였을 경우 반품조건부 거래임에도 불구하고 반품하지 못하게 하고 대리점이 제품을 인수한 것으로 회계처리하여 추후 대금지급시 공제하는 행위
③ 거래상대방과 상품 또는 용역의 거래단가를 사전에 약정하지 않은 상태에서, 거래상대방의 판매량이 목표에 미달되는 경우에는 목표를 달성하는 경우에 비해 낮은 단가를 적용함으로써 불이익을 주는 행위

라. 불이익제공

불이익제공은 구입강제, 이익제공강요, 판매목표강제 외의 방법으로 거래상대방에게 불이익이 되도록 거래조건을 설정 또는 변경하거나 그 이행과정에서 불이익을 주는 행위를 말한다(영 제52조 [별표 2] 제6호 라목).

1) 대상행위

거래상대방에게 불이익이 되도록 거래조건을 설정 또는 변경하는 행위이다. 거래상대방에게 일방적으로 불리한 거래조건을 당초부터 설정하였거나 기존의 거래조건을 불리하게 변경하는 것을

---

191 대법원 2011. 5. 13. 선고 2009두24108 판결.
192 대법원 2011. 5. 13. 선고 2009두24108 판결.

말한다. 거래조건에는 각종의 구속사항, 저가매입 또는 고가판매, 가격(수수료 등 포함) 조건, 대금지급방법 및 시기, 반품, 제품검사방법, 계약해지조건 등 모든 조건이 포함된다.

거래상대방에게 거래과정에서 불이익을 주는 행위이다. 거래조건을 불이행함은 물론 거래관계에 있어 사실행위를 강요하여 거래상대방에게 불이익이 되도록 하는 행위를 말한다. 불이익제공은 적극적으로 거래상대방에게 불이익이 되는 행위를 하는 작위뿐만 아니라 소극적으로 자기가 부담해야 할 비용이나 책임 등을 이행하지 않는 부작위에 의해서도 성립할 수 있다. 거래상대방에는 사업자뿐만 아니라 소비자도 포함된다.

2) 위법성의 판단기준

거래조건의 설정·변경 및 불이익제공 행위가 거래내용의 공정성을 침해하는 행위에 해당되는지 여부를 위주로 판단한다. 이때, 거래내용의 공정성을 침해하는지 여부는 다음 사항을 종합적으로 고려하여 판단한다.

① 사업자가 거래상대방에 대해 거래상 지위를 가지는지 여부(구입강제의 경우에 준함).
② 설정·변경된 거래조건과 불이익의 내용이 부당한지 여부 등. 당해 행위를 한 의도 및 목적, 거래상대방의 예측가능성(당초 계약서에 당해 불이익 제공행위가 규정되어 있거나 충분히 예측가능한 경우에는 부당성이 낮은 것으로 볼 수 있음), 당해업종에서의 통상적인 거래관행, 관계법령, 거래대상 상품 또는 용역의 특성, 불이익의 내용과 정도 등을 종합적으로 고려하여 부당성 여부를 판단한다.

사례

< 거래조건의 설정·변경 >

① 계약서상에 외부기관으로부터 계약단가가 고가라는 지적이 있을 경우 거래상대방이 무조건 책임을 지도록 한다는 조건을 설정하고 거래하는 경우
② 원가계산상의 착오로 인한 경우 '甲'이 해당 계약금액을 무조건 환수 또는 감액할 수 있다는 조건을 설정하고 거래하는 경우

< 불이익 제공 >

① 반품조건부로 공급한 상품의 반품을 받아주지 아니하여 거래상대방이 사실상 반품을 포기한 경우
② 가맹본부가 전국적인 판매촉진행사를 하면서 가맹점사업자의 영업지역에 판매촉진행사를 광고하는 광고전단지를 배포하게 하고 그 광고전단지 비용을 부담시킨 행위[193]

---

193 대법원 2005. 6. 9. 선고 2003두7484 판결 : 가맹점계약 제20조에 의하여 판매촉진행사는 기본적으로 원고 본사 또는 지역본부에서 계획하고 집행하며, 합리적으로 산정된 광고비용의 일부를 가맹점사업자에게 청구할 수 있도록 약정한 점, 원고가 이 사건 판매촉진행사를 함에 있어 판매촉진행사에 대한 가맹점사업자의 참가 여부와 가맹점사업자의 영업지역에 배포할 전단지의 매수를 미리 가맹점사업자의 신청을 받아 실시한 점, 이 사건 판매촉진행사의 일환으로 한 신문 및 텔레비전 광고비용 25억 5,400만 원과 광고전단지의 디자인 비용은 모두 가맹본부인 원고가 부담하고, 광고전단지의 디자인 비용을 제외한 비용 약 5,482만 원만을 가맹점사업자들이 부담하였으며, 사용하지 아니한 광고전단지는 모두 회수한 사실로 인하여 불이익제공을 부정함.

마. 경영간섭

경영간섭은 임직원을 선임·해임함에 있어서 자기의 지시 또는 승인을 얻게 하거나 거래상대방의 생산품목·시설규모·생산량·거래내용을 제한함으로써 경영활동을 간섭하는 행위를 말한다(영 제52조 [별표 2] 제6호 마목).

1) 대상행위

임직원을 선임·해임함에 있어서 자기의 지시 또는 승인을 얻게 하거나 거래상대방의 생산품목·시설규모·생산량·거래내용을 제한함으로써 경영활동에 간섭하는 행위가 대상이 된다. 거래상대방에는 소비자가 포함되지 않는다.

2) 위법성의 판단기준

경영간섭이 거래내용의 공정성을 침해하는 행위에 해당되는지 여부를 위주로 판단한다. 이때, 거래내용의 공정성을 침해하는지 여부는 다음 사항을 종합적으로 고려하여 판단한다.

① 사업자가 거래상대방에 대해 거래상 지위를 가지는지 여부(구입강제의 경우에 준함).

② 경영간섭이 부당한지 여부 등. 경영간섭의 의도 및 목적, 관계법령, 거래대상 상품 또는 용역의 특성, 경영간섭의 내용과 정도 등을 종합적으로 고려하여 부당성 여부를 판단한다. 의결권의 행사나 채권회수를 위한 간섭으로서 법적 근거가 있거나 합리적인 사유가 있는 경우로서 투자자 또는 채권자로서의 권리를 보호하기 위해 필요하다고 인정되는 경우에는 법위반으로 보지 않을 수 있으며, 당해 수단의 합목적성 및 대체수단의 유무 등을 함께 고려하여야 한다.

사례

① 생산설비 유지·보수 서비스를 제공하는 중소기업인 B는 丙에게 해당 서비스를 5년 동안 공급해 왔는데, 회사의 규모와 교섭력에 있어서 丙에 비해 현저히 열위에 놓여 있다. 丙이 B로부터 해당 서비스의 구매를 중단할 경우 B는 丙 외에 해당 서비스를 제공할 대체거래선을 찾기가 쉽지 않아서 폐업할 수밖에 없다. 丙은 이를 기화로 B가 주요 임원을 선임 또는 해임할 경우 丙의 승인을 얻도록 요구하였다(이하 '丙의 행위'라 함). B는 丙과 거래 관계를 지속하기 위해 丙의 요구를 수용할 수밖에 없었다. B에 대한 丙의 행위가 공정거래법상 불공정거래행위에 해당되는지를 설명하시오(단, 공정거래법 제45조 제1항 제8호(사업활동방해) 해당 여부는 논하지 말 것).[194]

② 합리적 이유없이 대리점의 거래처 또는 판매내역 등을 조사하거나 제품광고시 자기와 사전합의하도록 요구하는 행위

③ 상가를 임대하거나 대리점계약을 체결하면서 당초 계약내용과 달리 취급품목이나 가격, 요금 등에 관하여 지도를 하거나 자신의 허가나 승인을 받도록 하는 행위

194 경제법 변호사시험 제8회(2019년).

7. 구속조건부거래

공정거래법은 거래의 상대방의 사업활동을 부당하게 구속하는 조건으로 거래하는 행위를 금지하고 있고(법 제45조 제1항 제7호) 세부유형으로 배타조건부거래와 거래지역 또는 거래상대방의 제한이 있다(영 제52조 [별표 2] 제7호 가목, 나목). 사업자가 거래상대방에 대해 자기 또는 계열회사의 경쟁사업자와 거래하지 못하도록 함으로써 거래처선택의 자유를 제한함과 동시에 구매·유통경로의 독점을 통해 경쟁사업자의 시장진입을 곤란하게 한다면 시장에서의 경쟁을 저해하고 궁극적으로 소비자후생의 저하를 초래하게 되므로 금지된다. 또한, 거래상대방에게 거래지역이나 거래처를 제한함으로써 당해 지역 또는 거래처에 대한 독점력을 부여하여 경쟁을 저해하게 된다면 소비자후생의 저하를 초래할 수 있게 되므로 금지된다.

가. 배타조건부거래

배타조건부거래는 부당하게 거래상대방이 자기 또는 계열회사의 경쟁사업자와 거래하지 않는 조건으로 그 거래상대방과 거래하는 행위를 말한다(영 제52조 [별표 2] 제7호 가목).

1) 대상행위

거래상대방이 자기 또는 계열회사의 경쟁사업자와 거래하지 않는 조건으로 그 거래상대방과 거래하는 행위가 대상이 된다.

① 자기 또는 계열회사의 경쟁사업자라 함은 현재 경쟁관계에 있는 사업자뿐만 아니라 잠재적 경쟁사업자를 포함한다.

② 배타조건의 내용에는 거래상대방에 대해 직접적으로 경쟁사업자와의 거래를 금지하거나 제한하는 것뿐만 아니라 자신이 공급하는 품목에 대한 경쟁품목을 취급하는 것을 금지 또는 제한하는 것을 포함한다. 따라서 판매업자의 소요물량 전부를 자기로부터 구입하도록 하는 독점공급계약과 제조업자의 판매물량을 전부 자기에게만 판매하도록 하는 독점판매계약도 배타조건부거래의 내용에 포함된다. 또한 경쟁사업자와의 기존거래를 중단하는 경우뿐만 아니라 신규거래 개시를 하지 않을 것을 조건으로 하는 경우도 포함된다.

③ 배타조건의 형식에는 경쟁사업자와 거래하지 않을 것이 계약서에 명시된 경우뿐만 아니라 계약서에 명시되지 않더라도 경쟁사업자와 거래시에는 불이익이 수반됨으로써 사실상 구속성이 인정되는 경우가 포함된다. 위반시 거래중단이나 공급량 감소, 채권회수, 판매장려금 지급중지 등 불이익이 가해지는 경우에는 당해 배타조건이 사실상 구속적이라고 인정될 수 있다. 거래상대방에는 소비자가 포함되지 않으며, 배타조건을 정하는 명칭여하를 불문한다.

2) 위법성의 판단기준

배타조건부거래가 관련시장에서의 경쟁을 제한하는지 여부를 위주로 판단한다. 이때, 경쟁제한성이 있는지 여부는 ① 경쟁사업자가 대체적 유통경로 등을 확보하는 것이 가능한지 여부, ② 당해 행위로 인해 경쟁사업자가 경쟁할 수 있는 수단을 침해받는지 여부, ③ 행위자의 시정점유율 및 업계순위, ④ 배타조건부거래 대상이 되는 상대방의 수 및 시장점유율, ⑤ 배타조건부거래의 의도 및 목적, ⑥ 배타조건부거래가 거래지역 제한 또는 재판매가격유지행위 등 타 경쟁제한행위와 동시에 이루어졌는지 여부 등을 종합적으로 고려하여 배타조건부거래가 물품구입처 또는 유통경로 차단, 경쟁수단의 제한을 통해 자기 또는 계열회사의 경쟁사업자(잠재적 경쟁사업자 포함)를 시장에서 배제하거나 배제할 우려가 있는지 여부를 위주로 판단하여야 한다.

사례

① A사는 오랜 기술개발 끝에 컴퓨터 X를 시중에 출시하면서 자사의 컴퓨터 X를 판매하는 모든 소매업체에 A사와 경쟁관계에 있는 컴퓨터 제조사가 생산하는 유사한 사양의 컴퓨터를 취급하지 말도록 요청하면서, 이를 준수하지 않는 경우 해당 소매업체에 A사가 생산하는 모든 컴퓨터의 공급을 중단할 것이라고 통보하였다. 그에 따라 A사와 거래하는 소매업체들은 컴퓨터 X와 유사한 사양의 D사 컴퓨터 판매를 중단하였다. A사의 행위가 불공정거래행위 중 구속조건부 거래행위에 해당하는지를 설명하시오.[195]

② 대한공인중개사정보통신 주식회사는 거래상대방에게 경쟁사업자의 부동산거래정보망을 삭제하는 조건으로 자신의 부동산거래정보망을 제공함으로써 거래상대방의 사업활동을 부당하게 구속하는 조건으로 거래하는 행위[196]

③ 주식회사 석수와퓨리스는 자신의 먹는샘물 제품을 취급하는 대리점들에게 경쟁관계에 있는 타사 제품 취급을 금지하고, 이를 위반시 위약금 부과 및 계약해지 등 제재조치를 취함으로써 거래상대방의 사업활동을 부당하게 구속하는 조건으로 거래하는 행위[197]

나. 거래지역 또는 거래상대방의 제한

거래지역 또는 거래상대방의 제한은 상품 또는 용역을 거래함에 있어서 그 거래상대방의 거래지역 또는 거래상대방을 부당하게 구속하는 조건으로 거래하는 행위를 말한다(영 제52조 [별표 2] 제7호 나목).

1) 대상행위

거래상대방의 판매지역을 구속하는 행위가 대상이 된다.

거래상대방의 거래상대방을 제한하는 행위도 대상이 된다. 거래상대방의 영업대상 또는 거래처를 제한하는 행위이다. 예를 들면 제조업자나 수입업자가 대리점(또는 판매업자)을 가정용 대리점과 업소용 대리점으로 구분하여 서로 상대의 영역을 넘지 못하도록 하거나 대리점이 거래할 도매업자 또는 소매업자를 지정하는 행위 등이 해당된다. 상기의 구속조건은 사업자가 거래상대방이나

195 경제법 변호사시험 제4회(2015년).

196 공정거래위원회 2008. 9. 28. 의결 제2008-406호, 2007서총2519.

197 공정거래위원회 2008. 7. 28. 의결 제2008-223호, 2007서경2089.

거래지역을 일방적으로 강요할 것을 요하지 않으며, 거래상대방의 요구나 당사자의 자발적인 합의에 의한 것을 포함한다. 조건은 그 형태나 명칭을 묻지 않으며, 거래상대방이 사실상 구속을 받는 것으로 충분하다. 구속의 대상이 되는 거래상대방에는 소비자가 포함되지 아니한다. 거래지역 제한 또는 거래상대방 제한은 수직적 거래관계에 있는 거래상대방에게 가격 이외의 조건을 구속한다는 점에서 재판매가격유지행위와 구별된다.

2) 위법성의 판단기준

거래지역 또는 거래상대방 제한이 관련시장에서의 경쟁을 제한하는지 여부를 위주로 판단한다. 이때, 경쟁제한성이 있는지 여부는 ① 거래지역 또는 거래상대방 제한의 정도, ② 당해 상품 또는 용역시장에서 브랜드간 경쟁이 활성화되어 있는지 여부, ③ 행위자의 시장점유율 및 경쟁사업자의 숫자와 시장점유율, ④ 지역제한이 재판매가격유지행위 등 타 불공정행위와 병행하여 행해지거나 재판매가격유지의 수단으로 사용되는지 여부, ⑤ 당해 행위로 인해 소비자의 선택권을 침해하거나 서비스 질 제고 및 가격인하 유인이 축소되는지 여부 등을 감안하여 브랜드내(Intra-Brand) 경쟁제한효과와 브랜드간(Inter-Brand) 경쟁촉진효과를 비교형량한 후 판단한다.

사례

① 독과점적 시장구조하에서 시장점유율이 상당한 제조업자가 대리점마다 영업구역을 지정 또는 할당하고, 그 구역 밖에서의 판촉 내지 판매활동을 금지하면서 이를 위반할 경우 계약해지를 할 수 있도록 하는 경우
② 독과점적 시장구조하에서 시장점유율이 상당한 제조업자가 대리점을 가정용과 업소용으로 엄격히 구분하고 이를 어길 경우에 대리점 계약을 해지할 수 있도록 하는 행위
③ DVM 공동구매추진위원장 등 다른 사업자와 심장사상충 예방제를 거래하면서 그 사업자의 거래상대방이 동물병원 이외의 동물약국이나 도매상과는 거래하지 않도록 요구하는 등 부당하게 다른 사업자의 거래상대방을 제한하는 조건으로 거래[198]

8. 사업활동방해

공정거래법은 부당하게 다른 사업자의 사업활동을 방해하는 행위를 금지하고 있고(법 제45조 제1항 제8호)[199] 세부유형으로 기술의 부당이용, 인력의 부당유인·채용, 거래처 이전 방해, 기타의 사업활동방해가 있다(영 제52조 [별표 2] 제8호 가목-라목). 사업자가 다른 사업자의 기술을 부당하게 이용하거나 인력을 부당하게 유인·채용하거나 거래처의 이전을 부당하게 방해하는 등의 방법으로 다른 사업자의 사업활동을 심히 곤란하게 할 정도로 방해할 경우 가격과 질, 서비스에 의한 경쟁을

198 공정거래위원회 2017. 1. 26. 의결 제2017-045호, 2016시감2020.

199 법 제45조 제1항 제8호의 사업활동 방해행위가 성립하기 위해서는 ① 다른 사업자의 사업활동을 방해하는 행위가 있을 것, ② 당해 사업활동 방해가 부당할 것, ③ 당해 사업활동 방해로 인해 다른 사업자의 사업이 심히 곤란하게 될 우려가 있을 것 등의 요건이 충족되어야 한다.

저해하는 경쟁수단이 불공정한 행위에 해당되므로 금지된다.

가. 기술의 부당이용

기술의 부당이용은 다른 사업자의 기술을 부당하게 이용하여 다른 사업자의 사업활동을 심히 곤란하게 할 정도로 방해하는 행위를 말한다(영 제52조 [별표 2] 제8호 가목).

1) 대상행위

다른 사업자의 기술을 이용하는 행위가 대상이 된다. 이때 다른 사업자는 경쟁사업자에 한정되지 않는다. 다른 사업자의 '기술'이란 특허법 등 관련 법령에 의해 보호되거나 상당한 노력에 의하여 비밀로 유지된 생산방법·판매방법·영업에 관한 사항 등을 의미한다.

2) 위법성의 판단기준

기술의 부당이용이 바람직한 경쟁질서를 저해하는 불공정한 경쟁수단에 해당되는지 여부를 위주로 판단한다. 이때, 불공정한 경쟁수단에 해당되는지 여부는 다음 사항을 종합적으로 고려하여 판단한다.

① 기술이용의 부당성 여부 - 이를 판단하기 위해 기술이용의 목적 및 의도, 당해 기술의 특수성, 특허법 등 관련 법령 위반 여부, 통상적인 업계 관행 등이 고려된다.
② 사업활동이 심히 곤란하게 되는지 여부 - 단순히 매출액이 감소되었다는 사실만으로는 부족하며 부도발생 우려, 매출액의 상당한 감소, 거래상대방의 감소 등으로 인해 현재 또는 미래의 사업활동이 현저히 곤란하게 되거나 될 가능성이 있는 경우를 말한다.

사례

다른 사업자의 기술을 무단으로 이용하여 다른 사업자의 생산이나 판매활동에 심각한 곤란을 야기시키는 행위

나. 인력의 부당유인·채용

인력의 부당유인·채용은 다른 사업자의 인력을 부당하게 유인·채용하여 다른 사업자의 사업활동을 심히 곤란하게 할 정도로 방해하는 행위를 말한다(영 제52조 [별표 2] 제8호 나목).

1) 대상행위

다른 사업자의 인력을 유인·채용하는 행위가 대상이 된다. 이때 다른 사업자는 경쟁사업자에 한정되지 않는다.

2) 위법성의 판단기준

인력의 부당유인·채용이 바람직한 경쟁질서를 저해하는 불공정한 경쟁수단에 해당되는지 여부를 위주로 판단한다. 이때, 불공정한 경쟁수단에 해당되는지 여부는 다음 사항을 종합적으로 고려하여 판단한다.

① 인력 유인·채용의 부당성 여부 – 인력유인 채용의 목적 및 의도, 해당 인력이 사업활동에서 차지하는 비중, 인력유인·채용에 사용된 수단, 통상적인 업계의 관행, 관련 법령 등이 고려된다.
② 사업활동이 심히 곤란하게 되는지 여부 – 단순히 매출액이 감소되었다는 사실만으로는 부족하며 부도발생 우려, 매출액의 상당한 감소, 거래상대방의 감소 등으로 인해 현재 또는 미래의 사업활동이 현저히 곤란하게 되거나 될 가능성이 있는 경우를 말한다.

사례

① 다른 사업자의 핵심인력 상당수를 과다한 이익을 제공하거나 제공할 제의를 하여 스카우트함으로써 당해 사업자의 사업활동이 현저히 곤란하게 되는 경우
② 경쟁관계에 있는 다른 사업자의 사업활동 방해 목적으로 핵심인력을 자기의 사업활동에는 필요하지도 않는 핵심인력을 대거 스카우트하여 당해 사업자의 사업활동을 현저히 곤란하게 하는 행위

다. 거래처 이전방해

거래처 이전방해는 다른 사업자의 거래처이전을 부당하게 방해하여 다른 사업자의 사업활동을 심히 곤란하게 할 정도로 방해하는 행위를 말한다(영 제52조 [별표 2] 제8호 다목).

1) 대상행위

거래상대방의 거래처이전을 방해하는 행위가 대상이 된다. 이때 다른 사업자는 경쟁사업자에 한정되지 않는다.

2) 위법성의 판단기준

거래처 이전방해가 바람직한 경쟁질서를 저해하는 불공정한 경쟁수단에 해당되는지 여부를 위주로 판단한다. 이때, 불공정한 경쟁수단에 해당되는지 여부는 다음 사항을 종합적으로 고려하여 판단한다.

① 거래처 이전방해의 부당성 여부 – 이를 판단하기 위해 거래처 이전방해의 목적 및 의도, 거래처 이전방해에 사용된 수단, 당해 업계에서의 통상적인 거래관행, 이전될 거래처가 사업영위에서 차지하는 중요성, 관련 법령 등이 고려된다.
② 사업활동이 심히 곤란하게 되는지 여부 – 단순히 매출액이 감소되었다는 사실만으로는 부족하며 부도발생 우려, 매출액의 상당한 감소, 거래상대방의 감소 등으로 인해 현재 또는 미래의 사

업활동이 현저히 곤란하게 되거나 될 가능성이 있는 경우를 말한다.

사례

거래처이전 의사를 밝힌 사업자에 대하여 기존에 구입한 물량을 일방적으로 반품처리하거나 담보해제를 해주지 않는 행위

라. 기타의 사업활동방해

기타의 사업활동방해는 기술의 부당이용, 인력의 부당유인·채용, 거래처이전방해 외의 부당한 방법으로 다른 사업자의 사업활동을 심히 곤란하게 할 정도로 방해하는 행위를 말한다(영 제52조 [별표 2] 제8호 라목).

1) 대상행위

기타의 방법으로 다른 사업자의 사업활동을 현저히 방해하는 모든 행위가 대상이 된다. 방해의 수단을 묻지 않으며, 자기의 능률이나 효율성과 무관하게 다른 사업자의 사업활동을 방해하는 모든 행위를 포함한다. 이때 다른 사업자는 경쟁사업자에 한정되지 않는다.

2) 위법성의 판단기준

사업활동방해가 바람직한 경쟁질서를 저해하는 불공정한 경쟁수단에 해당되는지 여부를 위주로 판단한다. 이때, 불공정한 경쟁수단에 해당되는지 여부는 다음 사항을 종합적으로 고려하여 판단한다.

① 사업활동방해의 부당성 여부 - 이를 판단하기 위해 사업활동방해의 수단, 당해 수단을 사용한 목적 및 의도, 당해 업계에서의 통상적인 거래관행, 관련 법령 등이 고려된다.

② 사업활동이 심히 곤란하게 되는지 여부 - 단순히 매출액이 감소되었다는 사실만으로는 부족하며 부도발생 우려, 매출액의 상당한 감소, 거래상대방의 감소 등으로 인해 현재 또는 미래의 사업활동이 현저히 곤란하게 되거나 될 가능성이 있는 경우를 말한다.

사례

① 사업영위에 필요한 특정시설을 타 사업자가 이용할 수 없도록 의도적으로 방해함으로써 당해 사업자의 사업활동을 곤란하게 하는 행위

② 경쟁사업자의 대리점 또는 소비자에게 경쟁사업자의 도산이 우려된다던지 정부지원대상에서 제외된다는 등의 근거 없는 허위사실을 유포하여 경쟁사업자에게 대리점계약의 해지 및 판매량감소 등을 야기하는 행위

③ 의료기 회사가 경쟁사 및 그 대리점을 상대로 산업재산권 침해금지 가처분 신청을 하여 가처분결정을 받아, 본안소송의 재판 진행 중에 경쟁사의 대리점들에게 경쟁사가 자신의 산업재산권을 침해하여 그 책임 등으로 도산에 이를 것이며, 자신의 대리점 계약체결을 원하는 경우 협의하겠다는 내용을 통보한 경우[200]

9. 부당지원행위

공정거래법에서는 "부당하게 ① 특수관계인 또는 다른 회사에 대하여 가지급금·대여금·인력·부동산·유가증권·상품·용역·무체재산권 등을 제공하거나 상당히 유리한 조건으로 거래하는 행위, ② 다른 사업자와 직접 상품·용역을 거래하면 상당히 유리함에도 불구하고 거래상 실질적인 역할이 없는 특수관계인이나 다른 회사를 매개로 거래하는 행위를 통하여 특수관계인 또는 다른 회사를 지원하는 행위"를 금지하고 있다(법 제45조 제1항 제9호). 특수관계인 또는 회사는 다른 사업자로부터 제1항 제9호(즉 부당지원행위)에 해당할 우려가 있음에도 불구하고 해당 지원을 받는 행위를 하여서는 아니 된다(법 제45조 제2항), 지원받는 회사도 과징금을 부과할 수 있도록 하고 있다(법 제50조 제2항).[201] 지원객체는 반드시 지원하는 사업자의 특수관계인에 국한하지 않는다(비계열회사 등 다른 회사를 일반적으로 포괄한다). 이는 효율성이 낮은 기업이 퇴출하지 않고 그룹의 힘을 빌려 생존하는 것을 방지함으로써 경쟁기업을 보호하고 자원의 최적배분을 실현하기 위한 것이다. 세부유형은 부당한 자금지원, 부당한 자산·상품 등 지원, 부당한 인력지원, 부당한 거래단계 추가 등이다.

가. 부당한 자금자원

부담한 자금자원은 특수관계인 또는 다른 회사에 대하여 가지급금·대여금 등 자금을 상당히 낮거나 높은 대가로 제공 또는 거래하거나 상당한 규모로 제공 또는 거래하는 행위를 말한다(영 제52조 [별표 2] 제9호 가목).

사례

① 계열금융회사에게 콜자금을 시중 콜금리보다 저리로 대여해 준 경우
② 상품·용역거래와 무관하게 「선급금 명목으로」 지원객체에게 무이자 또는 저리로 자금을 제공한 경우

나. 부당한 자산·상품 등 지원

부당한 자산·상품 등 지원은 특수관계인 또는 다른 회사에 대하여 부동산·유가증권·무체재산권 등 자산 또는 상품·용역을 상당히 낮거나 높은 대가로 제공 또는 거래하거나 상당한 규모로 제공 또는 거래하는 행위이다(영 제52조 [별표 2] 제9호 나목).

200 서울고등법원 2001. 4. 17. 선고 2000누16472 판결.
201 이 조항은 부당지원을 통해 실질적으로 이득을 얻는 수혜자에 대해서는 별도의 제재수단이 없어 부당지원행위를 억제하는 데 한계가 있었음을 감안하여 신설한 것이다.

사례

① 지원객체가 발행한 기업어음을 비계열사가 매입한 할인율보다 낮은 할인율로 매입한 경우[기업어음 고가 매입]
② 지원객체에게 공장·매장·사무실을 무상 또는 낮은 임대료로 임대한 경우[부동산 저가임대]

다. 부당한 인력지원

부당한 인력지원은 특수관계인 또는 다른 회사에 대하여 인력을 상당히 낮거나 높은 대가로 제공 또는 거래하거나 상당한 규모로 제공 또는 거래하는 행위이다(영 제52조 [별표 2] 제10호 다목).

사례

① 업무지원을 위해 인력을 제공한 후 인건비는 지원주체가 부담한 경우
② 인력파견계약을 체결하고 인력을 제공하면서 퇴직충당금등 인건비의 전부 또는 일부를 미회수한 경우

라. 부당한 거래단계 추가 등

1) 다른 사업자와 직접 상품·용역을 거래하면 상당히 유리함에도 불구하고 거래상 역할이 없거나 미미한 특수관계인이나 다른 회사를 거래단계에 추가하거나 거쳐서 거래하는 행위이다[영 제52조 [별표 2] 제9호 다목 1)].
2) 다른 사업자와 직접 상품·용역을 거래하면 상당히 유리함에도 불구하고 특수관계인이나 다른 회사를 거래단계에 추가하거나 거쳐서 거래하면서 그 특수관계인이나 다른 회사에 거래상 역할에 비하여 과도한 대가를 지급하는 행위이다[영 제52조 [별표 2] 제9호 다목 2)].

마. 위법성의 판단기준

〈판례의 태도〉

지원행위가 부당성을 갖는지 유무를 판단함에 있어서는 지원주체와 지원객체와의 관계, 지원행위의 목적과 의도, 지원객체가 속한 시장의 구조와 특성, 지원성 거래규모와 지원행위로 인한 경제상 이익 및 지원기간, 지원행위로 인하여 지원객체가 속한 시장에서의 경쟁제한이나 경제력집중의 효과 등은 물론 중소기업 및 여타 경쟁사업자의 경쟁능력과 경쟁여건의 변화 정도, 지원행위 전후의 지원객체의 시장점유율의 추이, 시장개방의 정도 등을 종합적으로 고려하여 당해 지원행위로 인하여 지원객체의 관련시장에서 경쟁이 저해되거나 경제력 집중이 야기되는 등으로 공정한 거래가 저해될 우려가 있는지 여부에 따라 판단하여야 한다.[202]

202 대법원 2014. 11. 13. 선고 2009두20366 판결.

10. 그 밖의 행위로서 공정한 거래를 해칠 우려가 있는 행위

공정거래법은 불공정거래행위의 하나로 "그 밖의 행위로서 공정한 거래를 해칠 우려가 있는 행위"를 규정하고 있다(법 제45조 제1항 제10호). 그러나 현재 이를 구체화한 시행령 및 훈령이 마련되지 않았으므로 이를 근거로 처분할 수 없다. 대법원은 공정거래법 제45조 제1항 제10호는 행위의 작용 내지 효과 등이 그 제1호 내지 제9호와 유사한 유형의 불공정거래행위를 규제할 필요가 있는 경우에 이를 대통령령으로 정하여 규제하도록 한 수권규정이라고 해석함이 상당하다. 따라서 공정거래법 시행령에 공정거래법 제45조 제1항 제10호와 관련된 불공정거래행위의 유형 또는 기준이 정하여져 있지 아니한 이상 문제된 행위가 공정한 거래를 저해할 우려가 있는 행위라고 하여 이를 공정거래법 제45조 제1항 제10호의 불공정거래행위로 의율하여 제재를 가할 수는 없다고 하였다.[203]

핵심사례 아래 甲의 행위가 어떠한 불공정거래행위 유형에 해당하는지를 근거조문와 함께 쓰시오.

1. 甲, 乙, 丙, 丁(이하 '라면 4사'라 한다.)은 국내에서 라면을 제조·판매하는 사업자로서 대형마트, 대리점, 도매상 등을 통하여 라면을 공급하고 있는데, 대형마트를 통하여 판매되는 비중은 라면 4사 모두 80% 이상이다. A, B, C 3개의 대형마트(이하 '마트 3사'라 한다.)는 라면 4사로부터 라면을 공급받아 소비자에게 판매하고 있는데, 대형마트를 통하여 판매되는 라면 4사의 라면 중 50% 이상은 A마트를 통하여 판매되고 있다. A마트는 개점 10주년 행사 명목으로 10일간 라면 가격을 10년 전 가격으로 인하하여 판매하기로 기획하였는데, 이는 B 및 C마트가 판매하는 가격에 비해 20% 이상 낮은 가격이었다. 광고를 통하여 A마트의 가격인하 행사를 알게 된 B 및 C마트는 그 행사로 인해 자신의 라면판매가 부진하게 될 것을 우려하여 라면 4사에 유통질서 확립을 위한 조치를 요청하였다. 이에 甲은 A마트에 대해 '소비자에게 판매하는 자사의 제품 가격을 권장가격 수준으로 유지하고, 만약 이를 준수하지 않을 경우 제품공급을 중단할 수 있음'을 통보하였다. 하지만 A마트는 예정대로 개점 10주년 행사를 진행하였고, 甲은 이를 이유로 A마트에 대한 라면 공급을 중단하였다.
2. 영화산업의 상영시장에는 A사, 甲사, C사의 시장점유율은 40%, 35%, 25%이다. 배급시장에서는 국내 배급사와 국외 배급사가 여러 사업자가 있다. 甲사는 계열회사로 '드림배급사'가 있다. 상영관은 흥행성적이 좋은 영화 순으로 상영회차를 배정하는 것이 원칙이다. 그러나 甲사는 2011년초부터 2015년초까지 '드림배급사'가 배급한 영화는 4,000회 배정한 반면, 흥행성적이 더 높은 배급사의 영화에 대하여 절반 수준인 2,000회 배정하였다. 뿐만 아니라 거래관행 비추어 현저하게 달리 '드림배급사'는 흥행성적이 더 높은 배급사보다 큰 상영관을 배정하였다. 또한 '드림배급사'의 홍보물, 광고판은 특별히 최우선적으로 노출하였다.

203 대법원 2008. 2. 14. 선고 2005두1879 판결.

3. 국내 양주 시장에서 甲회사는 양주 중 위스키는 1위이고, 그 외 양주에서는 주류 시장별로 2위 내지 5위 사업자이다. 주류는 용도별로 가정용, 유흥음식점용, 주세면세용으로 판매되는데 주류제조업자의 경쟁력은 유통망 관리능력과 직결된다. 甲회사는 유흥 소매업소에서 근무하면서 주류 선택 및 구매에 영향을 행사하는 자인 '키맨(Keyman)'을 파악하고 관리업무를 하였다. 甲회사는 '키맨'을 상대로 경쟁사업자 제품의 취급을 제한하거나 甲회사 제품을 일정 수량 판매하는 조건으로 사전에 총 현금 148억원을 지급하거나, 자신의 제품 판매를 촉진하기 위해서 회식비 지원, 여행비 지원 등 총 3억원 상당을 지급하였다(공정거래위원회 2016. 6. 13. 의결 제2016-159호).
4. 甲은 택지분양과정에서 공동주택지(비인기토지)의 판매가 저조하자 상대적으로 분양이 양호한 인기토지를 판매하면서 비인기토지의 매입시 인기토지에 대한 매입우선권을 부여함으로써 비인기토지를 매입하지 않고서는 사실상 인기토지를 매입할 수 없게 하였다.
5. A제과 주식회사는 국내에서 제과제품을 생산하는 사업자이다. 이 회사의 매출액의 55%가 대형할인점을 통하여 이루어지고 있는바, 그 중 70%를 甲대형할인점을 통하여 달성하고 있다. 甲대형할인점은 A제과 주식회사에 기부금 제공을 요구하여 '저소득층 어린이를 위한 도서관 건립'의 용도로 자신의 홍보대외협력팀을 통하여 총 5억원의 기부금을 수령하였다. 그리고 이를 도서관부지매입 등을 위한 목적으로 사용하였다. 그런데 甲대형할인점은 A제과 주식회사에게 기부금을 요청한 이후부터 A제과 주식회사로부터 기부금을 받기 전까지 A제과 주식회사의 제과제품의 수령을 거절하였다(2013년 6월 변호사시험 모의고사).
6. '甲마트'와 직매입 거래관계[204]에 있는 납품업체인 '황사장'은 2014. 9. 16. 소셜커머스업체인 위메프와 자사의 면도기 3,000개에 한하여 택배비 포함하여 3,300원에 구매할 수 있다는 프로모션 행사를 시작하였다. '甲마트'는 다음날 메일로 '황사장'에게 그 인터넷화면을 근거로 "甲마트에서 동일제품을 9,400원에 판매하고 있어 고객으로부터 불만이 제기되었다. 甲마트에서는 3대 소셜에 대해 판매물품을 민감하게 살펴보고 있다. 해당 프로모션의 패널티로 甲마트 취급하는 동일 상품은 내일부터 한시적으로 종료할 계획이다. 뿐만 아니라 다음에 있는 00행사에서 해당 업체는 참가할 수 없음을 알려드립니다"라는 메일을 보냈다. '황사장'은 그날 바로 황급히 '위메프'에 판매종료요청을 하였다. 종료할 수 없다고 하자 위 메일을 전달하면서 큰 거래처를 잃으면 자기는 망한다고 제발 종료해 달라고 했다. 2014. 9. 19. 당해 프로모션은 완전히 종료되어 판매페이지에서 삭제되었다(공정거래위원회 2014유통2709).
7. 甲사는 국내에서 컴퓨터를 제조하는 사업자이다. 국내 컴퓨터 제조시장에서 甲사의 시장점유율은 40%이고 1위이고 D사의 시장점유율은 10%이다. 甲사는 자신이 제조한 컴퓨터를 별개의 사업자인 소매업자들을 통하여 판매하는데, 소매업자들은 甲사 외의 다른 회사의 컴퓨터도

---

204 대형마트가 납품업자에게 대금을 지급하고 상품을 납품받아서 그 소유권을 이전받는 형태의 거래. 대형마트는 그 상품의 판매 및 재고 위험을 모두 책임지게 된다.

함께 판매하여 왔다. 甲사는 오랜 기술개발 끝에 컴퓨터 '파워'를 시중에 출시하면서 자사의 컴퓨터 '파워'를 판매하는 모든 소매업자에게 甲사와 경쟁관계에 있는 컴퓨터 제조사가 생산하는 유사한 사양의 컴퓨터를 취급하지 말 것을 요청하였다. 이를 준수하지 않는 경우 해당 소매업자에게 甲사가 생산하는 모든 컴퓨터의 공급을 중단할 것이라고 하였다. 그에 따라 소매업자들은 컴퓨터 '파워'와 유사한 사양인 D사의 컴퓨터 판매를 중단하였다. 그로 인하여 D사의 컴퓨터 매출액은 크게 감소하였고, D사는 가뜩이나 좋지 않은 재무상황이 더 나빠져 도산하기에 이르렀다(2015년 변호사시험).

8. 독과점적 시장구조 하에서 시장점유율이 상당한 제조업자 갑이 대리점들에게 영업구역을 지정 또는 할당하고, 그 구역 밖에서의 판촉 내지 판매활동을 금지하면서 이를 위반할 경우 계약해지를 할 수 있도록 하였다.
9. 카지노사업을 영위하는 甲은 乙과 게임기기 구매계약을 체결하면서 자신에게 판매한 게임기기를 자신과 동종영업을 영위하는 다른 경쟁사업자에게 판매하지 못하도록 제한하고, 이를 위반하는 경우 계약금액의 200%를 위약금으로 지급하는 조건을 설정하였다.

답안

1. 거래거절 중 단독의 거래거절
   공정거래법 제45조 제1항 제1호, 영 제52조 [별표 2] 제1호 나목
2. 차별적 취급 중 거래조건차별, 계열회사를 위한 차별
   공정거래법 제45조 제1항 제2호, 영 제52조 [별표 2] 제2호 나, 다목
3. 부당한 고객유인으로 부당한 이익에 의한 고객유인
   공정거래법 제45조 제1항 제4호, 영 제52조 [별표 2] 제4호 가목
4. 거래강제로서 끼워팔기
   공정거래법 제45조 제1항 제5호, 영 제52조 [별표 2] 제5호 가목
5. 거래상 지위의 남용으로 이익제공강요에 해당
   공정거래법 제45조 제1항 제6호, 영 제52조 [별표 2] 제6호 나목
6. 거래상 지위의 남용으로 경영간섭
   공정거래법 제45조 제1항 제6호, 영 제52조 [별표 2] 제6호 마목
7. 구속조건부거래로 배타조건부거래
   공정거래법 제45조 제1항 제7호, 영 제52조 [별표 2] 제7호 가목
8. 구속조건부거래로 거래지역의 제한
   공정거래법 제45조 제1항 제7호, 영 제52조 [별표 2] 제7호 나목
9. 구속조건부거래로서 배타조건부거래
   공정거래법 제45조 제1항 제7호, 영 제52조 [별표 2] 제7호 가목

Chapter
06 재판매가격유지행위의 제한 등

Ⅰ. 재판매가격유지행위의 의의 및 규제이유

1. 재판매가격유지행위의 의의 및 유형

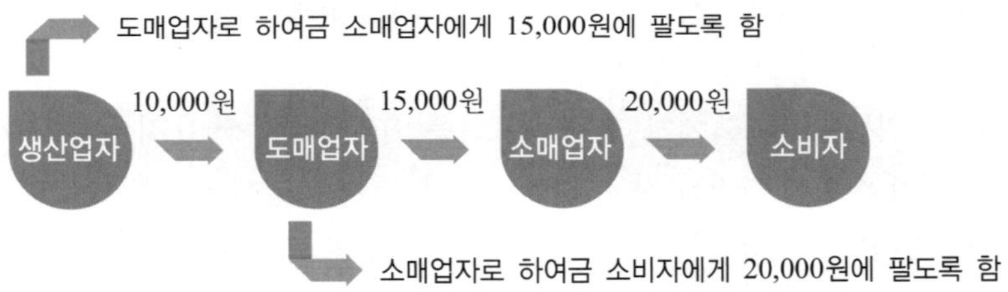

가. 재판매가격유지행위의 의의

재판매가격유지행위라 함은 사업자가 상품 또는 용역을 거래할 때 거래상대방인 사업자 또는 그 다음 거래단계별 사업자에 대하여 거래가격을 정하여 그 가격대로 판매 또는 제공할 것을 강제하거나 그 가격대로 판매 또는 제공하도록 구속조건을 붙여 거래하는 행위를 말한다(법 제2조 제20호). 구속조건부거래 중 거래지역 제한 또는 거래상대방 제한은 수직적 거래관계에 있는 거래상대방에게 가격 이외의 조건을 구속한다는 점에서 재판매가격유지행위와 구별된다.

나. 재판매가격유지행위의 유형

1) 최고재판매가격유지행위

최고재판매가격유지행위란 가격의 지정방법에 따라 일정한 가격 이상으로 거래하지 못하도록 상품이나 용역을 판매 또는 제공할 것을 강제하거나 이를 위하여 규약 기타 구속조건을 붙여 거래하는 행위이다.

2) 최저재판매가격유지행위

최저재판매가격유지행위란 가격의 지정방법에 따라 일정한 가격 이하로는 거래하지 못하도록 상품이나 용역을 판매 또는 제공할 것을 강제하거나 이를 위하여 규약 기타 구속조건을 붙여 거래하는 행위이다.

2. 재판매가격유지행위의 규제이유

상표제도의 발달에 따른 상표품(branded goods)의 등장이 소매업자의 경쟁질서에 큰 영향을 미치게 되었다. 즉, 상표품은 생산자가 직접 소비자에게 선전하고 품질을 보증하기 때문에 소매업자는 별다른 노력을 기울이지 않아도 판매행위를 할 수 있으나, 반면 상표품은 품질면에서는 동일하여 소매업자간에는 단지 가격경쟁만이 발생하게 된다. 한편, 자금력이 좋고 여러 가지 상표품을 취급하는 대형상점은 일부 상표품을 고객유인상품으로 염매함으로써(이를 결손유인판매(loss leader)라고 한다) 상표품의 가격질서가 흐트러지고, 특히 후자의 경우, 소매점의 영업이 타격을 받게 되었다. 이에 소매업자로서는 당해 상표품의 가격이 동일한 수준으로 유지되기를 희망하게 되었는데, 이렇게 되면 동종의 소매업자 사이의 과다한 경쟁을 피할 수 있을 뿐 아니라, 생산자로서도 자기의 상표품에 대한 이미지보호, 유통질서의 저해방지 등을 위해 유리한 작용을 하게 되기 때문에 재판매가격유지행위가 널리 이용되게 되었다.

재판매가격유지행위는 소비자들에게, 당해 상표품을 어디서나 동일 내지 유사한 가격으로 구입할 수 있어 그 가격이 정당한 가격인 경우, 소비자가 속지 않고 당해 물품을 구입할 수 있고, 가격경쟁을 없애는 대신 서비스 등의 차이에 의한 비가격경쟁을 촉진할 수 있다는 점, 그리고 '상표내의 경쟁'(Intra-Brand)은 제한되나 '상표간의 경쟁'(Inter-Brand)을 촉진할 수 있다는 장점도 있다.

그러나 이는 다른 단계의 사업자에 대한 가격구속을 통하여 동일 상품을 취급하는 경쟁사업자간의 가격경쟁을 제한함으로써 동일단계의 경쟁사업자간의 가격공동행위, 즉 수평적 가격협정이 이루어진 것과 같은 효과를 가져오는 한편[205], 생산자와 도매업자, 도매업자와 소매업자간의 이른바, 수직적 공동행위를 형성하게 된다. 또한, 재판매가격유지행위의 허용은 결국 가격상승을 초래하고 물가상승의 요인이 될 수 있으므로 이를 규제하기에 이른 것이다.

공정거래법은 제조업자가 소유권을 이전한 상품에 대하여 계속해서 가격을 통제하는 것이 판매업자의 가격결정의 자유를 침해한다는 점을 중시하여 원칙적으로 재판매가격유지행위를 금지하는 태도를 취하고 있다는 점에 유의할 필요가 있다.[206] 공정거래법은 상품을 생산 또는 판매하는 사업자는 재판매가격유지행위를 하여서는 아니 된다(법 제46조)하고 있다.

---

205 권오승·서 정, 『독점규제법 이론과 실무』, 법문사, 2016, 551면에 의하면, 소매업자 혹은 도매업자의 단체가 그들 간의 가격경쟁에 의하여 마진이 저하되는 것을 막기 위하여, 제조업자 내지 제조업자단체와 교섭하거나 압력을 가하여 재판매가격의 유지를 요구하는 경우도 있기 때문이므로 이와 같은 행위는 오히려 은폐된 수평적 가격협정의 성격을 띤다고 할 수 있다.

206 이봉의·이호영, 『경제법연습』(제2판), 홍문사, 2012, 189면.

Ⅱ. 재판매가격유지행위의 성립요건

재판매가격유지행위의 성립을 위해서는 ① 재판매가격의 지정행위가 존재할 것, ② 그 지정된 가격이 강제되거나 이를 위한 규약 기타 구속조건이 붙은 거래와 같이 구속력이 있을 것, ③ 정당한 이유가 부존재해야 한다.

1. 재판매가격의 지정행위의 존재

재판매가격유지행위의 주체는 생산자(또는 수입업자) 또는 판매업자(즉, 도매업자)이다. 그 상대방은 거래상대방인 사업자 또는 그 다음 거래단계별 사업자(도매업자 또는 소매업자)이다. 거래가격이라 함은 사업자가 지정하는 재판매가격뿐만 아니라 최고가격, 최저가격, 기준가격을 포함한다.

2. 강제성

재판매가격유지행위에 해당하기 위해서는 그 지정된 가격이 강제되거나 이를 위한 규약 기타 구속조건이 붙은 거래와 같이 구속력이 있어야 한다. 즉, 직접적 강제행위가 있거나 구속조건이 부과된 경우에는 강제성이 인정된다. 강제성의 유무는 거래상대방인 사업자 또는 그 다음 거래단계별 사업자의 자유로운 의사에 반하여 지정된 거래가격을 준수하도록 하고 그 위반에 대해 거래상대방인 사업자 또는 그 다음 거래단계별 사업자에게 불이익을 주었는지 여부를 기준으로 판단한다.

3. 정당한 이유의 부존재

1) **구법**에서는 최고재판매가격유지행위에 정당한 이유가 있는 경우에는 재판매가격유지행위를 허용하였고 최저재판매가격유지행위는 허용하는 명문의 규정이 없었다. 명문의 규정이 없지만, 최저재판매가격유지행위에 대하여 대법원은 "공정거래법의 목적은 경쟁을 촉진하여 소비자후생을 증대하기 위한 것이고, 제29조 제1항이 재판매가격유지행위를 금지하는 취지도 사업자가 상품 또는 용역에 관한 거래가격을 미리 정하여 거래함으로써 유통단계에서의 가격경쟁을 제한하여 소비자후생을 저해함을 방지하기 위한 것이다. 이러한 공정거래법의 입법 목적과 재판매가격유지행위를 금지하는 취지에 비추어 볼 때에 최저재판매가격유지행위에 대하여 '정당한 이유'가 있는 경우에는 허용된다고 판시하였다.[207, 208]

2) **신법**에서는 사업자는 재판매가격유지행위를 하여서는 아니 된다. 다만, 효율성 증대로 인한 소비자후생 증대효과가 경쟁제한으로 인한 폐해보다 큰 경우 등 재판매가격유지행위에 정당한 이

207 대법원 2011. 3. 10. 선고 2010두9976 판결.

208 대법원 2010. 12. 23. 선고 2008두22815 판결.

유가 있는 경우에는 그러하지 아니한다라고 규정하였다(법 제46조 제1호).

정당한 이유의 존재 여부는 경쟁 제한효과와 효율성 증대효과·소비자후생 증대효과를 비교·형량하여 경쟁 제한효과가 효율성 증대효과나 소비자후생 증대효과를 상회하는 경우 위법으로 보고 있다.[209] 판례는 시장의 구체적 상황에 따라 그 행위가 관련 상품시장에서의 상표 간 경쟁을 촉진하여 결과적으로 소비자후생을 증대하는 등 정당한 이유가 있는 경우에는 이를 예외적으로 허용하여야 할 필요가 있다고 판시하였다.[210] 또한 최저재판매가격유지행위는 정당한 이유가 있는 경우에는 예외적으로 허용되고 이에 관한 증명책임은 사업자에게 있으므로, 원심으로서는 적어도 원고에게 그 주장과 같은 정당한 이유에 관하여 증명할 기회는 주었어야 할 것이다.[211]

사례

① 甲, 乙, 丙, 丁(이하 '라면 4사'라 한다.)은 국내에서 라면을 제조·판매하는 사업자로서 대형마트, 대리점, 도매상 등을 통하여 라면을 공급하고 있는데, 대형마트를 통하여 판매되는 비중은 라면 4사 모두 80% 이상이다. A, B, C 3개의 대형마트(이하 '마트 3사'라 한다.)는 라면 4사로부터 라면을 공급받아 소비자에게 판매하고 있는데, 대형마트를 통하여 판매되는 라면 4사의 라면 중 50% 이상은 A마트를 통하여 판매되고 있다. A마트는 개점 10주년 행사 명목으로 10일간 라면 가격을 10년 전 가격으로 인하하여 판매하기로 기획하였는데, 이는 B 및 C마트가 판매하는 가격에 비해 20% 이상 낮은 가격이었다. 광고를 통하여 A마트의 가격인하 행사를 알게 된 B 및 C마트는 그 행사로 인해 자신의 라면판매가 부진하게 될 것을 우려하여 라면 4사에 유통질서 확립을 위한 조치를 요청하였다. 이에 甲은 A마트에 대해 '소비자에게 판매하는 자사의 제품 가격을 권장가격 수준으로 유지하고, 만약 이를 준수하지 않을 경우 제품공급을 중단할 수 있음'을 통보하였다. 하지만 A마트는 예정대로 개점 10주년 행사를 진행하였고, 甲은 이를 이유로 A마트에 대한 라면 공급을 중단하였다. 甲이 A마트에 대하여 '소비자에 대한 판매 가격을 권장가격 수준으로 유지할 것'을 요구한 행위가 공정거래법상 부당한 재판매가격유지행위에 해당하는지를 설명하시오.[212]

② ○○약품은 3개 도매상과 박카스류 제품에 대한 판매계약을 체결하면서 도매상이 약국에 재판매하는 가격을 병당 330원으로 지정한 후 도매상이 이 가격 이하로 판매할 때에는 계약을 해지할 수 있도록 약정함으로써 최저재판매가격유지행위를 한 사실[213]

③ 한국○○골프가 2005. 1.부터 공급하는 골프채의 도매가 및 권장소비자가를 표시한 가격표를 약 450개 대리점에 배부하고 영업사원이 최저판매가를 구두로 대리점에 통지하는 방식으로 재판매가격을 지속적으로 유지하여 왔고, 대리점에 대한 주기적인 판매가격 조사, 판매가격 위반업체에 대한 경고, 원상회복, 거래정지·종료 등 다양한 방법으로 거래상대방인 대리점에 대하여 불이익을 가함으로써 자신이 정한 판매가격을 준수하도록 강제한 행위[214]

---

209 공정거래위원회 「재판매가격유지행위 심사지침」 3. 나. (2).

210 대법원 2011. 3. 10. 선고 2010두9976 판결.

211 대법원 2011. 3. 10. 선고 2010두9976 판결.

212 경제법 변호사시험 제6회(2017년).

213 대법원 2010. 12. 23. 선고 2008두22815 판결.

214 대법원 2011. 3. 10. 선고 2010두9976 판결.

> ④ 한국○○○ 주식회사는 소속 다단계판매원에게 피심인으로부터 구입한 상품의 가격보다 낮은 가격으로 상품을 판매하지 못하도록 하고, 이를 준수하지 아니하면 일정 기간 후원수당을 받을 수 있는 자격을 박탈하는 등의 불이익을 가함으로써 재판매가격을 유지하는 행위[215]

3) 재판매가격유지행위의 금지규정의 적용이 배제되는 저작물은 저작권법 제2조(정의)의 저작물 중 관계중앙행정기관의 장과의 협의를 거쳐 공정거래위원회가 고시하는 출판된 저작물(전자출판물을 포함한다)을 말한다(법 제46조 제2호).

저작권법에 의한 권리의 행사의 경우에는 공정거래법의 적용이 배제되나(법 제117조), 재판매가격유지행위는 저작권법에 따를 권리의 행사라고 볼 수 없으므로 동법은 이를 별도로 규정하고 있는 것이다. 저작물에 대하여 재판매가격행위를 허용하는 이유는 비인기저작물의 재고유지비용을 인기저작물의 초경쟁적 이익으로 보상해 줌으로써 다양한 저작물이 시장에서 판매되도록 하는 것이 공익, 즉 문화정책에 합당하기 때문이다.

Ⅲ. 위반에 대한 제재

1. 시정조치

공정거래위원회는 제46조의 규정에 위반하는 행위가 있는 때에는 당해 사업자에 대하여 당해 행위의 중지, 시정명령을 받은 사실의 공표 기타 시정을 위한 필요한 조치를 명할 수 있다(법 제49조 제1항).

2. 과징금

공정거래위원회는 제46조의 규정에 위반하는 재판매가격유지행위가 있는 경우에는 당해 사업자에 대하여 대통령령이 정하는 매출액에 100분의 4를 곱한 금액을 초과하지 아니하는 범위 안에서 과징금을 부과할 수 있다. 다만, 매출액이 없는 경우 등에는 10억 원을 초과하지 아니하는 범위 안에서 과징금을 부과할 수 있다(법 제50조 제1항).

Ⅳ. 사익편취 규제대상의 확대

1. 취지

현행 법률에서 대기업집단의 경제력 집중을 심화시키고 중소기업의 공정한 경쟁 기반을 훼손하

215 공정거래위원회 2014. 9. 18. 의결 제2014-205호, 2013특수1853.

는 부당내부거래를 근절하기 위하여 공시대상기업집단 소속 회사가 특수관계인(동일인 및 그 친족으로 한정한다)이 대통령령으로 정하는 비율(상장회사의 경우 30퍼센트, 비상장회사의 경우 20퍼센트) 이상 지분을 보유한 계열회사와의 거래를 통하여 특수관계인에게 부당한 이익제공을 하지 못하도록 하고 있으나, 규제기준에 못 미치는 회사의 내부거래 비중이 더 높은 것으로 나타나는 등 규제의 실효성이 미흡한 측면이 있다. 상장회사와 비상장회사 간 상이한 규제기준을 상장·비상장사 구분 없이 총수일가 등 특수관계인이 발행주식 총수의 20퍼센트 이상 지분을 보유한 회사로 일원화하여 법률에 규정하고, 동시에 이들 회사가 발행주식 총수의 50퍼센트를 초과하는 지분을 보유한 자회사까지 규제대상에 포함시켜 사익편취 규제 적용대상을 확대한 것이다(법 제47조 제1항).[216]

2. 내용

1) 공시대상기업집단(동일인이 자연인인 기업집단으로 한정)에 속하는 국내 회사는 특수관계인(동일인 및 그 친족으로 한정), 동일인이 단독으로 또는 다른 특수관계인과 합하여 발행주식총수의 100분의 20 이상의 주식을 소유한 국내 계열회사 또는 그 계열회사가 단독으로 발행주식총수의 100분의 50을 초과하는 주식을 소유한 국내 계열회사와 다음 의 어느 하나에 해당하는 행위를 통하여 특수관계인에게 부당한 이익을 귀속시키는 행위를 하여서는 아니 된다.

① 정상적인 거래에서 적용되거나 적용될 것으로 판단되는 조건보다 상당히 유리한 조건으로 거래하는 행위, ② 회사가 직접 또는 자신이 지배하고 있는 회사를 통하여 수행할 경우 회사에 상당한 이익이 될 사업기회를 제공하는 행위, ③ 특수관계인과 현금이나 그 밖의 금융상품을 상당히 유리한 조건으로 거래하는 행위, ④ 사업능력, 재무상태, 신용도, 기술력, 품질, 가격 또는 거래조건 등에 대한 합리적인 고려나 다른 사업자와의 비교 없이 상당한 규모로 거래하는 행위 기업의 효율성 증대, 보안성, 긴급성 등 거래의 목적을 달성하기 위하여 불가피한 경우로서 대통령령으로 정하는 거래에는 ④를 적용하지 아니한다(법 제47조 제1항).

2) 1)의 거래 또는 사업기회 제공의 상대방은 1)의 행위에 해당할 우려가 있음에도 불구하고 해당 거래를 하거나 사업기회를 제공받는 행위를 하여서는 아니 된다(법 제47조 제3항).

3) 특수관계인은 누구에게든지 1) 또는 3)에 해당하는 행위를 하도록 지시하거나 해당 행위에 관여해서는 아니 된다(법 제47조 제4항).

216 법제처, 독점규제 및 공정거래법[시행 2021. 12. 20.][법률 제17799호, 2020. 12. 29. 전부개정] 개정이유

3. 효과

1) 시정조치

공정거래위원회는 제47조의 규정에 위반하는 행위가 있는 때에는 당해 사업자에 대하여 당해 행위의 중지, 시정명령을 받은 사실의 공표 기타 시정을 위한 필요한 조치를 명할 수 있다(법 제49조 제1항).

2) 과징금

공정거래위원회는 제47조의 규정에 위반하는 해당 특수관계인 또는 회사에 대통령령으로 정하는 매출액에 100분의 10을 곱한 금액을 초과하지 아니하는 범위에서 과징금을 부과할 수 있다. 다만, 매출액이 없는 경우 등에는 40억원을 초과하지 아니하는 범위에서 과징금을 부과할 수 있다(법 제50조 제2항).

3) 벌칙

제47조 제1항 또는 제4항을 위반한 자는 3년 이하의 징역 또는 2억원 이하의 벌금에 처한다(법 제124조 제1항 제10호).

Ⅴ. 보복조치의 금지

1. 취지

거래상 약자의 지위에 있는 사업자는 보복조치가 두려워 불공정거래행위에 대한 신고나 분쟁조정 신청에 적극적으로 나서기 어려웠다. 보복조치 금지대상은 불공정거래행위를 대상으로 한 법위반 신고, 분쟁조정 신청, 공정위 조사에 대한 협조이다. 불공정 거래 행위 분쟁조정 신청은 직·간접적으로 관계기관에 대한 신고 효과도 있기 때문에 보호의 필요성이 컸다. 또한, 경제적 약자의 신고가 쉽지 않은 상황에서 불공정거래 행위 적발을 위해서는 공정위 현장조사와 서면실태조사에 대한 협조가 필수적이므로, 조사 협조에 대한 보복조치 금지도 포함했다. 보복조치의 금지의 도입은 신고를 유도하고, 궁극적으로는 불공정거래 관행을 개선되게 하고자 함이다.

2. 내용

사업자는 불공정거래행위 및 재판매가격유지행위와 관련하여 분쟁조정 신청(제76조 제1항), 신고(제80조 제2항), 공정거래위원회의 조사에 대한 협조(제81조)를 한 사업자에게 그 행위를 한 것을 이유로 거래의 정지 또는 물량의 축소, 그 밖에 불이익을 주는 행위를 하거나 계열회사 또는 다른 사업자로 하여금 이를 하도록 하여서는 아니 된다(법 제48조).

3. 효과

1) 시정조치

공정거래위원회는 제48조의 규정에 위반하는 행위가 있는 때에는 당해 사업자에 대하여 당해 행위의 중지, 시정명령을 받은 사실의 공표 기타 시정을 위한 필요한 조치를 명할 수 있다(법 제49조 제1항).

2) 과징금

공정거래위원회는 제48조의 규정에 위반하는 행위가 있는 경우에는 당해 사업자에 대하여 대통령령이 정하는 매출액에 100분의 4를 곱한 금액을 초과하지 아니하는 범위 안에서 과징금을 부과할 수 있다. 다만, 매출액이 없는 경우 등에는 10억 원을 초과하지 아니하는 범위 안에서 과징금을 부과할 수 있다(법 제50조 제1항).

3) 벌칙

제48조를 위반한 자는 3년 이하의 징역 또는 2억원 이하의 벌금에 처한다(법 제124조 제1항 제11호).

Chapter
07 사업자단체의 금지행위

Ⅰ. 사업자단체의 의의 및 규제이유

1. 사업자단체의 의의

사업자단체라 함은 그 형태가 무엇이든 상관없이 둘 이상의 사업자가 공동의 이익을 증진할 목적으로 조직한 결합체 또는 그 연합체를 말한다(법 제2조 제2호).[217] 여기서 '공동의 이익'이란 구성사업자의 경제활동상의 이익을 말하고 단지 친목, 종교, 학술, 조사, 연구, 사회활동만을 목적으로 하는 단체는 이에 해당하지 않는다. 또한, 사업자단체에 참가하는 개별 구성사업자는 독립된 사업자이어야 하므로, 개별 사업자가 그 단체에 흡수되어 독자적인 활동을 하지 않는 경우에는 사업자단체라고 할 수 없고, 사업자단체로 되기 위해서는 개별 구성사업자와 구별되는 단체성, 조직성을 갖추어야 한다.[218] 사업자단체의 구성원은 동업자 또는 관련사업을 영위하고 있는 자에 국한되며, 따라서 상공회의소와 같이 구성원의 업종여하를 묻지 않는 단체는 사업자 단체에 해당하지 않는다고 본다.[219] 공정거래법은 원칙적으로 사업자에게 적용되고 사업자단체에 대해서는 별도의 명문규정이 있어야 규제되는 것이다.

2. 규제이유

사업자단체는 구성원들의 이익 증진이나 상호협력 등 여러 긍정적인 역할을 수행하기도 하지만, 사업자단체가 경쟁 제한적인 행위에 관여하거나 구성사업자의 사업 활동을 제한하는 경우도 있기 때문에 사업자단체의 금지행위를 규정하여 이를 규제하는 것이다.

217 대법원 2003. 2. 20. 선고 2001두5347 전원합의체 판결.

218 대법원 2008. 2. 14. 선고 2005두1879 판결.

219 양명조, 『경제법강의』(제8판), 2010, 288-289면 ; 이에 대하여 사업자단체는 서로 경쟁관계에 있는 사업자일 필요는 없고 따라서 상공회의소, 전경련도 사업자단체에 해당한다는 견해도 있다. 권오승, 앞의 책, 327면.

Ⅱ. 사업자단체의 금지행위

1. 부당하게 경쟁을 제한하는 행위

사업자단체는 법 제40조 제1항 각 호의 행위에 의하여 부당하게 경쟁을 제한하는 행위를 해서는 아니된다(법 제51조 제1항 제1호). 사업자단체의 경쟁제한행위는 통상 자체 의사결정기관의 결의를 통해 성립하는 반면 복수 사업자간 공동행위의 경우에는 이들 간의 합의로 성립한다. 제51조 제1항 제1호에서 정한 '사업자단체의 금지행위'는 ① 사업자단체가 부당하게 경쟁을 제한하는 같은 법 제40조 제1항 각 호에 규정된 행위를 할 것을 결정하고 ② 사업자단체의 구성원 간에 그 사업자단체의 의사결정을 준수하여야 한다는 공동인식이 형성됨으로써 성립하고, 사업자단체의 구성원이 사업자단체의 의사결정에 따른 행위를 현실적으로 하였을 것을 요하는 것은 아니다.[220]

사례

① 국내에서 자전거제조사는 모두 15개이다. 15개 자전거 제조사들은 공동의 이익 증진을 위하여 자전거제조사협회를 설립하여 모두 회원으로 활동하고 있다. A는 국내 자전거 제조시장(관련시장은 국내 자전거 제조시장으로 전제함)에서 시장점유율 1위인 사업자로서 30%의 시장점유율을 가지고 있고, B는 12%, C는 10%의 시장점유율을 차지하고 있다. D를 포함한 나머지 12개 사업자들은 각각 4%의 시장점유율을 가지고 있다. 2012년경 원자재가격이 급격히 상승함에 따라서 모든 자전거 제조사들은 큰 폭의 적자를 보고 있었다. 이러한 문제를 해소하기 위하여 A, B, C는 2013. 1. 5. 모임을 가지고 자전거 판매가격을 최소 10% 이상 인상하기로 합의하였다. 한편, A는 자전거제조사협회에 대하여 다른 자전거 제조사들도 가격을 인상하도록 협회 차원에서 조치를 취해 달라고 요청하였다. 이에 자전거제조사협회는 2013. 2. 1. 자전거 판매가격을 10% 인상하기로 결의하였고, 이를 모든 회원사에 통지하였다. A, B, C 이외의 나머지 12개 제조사들 중에서 11개사는 자전거 판매가격을 8-9% 인상하였으나, D는 가격을 인상하지 않았다. 자전거제조사협회의 행위가 공정거래법 제51조 제1항 제1호의 금지행위에 해당하는지를 설명하시오.[221]

② 광역시의 치과의사회가 같은 광역시의 치과기공사회 사이에 각 실무협의회 소속 회원을 통하여 치과기공물의 가격에 관한 가이드라인을 정한 다음 대표자의 추인을 받아 대표자 명의로 회원들에게 위 가이드라인에 대한 안내문을 발송한 행위[222]

③ 삼육식품총판선교협의회는 구성사업자에 대하여 영업지역을 한정하고 대형유통업체로의 공급 및 소비자를 대상으로 한 인터넷·카탈로그 판매 등을 금지한 정관내용이 있었다.[223]

④ 상품의 생산·구매·판매 등의 업무를 수행하는 공동회사를 설립하여 모든 구성사업자들로 하여금 이 회사를 통해서만 거래하도록 하는 행위[224]

---

220 대법원 2006. 11. 24. 선고 2004두10319 판결.

221 경제법 변호사시험 제3회(2014년).

222 대법원 2005. 8. 19. 선고 2003두9251 판결, 제51조 제1항 제1호, 제40조 제1항 제1호.

223 공정거래위원회 2014. 4. 24. 의결 제2014-098호, 이는 구성사업자의 거래지역 또는 거래상대방을 제한함으로써 국내 두유 시장에서의 경쟁을 부당하게 제한하는 행위이다(법 제51조 제1항 제1호, 제40조 제1항 제4호).

224 법 제51조 제1항 제1호, 제40조 제1항 제7호.

2. 일정한 거래분야에 있어서 현재 및 장래의 사업자수의 제한행위

사업자단체는 일정한 거래분야에서 현재 또는 장래의 사업자수를 제한하는 행위를 해서는 아니 된다(법 제51조 제1항 제2호). 사업자단체의 '사업자수 제한행위'가 성립하기 위해서는 ① 사업자단체의 의사가 있어야 하고, 이와 같은 의사가 구성사업자에게 표시되어야 하고, ② 일정한 거래분야에 있어서 현재 또는 장래의 사업자수를 제한하여야 한다. 사업자단체의 의사는 총회, 이사회, 임원회의 등 그 형식에는 구애됨이 없이 이를 통한 결의, 결정 등의 형태로 나타난다. 금지행위가 이러한 결의, 결정이 아니라 정관, 규정 또는 시행 중인 사업계획서 등에 의하여 이루어지는 경우에는 정관, 규정, 사업계획서 그 자체를 사업자단체의 의사로 본다. 또한 사업자단체의 의사는 구성사업자에게 표시되어야 하며 의사표시의 방법으로 회의개최, 문서송부, 전화통보 등 그 형식 여하를 불문하고 구성사업자에게 인지됨을 의미한다.[225]

사례

① 사업자단체가 신규 사업자의 회원가입을 거절하거나 기존회원을 제명하는 등의 행위를 통하여 인위적으로 진입장벽을 형성하여 다른 사업자를 배제하는 행위
② 사업자단체에 가입하지 않으면 사업수행이 곤란한 경우 일정한 영업기간 등 가입조건을 어렵게 하거나, 신규가입자에 대해 기존 회원의 동의를 받도록 함으로써 사실상 가입을 제한하는 행위
③ 사업자단체가 신규가입시 일정한 거리제한을 두거나 특정한 장소 내에 또는 매매후 일정한 기간 내에 신규 개설·이전·승계 등을 금지하는 행위

3. 구성사업자의 사업내용 또는 활동을 부당하게 제한하는 행위

사업자단체는 구성사업자의 사업내용 또는 활동을 부당하게 제한하는 행위를 하여서는 아니된다(법 제51조 제1항 제3호). 사업자단체의 '구성사업자의 사업활동 제한행위'가 성립하기 위해서는 ① 사업자단체의 의사가 있어야 하고, 이와 같은 의사가 구성사업자에게 표시되어야 하고, ② 이를 통하여 구성사업자의 사업 내용이나 활동을 부당하게 제한하여야 한다. 구성사업자의 사업활동을 부당하게 제한하는 행위에 해당하기 위해서는 단지 구성사업자의 사업활동을 제한할 뿐만 아니라 이를 통하여 구성사업자들 사이의 공정하고 자유로운 경쟁을 제한하여야 한다.[226]

사례

① 자동차부분정비사업자들이 공동의 이익증진 및 친목도모 등을 목적으로 설립한 사업자단체가 구성사업자들에게 자신과 계약을 체결한 특정 지정폐기물 처리업체를 통하여만 지정폐기물을 처리하도록 강제하고

225 공정거래위원회 2014부사1292사건, 대법원 2002. 6. 14. 선고 2000두8905 판결.
226 대법원 2003. 2. 20. 선고 2001두5347 전원합의체 판결.

이에 따르지 않는 구성사업자를 제명한 행위[227]

② 일정한 거래 분야에 해당하는 약국업 분야에서 사업자단체인 약사회가 보건사회부의 약사법 개정안에 반대하여 전국의 약국을 무기한 폐문하기로 결의하고 이를 시·도지부에 통보하여 그 구성사업자인 약국들로 하여금 폐문실행에 들어가도록 함으로써, 내심으로나마 폐문에 반대하는 구성사업자들에게 결과적으로 자기의 의사에 반하여 집단폐문에 따를 수밖에 없도록 하여 구성사업자들에게 집단폐문기간 중 의약품을 판매할 수 없도록 제한한 행위[228]

③ 시민연합대리운전가맹점협의회는 구성사업자인 가맹점 또는 다른 사업자인 지사가 대리운전 고객에 대해 현금 또는 적립금 등을 지급하지 못하도록 제한하거나, 시민연합대리운전가맹점협의회가 허용하는 스마트폰 앱을 제외한 다른 앱을 사용하지 못하도록 금지하는 등의 방법으로 구성사업자 또는 지사의 사업내용 또는 활동을 부당하게 제한하는 행위[229]

4. 사업자의 불공정거래행위와 재판매가격유지행위를 교사하거나 방조하는 행위

사업자단체는 사업자에게 불공정거래행위 또는 재판매가격유지행위를 하게 하거나 이를 방조하는 행위를 하여서는 아니된다(법 제51조 제1항 제4호). 개별 사업자에게 상당한 영향력을 행사할 수 있는 지위에 있는 사업자단체가 물리적으로 이를 강요하는 것만을 의미하는 것이 아니라, 자신의 지위를 이용하여 불공정거래행위를 권장하거나 협조를 요청하는 등 어떠한 방법으로든 이를 사실상 강요하는 결과를 가져오는 모든 행위를 의미하며,[230] 구성사업자가 아닌 다른 사업자에게 행한 행위도 포함된다.[231]

사례

① 사단법인 한국대중문화예술산업총연합은 소속사와 계약상 분쟁이 발생하였다는 이유만으로 특정 연예인의 연예활동이 원만히 이루어지지 못하도록 관련 사업자들에게 음반·음원의 유통, 방송프로그램의 제작 및 섭외 등을 자제하도록 강요하는 방법 등으로 관련 사업자에게 특정 연예인의 사업활동을 방해하게 하는 행위[232]

② 사업자단체가 사업자로 하여금 부당하게 경쟁사업자의 고객을 자기와 거래하도록 유인하기 위하여 부당한 이익을 제공하게 하거나 위계에 의하여 고객을 유인하도록 강요하는 행위

③ 출판사의 사업자단체가 출판물의 재판매가격유지계약 체결권한을 위임하지 아니한 출판사들에 대하여 도서정가제가 더욱 공고히 확립될 수 있도록 최대한 협조하여 줄 것을 요청하는 공문을 발송한 행위[233]

---

227 대법원 2010. 10. 28. 선고 2010두14084 판결.

228 대법원 1995. 5. 12. 선고 94누13794 판결.

229 공정거래위원회 2017. 10. 10. 의결 제2017-316호, 2015구사0980.

230 대법원 2003. 1. 11. 선고 2002두9346 판결.

231 서울고등법원 2005. 8. 25. 선고 2004누17657 판결.

232 공정거래위원회 2013. 10. 14. 의결 제2013-167호, 2011서결1038. 법 제51조 제1항 제4호, 제45조 제1항 제7호, 영 제52조 [별표 2] 제8호 라목.

Ⅲ. 금지위반의 효과

1. 시정조치

공정거래위원회는 사업자단체 또는 구성사업자에 대하여 당해행위의 중지, 시정명령을 받은 사실의 공표, 기타 시정을 위해 필요한 조치를 취할 수 있다(법 제52조 제1항). 예를 들면, 사업자단체가 경쟁을 실질적으로 제한하는 행위를 행한 경우, 법위반행위의 주체인 사업자단체에게만 중지명령을 내리더라도 여전히 구성사업자들이 그 결의를 이행할 가능성이 있기 때문에 금지의 실효성을 확보하기 위하여 구성사업자에게도 당해 결의 내지 부당한 공동행위의 실행을 중지하는 시정명령을 동시에 할 수 있게 한 것이다. 또한, 사업자단체가 다른 사업자에게 불공정거래행위를 하게 한 경우에도 당해 사업자들로 하여금 그에 따른 불공정거래행위를 중지하도록 할 수 있다.

사례

자전거제조사협회의 결의에 따라서 기타 11개 제조사들은 가격인상행위를 하였고, D사는 가격을 인상하지 않은 경우에 공정거래위원회가 제재조치를 취할 수 있는지를 그 근거와 함께 설명하시오.[234]

2. 과징금

공정거래위원회는 제51조(사업자단체의 금지행위) 제1항 각호의 1의 규정에 위반하는 행위가 있을 때에는 당해사업자단체에 대하여 10억 원의 범위 안에서 과징금을 부과할 수 있다(법 제53조 제1항). 한편, 공정거래위원회는 사업자단체의 부당한 경쟁제한행위에 참가한 사업자에 대해서도 제51조 제1항 제1호를 위반한 경우 100분의 20 또는 매출액이 없는 경우 등에는 40억 원을(법 제53조 제2항), 제2호부터 제4호를 위반한 경우 100분의 10를 곱한 금액 또는 매출액이 없는 경우 등에는 20억 원을 초과하지 아니하는 범위에서 과징금을 부과할 수 있다(법 제53조 제3항).

3. 형사처벌

제51조 제1항 제1호의 규정에 위반하여 사업자단체의 금지행위를 한 자에 대하여는 3년 이하의 징역 또는 2억 원 이하의 벌금에 처하며(법 제124조 제1항 제12호), 제52조 제1항에 따른 시정조치에 따르지 아니한 자에 대하여는 2년 이하의 징역 또는 1억 5천만 원 이하의 벌금에 처한다(법 제125조

---

233 대법원 1997. 6. 13. 선고 96누5834 판결에서 제46조 제2호에 의하여 저작물에 대한 재판매가격유지행위가 허용되는 사업자는 반드시 재판매가격유지행위를 하여야만 하는 것은 아니고 자유경쟁가격제도를 택할 수도 있는 것이며, 한편 같은 법은 사업자의 부당한 공동행위 및 불공정행위 등에 대하여 규제하면서 이와는 별도로 사업자단체에 대하여 제7장에서 금지행위, 시정조치 등에 관한 규정을 따로 두어 사업자와 사업자단체를 명확히 구분하고 있는 점을 근거로 하였다.

234 경제법 변호사시험 제3회(2014년).

제1호). 구성사업자의 사업내용 또는 활동을 부당하게 제한하는 행위(법 제51조 제1항 제3호)를 위반하여 사업자단체의 금지행위를 한 자는 2년 이하의 징역 또는 1억5천만원 이하의 벌금에 처한다(법 제125조 제5호).

소비자법

PART 02

Chapter 01 소비자기본법

Ⅰ. 소비자 보호의 필요성

시장의 독과점적 형태, 기업의 시장지배적 지위 등으로 인하여 기업이 소비자에 대하여 상대적으로 우월한 지위에 서게 되고 이에 따라 소비자는 불리한 입장에서 상품에 대한 선택의 자유, 계약상대방선택의 자유, 계약내용결정의 자유를 상실하게 된다. 또한, 과학·기술의 발달로 인하여 상품의 종류와 내용이 다양하고 복잡하게 되어 소비자로서는 상품의 질이나 성격을 판단하기 어렵게 되고 나아가 기업이 상품의 내용을 규격화·표준화하여 소비생활을 기업이 바라는 방향으로 유도하게 됨에 따라 소비자의 선택의 자유 내지 소비자주권이 약화되고 있다. 더구나 기업이 규모의 이익을 최대한 향유하기 위하여 대량생산하고 이를 판매하기 위하여 소비자가 이해하기 어렵거나 기업측의 일방적인 의도가 담겨진 새로운 유형의 판매방식 내지 거래조건(약관 등)을 제시함으로써 소비자가 불측의 손해를 입는 경우가 발생하게 된다. 따라서 소비자를 보호하기 위해서 소비자의 실질적 계약의 자유를 보장하고, 소비자의 주권을 강화하기 위해 위해물품에 대한 소비자안전조치, 분쟁 발생시 권리구제 수단 등을 제도화(소비자 기본적 권리 실현 위해 소비자단체, 한국소비자원의 설치근거·업무범위, 사업자·소비자·국가·지자체의 책무 등)한 것이다.

Ⅱ. 소비자기본법의 목적과 소비자의 개념

1. 소비자기본법의 목적

이 법은 소비자의 권익을 증진하기 위하여 소비자의 권리와 책무, 국가·지방자치단체 및 사업자의 책무, 소비자단체의 역할 및 자유시장경제에서 소비자와 사업자 사이의 관계를 규정함과 아울러 소비자정책의 종합적 추진을 위한 기본적인 사항을 규정함으로써 소비생활의 향상과 국민경제의 발전에 이바지함을 목적으로 한다(법 제1조).

2. 소비자의 개념

소비자는 사업자가 제공하는 물품 또는 용역을 소비생활을 위하여 사용하거나 이용하는 자 또는 대통령령이 정하는 자를 말한다(법 제2조 제1호). 사업자는 물품을 제조(가공 또는 포장을 포함)·수입·판매하거나 용역을 제공하는 자를 말한다(법 제2조 제2호).

"사업자가 제공하는 물품 또는 용역을 소비생활을 위하여 사용하거나 이용하는 자"는 당해 물품이나 용역의 최종소비자를 말한다. 따라서 사업자가 제공하는 물품 또는 용역을 상품의 생산을 위하여 사용하거나 이용하는 중간 소비자는 소비자의 개념에서 제외된다. 그러나 이러한 자라 할지라도 다음과 같은 자는 소비자의 범위에 포함된다.

① 제공된 물품이나 용역을 최종적으로 사용하거나 이용하는 자. 다만 제공된 물품을 원재료나 중간재 및 자본재 또는 이에 준하는 용도로 사용하는 자는 제외된다(영 제2조 제1호).

② 제공된 물품을 농업(축산업 포함) 및 어업활동을 위하여 사용하는 자. 이러한 자를 소비자의 개념에 포함시키는 취지는 최종 소비자와 마찬가지로 사회적 약자이기 때문이다. 다만, 「원양산업발전법」 제6조 제1항에 따라 해양수산부장관의 허가를 받아 원양어업을 하는 자는 그 규모가 커 소비자로서 이를 특별히 보호할 필요가 없기 때문에 여기에서 제외하는 것이다.

Ⅲ. 소비자보호

1. 소비자분쟁해결기준

국가 및 지방자치단체는 소비자의 불만이나 피해가 신속·공정하게 처리될 수 있도록 관련기구의 설치 등 필요한 조치를 강구하여야 한다(법 제16조 제1항). 국가는 소비자와 사업자 사이에 발생하는 분쟁을 원활하게 해결하기 위하여 대통령령이 정하는 바에 따라 소비자분쟁해결기준을 제정할 수 있다(법 제16조 제2항). 소비자분쟁해결기준은 분쟁당사자 사이에 분쟁해결방법에 관한 별도의 의사표시가 없는 경우에 한하여 분쟁해결을 위한 합의 또는 권고의 기준이 된다(법 제16조 제3항). 이는 소비자·사업자 등 분쟁당사자 직접 구속하는 효력이 발생하는 것은 아니지만, 이들 당사자 사이에 분쟁해결방법에 관하여 별도의 의사표시 없는 경우에 한해 분쟁해결 위한 합의·권고의 기준이 되는 것이다.

2. 소비자단체

가. 소비자단체의 의의

소비자단체라 함은 소비자의 권익을 증진하기 위하여 소비자가 조직한 단체를 말한다(법 제2조 제3호). 소비자로 구성되는 2인 이상의 단체로서 그 목적이 소비자보호에 있다면 소비자단체로서의 요건을 충족한다. 등록을 반드시 요하지는 않으나, 국가나 지방자치단체로부터 지원을 받기 위하여는 등록하여야 한다.[1] 한편, 어떤 단체가 2 이상의 목적을 가졌다 하더라도 주된 목적이 소비자보호에 있다면 이 단체는 소비자단체이다.

나. 소비자단체의 업무

소비자단체는 ① 국가 및 지방자치단체의 소비자의 권익과 관련된 시책에 대한 건의, ② 물품 등의 규격·품질·안전성·환경성에 관한 시험·검사 및 가격 등을 포함한 거래조건이나 거래방법에 관한 조사·분석, ③ 소비자문제에 관한 조사·연구, ④ 소비자의 교육, ⑤ 소비자의 불만 및 피해를 처리하기 위한 상담·정보제공 및 당사자 사이의 합의의 권고 등의 업무를 행한다(법 제28조 제1항).

다. 조사·분석 등의 결과 발표

소비자단체는 물품 등의 규격·품질·안전성·환경성에 관한 시험·검사 및 가격 등을 포함한 거래조건이나 거래방법에 관한 조사·분석의 결과를 공표할 수 있다(법 제28조 제2항 본문). 다만, 공표되는 사항 중 물품 등의 품질·성능 및 성분 등에 관한 시험·검사로서 전문적인 인력과 설비를 필요로 하는 시험·검사인 경우에는 대통령령이 정하는 시험·검사기관의 시험·검사를 거친 후 공표하여야 한다(법 제28조 제2항 단서).

라. 정보의 요청 및 정보의 부정한 사용 금지 등

소비자단체는 그 업무를 추진함에 있어서 필요한 자료 및 정보의 제공을 사업자 또는 사업자단체에 요청할 수 있도록 규정되어 있다(법 제78조). 이에 따라 자료 및 정보의 제공을 요청하였음에도 사업자 또는 사업자단체가 정당한 사유 없이 이를 거부·방해·기피하거나 거짓으로 제출한 경우에는 그 사업자 또는 사업자단체의 이름(상호 그 밖의 명칭을 포함), 거부 등의 사실과 사유를 「신문 등의 진흥에 관한 법률」에 따른 일반일간신문에 게재할 수 있다(법 제28조 제3항). 그러나 소비자단체는 업무상 알게 된 정보를 소비자의 권익을 증진하기 위한 목적이 아닌 용도에 사용하여서는 아니 되며(법 제28조 제4항), 그 자료 및 정보를 소비자의 권익을 증진하기 위한 목적이 아닌 용도로 사용함으로써 사업자 또는 사업자단체에 손해를 끼친 때에는 그 손해에 대하여 배상할 책임을 진다(법 제28조 제5항).

마. 등록한 소비자단체의 협의체의 자율적 분쟁조정

소비자보호법은 공정거래위원회에 등록한 소비자단체의 협의체에 대해 소비자 불만·피해를 처리하기 위해 자율적 분쟁조정 할 수 있는 권한 부여하고 있다. 등록소비자단체의 협의체는 다른 법률 규정에 따라 설치된 전문성이 요구되는 분야의 분쟁 조정기구가 관장하는 사항을 제외하고

---

1 법 제32조는 국가 또는 지방자치단체는 등록소비자단체의 건전한 육성·발전을 위하여 필요하다고 인정될 때에는 보조금을 지급할 수 있다고 규정하고 있다.

소비자의 불만 및 피해를 처리하기 위하여 자율적 분쟁조정을 할 수 있다(법 제31조 제1항). 당사자가 등록한 소비자단체의 협의체에 의해 이루어진 자율적 분쟁조정 수락시 당사자 사이에 자율적 분쟁조정의 내용과 동일한 합의가 성립된 것으로 간주한다(법 제31조 제2항).

3. 소비자안전조치

소비자기본법은 특히 사업자가 소비자에 위해를 끼칠 우려가 있는 중대한 결함이 있는 물품 등을 제공한 경우 소비자안전을 확보하기 위한 조치에 대하여 자세한 규정을 두고 있다.

가. 사업자의 결함정보 보고의무 및 자발적 리콜

우선, 사업자는 다음에 해당하는 경우에는 제조·수입·판매 또는 제공한 물품 등의 결함을 소관 중앙행정기관의 장에게 보고(전자적 보고를 포함)하여야 한다(법 제47조 제1항, 사업자의 결함정보 보고의무).

① 제조·수입·판매 또는 제공한 물품 등에 소비자의 생명·신체 또는 재산에 위해를 끼치거나 끼칠 우려가 있는 제조·설계 또는 표시 등의 중대한 결함이 있다는 사실을 알게 된 경우

② 제조·수입·판매 또는 제공한 물품 등과 동일한 물품 등에 대하여 외국에서 결함이 발견되어 사업자가 ⅰ. 외국 정부로부터 수거·파기 등의 권고 또는 명령을 받고 한 수거·파기 등, ⅱ. 자발적으로 한 수거·파기 등 조치를 한 경우, ⅲ. 외국의 다른 사업자가 해당 조치를 한 사실을 알게 된 경우

사업자는 소비자에게 제공한 물품 등의 결함으로 인하여 소비자의 생명·신체 또는 재산에 위해를 끼치거나 끼칠 우려가 있는 경우에는 자진시정계획서를 소관 중앙행정기관의 장에게 제출하는 등의 절차에 거쳐 당해 물품 등의 수거·파기·수리·교환·환급 또는 제조·수입·판매·제공의 금지 그 밖의 필요한 조치를 취하여야 한다(법 제48조 및 영 제36조, 물품 등의 자진수거, 통상 소비자기본법상의 '자발적 리콜'라고 한다).

나. 중앙행정기관의 장의 리콜권고, 리콜명령

이와 별도로 중앙행정기관의 장도 사업자가 제공한 물품 등의 결함으로 인하여 소비자의 생명·신체 또는 재산에 위해를 끼치거나 끼칠 우려가 있다고 인정되는 경우에는 그 사업자에 대하여 당해 물품 등의 수거·파기·수리·교환·환급 또는 제조·수입·판매·제공의 금지 그 밖의 필요한 조치를 권고할 수 있다(법 제49조 제1항, 통상 '리콜 권고'라고 한다).

나아가 중앙행정기관의 장은 사업자가 제공한 물품 등의 결함으로 인하여 소비자의 생명·신체 또는 재산에 위해를 끼치거나 끼칠 우려가 있다고 인정되는 경우에는 청문 등의 절차를 거쳐(법 제82조) 그 물품 등의 수거·파기·수리·교환·환급을 명하거나 제조·수입·판매 또는 제공의 금지를 명할 수 있고, 그 물품 등과 관련된 시설의 개수(改修) 그 밖의 필요한 조치를 명할 수 있다(법 제50

조 제1항, 통상 '리콜 명령'라고 한다). 중앙행정기관의 장은 사업자가 시정명령에 따르지 아니하는 경우에는 직접 그 물품 등의 수거·파기 또는 제공금지 등 필요한 조치를 취할 수 있다(법 제50조 제2항). 중앙행정기관의 장은 사업자에게 시정명령을 하는 경우 시정명령사실을 공표할 수 있다(법 제50조 제3항).[2] 이 경우 수거·파기 등의 명령을 위반하는 경우에는 3년 이하의 징역 또는 5천만원 이하의 벌금에 처한다(법 제84조 제1항 제1호). 법인의 대표자나 법인 또는 개인의 대리인, 사용인, 그 밖의 종업원이 그 법인 또는 개인의 업무에 관하여 위 위반행위를 하면 그 행위자를 벌하는 외에 그 법인 또는 개인에게도 해당 조문의 벌금형을 과한다. 다만, 법인 또는 개인이 그 위반행위를 방지하기 위하여 해당 업무에 관하여 상당한 주의와 감독을 게을리하지 아니한 경우에는 그러하지 아니하다(법 제85조).

다. 한국소비자원장의 시정권고 및 공정거래위원회에 시정요청 건의

한국소비자원장은 위해 물품 등을 제공하는 사업자에 대한 시정 권고를 할 수 있다(법 제52조 제2항 제3호). 위해 물품 등과 관련하여 시정 권고를 받은 사업자에게 수락여부 및 그 이행결과 등의 제출을 요청할 수 있도록 하고(법 제52조 제3항), 물품 등으로 인하여 소비자의 생명·신체 또는 재산에 위해가 발생하거나 발생할 우려가 높다고 판단되는 경우로서 사업자가 시정 권고를 이행하지 않는 경우 공정거래위원회에 시정요청을 해 줄 것을 건의할 수 있도록 하며(법 제52조 제4항), 공정거래위원회의 시정요청을 받은 관계 중앙행정기관의 장은 조치 여부 및 그 내용을 신속히 공정거래위원회에 통보하도록 하고 있다(법 제46조 제2항).

사례

C사의 '파워 정' 제품을 구매하여 복용한 다른 소비자들에게도 A의 경우와 같이 피부에 붉은 반점이 생기고 두통과 불면증까지 겪는 부작용이 발생하자 한국소비자원에서 해당 제품에 대한 시험·검사를 실시하였다. 그 결과 '파워 정' 제품에는 인체에 치명적으로 유해한 성분이 포함되어 있는 것으로 판명되었다. 이 경우 「소비자기본법」상 C사가 취해야 할 조치와 중앙행정기관의 장이 취할 수 있는 조치는 무엇인지를 설명하시오.[3]

4. 한국소비자원의 업무 및 공표

한국소비자원의 업무는 ① 소비자의 권익과 관련된 제도와 정책의 연구 및 건의, ② 소비자의 권익증진을 위하여 필요한 경우 물품 등의 규격·품질·안전성·환경성에 관한 시험·검사 및 가격

2 '중앙행정기관장의 리콜명령 공표방법'의 개정 내용을 살펴보면 중앙행정기관이 리콜명령을 할 경우 신문·방송, 소비자종합지원시스템 등을 통해 소비자에게 직접 공표할 수 있게 한다. 리콜명령은 물품·서비스의 중대한 결함으로 소비자의 생명 안전에 위해가 발생할 우려가 있는 경우 정부가 해당 물품을 수거, 파기할 수 있는 명령이다. 이전에는 사업자가 중앙행정기관장의 리콜명령을 받고 시정계획서에 따라 등기우편, 신문, 방송 등을 통해 소비자에게 리콜 정보를 공개했었다.

3 경제법 변호사시험 제5회(2016년).

등을 포함한 거래조건이나 거래방법에 대한 조사·분석, ③ 소비자의 권익증진·안전 및 소비생활의 향상을 위한 정보의 수집·제공 및 국제협력, ④ 소비자의 권익증진·안전 및 능력개발과 관련된 교육·홍보 및 방송사업, ⑤ 소비자의 불만처리 및 피해구제, ⑥ 소비자의 권익증진 및 소비생활의 합리화를 위한 종합적인 조사·연구, ⑦ 국가 또는 지방자치단체가 소비자의 권익증진과 관련하여 의뢰한 조사 등의 업무, ⑧ 공정거래위원회로부터 위탁받은 동의의결의 이행관리, ⑨그 밖에 소비자의 권익증진 및 안전에 관한 업무를 수행한다(법 제35조 제1항).

소비자단체의 경우와 마찬가지로 한국소비자원도 업무수행 과정에서 취득한 사실 중 소비자의 권익증진, 소비자피해의 확산 방지, 물품 등의 품질향상 그 밖에 소비생활의 향상을 위하여 필요하다고 인정되는 사실은 이를 공표하여야 한다(법 제35조 제3항 본문). 다만, 사업자 또는 사업자단체의 영업비밀을 보호할 필요가 있다고 인정되거나 공익상 필요하다고 인정되는 때에는 그러하지 아니하다(법 제35조 제3항 단서).

사례

구 한국소비자보호원이 제품의 유통경로에 대한 조사 없이 제조자의 직접 공급지역 외에서 단지 외관만을 보고 구입한 시료를 바탕으로 '이동쌀막걸리'에서 유해물질이 검출되었다는 검사 결과를 공표한 사안에서, 그 공표 내용의 진실성을 믿을 만한 상당한 이유가 없다고 하여 원고의 구 한국소비자보호원에 대한 손해배상청구를 인정한 사례[4]

5. 한국소비자원의 피해구제

소비자기본법은 한국소비자원의 업무 중 하나로 '소비자의 불만처리 및 피해구제'를 규정하고 있다(법 제35조 제1항 제5호).

가. 피해구제의 신청 등

소비자는 물품 등의 사용으로 인한 피해의 구제를 한국소비자원에 신청할 수 있다(법 제55조 제1항). 국가·지방자치단체 또는 소비자단체가 소비자로부터 피해구제의 신청을 받은 때에는 한국소비자원에 그 처리를 의뢰할 수 있다(법 제55조 제2항). 사업자가 소비자로부터 피해구제의 신청을 받은 때에는 ① 소비자로부터 피해구제의 신청을 받은 날부터 30일이 경과하여도 합의에 이르지 못하는 경우, ② 한국소비자원에 피해구제의 처리를 의뢰하기로 소비자와 합의한 경우, ③ 그 밖에 한국소비자원의 피해구제의 처리가 필요한 경우로서 대통령령이 정하는 사유에 해당하는 경우에 한하여 한국소비자원에 그 처리를 의뢰할 수 있다(법 제55조 제3항).

4 대법원 1998. 5. 22. 선고 97다57689 판결.

나. 사건처리의 내용

원장은 피해구제의 신청을 받은 경우 그 내용이 한국소비자원에서 처리하는 것이 부적합하다고 판단되는 때에는 신청인에게 그 사유를 통보하고 그 사건의 처리를 중지할 수 있다(법 제55조 제4항). 원장은 피해구제신청사건을 처리함에 있어서 당사자 또는 관계인이 법령을 위반한 것으로 판단되는 때에는 관계기관에 이를 통보하고 적절한 조치를 의뢰하여야 한다. 다만, 피해구제신청사건의 당사자가 피해보상에 관한 합의를 하고 법령위반행위를 시정한 경우, 관계 기관에서 위법사실을 이미 인지하여 조사하고 있는 경우에는 그러하지 아니하다(법 제56조). 원장은 피해구제신청의 당사자에 대하여 피해보상에 관한 합의를 권고할 수 있다(법 제57조).

다. 처리기간 및 피해구제절차의 중지

원장은 피해구제의 신청을 받은 날부터 30일 이내에 합의가 이루어지지 아니하는 때에는 지체 없이 소비자분쟁조정위원회에 분쟁조정을 신청하여야 한다(법 제58조). 한국소비자원의 피해구제 처리절차 중에 법원에 소를 제기한 당사자는 그 사실을 한국소비자원에 통보하여야 한다(법 제59조 제1항). 한국소비자원은 당사자의 소제기 사실을 알게 된 때에는 지체 없이 피해구제절차를 중지하고, 당사자에게 이를 통지하여야 한다(법 제59조 제2항).

6. 소비자분쟁조정위원회의 분쟁조정 및 집단분쟁조정

가. 소비자분쟁조정위원회의 분쟁조정

1) 분쟁조정의 신청과 합의권고

소비자와 사업자 사이에 발생한 분쟁에 관하여 제16조 제1항의 규정에 따라 설치된 기구에서 소비자분쟁이 해결되지 아니하거나 소비자의 불만 및 피해를 처리하기 위한 소비자단체의 합의권고에 따른 당사자 사이의 합의가 이루어지지 아니한 경우 당사자나 그 기구 또는 단체의 장은 조정위원회에 분쟁조정을 신청할 수 있다(법 제65조 제1항). 소비자원장이 분쟁조정신청을 한 경우는 지체 없이 분쟁조정절차를 개시하여야 한다(법 제65조 제2항). 조정위원장은 분쟁조정을 신청받은 경우에는 분쟁조정 업무의 효율적 수행을 위하여 10일 이내의 기간을 정하여 분쟁당사자에게 보상방법에 대한 합의를 권고할 수 있다(영 제54조).

2) 분쟁조정결과의 통지 및 조정의 효력

조정위원회의 위원장은 분쟁조정을 마친 때에는 지체 없이 당사자에게 그 분쟁조정의 내용을 통지하여야 한다(법 제67조 제1항). 통지를 받은 당사자는 그 통지를 받은 날부터 15일 이내에 분쟁조정의 내용에 대한 수락 여부를 조정위원회에 통보하여야 한다. 이 경우 15일 이내에 의사표시가 없는 때에는 수락한 것으로 본다(법 제67조 제2항). 당사자가 분쟁조정의 내용을 수락하거나 수락한 것으로 보는 경우 조정위원회는 조정조서를 작성하고, 조정위원회의 위원장 및 각 당사자가 기명·날인하여야 한다. 다만, 수락한 것으로 보는 경우에는 각 당사자의 기명·날인을 생략할 수 있다(법 제67조 제3항). 당사자가 분쟁조정의 내용을 수락하거나 수락한 것으로 보는 때에는 그 분쟁조정의 내용은 재판상 화해와 동일한 효력을 갖는다(법 제67조 제4항).

나. 집단분쟁조정

소비자기본법은 다수의 소비자에게 동일 또는 유사한 유형의 피해가 발생한 경우에 당사자 중 대표당사자를 선임하여 일괄적으로 분쟁조정을 행하는 '집단분쟁조정'를 도입하였다(법 제68조 제1항).

즉, 국가·지방자치단체·한국소비자원 또는 소비자단체·사업자는 소비자의 피해가 다수의 소비자에게 같거나 비슷한 유형으로 발생하는 경우로서 ① 물품 등으로 인한 피해가 같거나 비슷한 유형으로 발생한 소비자 중 일정한 배제사유에 해당하는 소비자를 제외한 소비자의 수가 50명 이상이고, ② 사건의 중요한 쟁점이 사실상 또는 법률상 공통된 사건에 대하여 조정위원회에 일괄적인 분쟁조정을 의뢰 또는 신청할 수 있다(법 제68조 제1항, 영 제56조).[5]

집단분쟁조정을 의뢰받거나 신청받은 조정위원회는 조정위원회의 의결로써 따른 집단분쟁조정의 절차를 개시할 수 있다. 이 경우 조정위원회는 14일 이내의 기간 동안 대통령령이 정하는 기간 동안 그 절차의 개시를 공고하여야 한다(법 제68조 제2항, 영 제58조 제1항).

조정위원회는 집단분쟁조정의 당사자가 아닌 소비자 또는 사업자로부터 그 분쟁조정의 당사자에 추가로 포함될 수 있도록 하는 신청을 받을 수 있다(법 제68조 제3항). 조정위원회는 사업자가 조정위원회의 집단분쟁조정의 내용을 수락한 경우에는 집단분쟁조정의 당사자가 아닌 자로서 피해를 입은 소비자에 대한 보상계획서를 작성하여 조정위원회에 제출하도록 권고할 수 있다(법 제68조 제5항). 일반적인 분쟁조정과는 달리, 집단분쟁조정의 당사자인 다수의 소비자 중 일부의 소비자가 법원에 소를 제기한 경우에도 나머지 소비자에 대한 피해구제의 필요성이 여전히 존재하고 그 절차를 중지하지 아니하고, 소를 제기한 일부의 소비자를 그 절차에서 제외한다(법 제68조 제6항).

집단분쟁조정에 이해관계가 있는 당사자들은 그 중 3명 이하를 대표당사자로 선임할 수 있다(법 제68조의2 제1항). 조정위원회는 당사자들이 제1항에 따라 대표당사자를 선임하지 아니한 경우에 필요하다고 인정하는 때에는 당사자들에게 대표당사자를 선임할 것을 권고할 수 있다(법 제68조의2 제2항). 대표당사자는 자기를 선임한 당사자들을 위하여 그 사건의 조정에 관한 모든 행위를 할 수 있다. 다만, 조정신청의 철회 및 조정안의 수락·거부는 자기를 선임한 당사자들의 서면에 의한 동의를 받아야 한다(법 제68조의2 제3항). 대표당사자를 선임한 당사자들은 대표당사자를 통하여서만

---

5 집단분쟁조정사례로 옥션에 대해서 외부해커가 개인정보를 유출하였고, 피해자들이 집단분쟁조정을 신청하여 한국소비자원이 일정금액을 배상하라는 조정결정을 한 바 있었다. 이에 옥션은 조정결정에 불응하였다. 피해자들이 제기한 손해배상청구소송에서 법원은 옥션에게 선량한 관리자의 주의의무를 다했다고 하여 원고 패소 판결을 하였다(서울중앙지방법원 2010. 1. 14. 선고 2009가합88186).

그 사건의 조정에 관한 행위를 할 수 있다(법 제68조의2 제4항). 대표당사자를 선임한 당사자들은 필요하다고 인정하는 경우에는 대표당사자를 해임하거나 변경할 수 있다. 이 경우 당사자들은 그 사실을 지체 없이 조정위원회에 통지하여야 한다(법 제68조의2 제5항). 당사자가 분쟁조정의 내용을 수락·수락한 것으로 보는 때에는 그 분쟁조정 내용은 재판상 화해와 동일한 효력을 갖는다(법 제67조 4항).

7. 소비자단체소송

가. 의의 및 취지

일정한 요건을 갖춘 소비자단체·사업자단체·비영리민간단체가 소비자의 생명·신체 또는 재산에 대한 권익을 직접적으로 침해하고 그 침해가 계속되는 경우 법원에 금지·중지를 청구할 수 있는 소비자단체소송을 도입하였다(법 제70조). 이 제도의 도입취지는 저질수입상품 등에 따른 소비자 안전위해, 악덕상술·과장광고 등 불공정거래행위로 인한 소비자 권익침해행위의 방지, 소제기를 우려한 사업자의 자발적인 위법행위의 중지, 제품의 품질 및 안전성의 향상과 제품결함의 사후시정 등이 활성화될 수 있도록 하려는 데에 있다. 그러나 소비자가 입은 손해의 배상을 청구할 수 없고, 소비자권익 침해행위가 현재 계속되고 있는 경우에 한하여 당해 행위의 금지·중지를 청구할 수 있을 뿐이다.

나. 소비자단체소송을 제기할 수 있는 단체

① 공정거래위원회에 등록한 소비자단체로서 정관에 따라 상시 소비자 권익증진을 주된 목적으로 하는 단체이고 단체의 정회원 수 1천 명 이상이며 등록 후 3년이 경과한 소비자단체(법 제70조 제1호).

② 대한상공회의소, 중소기업협동조합중앙회 및 전국단위의 경제단체로서 일정요건 충족하는 경우(법 제70조 제2,3호)

③ 비영리민간단체지원법에 따른 비영리민간단체로, 법률상 또는 사실상 동일한 침해를 입은 50인 이상의 소비자로부터 단체소송의 제기를 요청받은 경우로 정관에 소비자의 권익증진을 단체의 목적으로 명시한 후 최근 3년 이상 이를 위한 활동실적이 있을 것, 단체의 상시 구성원수가 5천 명 이상일 것, 중앙행정기관에 등록되어 있을 것을 충족한 경우(법 제70조 제4호)

다. 법원의 단체소송 허가요건

① 물품 등 사용으로 인해 소비자의 생명·신체·재산에 피해 발생·발생우려 있는 등 다수 소비자의 권익보호·피해예방 위한 공익상 필요 있을 것(법 제74조 제1항 제1호)

② 법 73조 규정에 따른 소송허가신청서 기재사항에 흠결 없을 것(법 제74조 제1항 제2호)

③ 소제기단체가 사업자에게 소비자권익 침해행위를 금지·중지할 것을 서면으로 요청한 후 14일이 경과하였을 것(법 제74조 제1항 제3호)

라. 확정판결의 효력 등 – 동일 소송의 제기금지

원고의 청구를 기각하는 판결이 확정된 경우 이와 동일한 사안에 관하여는 다른 단체는 단체소송을 제기할 수 없다. 다만, ① 판결이 확정된 후 그 사안과 관련하여 국가 또는 지방자치단체가 설립한 기관에 의하여 새로운 연구결과나 증거가 나타난 경우, ② 기각판결이 원고의 고의로 인한 것임이 밝혀진 경우에는 예외이다(법 제75조).

사례

X쇼핑몰에서 구매한 Y유모차의 이음새 하자로 바퀴가 떨어져 나간 사례가 다수 발생한 경우, Y유모차의 구매자들이 「소비자기본법」상 집단적으로 피해구제를 받을 수 있는 수단을 설명하시오[6]

8. 시정조치 등

중앙행정기관의 장은 사업자가 제20조의 규정을 위반하는 행위를 한 경우에는 그 사업자에게 그 행위의 중지 등 시정에 필요한 조치를 명할 수 있고(법 제80조 제1항), 나아가 사업자에게 제1항의 규정에 따라 시정명령을 받은 사실을 공표하도록 명할 수 있다(법 제80조 제2항). 국가 및 지방자치단체는 사업자가 제20조의 규정을 위반하는지 여부를 판단하기 위하여 필요한 경우에는 등록소비자단체 또는 한국소비자원에 조사를 의뢰할 수 있다(법 제81조 제1항). 공정거래위원회는 사업자가 제20조의 규정을 위반하는 행위를 한 사실을 알게 된 때에는 그 물품 등을 주관하는 중앙행정기관의 장에게 위반행위의 시정에 필요한 적절한 조치를 요청할 수 있다(법 제81조 제2항).

6 경제법 변호사시험 제3회(2014년).

Chapter 02 약관규제법

Ⅰ. 서론

1. 약관의 의의

약관이라 함은 "그 명칭이나 형태 또는 범위에 상관없이 계약의 한쪽 당사자가 여러 명의 상대방과 계약을 체결하기 위하여 일정한 형식으로 미리 마련한 계약의 내용"을 말한다(법 제2조 제1호). 즉 법은 약관의 개념적 징표로서, ① 약관은 일방당사자(사업자)에 의하여 마련된 것이어야 하고(일방성), 다수의 상대방(고객)과 계약을 체결하기 위한 것이어야 한다(일반성). 다수는 약관의 집단적, 반복적 성격을 감안하여 거래의 종류별로 개별적으로 판단할 사항이고, 특정 다수, 불특정 다수를 불문한다. ② 약관은 일정한 형식에 의하여(형식성) 미리 마련된 것이어야 한다(사전성). 다수의 고객을 상대로 개별적인 교섭 없이 일률적으로 사용하기 위하여 손으로 쓴 것도 약관에 해당되나, 구술로만 계약한 것은 약관이 아니다. ③ 약관은 계약의 내용을 이루는 것이어야 한다. 사업자와 고객 사이에 이미 체결되었거나 장래 체결될 계약의 내용이 되는 것이어야 한다. ④ 약관은 그 명칭이나 형태 또는 범위를 불문한다. 계약서, 규약, 특수계약, 안내 등 명칭을 불문하고 계약서 가운데 포함되어 있거나 별지로 되어 있거나 영업소나 출입구에 게시되든 상관 없다. 약관이 소위 유일조항인지 다수의 조항으로 이루어졌는지를 묻지 아니한다. ⑤ 약관은 개별적인 교섭을 거치지 않은 것이어야 한다.

사업자란 계약의 한쪽 당사자로서 상대 당사자에게 약관을 계약의 내용으로 할 것을 제안하는 자를 말한다(법 제2조 제2호). 고객이란 계약의 한쪽 당사자로서 사업자로부터 약관을 계약의 내용으로 할 것을 제안받은 자를 말한다(법 제2조 제3호).

사례

① 소비자 A는 자동차회사 B로부터 승용차(자동차관리법에 따른 자동차에 해당함)를 구매하는 계약(이하, 위 계약)을 체결하고 계약서를 교부받은 3일 뒤에 승용차를 인도받았다. A와 B는 B가 통상적으로 사용하는 계약서로 위 계약을 체결하였다. 계약서에는 다음과 같은 조항이 포함되어 있다. B의 계약체결 담당자

C는 약관규제법의 적용을 회피하기 위하여 회사의 지침에 따라 고객과 계약을 체결할 때 예외 없이 고객이 보는 앞에서 계약서 제7조의 [ ] 부분에 'B의 본점 소재지 관할법원'이라고 수기(手記)하였고, 위 계약을 체결하면서도 동일한 방법으로 수기하였다. 그럼에도 불구하고 A가 B의 본점 소재지 관할법원을 전속관할법원으로 기재한 계약서 제7조를 약관규제법 제2조 제1호의 약관이라고 주장할 수 있는 근거와 반면에 B가 동 조항을 약관이 아니라고 주장할 수 있는 근거를 각각 설명하시오.[7]

> 제7조(전속관할)
> 본 계약에 관한 일체의 소송은 [ ]을 전속적인 관할법원으로 한다.

② A는 자신이 평소에 관심을 가지고 있던 사진 관련 인터넷 사이트를 찾던 중 사진과 관련한 각종 정보를 무료로 받아 볼 수 있다는 '사진동아리'사이트를 발견하였다. B가 운영하는 위 사이트에는 "회원으로 가입한 누구나 사진에 관한 다양하고 유익한 정보를 무료로 제공받을 수 있고, 회원이 달리 해지통보를 하지 않는 한 가입 후 1년씩 자동으로 갱신됩니다."라는 안내문구가 크게 표시되어 있었다. 이에 A는 좋은 기회라고 생각하고 2011. 3.경 회원 가입절차를 진행하였는데, 회원 가입 당시 표시단추를 누르면 별도 화면으로 연결되어 제시되는 '이용규정'을 확인하지 않고 동의하였다. 그런데 위 사이트에 회원으로 가입한 후 1년 6개월이 지날 무렵 정보이용료를 납부하라는 통지를 받게 되었고, 사정을 확인해 보니 가입 당시 미처 확인하지 못했던 '이용규정'에 아래와 같은 조항이 포함되어 있었다. 위 이용규정 조항이 약관규제법상 약관에 해당하는지 여부를 설명하시오.[8]

> * 무료 회원으로 가입한 후 1년이 지났음에도 가입자가 달리 해지통보를 하지 않으면 자동으로 유료로 전환됩니다.

2. 약관거래의 유용성과 문제점

가. 약관거래의 유용성

오늘날 대부분의 중요한 소비자거래가 약관을 사용하여 이루어지는 이유는 약관의 유용성 때문이다. 현대 자본주의의 특색 중의 하나는 상품의 대량생산과 대량소비가 이루어지고 있다는 점이다. 즉 상품의 대량생산은 필연적으로 거래의 대량화로 이어지고 있는데, 이때 거래시마다 당사자들이 일일이 거래조건을 개별적으로 교섭한다면 대량거래가 신속하게 이루어지지 않을 것이다. 이러한 경우에 계약의 일방 당사자(대개는 사업자)가 미리 계약의 내용을 작성해 놓고 계약체결시 일률적으로 적용한다면 계약체결에 소요되는 많은 시간과 비용이 절약되고 거래가 원활하게 형성될 것이다. 다른 한편으로는 약관은 추상적인 법률의 내용을 상세하게 규정하거나, 법적 규율의 공백이 있는 새로운 유형의 계약 등을 보완할 수 있기 때문에 당사자간의 분쟁을 예방하는 기능도 담당한다. 또한 금융서비스, 전화 등 통신서비스, 전기 등 보편적인 서비스의 경우에는 국가가 모든

---

7 경제법 변호사시험 제1회(2012년).
8 경제법 변호사시험 제2회(2013년).

국민들이 이를 저렴한 요금으로 안정적으로 이용할 수 있도록 국가가 그 거래조건을 광범위하게 규제하고 있다. 이와 같은 규제의 결과 통상 이용약관에 대한 인가나 신고를 요한다.

나. 약관거래의 문제점

약관은 거래를 합리화하고 법률을 상세화하는 장점이 있는 반면에, 경제적 힘과 상품에 대한 지식이 열악한 소비자에게 불리하게 작용할 수 있다는 문제점을 제기하고 있다. 즉 사업자는 약관을 통하여 거래상 발생하는 위험으로부터 벗어남과 동시에 그것을 모두 소비자에게 부담시키려는 경향이 있다는 점(예컨대 면책조항, 책임제한조항), 경우에 따라서는 소비자들이 자신이 체결한 계약의 기초에 약관이 있다는 사실조차 모르는 경우가 있다는 점, 나아가 약관의 존재를 알고 그 내용 중에 소비자에게 불리한 사항이 있다는 것을 알면서도 그 수정을 요구할 수 없고 그대로 수용할 수밖에 없다는 점이 문제점으로 제시되고 있다.

부수적인 문제점으로 약관내용의 타당성은 차치하고 소비자로서는 약관의 내용이 이해하기 어렵거나(예 : 어려운 법률용어) 읽기 어려운 상태로 작성되어 있는 것(예컨대, 아주 작은 글씨로 인쇄되어 있는 것)도 문제점으로 지적되고 있다.

3. 약관규제에 대한 입법례

약관규제와 관련하여 발생하는 소비자문제에 대한 입법적 대응방식은 각 나라에 따라서 다양하다. 1976년 제정된 구 '독일보통거래약관규제법'은 세계 최초의 약관규제입법으로서 우리나라 약관규제법의 모델이 된 것으로 알려졌으나 2002년 '채권현대화법' 제6조에 의하여 폐지되고, 대신 독일 민법전 제2편 '채권관계법' 제2장 '약관에 의한 법률행위상 채권 관계의 형성'에 대부분 그대로 편입되었다.[9] 우리나라와 영국, 일본은 약관규제에 대한 별도의 법률로 시행하고 있다.

4. 약관규제법의 목적 및 특징

가. 약관규제법의 목적

약관규제법은 사업자가 그 거래상의 지위를 남용하여 불공정한 내용의 약관(約款)을 작성하여 거래에 사용하는 것을 방지하고 불공정한 내용의 약관을 규제함으로써 건전한 거래질서를 확립하고, 이를 통하여 소비자를 보호하고 국민생활을 균형 있게 향상시키는 것을 목적으로 한다(법 제1조).

9 공정거래위원회, 「약관규제의 실제 - 약관규제법 시행 20주년을 기념하며」, 2008, 327-366면.

나. 약관규제업의 특징

1) 일반법

약관규제법은 약관을 사용하고 있는 모든 거래에 대하여 적용되는 일반법이다. 다만, 약관이 「상법」 제3편(회사편), 「근로기준법」 또는 그 밖에 대통령령으로 정하는 비영리사업의 분야에 속하는 계약에 관한 것일 경우에는 이 법을 적용하지 아니한다(법 제30조 제1항). 특정한 거래 분야의 약관에 대하여 다른 법률에 특별한 규정이 있는 경우[10]를 제외하고는 이 법에 따른다(법 제30조 제2항). 특정한 거래방식 또는 거래분야의 약관거래에 적용되는 법률들로는 할부거래에 관한 법률, 방문판매 등에 관한 법률, 전자상거래 등에서의 소비자보호에 관한 법률 등 각각 해당 거래방식에 사용되는 약관에 대한 일정한 규제를 가하고 있다.

2) 강행규정성

약관규제법은 사업자에게 유리한 계약내용 또는 불공정 내지 부당한 내용을 규율하는 것이 그 목적이므로 원칙적으로 강행규정이다. 따라서 계약당사자가 합의에 의하여 동법의 적용을 배제할 수 없다. 다만 당사자와 고객이 약관의 내용과 다르게 합의한 경우, 즉 "개별약정"이 이루어진 경우에는 당해 합의사항이 약관에 우선한다는 법 제4조의 규정으로 인하여 이 경우 약관규제법의 적용이 배제되고 민법이 적용된다.

5. 약관에 대한 통제

약관의 규제에 관한 법률은 순차적인 단계로 적용된다.

1) **편입통제** : 약관이 사업자와 고객 사이에 체결한 계약에 편입되었는지의 여부를 판단한다. 사업자의 명시·교부 및 설명의무 위반시 사업자는 해당 약관을 계약의 내용으로 주장할 수 없다(법 제3조 제2-4항).

2) **해석통제** : 편입된 약관의 객관적 의미를 확정한다. 신의성실의 원칙, 통일적 해석의 원칙(법 제5조 제1항), 작성자불이익의 원칙(법 제5조 제2항)이 적용된다.

3) **내용통제** : 개별 계약관계에서 당사자의 권리·의무를 확정하기 위한 선결문제로서 약관조항의 효력 유무를 결정한다. 약관의 내용이 고객에게 부당하게 불이익을 주는 불공정한 것인지를 살펴보는 불공정성통제를 의미한다. 기준이 되는 것은 약관규제법 제6조의 일반원칙과 제7조부터 제14조의 개별적 무효조항이다.

---

10 상법 제638조의3 제1항 보험자의 교부의무 참조.

Ⅱ. 약관의 편입통제 – 사업자의 작성·명시·교부 및 설명의무

1. 사업자의 작성의무

사업자는 고객이 약관의 내용을 쉽게 알 수 있도록 한글로 작성하고, 표준화·체계화된 용어를 사용하며, 약관의 중요한 내용을 부호, 색채, 굵고 큰 문자 등으로 명확하게 표시하여 알아보기 쉽게 약관을 작성하여야 한다(법 제3조 제1항). 이는 대부분의 약관이 한자 및 전문용어를 사용하고 있는 한편 글자체가 작아 고객이 약관의 내용을 이해하기 어려운 점을 해소하기 위한 것이다.

2. 사업자의 명시·교부의무

가. 원칙

사업자는 계약을 체결할 때에는 고객에게 약관의 내용을 계약의 종류에 따라 일반적으로 예상되는 방법으로 분명하게 밝히고, 고객이 요구할 경우 그 약관의 사본을 고객에게 내주어 고객이 약관의 내용을 알 수 있게 하여야 한다(법 제3조 제2항 본문). 약관을 명시하는 구체적인 방법은 계약의 종류에 따라 다른데, 통상 서면으로 제시하는 방법이 사용되지만 반드시 서면의 제시가 요구되는 것은 아니다. 예컨대 인터넷 쇼핑몰을 통한 거래의 경우에는 당해 홈페이지에 약관을 게시하는 방법으로 명시한다.

나. 예외

다만, ① 여객운송업, ② 전기·가스 및 수도사업, ③ 우편업, ④ 공중전화 서비스 제공 통신업의 약관인 경우에는 명시·교부의무가 면제된다(법 제3조 제2항 단서). 그러나 위 업종의 약관의 경우에도 사업자는 영업소에 해당 약관을 비치하여 고객이 볼 수 있도록 하여야 한다(영 제2조).

3. 설명의무

가. 의의

사업자는 약관에 정하여져 있는 중요한 내용을 고객이 이해할 수 있도록 설명하여야 한다(법 제3조 제3항 본문).

나. 중요한 내용

설명의무의 대상이 되는 '중요한 내용'이라 함은 사회통념에 비추어 고객이 계약체결의 여부나 대가를 결정하는 데 직접적인 영향을 미칠 수 있는 사항, 즉 '고객의 이해관계에 중대한 영향을 미치는 사항으로서 사회통념상 그 사항의 지(知)·부지(不知)가 계약 체결 여부에 영향을 미칠 수 있는 사항'을 말한다.[11] 약관조항 중에서 무엇이 중요한 내용에 해당하는지에 관하여는 일률적으로 말할 수 없으며, 구체적인 사건에서 개별적 사정을 고려하여 판단하여야 한다. 이는 계약의 목적, 성질, 내용 등을 고려하여 결정된다.

다. 설명의무의 면제

다만, 계약의 성질상 설명하는 것이 현저하게 곤란한 경우에는 그러하지 아니하다(법 제3조 제3항 단서). 또한 판례의 경우 설명이 현저히 곤란하지 않는 경우에도 사업자가 별도로 설명할 필요가 없다고 하는 경우가 있다. ① 보험계약자나 그 대리인이 약관의 내용을 충분히 잘 알고 있는 경우, ② 별도의 설명이 없이도 보험계약자나 그 대리인이 충분히 알 수 있었던 사항, ③ 그 약관내용이 당해 보험계약자나 그 대리인이 충분히 예상할 수 있는 조항,[12] ④ 이미 법령에 의하여 정하여진 것을 되풀이하거나 부연하는 조항[13]이다.

라. 설명방법

설명방법은 원칙적으로 구두에 의하지만 부득이한 경우 별도의 설명문으로 대체할 수 있다.[14] 약관에 정하여져 있는 중요한 내용을 설명하는 방법에 관하여는 특별한 제한을 두지 않고 있지만, 당해 계약의 체결 경위 및 방법, 약관에 대한 고객의 이해가능성, 당해 약관이 고객에게 미치는 불이익의 정도 등에 비추어 고객이 이해할 수 있는 설명방법을 취하여야 한다. 다만 추상적, 개괄적으로 서술된 청약을 유인하는 안내문의 송부만으로는 설명의무를 다한 것으로 볼 수 없다.[15]

마. 의무위반의 효과 - 사법상의 효과

사업자가 명시의무(제2항) 및 설명의무(제3항)를 위반하여 계약을 체결한 경우에는 해당 약관을 계약의 내용으로 주장할 수 없다(법 제3조 제4항). 그러나 약관이 당연무효가 되어 계약편입이 자동적으로 좌절되지는 않으므로, 고객이 당해 약관을 계약내용으로 주장하는 것은 가능하다.[16]

사업자가 명시의무(제2항) 및 설명의무(제3항)를 이행하지 않아 약관의 전부 또는 일부가 계약의 내용이 되지 못한 경우의 취급이 문제된다. 약관 불편입에도 불구하고 계약은 나머지 부분만으로 유효하게 존속하되, 그로 인하여 계약의 목적달성이 불가능하거나 일방 당사자에게 부당하게 불리하게 된 때에는 예외적으로 당해 계약이 무효로 된다(법 제16조).

---

11 대법원 2007. 8. 23. 선고 2005다59475, 59482, 59499 판결.

12 대법원 2005. 12. 9. 선고 2004다26164, 26171 판결.

13 대법원 1999. 3. 9. 선고 98다43342 판결.

14 대법원 1996. 6. 25. 선고 96다12009 판결.

15 대법원 1999. 3. 9. 선고 98다43342 판결.

16 대법원 1994. 10. 14. 선고 94다17970 판결.

사례

① 제8조(할부수수료율의 변경) 경제사정의 변동이 있는 경우 B는 할부수수료율을 최초에 약정한 할부수수료율의 50% 범위 이내에서 변경할 수 있다. 계약을 체결한 후 1년이 지나자 시중금리가 급격히 상승하였다. 이에 따라 B는 위 계약서 제8조를 근거로 연간 할부수수료율을 기존 10%에서 14%로 인상한다고 A에게 통지하였다. B가 A와 위 계약을 체결할 때 계약서 제8조의 내용을 설명하지 않은 경우, 약관규제법상 B가 계약서 제8조를 계약의 내용이라고 주장할 수 있는지를 설명하시오.[17]

② 갑 은행이 항공사와 제휴하여 마일리지가 적립되는 신용카드를 발급하던 중 약관을 변경하여 '신용카드에 부가된 제휴서비스의 제공 및 이용조건은 은행이나 제휴기관`의 사정에 따라 변경될 수 있다'는 내용의 조항을 두었고, 그 후 을 등이 갑 은행과 기존 마일리지 제공 기준에 따른 신용카드 회원가입계약을 체결하였는데, 나중에 갑 은행이 마일리지 제공 기준을 변경한 사안에서, 위 약관 조항의 내용은 설명의무의 대상이 되는 중요한 내용이다.[18]

③ 乙은 족욕기가 품절되어 비슷한 가격의 가습기로 교체한 것이라면서 그 근거로 아래 계약서 제30조 제2항을 제시하였다. 甲은 계약체결 이전에 乙로부터 제30조 제2항에 관하여 아무런 설명을 듣지 못했었다. 계약서 제30조 제2항이 약관규제법상 계약의 내용이 될 수 있는지를 설명하시오[19]

> 제30조 (사은품 제공) ② 회사가 고객에게 제공하는 사은품은 해당 품목의 수급사정 등에 따라 임의로 동일 가격대의 다른 품목으로 변경될 수 있습니다.

④ 丙은 안마의자를 사용하던 중에 고장이 발생하여 甲사에 수리를 요구하였는데, 이에 대해 甲사는 계약서상의 아래 약관 제11조를 근거로 丙에게 수리비용을 요구하였다. 甲사의 영업사원은 계약을 체결할 때 약관 제11조에 대하여 丙에게 아무런 설명을 하지 않았다. 제11조 (수리비용) 제품의 고장으로 인해 발생한 일체의 수리비용은 고객이 부담합니다. 약관규제법상 甲사가 丙에 대하여 위 약관 제11조를 계약의 내용으로 주장할 수 있는지를 설명하시오.[20]

4. 개별약정의 우선

가. 의의

약관에서 정하고 있는 사항에 관하여 사업자와 고객이 약관의 내용과 다르게 합의한 사항이 있을 때에는 그 합의 사항은 약관보다 우선한다(법 제4조). 계약의 일방 당사자가 일정한 형식에 의하여 미리 계약서를 마련하여 두었다가 이를 상대방에게 제시하여 그 내용대로 계약을 체결하는 경우에도 특정 조항에 관하여 상대방과 개별적인 교섭을 거침으로써 상대방이 자신의 이익을 조정할 기회를 가졌다면, 그 조항은 약관의 규제에 관한 법률의 규율대상이 아닌 개별약정이 된다고 보아야 한다. 이때 개별적인 교섭이 있었다고 하기 위하여는 그 교섭의 결과가 반드시 특정 조항의 내

17 경제법 변호사시험 제1회(2012년).
18 대법원 2013. 2. 15. 선고 2011다69053 판결.
19 경제법 변호사시험 제8회(2019년).
20 경제법 변호사시험 제12회(2023년).

용을 변경하는 형태로 나타나야 하는 것은 아니고, 계약 상대방이 그 특정 조항을 미리 마련한 당사자와 대등한 지위에서 당해 조항에 대하여 충분한 검토와 고려를 한 뒤 그 내용을 변경할 가능성이 있었다고 인정되면 된다.

나. 개별약정의 유효성판단 및 그 외 약관 내용의 효력

개별약정이 약관에 우선한다고 하여 항상 당해 계약에서 유효하게 인정받는 것은 아니며, 민법상 법률행위 일반에 관한 해석원칙이 적용되어 강행규정이나 선량한 풍속 기타 사회질서에 반하지 않는 한 유효하다.

한편 대법원은 "사업자와 고객 사이에 교섭이 이루어진 약관 조항은 약관 작성상의 일방성이 없으므로 약관규제법 소정의 약관에 해당하지 않는다고 할 것이나, 이 경우 원칙적으로 개개의 조항별로 교섭의 존재 여부를 살펴야 하며, 약관 조항 중 일부의 조항이 교섭되었음을 이유로 그 조항에 대하여는 약관규제법의 적용이 배제되더라도 교섭되지 아니한 나머지 조항들에 대하여는 여전히 약관규제법이 적용되어야 한다"라고 판시하였다. 다른 한편으로는 "동일한 약관집 내의 대다수의 조항들이 교섭되고 변경된 사정이 있다면, 변경되지 아니한 나머지 소수의 조항들에 대해서도 교섭이 이루어진 것으로 추정할 수 있다"라고 하였다.[21]

사례

① 이 사건 지체상금 산정의 기준금액을 이 사건 계약의 총 부기금액으로 하도록 정한 이 사건 계약의 '용역계약 특수조건' 제32조 제7항은, 원·피고가 이 사건 계약을 체결할 당시 계약의 특수성을 고려하여 쌍방의 합의에 의하여 성립된 경우[22]

② 금융기관의 여신거래기본약관에서 금융사정의 변화 등을 이유로 사업자에게 일방적 이율 변경권을 부여하는 규정을 두고 있으나, 개별약정서에서는 약정 당시 이율은 당해 거래기간 동안 일방 당사자가 임의로 변경하지 않는다는 조항이 있는 경우[23]

Ⅲ. 약관의 해석통제

약관이 계약의 내용을 구성하게 되는 경우, 그 약관은 법률행위의 해석원칙에 따라 해석되어야 할 것이나 약관은 당사자간의 합의에 의하여 작성된 것이 아니라 사업자가 일방적으로 작성한 것이기 때문에 다음과 같이 일반 법률행위의 해석과는 다른 특수성이 인정된다.

---

21 대법원 2000. 12. 22. 선고 99다4634 판결.

22 대법원 2011. 2. 10. 선고 2009다81906 판결.

23 대법원 2001. 3. 9. 선고 2000다67235 판결.

1. 신의성실의 원칙

약관은 신의성실의 원칙에 따라 공정하게 해석되어야 한다(법 제5조 제1항 전단). 따라서 약관의 해석에 있어 사업자의 이익뿐만 아니라 상대방의 정당한 이익과 기대를 함께 고려할 것이 요구된다.

2. 통일적 해석의 원칙

약관은 고객에 따라 다르게 해석되어서는 아니 된다(법 제5조 제1항 후단). 즉 약관이 다수 거래의 획일적 처리를 위해 고안된 것이라는 점을 감안한다면 약관의 해석은 약관작성자인 사업자의 주관이 아닌 객관적 해석이 요구되며, 다수의 고객에 대해 통일적으로 해석되어야 한다. 약관의 해석은 개개 계약 당사자가 기도한 목적이나 의사를 참작함이 없이 평균적 고객의 이해가능성을 기준으로 보험단체 전체의 이해관계를 고려하여 객관적·획일적으로 해석하여야 한다.

사례

한국무역보험공사가 설정한 신용보증약관의 면책사유인 '은행이 신용보증조건을 위반한 경우'는 은행의 신용보증조건 위반행위와 보증사고의 발생 사이의 인과관계를 요건으로 하지 않는다고 해석하는 것이 그 문언에 부합하고 제3자의 입장에서 객관적인 해석이라고 한 사례[24]

3. 작성자불이익의 원칙

약관의 뜻이 명백하지 아니한 경우에는 고객에게 유리하게 해석되어야 한다(법 제5조 제2항). 경제적으로 우월적 지위에 있는 사업자가 일방적으로 작성한 것이므로 불명확에서 오는 위험을 작성자가 부담한 것은 당연하다. 다만 약관의 의미가 모호한 경우 무조건 작성자불리의 원칙을 적용하는 것이 아니다. 가능한 해석을 다한 후에도 명확하지 않을 경우 동 원칙을 적용하는 것이다. 해당 약관에 관하여 통일적 해석의 원칙에 따라서 해석을 거친 후에도 약관 조항이 객관적으로 다의적으로 해석되고 그 각각의 해석이 합리성이 있는 등 당해 약관의 뜻이 명백하지 아니한 경우에는 고객에게 유리하게 해석하여야 한다.[25]

사례

자동차종합보험보통약관상 "보험증권에 기재된 피보험자 또는 그 부모, 배우자 및 자녀가 죽거나 다친 경우에는 보상하지 아니합니다"라는 면책조항은 피보험자나 그 배우자 등이 사고로 손해를 입은 경우에는 그 가정 내에서 처리함이 보통이고 손해배상을 청구하지 않는 것이 사회통념에 속한다고 보아 규정된 것이므로 자동차종합보험보통약관에서 면책조항상의 배우자에 사실혼관계의 배우자도 포함된다고 보는 것은 고객에게 불리한 해석이 아니라고 함.[26]

24 대법원 2010. 9. 9. 선고 2007다5120 판결.
25 대법원 2009. 5. 28. 선고 2008다81633 판결.
26 대법원 1994. 10. 25. 선고 93다39942 판결.

4. 엄격해석의 원칙

권리나 의무를 제한하는 약관조항은 이를 엄격하게 해석하여야 한다는 원칙으로 명문의 규정은 없으나, 일반적으로 승인되어 있는 해석원칙이다(채무불이행책임, 하자담보책임면책조항 등).[27]

Ⅳ. 약관의 불공정성통제(내용통제, 유효성 통제)

1. 서설 - 일반적인 무효조항과 개별적인 무효조항의 관계, 주관적 요건의 기준

약관규제법 제6조는 일반원칙으로서 신의성실의 원칙에 반하는 조항을 무효로 선언하는 일반규정이고, 제7조 내지 제14조는 불공정약관조항의 유형을 구체적으로 열거하는 개별적 금지규정이다. 어떤 약관조항이 약관규제법에 위반되는지의 여부를 판단함에 있어서는, 우선 그 조항이 개별적 금지규정에 위반되는지를 검토하여 개별적 금지규정에 위반되면 그것으로 무효가 되고, 만일 그 조항이 개별적 금지조항에 포섭되지 않거나 거기에 위반되지 않을 경우에는 다시 일반규정에 위반되는지의 여부를 검토해야 한다.[28]

개별적인 금지규정에서의 적용에 있어서 문제되는 약관이 '상당한 이유 없이' 또는 '부당하게'라는 요건을 충족하였는지 여부는 당해 약관을 설정한 의도 및 목적, 당해 업종에서의 통상적인 거래관행, 관계법령, 거래대상 상품 또는 용역의 특성, 사업자의 영업상의 필요 및 고객이 입을 불이익의 내용과 정도 등을 종합적으로 고려하여 판단한다. 약관작성자와 상대방인 고객이 당해 약관조항으로 얻는 이익과 불이익을 비교형량하여 판단하여야 한다. 구체적인 계약당사자가 아닌 특정거래상의 평균적인 고객의 전형적인 이익을 기준으로 판단하여야 한다.

2. 일반적인 무효조항(일반원칙)

가. 신의성실의 원칙

약관규제법은 신의성실의 원칙을 위반하여 공정성을 잃은 약관 조항은 무효라고 규정하였다(법 제6조 제1항). 여기서의 '신의성실의 원칙'은 약관작성자가 계약 상대방의 정당한 이익과 합리적인 기대에 반하지 않고 형평에 맞게끔 약관조항을 작성하여야 한다는 행위원칙을 가리킨다. '공정을 잃은 약관조항'은 사업자의 이익과 고객의 이익을 비교형량하여 고객에게 부당하게 불리한 것을 말한다. 같은 조 제2항에 별도로 '공정성을 잃은 것'으로 추정하는 규정이 있고, '고객에 대하여 부당하게 불리한 조항' 등은 위 추정 사유에 불과한 점 등에 비추어 보면, 위 각 요건은 규율측면 및 범위가 상이하므로 위 각 요건은 별개의 요건으로 보아야 할 것이다. 따라서 위 '신의성실의

27 대법원 2006. 9. 8. 선고 2006다24131 판결.

28 권오승, 『경제법』(제11판), 박영사, 2014, 576면.

원칙' 위반과 '공정을 잃은 약관조항'의 요건이 모두 충족되어야 위 약관조항이 무효라 할 것이다.[29] 신의성실의 원칙은 약관규제와 관련해 객관적 규범으로서 강행규정의 성격을 띠는 바, 동 원칙에 반하는 내용의 약관을 당사자, 즉 고객이 준수하겠다고 개별적으로 약정하였다 하더라도 그 약정이 유효한 것은 아니다.

나. 불공정성의 추정

약관규제법은 신의성실의 원칙의 추상성으로 인하여 그 적용상의 곤란함을 해소하기 위하여 약관의 내용 중 다음에 해당하는 내용을 정하고 있는 조항은 공정성을 잃은 것으로 추정된다고 하고 있다(법 제6조 제2항). 이는 법률상의 추정이며, 고객은 당해 조항이 부당하게 불리하다거나 예상하기 어려운 조항이라거나, 계약의 목적달성이 불가능할 정도로 본질적 권리를 제한하는 조항이라는 것을 증명하면 족하고, 그것이 불공정하다는 것까지 입증을 필요가 없다. 사업자는 불공정하지 않다는 증명책임을 지는 것이다.

1) 고객에 대하여 부당하게 불리한 조항

고객에게 부당하게 불리한 조항에 해당하는 내용을 정하고 있는 조항은 공정성이 잃은 것으로 추정된다(법 제6조 제2항 제1호). 부당성과 불리성 판단은 구체적인 계약당사자가 아닌 특정거래상의 평균적인 고객의 전형적인 이익을 기준으로 판단하여야 하며, 또한 약관작성자와 상대방인 고객이 당해 약관조항으로 얻는 이익과 불이익을 비교형량하여 판단하여야 한다. 부당한지 여부는 당해 약관을 설정한 의도 및 목적, 당해 업종에서의 통상적인 거래관행, 관계법령, 거래대상 상품 또는 용역의 특성, 사업자의 영업상의 필요 및 고객이 입을 불이익의 내용과 정도 등을 종합적으로 고려하여 판단한다.

2) 고객이 계약의 거래형태 등 관련된 모든 사정에 비추어 예상하기 어려운 조항

고객이 계약의 거래형태 등 관련된 모든 사정에 비추어 예상하기 어려운 조항은 공정성을 잃은 것으로 추정된다(법 제6조 제2항 제2호). 의외조항 배제원칙을 명문화한 것으로서 예상키 어려운 사항인지 여부는 거래관행이나 거래상황에 비추어 판단할 것이 요망된다.

3) 계약의 목적을 달성할 수 없을 정도로 계약에 따르는 본질적 권리를 제한하는 조항

계약의 목적을 달성할 수 없을 정도로 계약에 따르는 본질적 권리를 제한하는 조항은 공정성을 잃은 것으로 추정된다(법 제6조 제2항 제3호). 약관의 계약편입으로 인해 고객의 권리가 형해화되어 계약자체의 공정성이 유지될 수 없는 경우를 말하며, 사업자의 본질적 의무를 제한하는 경우도 포함한다. 계약 목적의 달성 불능은 물리적 불능에 한하지 않고 사회통념상 계약 목적 달성이 어려운 경우를 포함한다.

---

29 서울중앙지방법원 2013. 5. 31. 선고 2012가합515824 판결.

사례

다중 이용자 온라인 롤플레잉 게임인 리니지(Lineage)사건에서 인터넷 게임 서비스 이용자가 자동사냥 프로그램 등 금지된 소프트웨어를 사용하여 3개 이상의 보유 계정에 대하여 영구이용중지 조치를 당한 경우 그 이용자가 보유한 모든 계정에 관하여 이용계약을 해지할 수 있도록 한 위 게임 약관 및 운영정책의 조항 - 대법원은 게임 이용자의 정당한 이익과 합리적 기대에 부합되지 아니하는 것으로 평가하기 곤란하므로, 위 조항이 계약의 목적을 달성할 수 없을 정도로 계약에 따르는 본질적 권리를 제한하는 조항(제6조 제1항 제3호)이 아니라고 판시하였다.[30]

3. 개별적 금지조항

가. 면책조항의 금지

계약 당사자의 책임에 관하여 정하고 있는 약관의 내용 중 다음에 해당하는 내용을 정하고 있는 조항은 무효로 한다(법 제7조). 면책조항이란 현재 또는 장래에 손해배상책임을 부담할 자가 법규상 손해발생책임의 발생 원인과 범위에 대하여 유리한 법적 취급을 받을 것을 정한 약관조항을 말한다. 제1호는 언제나 무효가 되는 절대적 무효조항이나, 나머지 호는 '상당한 이유 없이'라는 평가개념을 도입한 상대적 무효조항이다.

1) 사업자, 이행 보조자 또는 피고용자의 고의 또는 중대한 과실로 인한 법률상의 책임을 배제하는 조항

사업자, 이행 보조자 또는 피고용자의 고의 또는 중대한 과실로 인한 법률상의 책임을 배제하는 조항은 무효로 한다(법 제7조 제1호). 당연무효조항이다. 법률상 책임의 발생 자체를 배제하는 조항이 대상이며, 법률상의 책임은 계약상 채무불이행책임, 계약체결상의 의무위반, 불법행위책임도 포함된다. 이행보조자에는 법정대리인, 파산관재인 등의 특별임무를 갖는 대리인과 좁은 의미의 이행보조자가 포함되며 피용자에는 이행대행자가 포함된다. 중과실이라 함은 행위자에게 통상 요구되는 정도의 상당한 주의를 하지 않더라도 약간의 주의를 한다면 손쉽게 위법·유해한 결과를 예견할 수 있음에도 불구하고 만연히 이를 간과함과 같은 거의 고의에 가까운 현저히 주의를 결여한 상태를 의미한다. 고의 또는 중과실로 인한 법률상의 책임에 대하여만 규정하므로 경과실에 대한 면책조항은 일응 유효하다고 보여지나, 경과실에 대한 면책이 신의성실의 원칙에 반하는 경우에는 제6조에 의하여 무효가 될 수도 있다.

30 대법원 2010. 10. 28. 선고 2010다9153 판결.

사례

① 제17조 (손해배상책임) 乙에게 발생한 손해가 甲 또는 그 이행보조자의 고의에 의하여 발생한 것이 아니라면 甲은 乙에 대하여 손해배상책임을 부담하지 아니한다.[31]

② 주차장법 제17조 제3항에서 "노외주차장관리자는 주차장에 주차하는 자동차의 보관에 관하여 선량한 관리자의 주의의무를 태만히 하지 아니하였음을 증명한 경우를 제외하고는 그 자동차의 멸실 또는 훼손으로 인한 손해배상의 책임을 면하지 못한다."라고 규정되어 있음에도 "차량의 파손 및 도난은 본 차고에 민·형사상의 책임이 없다"라고 기재된 조항[32]

③ 한국전력공사의 전기공작물에 고장이 발생하거나 발생할 우려가 있는 때 한전전력공사는 부득이 전기공급을 중지하거나 그 사용을 제한할 수 있는데 이 경우 손해에 대하여는 배상책임을 지지 않는다는 조항[33]

④ 제12조 (회사의 책임) 회사는 직원의 고의 또는 과실로 인한 고객의 피해에 대해서는 책임을 지지 않습니다. 위 약관 제12조가 약관규제법상 불공정한 약관에 해당하는지를 설명하시오(단, 약관규제법 제6조 해당 여부는 논하지 말 것).[34]

2) 상당한 이유 없이 사업자의 손해배상 범위를 제한하거나 사업자가 부담하여야 할 위험을 고객에게 떠넘기는 조항

상당한 이유 없이 사업자의 손해배상 범위를 제한하거나 사업자가 부담하여야 할 위험을 고객에게 떠넘기는 조항은 무효이다(법 제7조 제2호). 상대적 무효조항이므로 '상당한 이유 없이' 요건이 증명되어야 한다. 일단 책임이 발생한 것을 전제로 상당한 이유 없이 사업자의 책임범위를 법률의 규정에 미치지 못하는 수준으로 축소시키는 조항은 무효이다. 불법행위에 기한 손해배상 범위는 재산에 대한 피해를 준 재산적 손해와 정신상 고통을 준 정신적 손해의 둘로 나눌 수 있고 재산적 손해에는 재산에 대해 기존의 이익의 멸실 또는 감소를 주는 '적극적 손해'와 장래의 이익의 획득이 방해됨으로써 받는 손실인 '소극적 손해(일실이익)'로 나눌 수 있다(손해 3분설).[35]

상당한 이유 없이 사업자가 부담하여야 할 위험을 고객에게 이전시키는 조항은 무효이다. 유책사유를 요건으로 하는 채무불이행책임이나 불법행위책임과 달리 위험부담은 양 당사자에게 책임 없는 사유로 인하여 발생한 손해를 누가 부담할 것인가의 문제이다. 위험부담은 채권의 목적이 양 당사자의 책임 없는 사유로 이행할 수 없게 된 경우(급부불능) 그로 인한 불이익을 누구에게 부담시키는 것이 더 합리적인가 하는 고려에 따른다. 이에 관하여 민법 제537조(채무자위험부담주의), 제538조(채권자귀책사유로 인한 이행불능), 상법 제134조(운송물 멸실과 운임)가 규율하고 있다. 쌍무계약의 당사자 일방의 채무가 당사자 쌍방의 책임 없는 사유로 이행할 수 없게 된 때에는 채무

31 경제법 변호사시험 제6회(2017년).
32 대법원 2006. 4. 14. 선고 2003다41746 판결.
33 대법원 1995. 12. 12. 선고 95다11344 판결.
34 경제법 변호사시험 제12회(2023년).
35 김준호, 『민법강의』(제20판), 법문사, 2014, 1902면.

자는 상대방의 이행을 청구하지 못한다(민법 제537조). 채권자의 책임 있는 사유로 인하여 이행할 수 없게 되었거나 수령지체 중에 당사자 쌍방의 책임 없는 사유로 급부가 불능이 된 경우에 채무자는 그 채무를 면하지만, 채권자에 대한 반대급부청구권은 상실하지는 않는다(민법 제538조 제1항). 채권자의 책임 있는 사유란 채권자의 어떤 작위·부작위가 채무자의 이행의 실현을 방해하고 그 작위나 부작위는 채권자가 이를 피할 수 있었다는 점에서 신의칙상 비난받을 수 있는 경우를 말한다. 운송물의 전부 또는 일부가 송하인(고객)의 책임없는 사유로 인하여 멸실한 때에는 운송인(사업자)은 그 운임을 청구하지 못한다. 운송인(사업자)이 이미 그 운임의 전부 또는 일부를 받은 때에는 이를 반환하여야 한다. 운송물의 전부 또는 일부가 그 성질이나 하자 또는 송하인(고객)의 과실로 인하여 멸실한 때에는 운송인은 운임의 전액을 청구할 수 있다(상법 제134조).

사례

① 프로야구경기장 입장권약관에서 운동장에서 연습 혹은 파울볼, 기타에 의하여 부상을 당한 경우, 주최측은 "현장의 진료치료만 책임지고 그 뒤의 책임은 지지 않는다"는 조항

② 제11조 피트니스센터를 이용하는 과정에서 고객에게 발생한 부상에 대하여 갑은 고객의 입원비와 수술비에 한하여 배상의 책임을 집니다.[36]

③ 외부감사계약서에서 '갑 회계법인의 계약사항 위반, 감사 및 검토 수행 시 고의 또는 중대한 과실로 인하여 을 회사에 발생한 손실에 대하여 갑 회계법인은 이 계약에 따라 수령하는 당해 연도 감사보수금액을 한도로 배상책임을 진다'라는 조항[37]

④ 제10조 (손해배상액의 제한) 고객이 상품을 수령한 후에는 상품 하자로 인한 손해가 발생하더라도 B는 손해액의 50%만 배상합니다.[38]

3) 상당한 이유 없이 사업자의 담보책임을 배제 또는 제한하거나 그 담보책임에 따르는 고객의 권리행사의 요건을 가중하는 조항

상당한 이유 없이 사업자의 담보책임을 배제 또는 제한하거나 그 담보책임에 따르는 고객의 권리행사의 요건을 가중하는 조항은 무효로 한다(법 제7조 제3호). 담보책임이란 계약의 당사자가 급부한 목적물에 하자가 있는 경우에 부담하여야 하는 책임으로 민법상 매매에 관하여 기본적인 규정이 있고[민법 제567조(타인의 권리의 매매) 내지 제581조(종류매매와 매도인의 담보책임)], 그것을 유상계약 일반에 준용한다(민법 제567조). 구체적인 내용으로 계약해제권, 손해배상청구권, 대금감액청구권, 완전물급부청구권 등을 규정하고 있다.

민법은 매도인의 담보책임으로서 인정되는 권리[해제(제573조)·감액청구(제574조)·손해배상청구(제575조)·완전물급부청구(제581조 제2항)]에 관하여 1년 혹은 6개월이라는 단기의 권리행사기간을

36 경제법 변호사시험 제9회(2020년).

37 서울남부지방법원 2013. 12. 10. 선고 2012가합11137 판결.

38 경제법 변호사시험 제11회(2022년).

규정하고 있다. 이러한 그 담보책임에 따르는 고객의 권리행사의 요건을 상당한 이유 없이 가중하는 조항은 무효이다.

사례

① 해당 제품은 재고처분을 위하여 특가에 제공되는 것으로서, 배송 후에 당사는 교환 등 어떠한 책임도 지지 않습니다.[39]

② 제13조 (교환조건) ③ 구매확정이 되었다면 당사에서 구입한 상품에 하자가 있더라도 교환요구를 할 수 없습니다.[40]

③ 갑 주식회사가 을 등 수분양자와 주상복합건물에 관한 공급계약을 체결하면서 '최종 건축허가 시 계약면적이 변경될 수 있으며, 분양가에 포함되지 않은 지하주차장 면적의 증감에 대하여는 갑 회사와 수분양자 상호 간에 정산하지 않기로 한다'는 내용의 조항[41]

4) **상당한 이유 없이 계약목적물에 관하여 견본이 제시되거나 품질·성능 등에 관한 표시가 있는 경우 그 보장된 내용에 대한 책임을 배제 또는 제한하는 조항**(제7조 제4호)

나. 손해배상액의 예정

고객에게 부당하게 과중한 지연 손해금 등의 손해배상 의무를 부담시키는 약관 조항은 무효로 한다(법 제8조). 상대적 무효조항으로 부당성이 증명되어야 한다. 이 경우 무효로 되는 것은 적정성을 초과하는 손해금이 아니라 약관조항 자체이므로 배상액은 민법상 손해배상의 일반원칙에 따라 결정되며,[42] '지연손해금 등'에는 채무불이행에 기한 손해배상액으로 지연손해금, 전보배상금, 위약금, 위약벌 등 어떠한 명목의 손해배상이든 포함된다.

□ 약관법 제8조상의 '부당하게 과중'한지 여부의 판단기준

- 민법은 손해배상액의 예정액이 부당히 과다한 경우에는 법원은 적당히 감액할 수 있다고 규정하고 있다(민법 제398조 제2항). 약관법은 '금액의 과다'뿐만 아니라 '다른 이유에 의한 손해배상 의무의 과중 여부'도 판단대상으로 볼 수 있다.
- 약관법과 민법의 범위와 효과는 차이점이 있으나 약관법 제8조가 정한 '고객에게 부당하게 과중한 지연손해금 등의 손해배상 의무를 부담'시키는지 여부는 민법 제398조 제2항이 정한 '손해배상의 예정액이 부당하게 과다'한지 여부의 판단기준을 차용할 수 있다.
- 판례는 민법 제398조 제2항은 손해배상의 예정액이 '부당하게 과다한 경우'라고 함은 채권자와

39 경제법 변호사시험 제3회(2014년). 교환 배제는 고객의 완전물급부청구권(민법 제581조 제2항) 배제이다.
40 경제법 변호사시험 제10회(2021년).
41 대법원 2013. 6. 14. 선고 2011다23040 판결.
42 권오승, 앞의 책, 464면.

채무자의 지위, 계약의 목적과 내용, 손해배상액의 예정한 동기, 채무액에 대한 예정액의 비율, 예상 손해액의 크기, 거래관행과 경제상태 등 모든 사정을 고려하여 일반 사회관념에 비추어 예정액의 지급이 채무자에게 부당한 압박을 가하여 공정을 잃는 결과를 초래한다고 인정되는 경우를 뜻한다. 공정거래위원회의 약관심사지침도 동일한 기준으로 판단한다. 공정거래위원회 심결례에서는 고려사항으로 "가격의 할인 정도, 경쟁촉진 요소 및 관련 시장에의 파급효과, 소비자혜택 및 소비자선택 가능성"도 추가하고 있다.

사례

① 제10조 고객이 피트니스센터를 이용하는 과정에서 운동기구의 고장, 훼손을 야기한 경우에 고객은 해당 운동기구의 신제품 가격에 상응하는 금원 및 교체 기간 동안의 영업손실금을 손해액으로 배상하여야 합니다.[43]

② 고객이 5년의 가스공급기간을 지키지 않는 경우에는 사업자가 부담한 시설비의 2배에 해당하는 100만원을 사업자에게 배상하여야 한다는 조항[44]

③ (임대차목적물의 명도 또는 원상복구 지연에 따른 배상금) 임대차계약 종료일로부터 인도 또는 복구된 날까지의 통상 차임 및 관리비와 임대차보증금에 대한 월 1%의 비율에 의한 이자의 합산액의 2배를 배상액으로 정하고 있는 조항[45]

④ 네덜란드에 주소를 둔 온라인 숙박예약 서비스 플랫폼 사업자인 갑 회사가 자신의 플랫폼에서 검색된 숙소 목록의 '객실 유형' 중 '조건' 또는 '선택사항' 항목에 '환불불가'라는 조건을 게시하여 고객이 환불불가 조항이 기재된 객실을 예약하였다가 취소할 경우 미리 결제한 숙박대금을 환불받지 못하게 한 사실[46]

다. 계약의 해제·해지

계약의 해제·해지에 관하여 정하고 있는 약관의 내용 중 다음에 해당되는 내용을 정하고 있는 조항은 무효로 한다(법 제9조). 제1호는 언제나 무효가 되는 절대적 무효조항이나, 제2호부터 제6호까지는 '부당하게'라는 평가개념을 도입한 상대적 무효조항이다.

1) 법률에 따른 고객의 해제권 또는 해지권을 배제하거나 그 행사를 제한하는 조항

민법이나 다른 법률에서 고객에게 부여하는 있는 해제권 또는 해지권을 배제하거나 그 행사를 제한하는 조항은 무효로 한다(법 제9조 제1호). 절대적 무효규정이다. 이 규정은 법정해제권 또는 법

43 경제법 변호사시험 제9회(2020년).

44 대법원 2006. 11. 9. 선고 2006다27000 판결.

45 대법원 2008. 7. 10. 선고 2008다16950 판결.

46 서울고등법원 2020. 5. 20. 선고 2019누38108 판결 : 공정거래위원회가 환불불가 조항이 고객에게 부당하게 과중한 손해배상 의무를 부담시키는 약관 조항이라는 이유로 갑 회사에 해당 조항을 수정하도록 권고하였으나 이를 이행하지 않자 시정권고 불이행으로 다수의 고객에게 피해가 발생하거나 발생할 우려가 현저하다는 이유로 환불불가 조항을 수정 또는 삭제하고 사용을 금지하는 명령을 한 사안에서, 갑 회사는 환불불가 조항과 관련하여 약관의 규제에 관한 법률상 사업자가 아니라는 이유로, 공정거래위원회의 위 처분이 위법하다고 한 사례.

정해지권을 대상으로 한다.

민법은 채권편(제2장 제1절 제3관)에서 계약의 해제와 해지를 같이 규율하고 있다(민법 제543조). 어느 것이나 유효하게 성립된 계약을 당사자 일방의 의사표시만으로 실효시키는 점에서 같지만, 해제는 '일시적 계약'에, 해지는 '계속적 계약'에 인정되는 점에서 구별된다. 민법은 이행지체, 이행불능과 같은 채무불이행의 경우에 채권자에게 계약을 해제하거나 해지할 수 있는 법정해제권 또는 법정해지권을 부여하고 있다(민법 제543조 내지 제533조, 각 전형계약에서의 개별규정). 당사자 일방이 그 채무를 이행하지 아니하는 때에는 상대방은 상당한 기간을 정하여 그 이행을 최고하고 그 기간 내에 이행하지 아니한 때에는 계약을 해제할 수 있다(민법 제544조 본문). 채무자의 책임 있는 사유로 이행이 불능하게 된 때에는 채권자는 계약을 해제할 수 있다(민법 제546조).

사례

① 해당 제품은 재고처분을 위하여 특가에 제공되는 것으로서, 배송 후에 당사는 환불 등 어떠한 책임도 지지 않습니다.[47]

② 제8조 (해제의 제한) 고객은 주문 후 7일이 경과한 이후에는 계약을 해제할 수 없습니다.[48]

③ 고객은 사업자의 채무불이행을 이유로 최고 등의 절차를 거쳐 해제권을 행사할 수 있음에도 고객의 해제 요구에 대하여 사업자가 정당한 사유가 있다고 인정할 경우에만 해제할 수 있다는 조항

2) 사업자에게 법률에서 규정하고 있지 아니하는 해제권 또는 해지권을 부여하여 고객에게 부당하게 불이익을 줄 우려가 있는 조항

사업자에게 법률에서 규정하고 있지 아니하는 해제권 또는 해지권을 부여하여 고객에게 부당하게 불이익을 줄 우려가 있는 조항은 무효로 한다(법 제9조 제2호). 이는 사업자의 해제권이나 해지권을 확대하는 조항을 규제하는 것이다.

사례

자동차 제조·판매사업자가 딜러계약을 체결하기 위해 마련한 약관 중, '고객이 사업자의 사전동의 없이 대표자를 변경하였을 때', '고객의 영업부진, 운영부실 또는 기타의 사유로 제품의 판매 등 업무수행에 부적합하다고 판단될 때' 등을 계약해지사유로 규정하고 있는 조항 – 부당성 부정[49]

---

47 경제법 변호사시험 제3회(2014년). 약관규제법 제9조 제1호, 제4호 : 해당 제품은 재고처분을 위하여 특가에 제공되는 것으로서, 배송 후에 당사는 환불 금지 조항에 법률에 따른 고객의 해제권을 배제하는 조항(절대적 무효조항), 고객의 원상회복청구권을 포기하는 조항이다.

48 경제법 변호사시험 제7회(2018년).

49 대법원 2005. 10. 13. 선고 2003두1110 판결.

3) 법률에 따른 사업자의 해제권 또는 해지권의 행사 요건을 완화하여 고객에게 부당하게 불이익을 줄 우려가 있는 조항

법률에 따른 사업자의 해제권 또는 해지권의 행사 요건을 완화하여 고객에게 부당하게 불이익을 줄 우려가 있는 조항은 무효로 한다(법 제9조 제3호). 민법상 이행지체를 이유로 한 해제의 경우에는 상대방이 주된 채무의 이행을 지체한 사실, 상당한 기간을 정하여 이행을 최고하였으나 그 기간 내 상대방이 이행 또는 이행제공을 하지 아니한 사실, 해제의 의사표시를 하고 그 의사표시가 도달한 사실이 요건이다(민법 제544조). 이 행사요건 중 사업자의 해제권 행사 요건을 완화하여 고객에게 부당하게 불이익을 줄 우려가 있는 조항은 무효이다.

사례

① 민법상 기간의 약정이 있는 토지, 건물 기타 공작물에 대한 임대차계약에서 기간 내에 해지할 권리를 보류한 때에 임대인이 해지를 통고할 경우에는 6개월, 임차인이 해지를 통고할 때에는 1개월 경과 후에 해지의 효력이 발생함에도 불구하고(제636조) 임차인이 임대차계약을 해지하고자 할 때에는 해지하기 2개월 전에 통지하도록 하는 조항

② (콘도미니엄 분양 및 이용약관) 매매대금지불의 지연시 사업자가 고객에게 최고 등의 절차 없이 계약을 자동적으로 해약할 수 있도록 한 조항

4) 계약의 해제 또는 해지로 인한 원상회복의무를 상당한 이유 없이 고객에게 과중하게 부담시키거나 고객의 원상회복 청구권을 부당하게 포기하도록 하는 조항

계약의 해제 또는 해지로 인한 원상회복의무를 상당한 이유 없이 고객에게 과중하게 부담시키거나 고객의 원상회복 청구권을 부당하게 포기하도록 하는 조항은 무효로 한다(법 제9조 제4호). 상대적 무효규정이다. 계약의 해제는 계약관계를 해소하여 계약을 체결하지 않은 상태로 복귀시키는 데 있다. 따라서 당사자 일방이 계약을 해제하면, 계약은 그 효력을 상실하고 그에 따라 채권·채무도 소멸하는 결과, 아직 이행하지 않은 채무는 이행할 필요가 없게 되고, 이미 이행한 채무는 계약 체결 전의 상태로 회복(원상회복)시켜야 한다(민법 제548조 제1항).[50] 이익의 현존여부나 선·악을 불문하고 받은 급부 전부를 반환해야 한다. 이때 원물반환이 원칙이다. 금전의 경우에는 받은 날로부터 반환할 때까지의 이자를 가산하여 반환하여야 한다(민법 제548조 제2항). 원물의 반환이 불가능하거나 또는 수령자에게 이익이 되지 않는 경우에는 가액반환을 해야 한다. 그 가액 산정의 시기는 원물반환의 '불능당시'(처분시)이다. 채무불이행으로 인한 손해배상청구권이 병존할 수 있다(민법 제551조). 제9조 제4호에서는 그 중 원상회복의무를 고객에게 상당한 이유 없이 가중시키거나 고객의 원상회복청구권을 부당하게 박탈하는 조항은 무효라고 한다. 제9조 제4호에서 고객의 원상회복의무에 대해서만 언급하는 것은 제8조에서 고객의 손해배상의무를 다루고 있기 때문이다.

50 김준호, 『민법강의』(제19판), 법문사, 2013, 1539면.

사례

① 민법상 계약의 해제시 각 당사자는 원상회복의무와 손해배상의무를 지게 되나 사무기기 매매 및 유지보수 약관에서 청산절차 없이 불입금전액을 사업자에게 귀속시키고 추후에 별도의 청구를 하도록 한 조항 - 약관규제법 제9조 제4호, 제8조 문제됨.
② 스포츠클럽 회원가입약관에서 납입된 입회비는 사유를 불문하고 일체 반환하지 않는다는 조항
③ 계약의 해제 또는 해지의 경우 고객은 사업자보다 먼저 원상회복의무를 이행해야 한다는 조항

5) 계약의 해제 또는 해지로 인한 사업자의 원상회복의무나 손해배상의무를 부당하게 경감하는 조항

계약의 해제 또는 해지로 인한 사업자의 원상회복의무나 손해배상의무를 부당하게 경감하는 조항은 무효로 한다(법 제9조 제5호).

사례

① 계약이 해제된 경우 반환할 금전에 그 받은 날로부터 이자를 가산하여야 한다고 규정하고 있음에도 불구하고(민법 제548조 제2항) 고객의 해제로 사업자가 이미 받은 금전을 반환함에 있어 이자의 반환의무를 배제하고 원금만 반환하기로 하는 약관조항[51]
② 사업자의 귀책사유로 계약이 해제되었음에도 불구하고 사업자가 고객으로부터 받은 금전의 일부만을 환불하도록 하는 조항
③ (해외유학 수속대행약관) 해외유학신청자가 개인사정으로 그 수속으로 포기하거나 계약을 취소하고자 하는 경우 사업자는 일정한 수속비용을 반환하지 않는다는 조항

6) 계속적인 채권관계의 발생을 목적으로 하는 계약에서 그 존속기간을 부당하게 단기 또는 장기로 하거나 묵시적인 기간의 연장 또는 갱신이 가능하도록 정하여 고객에게 부당하게 불이익을 줄 우려가 있는 조항

계속적인 채권관계의 발생을 목적으로 하는 계약에서 그 존속기간을 부당하게 단기 또는 장기로 하거나 묵시적인 기간의 연장 또는 갱신이 가능하도록 정하여 고객에게 부당하게 불이익을 줄 우려가 있는 조항은 무효로 한다(법 제9조 제6호). 전기·가스·수도의 공급계약이나 임대차계약과 같이 계속적인 채권관계의 발생을 목적으로 하는 계약에 있어서 존속기간을 부당하게 장기로 하는 것은 마치 고객의 계약해지권을 제한하는 것과 유사한 효과를 가지며, 부당하게 단기로 하는 것은 고객의 지위를 불안하게 하는 것이다. 또한 법률상 존속기간의 정함이 있는 경우에 그보다 장기의 존속기간을 정하거나 법률상의 기간 연장 또는 갱신의 요건을 완화하는 경우에는 상당한 이유가 있어야 한다.[52]

51 대법원 2014. 12. 11. 선고 2014다39909 판결.

사례

① (금융여신관련 부속약정서) 금전소비대차기간의 연장에 따라 보증기간도 자동연장되며, 피보증채무의 상환기간이 연장될 경우 보증기간도 그때까지 자동연장되는 것으로 하는 약관
② 연대보증기간 자동연장 조항에 계약기간 종료시 이의 통지 등에 의해 보증인의 지위에서 벗어날 수 있다는 규정이 없고, 새로운 계약기간을 정하여 계약 갱신의 통지를 하거나, 그것이 없으면 자동적으로 1년 단위로 계약기간이 연장되도록 규정[53]
③ 임대차계약 중 기간에 관한 약정에서 임대차기간이 비교적 장기인 10년인 규정[54]

라. 채무의 이행

채무의 이행에 관하여 정하고 있는 약관의 내용 중 다음에 해당하는 내용을 정하고 있는 조항은 무효로 한다(법 제10조).

1) 상당한 이유 없이 급부(給付)의 내용을 사업자가 일방적으로 결정하거나 변경할 수 있도록 권한을 부여하는 조항

상당한 이유 없이 급부(給付)의 내용을 사업자가 일방적으로 결정하거나 변경할 수 있도록 권한을 부여하는 조항은 무효로 한다(법 제10조 제1호). 급부는 사업자 자신이 제공하여야 할 급부와 고객이 제공하여야 할 급부를 모두 포함한다. 급부변경은 급부의 수량이나 성질, 이행방법, 시기, 장소의 변경도 포함한다.

사례

① 택배회사의 위탁영업소계약에서 운송수수료율은 영업소가 운송행위에 대한 대가로 어떠한 이득을 취득할 것인가라는 주된 급부에 관한 사항이고, 이러한 급부내용을 변경할 사정변경이 있는 경우에는 당사자 간의 합의에 따라 조정하는 것이 기본 법리이므로, 위 계약에서 사정변경에 따라 운송수수료율을 택배회사 측이 일방적으로 변경할 수 있도록 규정한 경우[55]
② 제8조(할부수수료율의 변경) 경제사정의 변동이 있는 경우 B는 할부수수료율을 최초에 약정한 할부수수료율의 50% 범위 이내에서 변경할 수 있다.[56]
③ '보너스클럽, 보너스 제공기준 및 기타 요소들은 사전 통지 없이 변경될 수 있고 당사는 이러한 변경에 대해 책임지지 않는다'는 약관조항
④ 제30조 (사은품 제공) ② 회사가 고객에게 제공하는 사은품은 해당 품목의 수급사정 등에 따라 임의로 동일 가격대의 다른 품목으로 변경될 수 있습니다.[57]

52 사법연수원, 『약관규제와 소비자보호 연구』, 2012, 78-79면.
53 대법원 1998. 1. 23. 선고 96다19413 판결.
54 대법원 2008. 5. 29. 선고 2005다25151 판결.
55 대법원 2008. 2. 14. 선고 2005다47106, 47113, 47120 판결.
56 경제법 변호사시험 제1회(2012년).
57 경제법 변호사시험 제8회(2019년).

2) 상당한 이유 없이 사업자가 이행하여야 할 급부를 일방적으로 중지할 수 있게 하거나 제3자에게 대행할 수 있게 하는 조항

상당한 이유 없이 사업자가 이행하여야 할 급부를 일방적으로 중지할 수 있게 하거나 제3자에게 대행할 수 있게 하는 조항은 무효로 한다(법 제10조 제2호). 사업자는 약정된 내용에 따라 급부를 이행할 의무가 있으므로 일방적으로 급부를 중지하거나 제3자로 하여금 대행하게 할 수 없다. 이 경우 사업자에게는 채무불이행 책임이 발생한다. 그럼에도 불구하고 사업자가 이를 가능하게 하는 약관조항을 두는 경우 상당한 이유가 없다면 무효로 한다.

사례

① '운송인은 통지 없이도 운송인을 타운송인으로 대체할 수 있다'는 약관조항
② 임차인인 임대료 및 관리비를 연체할 경우 정당한 계약해지 절차를 거치지 않는 상태에서 임대인은 자신의 급부를 중지해서는 안 될 것임에도 일방적으로 전기 등의 공급을 중단하고 점포를 폐쇄할 수 있도록 한 조항
③ 수강료를 받은 사업자는 약정된 교습과목을 정해진 기간 내에 충실하게 교습할 의무가 있음에도 불구하고 수강자가 교습 중 자동차 운전면허를 취득하는 경우 실제로 받은 교습시간과는 관계없이 교습을 종료할 수 있도록 한 조항

마. 고객의 권익보호

고객의 권익에 관하여 정하고 있는 약관의 내용 중 다음에 해당하는 내용을 정하고 있는 조항은 무효로 한다(법 제11조).

1) 법률에 따른 고객의 항변권, 상계권 등의 권리를 상당한 이유 없이 배제하거나 제한하는 조항

법률에 따른 고객의 항변권, 상계권 등의 권리를 상당한 이유 없이 배제하거나 제한하는 조항은 무효로 한다(법 제11조 제1호). 고객의 항변권에는 동시이행의 항변권, 보증인의 항변권이 모두 포함되며, 기타 항변권, 상계권 이외에 법률에 의해 보장되는 이익인 선택권(민법 제380조), 수령거절권 등이 포함된다. 법률에 따른 고객의 항변권으로 「할부거래에 관한 법률」 제8조의 소비자의 청약 철회권, 「방문판매 등에 관한 법률」 제8조의 소비자의 청약 철회권 등이 있다.

문제는 상당한 이유가 있는지의 여부이다. 사례별로 구체적으로 판단하여야 한다. 매매에서 동시이행의 항변권이 인정되는 경우라도, 만일 해당 지역에서의 해당 물건의 매매에 대해서 선이행이 관례이고 객관적으로 부당하지 않다고 인정되는 경우에는 상당한 이유가 있다고 볼 수도 있다.

사례

① 제10조(청약 철회의 제한) 고객이 제품에 대한 대금을 입금한 이후에는 청약을 철회할 수 없다.[58]
② 임차인의 목적물 인도의무와 임대인의 임대보증금 반환의무는 동시이행관계임에도 불구하고 상당기간이 지난 후 임대보증금을 반환하도록 한 조항
③ 제7조 (청약철회의 제한)
고객은 배송된 제품을 실제 사용한 이후에는 청약을 철회할 수 없습니다.[59]

2) 고객에게 주어진 기한의 이익을 상당한 이유 없이 박탈하는 조항

고객에게 주어진 기한의 이익을 상당한 이유 없이 박탈하는 조항은 무효로 한다(법 제11조 제2호). 기한의 이익이란 기한이 도래하지 않음으로써 그 동안 당사자가 받는 이익을 말한다. 즉, 채무자가 채무이행기까지 채무를 이행하지 않더라도 채무불이행 책임을 지지 않는 효과가 있다.

사례

① '할부판매약관 중 1회의 할부금 지체시 나머지 잔대금을 일시에 지급하도록 하는 약관조항' – 할부거래에 관한 법률 제13조 제1항 기한의 이익 규정 있음
② 기한의 이익은 채무자를 위한 것으로 추정되고 이행지체의 경우에도 상당한 기간을 정하여 그 이행을 최고하고 그 기간 내에 이행하지 아니한 때 기한의 이익을 박탈함이 타당함에도 불구하고 채무의 일부라도 기한 내에 변제하지 아니하면 당연히 기한의 이익을 박탈하는 조항

3) 고객이 제3자와 계약을 체결하는 것을 부당하게 제한하는 조항

고객이 제3자와 계약을 체결하는 것을 부당하게 제한하는 조항은 무효로 한다(법 제11조 제3호). 고객의 계약체결의 자유를 보장하고자 하는 조항이다. 부당한 배타조건부 거래, 계속적 공급계약관계, 특약점 관계 등에서 문제될 수 있다.

사례

① 상가임차인은 점포의 인테리어 공사와 광고활동은 임대인이 지정하는 대행업체에 일괄 위임하도록 한다는 약관조항
② 상가분양계약에서 화재보험 가입이 강제되는 경우에도 어느 보험사와 계약을 체결할지 여부는 비용을 부담하는 고객이 결정할 사항임에도 사업자가 지정하는 보험회사와 계약을 체결하도록 하는 조항
③ 체육시설 회원가입계약에서 회원의 자격제한기준에 해당하는 경우를 제외하고는 회원권을 다른 사람에게 양도하는 것을 제한할 수 없음에도 회원권을 양도·양수할 수 없도록 한 조항

---

58 경제법 변호사시험 제5회(2016년).
59 경제법 변호사시험 제7회(2018년).

4) 사업자가 업무상 알게 된 고객의 비밀을 정당한 이유 없이 누설하는 것을 허용하는 조항

사업자가 업무상 알게 된 고객의 비밀을 정당한 이유 없이 누설하는 것을 허용하는 조항은 무효로 한다(법 제11조 제4호). 상대적 무효조항이다. 사업자는 고객과의 거래관계에서 고객의 여러 정보를 알게 되는데 이를 업무 이외의 목적으로 사용하거나 특히 외부에 누설하는 것을 허용하는 조항은 고객의 사생활의 비밀과 자유의 보호를 침해하는 것으로 무효이다.

사례

① 사용자가 고객에 대한 신용정보를 제3자에게 제공하여도 고객은 어떠한 경우에도 이의를 제기하지 못한다는 신용카드약관조항

② 카드사업자가 신용카드 회원이 규약을 위반하여 채무를 불이행하는 경우 개인 신용정보를 본인의 동의나 최고 없이 관련업체에 임의로 제공하는 조항

바. 의사표시의 부당한 의제

의사표시에 관하여 정하고 있는 약관의 내용 중 다음에 해당하는 내용을 정하고 있는 조항은 무효로 한다(법 제12조).

1) 일정한 작위(作爲) 또는 부작위(不作爲)가 있을 경우 고객의 의사표시가 표명되거나 표명되지 아니한 것으로 보는 조항

원칙 : 일정한 작위(作爲) 또는 부작위(不作爲)가 있을 경우 고객의 의사표시가 표명되거나 표명되지 아니한 것으로 보는 조항은 무효로 한다(법 제12조 제1호). 계약당사자가 상호 합의하여 결정할 사항에 대하여 사업자의 일방적인 의사만을 앞세우고 고객에게 의사표시를 할 수 있는 실질적 기회를 주지 않는 것을 방지하기 위한 조항이다. 의사표시의 구성요소는 의사적 요소와 표시행위이다. 일정한 법률효과의 발생을 목적으로 하는 의사를 외부에 표명하는 행위이다. 약관의 경우, 일정한 작위나 부작위를 의사표시가 있었던 것으로 간주하는 경우가 있다.[60]

원칙에 대한 예외 : 고객에게 상당한 기한 내에 의사표시를 하지 아니하면 의사표시가 표명되거나 표명되지 아니한 것으로 본다는 뜻을 명확하게 따로 고지한 경우이거나 부득이한 사유로 그러한 고지를 할 수 없는 경우에는 의제조항이 허용된다(법 제12조 제1호 단서). 이 때의 고지는 별도로 하는 개별적인 고지를 말하며 상당한 기한인지 여부는 고객이 필요한 정보를 수집하고 의사표시여부를 결정함에 필요한 기간과 의사표시를 사업자에게 도달하는데 필요한 기간을 고려해야 한다.

60 추단적 의사표시 또는 포함적 의사표시라고 한다.

사례

① 무료 회원으로 가입한 후 1년이 지났음에도 가입자가 달리 해지통보를 하지 않으면 자동으로 유료로 전환됩니다.[61]
② 제12조 (구매확정) 당사에서 구입한 상품은 소비자가 수령 후 3일 이내에 반송하지 않는 경우 구매확정으로 처리됩니다.[62]
③ 카드사의 카드발급기준에 의하여 해당 신용카드 발급이 불가능한 경우 고객의 신청서를 다른 카드의 발급 신청서로 갈음한다는 조항

2) 고객의 의사표시의 형식이나 요건에 대하여 부당하게 엄격한 제한을 두는 조항

고객의 의사표시의 형식이나 요건에 대하여 부당하게 엄격한 제한을 두는 조항은 무효로 한다(법 제12조 제2호). 동호의 의사표시에는 본래적 의미의 의사표시 외에 의사의 통지나 관념의 통지(예컨대 카드분실사실의 통지)도 포함된다.

사례

① 신용카드의 분실사실의 통지는 문서로 하여야 한다는 신용카드 이용약관조항
② (병원이용약관) 고객이 사정에 의해 진료예약을 취소·변경코자 하는 경우 예약일 하루 전에 내원하여 취소변경토록 한 규정

3) 고객의 이익에 중대한 영향을 미치는 사업자의 의사표시가 상당한 이유 없이 고객에게 도달된 것으로 보는 조항

고객의 이익에 중대한 영향을 미치는 사업자의 의사표시가 상당한 이유 없이 고객에게 도달된 것으로 보는 조항은 무효로 한다(법 제12조 제3호). 상대방 있는 의사표시는 상대방에게 도달한 때에 그 효력이 생긴다(민법 제11조 제1항). 도달이란 사회통념상 상대방이 통지의 내용을 알 수 있는 객관적 상태에 놓여 있는 경우를 가리키는 것으로서, 상대방이 통지를 현실적으로 수령하거나 통지의 내용을 알 것까지는 필요로 하지 않는다.[63] 이 경우 고객의 이익에 중대한 영향을 미치는 의사표시인지 여부의 기준이 문제된다. 고객의 계약상 지위와 급부 내용에 중대한 영향을 미치는지를 생각해 보아야 한다.

61 경제법 변호사시험 제2회(2013년).
62 경제법 변호사시험 제10회(2021년).
63 김준호, 앞의 책, 313면.

사례

① 규약변경의 경우 카드회사로부터의 통지 또는 송부서류 등이 연착하거나 도착하지 아니한 경우에는 통상 도착하여야 할 때에 회원에게 도착한 것으로 간주한다는 조항
② 보험회사가 보험계약자 등의 변경된 주소 등 소재를 알았거나 보통 일반인의 주의만 기울였더라면 알 수 있었음에도 이를 게을리하여 알지 못한 경우에도 보험증권에 기재된 종전 주소지를 의사표시의 수령장소를 의제하는 조항

4) 고객의 이익에 중대한 영향을 미치는 사업자의 의사표시 기한을 부당하게 길게 정하거나 불확정하게 정하는 조항

고객의 이익에 중대한 영향을 미치는 사업자의 의사표시 기한을 부당하게 길게 정하거나 불확정하게 정하는 조항을 무효로 한다(법 제12조 제4호).

사. 대리인의 책임가중

고객의 대리인에 의하여 계약이 체결된 경우 고객이 그 의무를 이행하지 아니하는 경우에는 대리인에게 그 의무의 전부 또는 일부를 이행할 책임을 지우는 내용의 약관 조항은 무효로 한다(법 제13조). 이 때의 대리인이라 함은 본인을 위하여 계약체결을 대리하는 민법상 또는 상법상의 대리인을 뜻한다.[64] 원칙적으로 대리인은 대리권이 있고, 그 대리인이 본인을 위한 것임을 표시하여 대리행위를 하여야 하고, 이 경우 그 효과는 본인에 귀속한다. 대리인은 아무런 책임도 지지 않는다.

사례

① 고객이 약관을 이행하지 않을 경우에 대리인이 그 이행의 책임을 진다는 조항
② 고객의 대리인에 의하여 체결된 계약이 무효·취소가 되는 경우 대리인이 그에 대한 무과실의 손해배상 책임을 지도록 하는 조항

아. 소제기의 금지 등

소송 제기 등과 관련된 약관의 내용 중 다음에 해당하는 조항은 무효로 한다(법 제14조).

1) 고객에게 부당하게 불리한 소송 제기 금지 조항 또는 재판관할의 합의 조항

고객에게 부당하게 불리한 소송 제기 금지 조항 또는 재판관할의 합의 조항은 무효로 한다(법 제14조 제1호).

부제소합의란 장차 민·형사상의 일체의 소송을 제기하지 않는다는 합의를 말한다. 약관법 제14조상의 소제기라 함은 본안의 소는 물론이고 보전소송 등 강제집행에 있어서의 신청까지를 포함한

64 대법원 1999. 3. 9. 선고 98두17494 판결.

일체의 신청행위를 뜻한다.[65] 부제소합의를 개별약정으로 하는 경우는 유효이나 약관에 의하여 부당하게 불리하게 한 경우에는 무효가 된다.

재판관할합의는 당사자의 합의에 의하여 관할에 관하여 합의를 한 것을 말한다. 관할이라 함은 재판권을 행사하는 여러 법원 사이에서 재판권의 분장관계를 정해놓은 것이다. 민사소송법은 당사자의 합의에 의하여 법정관할법원과 다른 법원을 관할법원으로 정하더라도 당사자의 편의에 이바지할 수 있다고 보아 인정하고 있다(민사소송법 제29조). 그러나 약관에 고객에게 부당하게 불리하게 관할합의조항이 포함된 경우에는 본 법에 의하여 무효로 한다. 사업자에게만 유리하고 원거리에 있는 고객에게 소제기에 큰 불편을 초래하여 소송을 무력화할 우려가 있기 때문이다. 부당성과 관련하여 그 약관조항이 고객에게 다소 불이익하다는 점만으로는 부족하고, 사업자가 그 거래상의 지위를 남용하여 이러한 약관조항을 작성·사용함으로써 건전한 거래질서를 훼손하는 등 고객에게 부당하게 불이익을 주었다는 점이 인정되어야 한다. 그리고 전속적 관할합의 약관조항이 고객에게 부당한 불이익을 주는 행위인지 여부는, 그 약관조항에 의하여 고객에게 생길 수 있는 불이익의 내용과 불이익 발생의 개연성, 당사자들 사이의 거래과정에 미치는 영향, 관계 법령의 규정 등 제반 사정을 종합하여 판단하여야 한다.[66]

사례

① 제10조(할부금의 연체) ③ 회사가 제2항에 따라 본 계약을 해제하는 경우, 고객은 회사를 상대로 소를 제기할 수 없습니다.[67]

② 제11조(분쟁해결방법) 상품 하자로 인한 손해배상 분쟁은 중재로 해결해야 하며 법원에 소를 제기할 수 없습니다.[68]

2) 상당한 이유 없이 고객에게 입증책임을 부담시키는 약관 조항

상당한 이유 없이 고객에게 입증책임을 부담시키는 약관 조항은 무효로 한다(법 제14조 제2호). 증명책임이라 함은 소송상 어느 사실의 존부가 확인되지 않을 때에, 즉 진위불명일 경우에 당해 사실이 존재하지 않은 것으로 취급하고 법률판단을 받게 되는 당사자 일방의 불이익을 말한다. 입증이 곤란한 사실에 대해서 누가 증명책임을 부담하는가에 관하여 법규의 구조에서 찾아야 한다는 법률요건분류설이 판례의 태도이다. 상당한 이유 없이 고객에게 입증책임을 부담시키는 약관 조항은 무효이다.

65 대법원 1994. 12. 9. 선고 93다43873 판결.
66 대법원 2010. 1. 19. 고지 2009마1640 결정.
67 경제법 변호사시험 제4회(2015년).
68 경제법 변호사시험 제11회(2022년).

사례

① 게임이용약관에서 사업자가 인지할 수 없는 사유로 인하여 발생한 인터넷 접속지연 등의 손해에 대해서는 책임을 지지 않도록 하는 조항

② 화물 및 여객운송에서 운송업자가 자기에게 명백한 고의·과실이 있는 때에만 손해배상책임을 진다고 하는 조항

V. 불공정한 약관의 효력

1. 무효

불공정한 약관조항은 약관규제법에 따라 실체법상 당연 무효이며 처음부터 그 약관조항은 없었던 것이 된다. 따라서 무효인 약관조항에 근거하여 주고받은 이익은 법리상 부당이득반환청구가 가능하다. 약관조항이 무효가 될 경우 원칙적으로 당해 조항만을 무효로 할 뿐이고 약관은 나머지 부분만으로 그대로 존속함을 원칙으로 한다(일부무효의 특칙).

2. 일부무효의 특칙

가. 원칙

민법은 "법률행위의 일부분이 무효인 때에는 그 전부를 무효로 한다. 그러나 그 무효부분이 없었더라도 법률행위를 하였을 것이라고 인정될 때에는 나머지 부분은 무효가 되지 아니 한다."라고 규정하고 있다(민법 제137조). 그러나 약관의 전부 또는 일부의 조항이 제3조 제4항(명시설명의무위반)에 따라 계약의 내용이 되지 못하는 경우나 제6조부터 제14조까지의 규정(불공정약관조항)에 따라 무효인 경우 계약은 나머지 부분만으로 유효하게 존속한다(법 제16조 본문). 이는 오늘날 약관에 의한 계약이 널리 거래에 이용되고 있는바, 약관의 일부 조항이 무효라 하더라도 약관 자체를 무효로 하는 것보다 계약관계를 유지하고 것이 거래의 안정과 소비자의 보호에 부합되기 때문이다. 이 경우 일부무효특칙이 적용되기 위한 전제로서 ① 하자있는 계약이 가분적일 것, ② 나머지 계약부분으로 계약 자체가 성립 가능할 것이 요구된다.

나. 예외

유효한 부분만으로는 계약의 목적 달성이 불가능하거나 그 유효한 부분이 한쪽 당사자에게 부당하게 불리한 경우에는 그 계약은 무효로 한다(법 제16조 단서).

Ⅵ. 불공정약관에 대한 공정거래위원회의 규제

1. 불공정약관조항의 사용금지

약관규제법은 불공정약관에 대한 규제의 실효성을 제고하기 위하여, 사업자에 대하여 불공정한 약관조항을 계약의 내용으로 사용하지 못하도록 금지하고(법 제17조), 이에 위반한 사업자에 대하여는 공정거래위원회가 시정권고나 시정명령 등을 내리 수 있도록 하고 있다(법 제17조의2). 공정거래위원회는 사업자가 제17조를 위반한 경우에는 사업자에게 해당 불공정약관조항의 삭제·수정 등 시정에 필요한 조치를 권고할 수 있다(법 제17조의2 제1항). 불공정한 약관 조항에 대하여 소극적으로 그 불공정성을 제거하는 방향으로 삭제 또는 수정할 것을 명할 수 있을 뿐, 그 약관 조항을 어떠한 내용으로 수정할 것을 명하는 등으로 적극적으로 계약당사자의 계약내용에 개입할 수 없다.[69]

공정거래위원회는 제17조를 위반한 사업자가 아래의 요건에 해당하는 경우에는 사업자에게 해당 불공정약관조항의 삭제·수정, 시정명령을 받은 사실의 공표, 그 밖에 약관을 시정하기 위하여 필요한 조치를 명할 수 있다(법 제17조의2 제2항).

① 사업자가 시장지배적 사업자인 경우
② 사업자가 자기의 거래상의 지위를 부당하게 이용하여 계약을 체결하는 경우
③ 사업자가 일반 공중에게 물품·용역을 공급하는 계약으로서 계약 체결의 긴급성·신속성으로 인하여 고객이 계약을 체결할 때에 약관 조항의 내용을 변경하기 곤란한 경우
④ 사업자의 계약 당사자로서의 지위가 현저하게 우월하거나 고객이 다른 사업자를 선택할 범위가 제한되어 있어 약관을 계약의 내용으로 하는 것이 사실상 강제되는 경우
⑤ 계약의 성질상 또는 목적상 계약의 취소·해제 또는 해지가 불가능하거나 계약을 취소·해제 또는 해지하면 고객에게 현저한 재산상의 손해가 발생하는 경우
⑥ 사업자가 제1항에 따른 권고를 정당한 사유 없이 따르지 아니하여 여러 고객에게 피해가 발생하거나 발생할 우려가 현저한 경우

공정거래위원회는 위와 같은 시정권고 또는 시정명령을 할 때 필요하면 해당 사업자와 같은 종류의 사업을 하는 다른 사업자에게 같은 내용의 불공정약관조항을 사용하지 말 것을 권고할 수 있다(법 제17조의2 제3항).

---

69 대법원 2003. 1. 10. 선고 2001두1604 판결.

2. 표준약관

가. 표준약관의 형성과정

1) 사업자 및 사업자단체의 심사청구

사업자 및 사업자단체는 건전한 거래질서를 확립하고 불공정한 내용의 약관이 통용되는 것을 방지하기 위하여 일정한 거래 분야에서 표준이 될 약관을 마련하여 그 내용이 이 법에 위반되는지 여부에 관하여 공정거래위원회에 심사를 청구할 수 있다(법 제19조의3 제1항).[70] 가장 전형적인 표준약관의 형성과정이다.

2) 소비자단체 등의 공정거래위원회에 대한 표준약관 제정 요청

등록된 소비자단체 또는 한국소비자원의 요청에 의하여 사업자 및 사업자단체에 대하여 표준이 될 약관을 마련하여 심사 청구할 것을 권고할 수 있다(법 제19조의3 제2항, 제3항 제1호).

3) 공정거래위원회의 표준약관 마련

공정거래위원회는 사업자 및 사업자단체가 권고를 받은 날부터 4개월 이내에 필요한 조치를 하지 아니하면 관련 분야의 거래 당사자 및 소비자단체 등의 의견을 듣고 관계 부처의 협의를 거쳐 표준이 될 약관을 마련할 수 있다(법 제19조의3 제4항).

사례

피트니스센터 이용 약관을 둘러싸고 소비자 피해가 다수 야기되어 그로 인한 피해를 방지하기 위하여 표준약관이 필요한 경우에 공정거래위원회가 직접 표준약관을 제정하게 되는 요건에 관하여 설명하시오.[71]

나. 표준약관의 효과

1) 공정거래위원회의 사업자 및 소비자단체 등에 대한 권장

공정거래위원회는 표준약관을 공시하고 사업자 및 사업자단체에 표준약관을 사용할 것을 권장할 수 있다(법 제19조의3 제5항). 공정거래위원회의 '표준약관 사용권장행위'는 그 통지를 받은 해당 사업자 등에게 표준약관과 다른 약관을 사용할 경우 표준약관과 다르게 정한 주요내용을 고객이 알기 쉽게 표시하여야 할 의무를 부과하고, 그 불이행에 대해서는 과태료에 처하도록 되어 있으므로, 이는 사업자 등의 권리·의무에 직접 영향을 미치는 행정처분이다.[72] 공정거래위원회로부터 표준약관의 사용을 권장받은 사업자 및 사업자단체는 표준약관과 다른 약관을 사용하는 경우 표준약

---

70 2018. 3월 기준 84개에 달하고 있다[표준약관의 예 : 신용카드 개인회원 표준약관(2008. 1. 9), 주차장이용에 관한 표준약관(1997. 10. 21), 상조서비스 표준약관(2014. 10. 2), 학원 표준약관(2016. 11. 2), 모바일게임 표준약관(2017. 10. 27) 등].

71 경제법 변호사시험 제9회(2020년).

72 대법원 2010. 10. 14. 선고 2008두23184 판결.

관과 다르게 정한 주요 내용을 고객이 알기 쉽게 표시하여야 한다(법 제19조의3 제6항).

2) 표준약관의 사용

공정거래위원회는 표준약관의 사용을 활성화하기 위하여 표준약관 표지(標識)를 정할 수 있고, 사업자 및 사업자단체는 표준약관을 사용하는 경우 공정거래위원회가 고시하는 바에 따라 표준약관 표지를 사용할 수 있다(법 제19조의3 제7항). 사업자 및 사업자단체는 표준약관과 다른 내용을 약관으로 사용하는 경우 표준약관 표지를 사용하여서는 아니 된다(법 제19조의3 제8항).[73] 사업자 및 사업자단체가 제8항을 위반하여 표준약관 표지를 사용하는 경우 표준약관의 내용보다 고객에게 더 불리한 약관의 내용은 무효로 한다(법 제19조의3 제9항).

사례

공정거래위원회가 한국소비자원으로부터 은행여신거래와 관련한 표준약관 중 소비자에게 불리하거나 소비자보호가 미흡한 부분을 개선하라는 요청을 받고 현행 표준약관의 일부 조항을 개정하여 사단법인 전국은행연합회에 사용을 권장한 사안

Ⅶ. 위법한 약관조항의 시정을 위한 절차

1. 공정위에 대한 약관의 심사청구

가. 약관의 심사청구

불공정한 약관심사는 구체적인 약관 피해 사례에서 해당 피해자를 구제해 주기 위한 제도가 아니다. 약관심사는 약관조항 자체를 무효화하여 시정조치함으로써 불공정한 약관이 향후 사용되는 것을 방지하고 약관을 사용하는 모든 고객이 그 약관의 효력을 부인할 수 있게 한다는 점에서 제도의 의의가 있다.

나. 청구 당사자 및 절차

약관의 심사청구를 할 수 있는 자는 ① 약관조항과 관련하여 법률상 이익 있는 자, ② 소비자기본법 29조에 따라 등록된 소비자단체, ③ 한국소비자원, ④ 사업자단체이다. 청구의 내용은 약관조항의 약관규제법상 위반되는지 여부이다(법 제19조 제1항). 약관의 심사청구는 공정거래위원회에 서면이나 전자문서로 제출하여야 한다(법 제19조 제2항).

73 공정거래위원회는 2014. 10월 경 고객에게 불리한 내용을 담고 있는 약관에 표준약관 표지를 사용한 (주)한국씨티은행과 듀오정보(주)에 각각 2,000만 원의 과태료를 부과하기로 결정한 바 있다.

2. 약관분쟁조정협의회에 대한 분쟁조정 신청

가. 분쟁조정 신청

약관과 관련된 분쟁을 조정하기 위해 한국공정거래조정원에 약관분쟁협의회를 두고(법 제24조 제1항) 불공정약관조항 또는 이와 비슷한 유형의 약관으로 인하여 약관내용이 불공정약관과 법률상 쟁점이 공통되는 약관에 해당할 경우에 해당 약관으로 인하여 피해 입은 고객은 분쟁조정 신청서를 협의회에 제출함으로써 분쟁조정을 신청할 수 있다(법 제27조 제1항).

나. 조정의 효력

약관분쟁협의회는 분쟁조정사항의 조정이 성립된 경우 조정조서를 작성하고, 이 경우 분쟁당사자간 조정조서와 동일한 내용의 합의가 성립된 것으로 본다(법 제28조 제1항).[74] 약관분쟁협의회의 권고 또는 조정안을 수락하거나 스스로 조정하는 등 조정이 성립됨으로써 위 약관조항의 시정을 도모할 수 있다.

판 례 대법원 2013. 2. 15. 선고 2011다69053 판결

〈마일리지 제공 기준 약관〉

1. 사실관계

① 피고의 신용카드 개인회원약관은 2006. 3. 20. 변경되었는데, 변경 후 약관 제26조 제2항(이하 '이 사건 약관 규정'이라 한다)은 "신용카드에 부가된 제휴서비스의 제공 및 이용조건은 은행이나 해당 제휴기관의 사정에 따라 변경될 수 있으며, 그 변경 내용은 사전에 고지하여 드립니다."라고 규정되어 있는 사실, ② 원고들은 위 신용카드약관이 변경된 후인 2006. 3.경부터 같은 해 10월경까지 사이에 피고와 사이에 피고가 발행하는 아시아나클럽 마스터카드(이하 '이 사건 신용카드'라 한다) 회원 가입계약(이하 '이 사건 계약'이라 한다)을 체결하였는데, 이 사건 신용카드는 피고가 아시아나 항공과 제휴하여 발급하는 카드로서 신용카드 본래의 기능에 따른 서비스 외에 위 제휴에 따라 마일리지를 적립하는 부가서비스를 제공함에 따라 그 명칭도 위와 같이 아시아나클럽 마스터카드로 되어 있으며, 이 사건 신용카드 광고 시 "아시아나-씨티은행 마일리지 대축제, 타사 카드보다 2배 더 많은 사용금액 1,000원당 2마일을 적립해 드립니다."라고 하여 마일리지 제공 기준을 중요한 내용으로 홍보하였고 그 내용대로 약정이 이루어졌으며, 또한 이러한 사정을 고려하여 기본적인 연회비 외에 제휴서비스 비용을 반영하여 연회비가 다른 신용카드에 비하여 높은 금액으로 책정된 사실, ③ 위 마일리지 제공 기준은 신용카드 본래의 기능에 관한 부분은 아니지만 원고들을

74 공정거래법에서 재판상화해와 동일한 효력을 인정한다(법 제48조의8 제5항).

비롯하여 고객이 수많은 신용카드 중에서 이 사건 카드를 선택하는 이유가 된 사실, ④ 위 신용카드약관이 변경된 지 얼마 되지 아니한 2006. 3.경부터 같은 해 10월경까지 사이에 이 사건 계약이 체결됨에 따라 카드회원들이 제휴서비스 이용조건에 대한 유예기간 없는 일방적 변경을 허용하는 이 사건 약관 규정이 적용된다는 사정을 쉽게 알기 어려웠을 것이며, 또한 위 마일리지 제공 기준을 믿고 이 사건 계약을 체결한 카드회원들로서는 이 사건 변경 약관 규정을 설명받지 못하더라도 이 사건 약관 규정에 의하여 위 마일리지 제공 기준이 쉽게 변경될 수 있음을 알 수 있었을 것이라고 단정하기 어려운 사실을 알 수 있다.

2. 이 사건 마일리지 제공 기준 약관 등이 설명의무의 대상인지 여부

이러한 사실관계를 앞에서 본 법리에 비추어 살펴보면, (1) 신용카드에 부가된 제휴서비스의 제공 및 이용조건은 비록 부가서비스에 관한 사항이기는 하지만 신용카드 회원이 신용카드를 선택하는 요인이 될 수 있고, 특히 이 사건 계약에서 제공하기로 약정된 마일리지 제공 기준은 피고가 카드회원을 유치하려는 목적에서 다른 신용카드와 달리 특별한 혜택을 부여하기 위하여 제공된 것으로 보이며 이에 따라 원고들이 다른 신용카드보다 더 비용을 부담하면서도 이 사건 신용카드를 선택하게 되었으므로, 이 사건 마일리지 제공 기준에 관한 약정은 단순한 부수적인 서비스를 넘어서서 이 사건 계약의 주요 내용을 이룬다고 해석되고, (2) 따라서 이와 같이 중요한 마일리지 제공 기준에 관한 약정이 이 사건 약관 규정에서 정한 "신용카드에 부가된 제휴서비스의 제공 및 이용조건"으로 취급되고 나아가 원고들의 의사와 무관하게 피고 은행이나 해당 제휴기관의 사정에 따라 일방적으로 변경될 수 있다는 이 사건 약관 규정의 내용은 원고들이 이 사건 계약 체결의 여부를 정할 때에 직접적인 영향을 미칠 수 있는 사항으로서 설명의무의 대상이 되는 약관의 중요한 내용에 해당된다고 봄이 상당하며, (3) 또한 원고들이 이 사건 약관 규정을 충분히 잘 알고 있었다거나 이 사건 계약에서의 마일리지 제공 기준 약정과 관련된 위와 같은 사정이 거래상 일반적이고 공통된 것이어서 카드회원이 별도의 설명 없이도 그 변경 가능성을 충분히 예상할 수 있었다고 보기도 어렵다.

3. 설명의무 면제 대상 여부 및 설명의무의 이행 여부

가. 약관규제법 제3조 제3항은 "사업자는 약관에 정하여져 있는 중요한 내용을 고객이 이해할 수 있도록 설명하여야 한다. 다만 계약의 성질상 설명하는 것이 현저하게 곤란한 경우에는 그러하지 아니하다."라고 규정하고 있다. 위 규정은 약관에 정하여져 있는 중요한 내용을 설명하는 방법에 관하여는 특별한 제한을 두지 않고 있지만, 당해 계약의 체결 경위 및 방법, 약관에 대한 고객의 이해가능성, 당해 약관이 고객에게 미치는 불이익의 정도 등에 비추어 고객이 이해할 수 있는 설명방법을 취하여야 한다. 따라서 사업자가 인터넷을 통하여 약관을 게시하고 그 약관이 적용됨을 전제로 하여 전자거래의 방법으로 고객과 사이에서 재화나 용역 공급 계약을

체결하는 경우에, 법령에서 특별히 설명의무를 면제하고 있다는 등의 특별한 사정이 없는 한, 그것이 비대면 거래라는 사정만으로 약관규제법 제3조 제3항 단서가 적용되어 다른 통상의 경우와 달리 약관의 중요한 내용에 관하여 고객이 이해할 수 있도록 설명할 의무가 면제된다고 볼 수 없다(대법원 1999. 3. 9. 선고 98다43342, 43359 판결 참조).

나. 원심은, (1) 약관법이 약관의 중요 내용에 대한 설명의무를 규정하고 있는 취지, 인터넷으로 거래를 하는 경우에도 사업자가 신용카드 회원가입을 신청한 고객에게 전화통화를 이용하여 구두로 중요 내용을 이해할 수 있게 설명하거나, 적어도 상품설명 화면이나 계약신청 화면에 약관 게시와 별도로 고객이 쉽게 알아보고 이해할 수 있도록 계약의 중요 내용을 명시하는 등의 방법으로 설명의무를 이행하는 것이 그다지 어렵지 않다고 보이며, 인터넷 외의 방법으로 가입한 고객에 대한 보호와 인터넷 가입 고객에 대한 보호의 형평성 등을 고려할 때, 인터넷으로 이 사건 계약을 체결하였다는 이유만으로 계약의 성질상 약관의 설명이 현저하게 곤란한 경우에 해당하여 약관설명의무가 면제된다고 보기 어렵다고 판단한 다음, (2) 인터넷상으로 신용카드 회원가입신청을 하는 경우 약관을 읽고 이에 동의하여야 신청절차가 진행되도록 조치하고, 인터넷상으로 회원가입을 신청한 신청자들에게 카드를 배송할 때 카드회원가입신청서를 추가로 제시하고 '신용카드개인회원규약 등을 충분히 이해하고 동의합니다'라는 기재 아래에 서명 또는 날인하도록 한 사실이 인정되지만, 약관규제법이 약관의 '명시의무' 외에 중요 내용에 대한 '설명의무'를 별도로 규정하고 있는 취지를 고려할 때에, 위 사실만으로는 약관의 '명시의무'를 다한 것이라고 할 수 있을 뿐 중요 내용에 대한 설명의무까지 이행하였다고 볼 수는 없고, 달리 설명의무를 이행하였음을 인정할 증거가 없다고 판단하였다.

다. 원심판결 이유를 적법하게 채택된 증거들과 아울러 실질적으로 이 사건 계약의 주요 내용을 이루는 이 사건 마일리지 제공 기준에 관한 약정 및 이와 관련된 이 사건 약관 규정의 중요성에 비추어 보면, 위와 같은 원심의 판단은 … 일부 생략 … 약관규제법 제3조 제3항 단서에서 정한 설명의무 면제 대상이나 설명의무 이행에 관한 법리를 오해하는 등의 위법이 없다.

핵심사례 아래의 약관조항에서 약관규제법상 불공정성 여부와 관련된 개별적 무효조항을 찾으시오.

1. 제7조 (서비스 및 회비의 변경 등)
   제1항 "회사는 유료회원에게 서비스를 제공함에 있어 회사의 사정, 기타 제반 여건에 따라 서비스 내용을 추가하거나 변경하고 이에 따라 회비를 변경할 수 있습니다."
2. 제3항 "회사가 제2항의 공지 및 통지를 한 후(통지를 한 것으로 간주하는 경우 포함) 30일 이내에 회원이 명시적으로 약관 변경에 대한 거부의사를 표시하지 아니하면, 회사는 회원이 적용/시행일자 부로 변경 약관에 동의한 것으로 간주합니다."

3. (콘도미니엄 분양 및 이용약관) 고객의 매매대금지불의 지연시 사업자가 고객에게 최고 등의 절차 없이 계약을 자동으로 해약할 수 있도록 한 조항
4. 신용카드를 분실하였다는 사실의 통지는 문서로만 하여야 한다는 조항
5. 고객이 3년의 가스공급기간을 지키지 않을 경우에는 고객은 사업자에게 사업자가 부담한 시설비의 2배에 해당하는 100만원을 위약벌로 주어야 한다.
6. 연회비는 회원의 단순 변심에 의한 경우에는 반환하지 않습니다. - 2013년 2회 모의
7. 회원이 시설을 사용하는 중 다른 회원이나 당사의 직원의 과실로 인하여 상해를 입거나 경제적 손실을 본 경우에 당사는 아무런 법적 책임을 지지 않습니다. - 2013년 2회 모의
8. 이용규정

   제3조 무료 회원으로 가입한 후 1년이 지났음에도 불구하고 가입자가 달리 해지통보를 하지 않으면 자동으로 유료로 전환됩니다.
9. 전자상거래상 계약서

   제10조 (청약 철회의 제한) 고객이 제품에 대한 대금을 입금한 이후에는 청약을 철회할 수 없다. - 2016년 5회 변호사시험
10. A사는 신용카드사인 B사와 제휴하여 B가 발급하는 신용카드로 자동결제가 이루어질 경우 그 신용카드 회원의 결제금액의 10%를 포인트로 적립하여 포인트가 10,000점 이상이 되면 포인트를 적립하여 현금처럼 사용할 수 있는 포인트 적립 서비스를 제공하고 있다.

    B사의 신용카드 개인회원 규약 제8조

    B사는 회원이 카드 이용계약을 해지하거나 기간 만료로 카드이용계약이 종료된 경우 남은 포인트가 자동으로 소멸한다. - 2016년 1회 모의
11. 각 조항의 불공정성 여부관련 조문 찾기

    제3조 (회원계약의 존속기간 및 갱신 등)

    ① 회원계약의 효력은 계약성립일로부터 1년간 지속됩니다.

    ② "회원계약의 만료일 7일 전에 회원이나 회사가 별도로 계약미갱신 또는 계약갱신의 통보를 하지 않는 때에는 회원계약의 존속기간은 1년 단위로 계속 연장됩니다."

    제7조 (서비스 및 회비의 변경 등)

    ① "회사는 유료회원에게 서비스를 제공함에 있어 회사의 사정, 기타 제반 여건에 따라 서비스 내용을 추가하거나 변경하고 이에 따라 회비를 변경할 수 있습니다."

    ② 회사는 유료회원에게 제공하는 서비스와 회비를 변경할 경우에는 그 적용일자 30일 전부터 홈페이지에 공지하고, 이메일, 문자메시지 등으로 회원에게 개별 통지합니다. 회원의 연락처 미기재, 변경 등으로 인하여 개별 통지가 어려운 경우 회원이 가입시 등록한 연락처(주소 또는 이메일)로 2회 통지한 경우 개별 통지한 것으로 간주합니다.

    ③ 회사가 제2항의 공지 및 통지를 한 후(통지를 한 것으로 간주하는 경우 포함) 30일 이내

에 회원이 명시적으로 약관 변경에 대한 거부의사를 표시하지 아니하면, 회사는 회원이 적용/시행일자 부로 변경 약관에 동의한 것으로 간주합니다.

12. 제7조 (청약철회의 제한)
고객은 배송된 제품을 실제 사용한 이후에는 청약을 철회할 수 없습니다(2018년 제7회 변호사시험)

13. 제8조 (해제의 제한)
고객은 주문 후 7일이 경과한 이후에는 계약을 해제할 수 없습니다(제2018년 제7회 변호사시험)

답안

1. 제10조 제1호
2. 제12조 제1호 의사표시 의제, 단서에 해당되지 않는다.
3. 제9조 제3호
4. 제12조 제2호
5. 제8조
6. 제9조 제4호[75]
7. 제7조 제1호
8. 제12조 제1호 고객의 부작위를 유료전환의 의사표시로 간주
9. 제11조 제1호 법률상 고객의 철회권의 제한
10. 제10조 제2호 - 사업자가 이행하여야 할 급부의 일방적 중지, 상당한 이유의 유무
제12조 제1호 - 일정한 작위가 있을 경우 고객의 의사표시가 표명. 해지라는 작위, 기간 만료시 갱신행위를 하지 않는 부작위로 포인트소멸이라는 경제적 권리를 포기하는 의사표시가 표명된 것으로 본다.
11.
① 제3조 제2항 : 제9조 제6호 묵시적 갱신 가능 조항
② 제7조 제1항 : 제10조 제1호 급부내용 일방적 변경
③ 제7조 제2항 : 제12조 제3호 의사표시 도달 간주
④ 제7조 제3항 : 제12조 제1호 의사표시 의제, 단서에 해당하지 않는다.
12. 제11조 제1호
13. 제9조 제1호

75 해제 효과의 일부제한은 5호, 전부제한의 경우 4호, 위 조항의 해석에 따라서 답이 달라질 수 있다.

Chapter 03 할부거래법

Ⅰ. 할부거래의 의의

1. 할부거래법의 목적과 취지

이 법은 할부계약 및 선불식 할부계약에 의한 거래를 공정하게 함으로써 소비자의 권익을 보호하고 시장의 신뢰도를 높여 국민경제의 건전한 발전에 이바지함을 목적으로 한다(법 제1조). 따라서 동법은 거래질서법적 성격과 소비자보호법적 성격을 동시에 갖고 있다.

소비자의 입장에서 볼 때 할부거래는 매매대금을 분할 지급함으로 대금채무의 이행이 용이하고, 대금완납 이전에 사용·수익함으로써 당해 목적물의 실질적인 효용을 누릴 수 있다. 또한 사업자의 입장에서는 신용이라는 새로운 구매력을 창출시킴으로써 매출증대의 효과를 가져 올 수 있고, 금융제도의 발달에 따라 매매대금의 대출을 담당하는 신용제공자(예 : 카드회사, 리스회사)와 결합함으로써 자금부담을 경감할 수 있다.

위와 같은 순기능에도 불구하고 할부거래는, 사업자의 신용부담, 인건비의 증대, 광고비의 과다지출로 인하여 상품가격이 상승할 우려가 있다. 소비자의 입장에서는 충동구매를 유발할 우려가 있어 불필요한 소비를 할 가능성이 높아진다. 신용제공의 반대급부로 사업자가 폭리를 누릴 가능성이 있고 사업자의 입장에서도 소비자가 할부금의 지급을 고의로 지연, 거부할 경우가 나타날 때 그 회수를 확실히 가기 위해서 소비자에게 불리한 약관을 만들어 강요하는 사례가 다수 발생하였다. 기한이익 상실조항 또는 자력구제 허용조항 등을 통해 소비자의 권리를 과도하게 제약되기도 하고 사업자의 계약체결 전 정보제공의 미흡, 소비자의 항변권 행사의 거부, 소비자 신용정보의 불법사용 등이 문제된다.

2. 할부거래법상 할부거래의 의의와 적용제외

1) 할부계약의 의의

"할부계약"이란 계약의 명칭·형식이 어떠하든 재화나 용역(일정한 시설을 이용하거나 용역을 제공받을 수 있는 권리를 포함)(이하 "재화 등"이라 한다)에 관한 직접할부계약이나 간접할부계약을 말한다(법 제2조 제1호).

"직접할부계약"은 소비자가 사업자에게 재화의 대금(代金)이나 용역의 대가(이하 "재화 등의 대금"이라 한다)를 2개월 이상의 기간에 걸쳐 3회 이상 나누어 지급하고, 재화 등의 대금을 완납하기 전에 재화의 공급이나 용역의 제공(이하 "재화 등의 공급"이라 한다)을 받기로 하는 계약이다(법 제2조 제1호 가목). 따라서 재화나 용역에 대한 할부계약이라고 해서 무조건 할부거래법이 적용되는 것이 아니라, 그 대금을 '2개월 이상의 기간에 걸쳐 3회 이상 나누어' 지급하고, 재화 등의 대금을 완납하기 전에 재화 등의 공급을 받기로 하는 계약에만 적용된다. 할부거래업자가 자신의 신용을 직접 소비자에게 제공하는 직접할부계약으로서 자동차회사의 할부판매 등을 들 수 있다.

"간접할부계약"은 소비자가 신용제공자에게 재화 등의 대금을 2개월 이상의 기간에 걸쳐 3회 이상 나누어 지급하고, 재화 등의 대금을 완납하기 전에 사업자로부터 재화 등의 공급을 받기로 하는 계약이다(법 제2조 제1호 나목). 간접할부계약에서는 할부거래업자, 소비자, 신용제공자의 3당사자가 존재한다. 이 때 신용제공자란 소비자·할부거래업자와의 약정에 따라 재화 등의 대금에 충당하기 위하여 신용을 제공하는 자를 말한다(법 제2조 제6호). 할부거래업자와 소비자 사이의 매매계약, 신용제공자와 할부거래업자 사이의 보증이나 채권양도 등의 약정, 신용제공자와 소비자 사이의 할부금지급약정이라는 3면계약에 의해 이루어진다. 신용제공자가 누구인지에 따라서 신용카드거래, 할부금융거래, 리스거래 등이 있다.

사례

① 소비자 A는 자동차회사 B로부터 승용차(자동차관리법에 따른 자동차에 해당함)를 구매하는 계약(이하, 위 계약)을 체결하고 계약서를 교부받은 3일 뒤에 승용차를 인도받았다. 위 계약에 따르면, 현금가격은 2,000만 원이었고, 할부기간은 20개월로 매달 말일에 할부금을 지급하는 것으로 하였으며, 연간 할부수수료율은 10%였다. A와 B는 B가 통상적으로 사용하는 계약서로 위 계약을 체결하였다. A와 B 사이의 위 계약이 할부거래법상 할부계약에 해당하는지를 설명하시오.[76]

② 甲은 전기 난방기(냉방 겸용)를 판매하는 사업자이며, A와 B는 농업에 종사하는 자로서 자신의 비닐하우스에서 채소를 재배하고 있다. A는 자신의 비닐하우스 내부 온도를 유지하는데 사용할 목적으로 2016. 1. 12. 甲으로부터 전기 난방기를 10개월 무이자 할부로 300만 원에 구입하기로 하고, 계약체결과 동시에 1회차 할부금 30만 원을 현장에서 납부하였으며 나머지 할부금은 매달 12일에 계좌이체하기로 하였다. A가 甲과 체결한 계약에 관하여 할부거래법이 적용되는지 여부를 설명하시오.[77]

③ 소비자 A는 사업자 B의 자동차판매대리점에 방문하여 C신용카드 회사로부터 발급받은 자신의 신용카드를 이용하여 12개월 할부로 X자동차(「자동차관리법」에 따른 자동차이다)를 구매하면서 계약서를 수령하였다. A와 B 사이의 계약이 할부거래법상 어떤 유형의 계약에 해당하는지를 설명하시오.[78]

76 경제법 변호사시험 제1회(2012년).

77 경제법 변호사시험 제6회(2017년).

78 경제법 변호사시험 제11회(2022년).

2) 선불식 할부계약의 의의

일반적인 할부계약은 후불식 할부계약이다. 선불식 할부계약이란 계약의 명칭·형식이 어떠하든 소비자가 사업자로부터 장례 또는 혼례를 위한 용역(제공시기가 확정된 경우는 제외한다) 및 이에 부수한 재화 등의 대금을 2개월 이상의 기간에 걸쳐 2회 이상 나누어 지급함과 동시에 또는 지급한 후에 재화 등의 공급을 받기로 하는 계약을 말한다(법 제2조 제2호). 관혼상제서비스의 일종인 상조업이 확산되고 있으나 동 사업자들이 미리 대금을 받았으나 계약내용대로 이행하지 않거나, 부당하게 계약의 해지를 거절 등의 문제가 발생하여 규율의 필요성이 대두되어 도입되었다.

사례

① 칠순이 된 甲은 2018. 12. 1. TV를 시청하던 중 상조업체 乙의 장례관련 상조상품 광고방송을 접하였다. 乙의 광고에는 최근 어르신들이 자손들에게 부담을 주지 않기 위해 장례 관련 상조상품에 많이 가입한다는 정보와 함께, 가입 고객들에게 사은품으로 족욕기가 제공된다는 내용이 포함되어 있었다. 평소에 상조상품 가입을 고민하던 甲은 마침 족욕기가 필요하기도 해서 바로 乙에 전화를 걸어 상조상품에 가입하겠다는 의사를 밝혔다. 이후 甲은 2018. 12. 5. 乙이 보내 준 계약서와 함께 사은품 박스를 전달받았다. 이 계약서는 乙이 자사 상조상품에 가입하려는 고객들에게 동일하게 적용하기 위해 일방적으로 미리 마련한 것으로서 甲이 수령한 계약서에는 가입자가 60개월 동안 매달 5만 원을 납입하고 乙은 가입자 사망시에 장례 용역 및 이에 부수하는 재화를 제공하기로 함과 아울러 乙의 주소, 청약철회에 관한 사항, 그리고 乙이 고객에게 사은품을 제공할 수 있다는 내용을 담고 있었다. 甲은 계약서 수령 당일에 계약서에 서명한 후 이를 팩시밀리로 乙에게 송부하였다. 甲이 乙과 체결한 계약의 성질을 할부거래법을 바탕으로 설명하시오.[79]

② 상조사업자가 계약금을 받은 후 잔금은 상조서비스 제공시 일시불로 받는 계약을 체결한 경우 – 총 2회(계약금, 잔금) 대금을 받음과 동시에 재화 등을 공급하였기에 선불식 할부거래에 해당

③ 이미 날짜가 정해진 혼례에 대한 서비스 제공계획을 체결하고 계약금을 받은 후 잔금은 상조서비스 제공시 일시불로 받은 경우 – 제공시기가 확정되어 있으므로 선불식 할부거래가 아님

3) 적용제외되는 목적물

나아가 할부거래법 제3조는 ① 사업자가 상행위를 위하여 재화 등의 공급을 받는 거래(다만, 사업자가 사실상 소비자와 같은 지위에서 다른 소비자와 같은 거래조건으로 거래하는 경우는 제외)와 ② 성질상 이 법을 적용하는 것이 적합하지 아니한 것으로서 농산물·수산물·축산물·임산물·광산물, 의약품, 보험, 증권, 어음, 부동산 등의 거래에 관하여 이 법의 적용자체를 제외하고 있다(영 제4조).

---

79 경제법 변호사시험 제8회(2019년).

4) 소비자

할부거래법은 소비자와 할부거래업자 또는 신용제공자 사이의 계약에 적용되며 사업자가 상행위를 위하여 할부계약을 체결하는 경우에는 적용되지 않는다(법 제3조 제1호). '매수인이 상행위를 목적으로 할부계약을 체결하는 경우'라 함은, 매수인이 신용제공자의 여신으로 매수한 물건을 다른 소비자에게 판매할 목적으로 물건을 할부로 구입한 경우만을 의미하는 것이 아니라, 자신의 소비만을 목적으로 한 경우가 아닌 영리를 목적으로 할부계약을 체결하는 경우를 의미한다.[80] 다만, 사업자가 사실상 소비자와 같은 지위에서 다른 소비자와 같은 거래조건으로 거래하는 경우에는 적용된다(법 제2조 제1호 단서).

여기서 소비자란 다음 어느 하나에 해당하는 자를 말한다(법 제2조 제5호).

① 할부계약 또는 선불식 할부계약에 의하여 제공되는 재화 등을 소비생활을 위하여 사용하거나 이용하는 자

② 위 ① 외의 자로서 사실상 ①의 자와 동일한 지위 및 거래조건으로 거래하는 자 등이다.

1) 재화 또는 용역(이하 "재화 등"이라 한다)을 최종적으로 사용하거나 이용하는 자. 다만, 재화 등을 원재료[중간재(中間財)를 포함] 및 자본재로 사용하는 자는 제외한다.
2) 법 제3조 제1호 단서에 해당하는 사업자로서 재화 등을 구매하는 자(해당 재화 등에 대한 거래관계에 한정한다)
3) 재화 등을 농업(축산업을 포함한다) 및 어업활동을 위하여 구입한 자로서 「원양산업발전법」 제6조 제1항에 따라 농림수산식품부장관의 허가를 받은 원양어업자 외의 자(영 제2조)

사례

① 상조사업자가 상조계약을 체결한 소비자에게 공급할 목적으로 다량의 수의를 할부로 구매하고 할부거래법에 따라 청약철회를 신청한 경우 – 수의를 '소비생활'을 위하여 사용·이용한다고 볼 수 없으므로 상조사업자를 할부거래법상 소비자로 볼 수 없다. 따라서 할부거래법이 적용되지 않는다.

② 개인이 임대료 수입을 얻는 영업을 하기 위한 목적으로 건설장비를 구입하면서 그 구입자금을 조달하기 위하여 할부금융계약이 체결된 경우[81] – 그 할부금융계약은 상행위를 목적으로 한 것으로 할부거래법이 적용되지 않는다.

3. 다른 법률과의 관계

할부거래 및 선불식 할부거래에서의 소비자보호와 관련하여 이 법과 다른 법률이 경합하여 적용되는 경우에는 이 법을 우선하여 적용한다. 다만, 다른 법률을 적용하는 것이 소비자에게 유리한

80 대법원 2006. 7. 28. 선고 2004다54633 판결.
81 서울중앙지방법원 2003. 7. 14. 선고 2002가합75662, 2003가합11771 판결.

경우에는 그 법률을 적용한다(법 제4조).

Ⅱ. 할부계약의 체결과 관련된 할부거래법상 제한

1. 계약체결 전의 정보제공의무

할부매매의 경우 소비자는 적은 돈으로 고가의 상품을 즉시 구입할 수 있으므로 충동구매를 할 우려가 있다. 할부거래법은 소비자의 이러한 충동구매를 방지하기 위하여 계약을 체결하기 전에 할부거래업자가 소비자에게 할부거래의 내용과 거래조건 등에 관해 자세한 정보를 제공하도록 하고 있다(법 제5조). 즉 할부거래업자로 하여금 다음 사항을 표시하도록 하고 있다(법 제5조 본문). 물론 할부계약이 약관으로 되어 있는 경우에는 매도인은 그밖에 매수인에게 할부매매약관을 명시·교부 또는 설명하여야 한다(약관규제법 제3조).

할부거래업자는 할부계약을 체결하기 전에 소비자가 할부계약의 내용을 이해할 수 있도록 ① 재화 등의 종류 및 내용, ② 현금가격 및 할부가격, ③ 각 할부금의 금액·지급횟수 및 지급시기, ④ 할부수수료의 실제연간요율, ⑤ 계약금, ⑥ 지연손해금 산정 시 적용하는 비율을 표시하여야 한다.

2. 서면주의

할부거래법은 할부거래업자에게 다음 사항을 적은 계약서의 작성(법 제6조 제1항 본문) 및 발급의무(법 제6조 제2항)를 부과하고 있다. 그 취지는 할부거래에 있어서는 대금의 지급이 장기간에 걸쳐 계속되기 때문에 계약 내용이 복잡하고 소비자의 충동구매가 이루어지는 경우가 많은 현실을 감안하여, 주로 매수인이 할부계약의 내용을 이해할 수 있도록 함과 동시에 계약체결의 신중성을 기하여 매수인을 부당하게 불리한 특약으로부터 보호하고, 분쟁을 사전에 예방하고자 한 데에 있다.[82] 이 때의 계약서 교부일은 철회권 행사기간의 기산점이 된다(법 제8조 제1항).

할부계약에는 ① 할부거래업자·소비자 및 신용제공자의 성명 및 주소, ② 재화 등의 종류·내용 및 재화 등의 공급시기, ③ 현금가격, ④ 할부가격, ⑤ 각 할부금의 금액·지급회수 및 지급기간 및 지급시기, ⑥ 할부수수료의 실제연간요율, ⑦ 계약금, ⑧ 재화의 소유권 유보에 관한 사항, ⑨ 청약철회의 기한·행사방법·효과에 관한 사항, ⑩ 할부거래업자의 할부계약의 해제에 관한 사항, ⑪ 지연손해금 산정 시 적용하는 비율, ⑫ 소비자의 기한의 이익 상실에 관한 사항, ⑬ 소비자의 항변권과 행사방법에 관한 사항을 기재하여야 한다. 다만, 여신전문금융업법에 따른 신용카드회원과 신용카드가맹점 간의 간접할부계약의 경우 할부가격, 할부금의 지급시기, 지연손해금 산정시 적용되는

82 대법원 2006. 7. 28. 선고 2004다54633 판결.

비율을 적지 아니할 수 있다(법 제6조 제1항 단서). 할부거래업자는 할부계약을 체결할 경우에는 위 내용의 계약서를 소비자에게 발급하여야 한다.

다만, 여신전문금융업법에 따른 신용카드회원과 신용카드가맹점 간의 간접할부계약의 경우 소비자의 동의를 받아 해당 계약의 내용을 팩스나 「전자문서 및 전자거래 기본법」 제2조 제1호에 따른 전자문서로 보내는 것으로 대신할 수 있으며, 팩스나 전자문서로 보낸 계약서의 내용이나 도달에 다툼이 있으면 할부거래업자가 이를 증명하여야 한다(법 제6조 제2항). 표시되어야 할 내용 중에서 할부수수료의 실제연간요율에서 현실적으로 문제인 것은 그 적정성이다. 시행령에서는 할부수수료의 실제연간요율의 최고한도는 연 100분의 20로 한다(영 제5조 제2항).

한편, 할부거래업자가 계약서에 법정의 기재사항을 기재하지 않았거나, 그 내용이 불확실한 경우에는 계약의 성립이나 효력이 문제될 수 있다. 이 경우에 할부거래법은 소비자와 할부거래업자 간의 특약이 없으면 그 계약내용은 어떠한 경우에도 소비자에게 불리하게 해석되어서는 아니 된다라고 규정하고 있다(법 제6조 제4항).

할부거래업자가 제6조 제2항에 따른 계약서를 발급하지 아니하거나 거짓으로 적은 계약서를 발급한 경우 및 신용제공자가 제하는데, 특히 6조 제3항에 따른 서면을 발급하지 아니한 경우 과태료가 부과된다(법 제53조 제4항).

그리고 계약서는 일정한 방법으로 작성되어야 하는데, 특히 청약철회의 기한·행사방법·효과에 관한 사항, 할부거래업자의 할부계약의 해제에 관한 사항, 지연손해금 산정 시 적용하는 비율, 소비자의 기한의 이익 상실에 관한 사항은 일반 기재사항의 글씨와 다른 색의 글씨 또는 굵은 글씨 등을 사용하여 명확히 드러나게 하여야 한다(시행규칙 제3조 제1항 제2호).

Ⅲ. 할부계약의 청약철회, 철회권 행사제한 및 그 효과

사례

① 소비자 A는 자동차회사 B로부터 승용차(자동차관리법에 따른 자동차에 해당함)를 구매하는 계약(이하, 위 계약)을 체결하고 계약서를 교부받은 3일 뒤에 승용차를 인도받았다. 위 계약에 따르면, 현금가격은 2,000만 원이었고, 할부기간은 20개월로 매달 말일에 할부금을 지급하는 것으로 하였으며, 연간 할부수수료율은 10%였다. – 인도받은 승용차의 디자인이 마음에 들지 않는다는 이유로 A가 승용차를 인도받은 날로부터 6일째 되는 날 할부거래법에 따라 청약을 철회할 수 있는지를 설명하시오.[83]

② 甲은 전기 난방기(냉방 겸용)를 판매하는 사업자이며, A와 B는 농업에 종사하는 자로서 자신의 비닐하우스에서 채소를 재배하고 있다. A는 자신의 비닐하우스 내부 온도를 유지하는데 사용할 목적으로 2016. 1. 12. 甲으로부터 전기 난방기를 10개월 무이자 할부로 300만 원에 구입하기로 하고, 계약체결과 동시에 1회차 할부금 30만 원을 현장에서 납부하였으며 나머지 할부금은 매달 12일에 계좌이체하기로 하였다.

83 경제법 변호사시험 제1회(2012년).

甲은 계약체결시 청약철회 등에 대한 내용이 적혀 있는 계약서를 제공하였으며, 다음날 甲의 설치기사 X는 전기 난방기 및 설치에 필요한 부속자재를 싣고 가 설치를 완료하였다. 이후 전기 난방기를 가동하고 있던 A는 B가 동일한 전기 난방기를 甲으로부터 200만 원에 구입하였다는 이야기를 듣게 되었고, 이에 2016. 1. 14. 甲에게 전화하여 청약을 철회할 것을 통보하는 한편 전기 난방기를 가져가라고 하였다. 그러나 甲은 전기 난방기의 포장에 '사용 후 반품불가'라고 분명하게 표시되어 있었고, 설치기사 X도 그 점을 명확하게 설명하였음을 이유로 A의 요구를 거부하였다. – 할부거래법이 적용된다고 가정할 때, A의 청약철회권 행사가 유효한지를 설명하시오.[84]

③ 소비자 A는 2021년 12월 1일 사업자 B의 자동차판매대리점에 방문하여 "본 대리점에서 자동차를 할부로 구매한 후 이용한 경우에는 할부계약에 관한 청약을 철회할 수 없습니다"라는 안내 표시판을 확인하고 C신용카드 회사로부터 발급받은 자신의 신용카드를 이용하여 12개월 할부로 X자동차(「자동차관리법」에 따른 자동차이다)를 구매하면서 계약서를 수령하였다. 그 다음 날인 12월 2일 A는 B가 탁송으로 보낸 X자동차를 수령하였다. A는 X자동차를 이용하다가 2021년 12월 4일 왠지 마음에 들지 않아 X자동차 구매계약에 관한 청약을 철회하려고 한다. A가 할부거래법에 따라 청약을 철회할 수 있는지를 설명하시오.[85]

1. 할부계약의 청약철회

가. 청약철회권의 의의와 취지

계약자유의 원칙에 따르면 계약에 의한 법률관계의 형성은 법의 제한에 걸리지 않는 한 각자의 자유에 맡겨지는 것이다. 계약의 당사자는 계약의 내용에 따른 상호 구속을 받는다. 계약이 성립된 후에 당사자는 임의로 자기의 청약 또는 승낙의 의사를 철회하여 계약이 없는 것으로 할 수 없다.[86] 계약의 청약은 이를 철회하지 못한다(민법 제527조). 그러나 할부매매의 경우에는 소비자가 충동구매를 할 우려가 있기 때문에 법은 이러한 충동구매로부터 소비자를 보호하기 위하여 매수인에게 재고기간(再考期間) 내지 냉각기간(冷却期間)을 부여하여 의사표시의 하자여부를 불문하고 할부계약에 관한 청약을 철회할 수 있도록 하고 있다. 이를 소비자의 청약철회권이라 하는데, 철회권이 행사된 경우에는 계약이 처음부터 체결되지 않은 것과 같이 된다. 의사표시의 하자를 이유로 한 법률행위의 취소나 채무불이행이나 사정변경을 이유로 한 계약해제와는 다른 제도이다.

나. 청약철회권의 행사기간

이 때의 철회권의 행사기간은 7일 이내이지만 기산점은 경우에 다르다. 소비자는 ① 계약서를 교부받은 날부터 7일 이내(거래당사자가 그 보다 긴 기간을 약정한 경우에는 그 기간을 말한다)(다만, 그 계약서를 받은 날보다 재화 등의 공급이 늦게 이루어진 경우에는 재화 등을 공급받은 날부

84 경제법 변호사시험 제6회(2017년).

85 경제법 변호사시험 제11회(2022년).

86 김준호, 앞의 책, 1428면.

터 7일), ② 계약서를 받지 아니한 경우, 할부거래업자의 주소 등이 적혀 있지 아니한 계약서를 받은 경우 또는 할부거래업자의 주소 변경 등의 사유로 제1호의 기간 이내에 청약을 철회할 수 없는 경우에는 그 주소를 안 날 또는 알 수 있었던 날 등 청약을 철회할 수 있는 날부터 7일 이내, ③ 계약서에 청약의 철회에 관한 사항이 적혀 있지 아니한 경우에는 청약을 철회할 수 있음을 안 날 또는 알 수 있었던 날부터 7일 이내, ④ 할부거래업자가 청약의 철회를 방해한 경우에는 그 방해 행위가 종료한 날부터 7일 이내에 할부계약에 관한 청약을 철회할 수 있다(법 제8조 제1항). 한편, 계약서의 발급사실과 그 시기, 재화 등의 공급 사실과 그 시기 및 제2항 각 호 중 어느 하나에 해당하는지 여부에 관하여 다툼이 있는 경우에는 할부거래업자가 이를 입증하여야 한다(법 제8조 제5항).

다. 철회권의 제한

소비자는 ① 소비자에게 책임있는 사유로 재화 등이 멸실되거나 훼손된 경우(다만, 재화 등의 내용을 확인하기 위하여 포장 등을 훼손한 경우는 제외), ② 사용 또는 소비에 의하여 그 가치가 현저히 낮아질 우려가 있는 것으로서 대통령령[87]으로 정하는 재화 등을 사용 또는 소비한 경우, ③ 시간이 지남으로써 다시 판매하기 어려울 정도로 재화 등의 가치가 현저히 낮아진 경우, ④ 복제할 수 있는 재화 등의 포장을 훼손한 경우, ⑤ 그 밖에 거래의 안전을 위하여 할부가격이 10만 원 미만인 할부계약(다만, 「여신전문금융업법」에 따른 신용카드를 사용하여 할부거래를 하는 경우에는 할부가격이 20만 원 미만인 할부계약), 소비자의 주문에 따라 개별적으로 제조되는 재화 등의 공급을 목적으로 하는 할부계약에는 해당하는 경우에는 청약의 철회를 할 수 없다(법 제8조 제2항 본문, 영 제6조 제2항).

다만, 할부거래업자가 청약의 철회를 승낙하거나 할부거래업자는 청약을 철회할 수 없는 재화 등에 대하여는 그 사실을 재화 등의 포장이나 그 밖에 소비자가 쉽게 알 수 있는 곳에 분명하게 표시하거나 시용(試用) 상품을 제공하는 등의 방법으로 소비자가 청약을 철회하는 것이 방해받지 아니하도록 조치하여야 함에도 그 조치를 하지 아니한 경우에는 재화 등의 사용·소비, 재화 등의 가치의 현저한 하락, 포장 훼손의 경우에도 청약을 철회할 수 있다(법 제8조 제2항 단서).

---

87 제6조(소비자가 청약의 철회를 할 수 없는 경우) ① 법 제8조 제2항 제2호에서 "대통령령으로 정하는 재화 등"이란 다음 각 호의 어느 하나에 해당하는 재화 등을 말한다.
1. 「선박법」에 따른 선박
2. 「항공안전법」에 따른 항공기
3. 「철도사업법」 및 「도시철도법」에 따른 궤도를 운행하는 차량
4. 「건설기계관리법」에 따른 건설기계
5. 「자동차관리법」에 따른 자동차
6. 설치에 전문인력 및 부속자재 등이 요구되는 것으로서 다음 각 목에 해당하는 재화를 설치한 경우
   가. 「고압가스 안전관리법」 제3조 제4호에 따른 냉동기
   나. 전기 냉방기(난방 겸용인 것을 포함한다)
   다. 보일러

라. 철회권의 행사방법

1) 신용제공자가 없는 경우

소비자가 청약을 철회할 경우 7일 기간 이내에 할부거래업자에게 청약을 철회하는 의사표시가 적힌 서면을 발송하여야 한다(법 제8조 제3항). 한편, 동법 시행규칙은 철회권의 행사를 용이하게 하기 위해 할부계약서에 소비자의 철회권행사를 위한 서식을 포함시키도록 하고 있다(시행규칙 제3조 제1항 제3호).

2) 신용제공자가 있는 경우

신용제공자가 있는 경우, 즉 소비자가 할부거래업자에게 간접할부계약에 관한 청약을 철회한 경우 7일 기간 이내에 신용제공자에게 청약을 철회하는 의사표시가 적힌 서면을 발송하여야 한다(법 제9조 제1항). 소비자가 신용제공자에게 서면을 발송하지 아니한 경우 신용제공자의 할부금지급청구를 거절할 수 없다(법 제9조 제2항 본문). 다만, 신용제공자가 냉각기간(제8조 제1항의 기간) 이내에 할부거래업자에게 재화 등의 대금을 지급한 경우, 신용제공자가 할부거래업자로부터 제10조 제4항에 따른 할부금청구의 중지 또는 취소를 요청받은 경우에는 소비자가 그 서면을 발송하지 아니한 경우라도 신용제공자의 할부금지급청구를 거절할 수 있다(법 제9조 제2항 단서).

마. 철회권행사의 효과

1) 철회의 효력발생시기

청약의 철회는 청약철회의 의사표시가 적힌 서면을 발송한 날에 그 효력이 발생한다(법 제8조 제4항). 상대방있는 의사표시는 상대방에게 도달한 때에 그 효력이 생긴다는 원칙(민법 제111조)의 예외이다.

2) 목적물과 할부금의 반환의무

소비자는 청약을 철회한 경우 소비자는 할부거래업자에게 이미 공급받은 재화 등을 반환하여야 한다(법 제10조 제1항). 할부거래업자(소비자로부터 재화 등의 계약금 또는 할부금을 지급받은 자 또는 소비자와 할부계약을 체결한 자를 포함)는 소비자에게 재화를 공급한 경우에는 제1항에 따라 재화를 반환받은 날부터 3영업일 이내, 용역을 제공한 경우에는 청약을 철회하는 서면을 수령한 날부터 3영업일 이내에 이미 지급받은 계약금 및 할부금을 환급하여야 한다. 이 경우 할부거래업자가 소비자에게 재화 등의 계약금 및 할부금의 환급을 지연한 때에는 그 지연기간에 따라 「이자제한법」에서 정한 이자의 최고한도의 범위에서 대통령령으로 정하는 이율(연 100분의 20)을 곱하여 산정한 지연이자(이하 "지연배상금"이라 한다)를 함께 환급하여야 한다(법 제10조 제2항, 영 제7조).

한편 거래의 목적물이 용역인 경우 할부거래업자는 이미 용역(일정한 시설을 이용하거나 용역을 제공받을 권리는 제외)이 제공된 때에는 이미 제공된 용역과 동일한 용역의 반환을 청구할 수 없다

(법 제10조 제3항). 이는 소비자의 철회권행사를 곤란하게 하는 것을 방지하기 위한 것이다.

3) 간접할부계약인 경우

간접할부계약의 경우 할부거래업자는 청약을 철회하는 서면을 수령한 때에는 지체 없이 해당 신용제공자에게 재화 등에 대한 할부금의 청구를 중지 또는 취소하도록 요청하여야 한다. 이 경우 할부거래업자가 신용제공자로부터 해당 재화 등의 대금을 이미 지급받은 때에는 지체 없이 이를 신용제공자에게 환급하여야 한다(법 제10조 제4항). 신용제공자는 할부거래업자로부터 할부금의 청구를 중지 또는 취소하도록 요청받은 경우 지체 없이 이에 필요한 조치를 취하여야 한다. 이 경우 소비자가 이미 지불한 할부금이 있는 때에는 지체 없이 이를 환급하여야 한다(법 제10조 제5항).

할부거래업자가 제4항에 따른 요청을 지연하여 소비자로 하여금 신용제공자에게 할부금을 지불하게 한 경우 소비자가 지불한 금액에 대하여 소비자가 환급받는 날까지의 기간에 대한 지연배상금을 소비자에게 지급하여야 한다(법 제10조 제6항).

또한 신용제공자가 제5항에 따른 환급을 지연한 경우 그 지연기간에 따른 지연배상금을 소비자에게 지급하여야 한다. 다만, 할부거래업자가 제4항에 따른 요청을 지연하여 신용제공자로 하여금 소비자에 대한 할부금의 환급을 지연하게 한 경우에는 그 할부거래업자가 지연배상금을 지급하여야 한다(법 제10조 제7항).

할부거래업자 또는 신용제공자는 소비자가 청약을 철회함에 따라 소비자와 분쟁이 발생한 경우 분쟁이 해결될 때까지 할부금 지급거절을 이유로 해당 소비자를 약정한 기일 이내에 채무를 변제하지 아니한 자로 처리하는 등 소비자에게 불이익을 주는 행위를 하여서는 아니 된다(법 제10조 제8항). 이는 철회권 행사로 인한 분쟁시 할부거래업자 또는 신용제공자의 일방적인 판단으로 소비자에게 신용상 불이익을 줄 수 있는 문제를 해결하기 위한 조항이다.

4) 반환 비용 등

할부거래업자는 소비자가 제8조에 따라 청약을 철회한 경우 이미 재화 등이 사용되었거나 일부 소비된 경우에는 그 재화 등을 사용하거나 일부 소비하여 소비자가 얻은 이익 또는 그 재화 등의 공급에 든 비용에 상당하는 금액으로서 대통령령으로 정하는 범위의 금액을 초과하여 소비자에게 청구할 수 없다(법 제10조 제9항). 또한 할부거래업자는 소비자가 청약을 철회한 경우 공급받은 재화 등의 반환에 필요한 비용을 부담한다(법 제10조 제10항). 이는 반환비용을 소비자에게 부담시킬 경우 소비자의 철회권 행사를 어렵게 할 우려가 있기 때문이다. 소비자에게 청약의 철회를 이유로 위약금 또는 손해배상을 청구할 수 없다(법 제10조 제10항).

바. 청약철회권의 포기

할부거래업자와 소비자가 개별약정이나 약관을 통하여 철회권을 포기하거나 제한할 것을 약정한 경우, 그 약정은 소비자에게 불리한 것으로서 무효이다(법 제43조).

Ⅳ. 할부계약의 내용규제

1. 할부거래업자의 계약해제

할부거래업자는 소비자가 할부금 지급의무를 이행하지 아니한 경우에는 할부계약을 해제할 수 있다. 그러나 소비자가 할부금의 지급을 다소 지체했다고 하여 할부거래업자가 할부계약을 바로 해제하는 것은 소비자에게 너무 가혹하다. 이에 따라 할부거래법은 할부거래업자의 할부계약 해제권을 제한하여, 소비자의 할부금 지급의 지체를 이유로 계약을 해제하려 할 때에는 14일 이상의 최고기간을 두고 서면에 의할 것을 요구하고 있다(법 제11조 제1항).

할부거래업자가 계약해제권을 행사하게 되면, 각 당사자는 원상회복의무를 부담하게 되고 각 당사자는 상대방이 원상회복할 때까지 자기의 의무이행을 거절할 수 있다(법 제11조 제2항). 소비자가 할부대금지급을 지체한 경우, 소유권이 할부거래업자에게 유보된 때에는 할부거래업자가 계약을 해제하지 않고 바로 재화 등의 반환을 청구할 수 있는지에 대하여 종래 이를 긍정하는 견해와 부정하는 견해의 대립이 있었으나, 법은 할부거래업자가 계약을 해제하지 않으면 그 반환청구를 할 수 없다고 규정하고 있다(법 제11조 제3항).

2. 할부거래업자의 손해배상청구금액의 제한

할부거래업자에게 손해배상청구권이 인정되는 경우에 우월적 지위에 있는 할부거래업자가 소비자에게 과중한 손해배상을 청구할 우려가 있으므로 그 청구액을 제한하고 있다(법 제12조). 할부거래업자 또는 신용제공자가 할부금 지급의무를 이행하지 아니한 것을 이유로 소비자에게 청구하는 손해배상액은 지연된 할부금에 「이자제한법」에서 정한 이자의 최고한도의 범위에서 대통령령으로 정하는 이율을 곱하여 산정한 금액에 상당하는 지연손해금을 초과하지 못하도록 규정하고 있다(법 제12조 제1항).

한편 할부금지급불이행을 이유로 계약을 해제한 경우에 있어서의 손해배상액을 다음과 같이 제한하고 있다(법 제12조 제2항).

즉 할부거래업자가 계약을 해제한 경우에 소비자에게 청구하는 손해배상액은 실손해액과 지연손해금의 합계액을 초과하지 못한다. 아래의 경우가 실손해액이다.

① 재화 등의 반환 등 원상회복이 된 경우에는 통상적인 사용료와 계약 체결 및 그 이행을 위하여 통상 필요한 비용의 합계액. 다만, 할부가격에서 재화 등이 반환된 당시의 가액을 공제한 금액이 그 사용료와 비용의 합계액을 초과하는 경우에는 그 공제한 금액

② 재화 등의 반환 등 원상회복이 되지 아니한 경우에는 할부가격에 상당한 금액. 다만, 용역이 제공된 경우에는 이미 제공된 용역의 대가 또는 그 용역에 의하여 얻어진 이익에 상당하는 금액

③ 재화 등의 공급이 되기 전인 경우에는 계약체결 및 그 이행을 위하여 통상 필요한 금액

할부거래업자 또는 신용제공자는 손해배상액의 예정, 위약금, 그 밖에 명칭·형식이 어떠하든 제1항 또는 제2항에 따른 금액을 초과하여 손해배상을 청구할 수 없다(법 제11조 제3항). 한편 법은 할부거래업자 또는 신용제공자는 손해배상을 청구하는 경우 소비자의 손해가 최소화되도록 신의에 따라 성실히 하여야 한다(법 제11조 제4항).

3. 소비자의 기한의 이익의 상실 및 포기

할부거래의 약관에는 기한의 이익이 상실되는 사유에 대해 약정해 놓은 경우가 있다. 이때 기한의 이익이 부당하게 상실되는 것으로부터 소비자를 보호하기 위해 법 제13조는 소비자의 기한의 이익이 상실되는 경우로 ① 할부금을 다음 지급기일까지 연속하여 2회 이상 지급하지 아니하고 그 지급하지 아니한 금액이 할부가격의 100분의 10을 초과하는 경우, ② 국내에서 할부금 채무이행 보증이 어려운 경우로서 1. 생업에 종사하기 위하여 외국에 이주하는 경우, 2. 외국인과의 혼인 및 연고관계(緣故關係)로 인하여 외국에 이주하는 경우를 들고 있다(영 10조). 따라서 여기에 열거되지 않은 사유에 의해서는 기한의 이익이 상실되지 않는다. 소비자의 기한이익이 상실되는 경우에 할부거래업자 또는 신용제공자가 소비자로부터 한꺼번에 지급받을 금액은 나머지 할부금에서 나머지 기간에 대한 할부수수료를 공제한 금액으로 한다. 이 경우 할부수수료는 일단위로 계산한다(법 제13조 제2항).

다만, 법은 소비자가 기한의 이익을 포기하여 기한 전에 지급하는 것은 허용하고 있다(법 제14조 제1항). 이는 할부거래에 있어서 대금의 할부지급은 소비자를 위한 것이기 때문이다. 그러나 이때 소비자가 일시에 지급하는 금액이 나머지 할부금 전부가 된다면 소비자에게 불리하고 할부거래업자는 부당이득을 취할 우려가 있다. 이에 소비자가 할부거래업자 또는 신용제공자에게 한꺼번에 지급할 금액은 나머지 할부금에서 나머지 기간에 대한 할부수수료를 공제한 금액으로 한다. 이 경우 할부수수료는 일단위로 계산한다(법 제14조 제2항).

4. 소비자의 항변권

소비자는 할부계약의 내용이나 목적물에 불만이 있거나 할부거래업자의 채무불이행이 있는 경우에 할부금의 지급을 거절하는 방법에 의하여 할부거래업자에게 대항할 수 있다. 그러나 지나치게 넓게 항변권을 인정하면 할부거래업자에게 부당한 결과를 가져오므로 법은 항변사유를 제한하고 있다. 즉 소비자는 ① 할부계약이 불성립·무효인 경우, ② 할부계약이 취소·해제 또는 해지된 경우, ③ 재화 등의 전부 또는 일부가 제6조 제1항 제2호에 따른 재화 등의 공급 시기까지 소비자에게 공급되지 아니한 경우, ④ 할부거래업자가 하자담보책임을 이행하지 아니한 경우, ⑤ 그 밖에 할부거래업자의 채무불이행으로 인하여 할부계약의 목적을 달성할 수 없는 경우, ⑥ 다른 법률에

따라 정당하게 청약을 철회한 경우에 해당할 때에 할부거래업자에게 그 할부금의 지급을 거절할 수 있다(법 제16조 제1항).

간접할부계약, 즉 신용제공자가 있는 할부계약의 경우에는 특칙이 있다. 위와 같은 사유가 있을 때에 간접할부계약인 경우 할부가격이 10만원(신용카드를 사용한 할부거래의 경우에는 20만원) 이상인 경우에 한하여 소비자는 신용제공자에게 할부금의 지급을 거절하는 의사를 통지한 후 할부금의 지급을 거절할 수 있다(법 제16조 제2항, 영 제11조). 위 규정에서 소비자의 신용제공자에 대한 할부금의 지급거절권을 인정한 취지는, 할부거래에서 할부금융약정이 물품매매계약의 자금조달에 기여하고 두 계약이 경제적으로 일체를 이루는 경우에 그 물품매매계약이 해제되어 더 이상 매매대금채무가 존재하지 아니하는데도 할부거래의 일방 당사자인 소비자에게 그 할부금의 지급을 강제하는 것이 형평의 이념에 반하므로, 소비자로 하여금 할부거래업자에 대한 항변사유를 들어 신용제공자에 대하여 할부금의 지급을 거절할 수 있는 권능을 부여한 것이라고 볼 것이다. 그러므로 이른바 간접할부계약에서 신용제공자가 물품매매계약상의 그 해제의 원인이 된 약정 내용을 알지 못하였다고 하더라도, 소비자는 할부거래업자과 체결한 물품매매계약을 해제하면서, 신용제공자에게도 지급거절의사를 통지한 후 그 할부금의 지급을 거절할 수 있다고 할 것이다.[88] 이 경우 소비자가 신용제공자에게 지급을 거절할 수 있는 금액은 할부금의 지급을 거절한 당시에 소비자가 신용제공자에게 지급하지 아니한 나머지 할부금으로 한다(법 제16조 제3항).

한편 소비자가 제1항에 따른 항변권의 행사를 서면으로 하는 경우 그 효력은 서면을 발송한 날에 발생하고(법 제16조 제4항), 할부거래업자 또는 신용제공자는 소비자의 항변을 서면으로 수령한 경우 지체 없이 그 항변권의 행사가 제1항에 해당하는지를 확인하여야 한다. 제1항에 해당하지 아니하는 경우 소비자의 항변을 수령한 날부터 할부거래업자는 5영업일 이내, 신용제공자는 7영업일 이내에 서면으로 소비자의 항변을 수용할 수 없다는 의사(意思)와 항변권의 행사가 제1항 각 호의 어느 하나에 해당하지 아니한다는 사실을 소비자에게 서면으로 통지하여야 한다(법 제16조 제5항). 할부거래업자 또는 신용제공자가 통지를 하지 아니한 경우에는 소비자의 할부금 지급 거절의사를 수용한 것으로 본다(법 제16조 제6항).

할부거래업자 또는 신용제공자는 제1항부터 제6항까지의 규정에 따라 소비자가 할부금의 지급을 거절한 경우 소비자와 분쟁이 발생하면 분쟁이 해결될 때까지 할부금 지급 거절을 이유로 해당 소비자를 약정한 기일 이내에 채무를 변제하지 아니한 자로 처리하는 등 소비자에게 불이익을 주는 행위를 하여서는 아니 된다(법 제16조 제7항).

---

88 대법원 2006. 7. 28. 선고 2004다54633 판결.

V. 선불식 할부거래

1. 영업의 등록의무 및 계약체결 전 정보제공, 계약서 발급의무

선불식 할부거래업자는 ① 상호·주소·전화번호·전자우편주소(영업소 및 대리점을 포함)·대표자의 이름·주민등록번호·주소 등을 적은 신청서, ② 자본금이 3억 원 이상임을 증명하는 서류, ③ 제27조에 따른 소비자피해보상보험계약 등의 체결 증명 서류를 제출하여 특별시장·광역시장·도지사 또는 특별자치도지사(이하 "시·도지사"라 한다)에게 등록하여야 한다(법 제18조 제1항). 미성년자 등 등록 결격사유가 있다(법 제20조). 선불식 할부거래업자는 선불식 할부계약을 체결하기 전에 소비자가 계약을 이해할 수 있도록 ① 선불식 할부거래업자의 상호·주소·전화번호·전자우편주소·대표자의 이름, ② 재화 등의 종류 및 내용, ③ 재화 등의 가격과 그 지급의 방법 및 시기, ④ 재화 등을 공급하는 방법 및 시기, ⑤ 계약금 등을 설명하여야 하고(법 제23조 제1항) 계약체결에 따른 계약서 발급하여야 한다(법 제23조 제2항).

2. 소비자의 청약철회권

소비자는 ① 계약서를 받은 날부터 14일, ② 선불식 할부거래업자의 주소 등이 적혀 있지 아니한 계약서를 받은 경우 또는 선불식 할부거래업자의 주소 변경 등의 사유로 14일 이내에 청약을 철회할 수 없는 경우에는 그 주소를 안 날 또는 알 수 있었던 날 등 청약을 철회할 수 있는 날부터 14일, ③ 계약서에 청약의 철회에 관한 사항이 적혀 있지 아니한 경우에는 청약을 철회할 수 있음을 안 날 또는 알 수 있었던 날부터 14일, ④ 선불식 할부거래업자가 청약의 철회를 방해한 경우에는 그 방해행위가 종료한 날부터 14일, ⑤ 계약서를 받지 아니한 경우에는 계약일부터 3개월(거래당사자가 다음 각 호의 기간보다 긴 기간으로 약정한 경우에는 그 기간을 말한다) 이내에 선불식 할부계약에 관한 청약을 철회할 수 있다(법 제24조).

사례

① 소비자가 2018. 3. 1. 인터넷·전화 등을 통하여 상조상품에 가입하기로 하고, 같은 해 3. 6. 상조사업자로부터 받은 가입신청서를 작성하여 fax로 송부한 후, 같은 해 3. 25. 우편으로 계약서를 수령한 경우 – 계약서를 수령한 날(2018. 3. 25.)로부터 14일 이내에 청약철회를 할 수 있다.

② 상조사업자가 청약철회 기간을 7일 이내로 명기하여 계약한 경우 – 계약서상의 청약철회 기간이 법정 청약철회기간(14일)보다 소비자에게 불리하여 효력이 없으므로 14일 이내에 청약을 철회할 수 있다.

③ 소비자가 사업자의 주소, 연락처, 전자우편주소 등이 적혀 있지 않은 불완전 계약서를 2018. 2. 8.에 받았으나, 모집인을 통하여 주소 등을 안 날이 같은 해 3. 8.인 경우 – 주소 등을 안 날(2018. 3. 8.) 로부터 14일 이내에 청약을 철회할 수 있다.

> ④ 상조업체가 다른 업체에 인수·합병된 사실 및 변경된 주소 등을 소비자에게 고지하지 않아 계약서를 받은 날로부터 14일 이내에 청약을 철회할 수 없었던 경우 – 변경된 주소 등을 알게 된 날로부터 14일 이내에 청약을 철회할 수 있다.
> ⑤ 소비자가 계약서에 청약철회에 관한 사항이 전혀 적혀있지 않아 불가능한 것으로 알고 있다가 언론, 타인 등을 통하여 청약철회가 가능하다는 이야기를 듣고 상조사업자에게 전화하여 확인한 경우 – 확인전화를 통하여 청약을 철회할 수 있음을 안 날로부터 14일 이내에 청약을 철회할 수 있다.
> ⑥ 상조사업자가 청약철회 전화를 의도적으로 전화를 받지 않는 등 청약철회를 방해하여 소비자가 계약서를 받은 날로부터 14일 이내에 청약을 철회할 수 없었던 경우 – 방해행위가 종료한 날로부터 14일 이내에 청약을 철회할 수 있다.

3. 소비자의 선불식 할부계약 해제권

소비자가 선불식 할부계약을 체결하고, 그 계약에 의한 재화 등의 공급을 받지 아니한 경우에는 그 계약을 해제할 수 있다(법 제25조 제1항). 선불식 할부거래업자는 계약이 해제된 경우 소비자에게 해제로 인한 손실을 초과하는 위약금을 청구하여서는 아니 된다(법 제25조 제2항). 또한 선불식 할부거래업자는 소비자가 ① 휴업 또는 폐업신고를 한 때, ② 영업정지 처분을 받은 때, ③ 등록이 취소되거나 말소된 때, ④ 「은행법」에 따른 은행으로부터 당좌거래의 정지처분을 받은 때, ⑤ 파산 또는 화의(和議) 개시의 신청이 있는 때에 해당하는 사유로 계약을 해제하는 경우에는 위약금을 청구하여서는 아니 된다(법 제25조 제3항).

한편 선불식 할부거래업자는 선불식 할부계약이 해제된 경우에는 해제된 날부터 3영업일 이내에 이미 지급받은 대금에서 위약금을 뺀 금액을 소비자에게 환급하여야 한다. 이 경우 선불식 할부거래업자가 환급을 지연한 때에는 그 지연기간에 따라 지연배상금을 함께 환급하여야 한다(법 제25조 제4항).

4. 선불식 할부거래업자의 선불식 할부계약 해제권

선불식 할부거래업자는 소비자가 대금 지급의무를 이행하지 아니하면 선불식 할부계약을 해제할 수 있다. 이 경우 선불식 할부거래업자는 그 계약을 해제하기 전에 14일 이상의 기간을 정하여 소비자에게 이행할 것을 서면으로 최고(催告)하여야 한다(법 제26조).

5. 금지행위

선불식 할부거래업자는 다음 각 호의 어느 하나에 해당하는 행위를 하여서는 아니 된다(법 제34조).

① 계약의 체결을 강요하거나 청약의 철회 또는 계약의 해제를 방해할 목적으로 상대방을 위협하는 행위
② 거짓·과장된 사실을 알리거나 기만적 방법을 사용하여 상대방과의 거래를 유도하거나 청약의 철회 또는 계약의 해제를 방해하는 행위
③ 청약의 철회 또는 계약의 해제를 방해할 목적으로 주소·전화번호 등을 변경하는 행위
④ 분쟁이나 불만처리에 필요한 인력 또는 설비가 부족한 상태를 상당 기간 방치하여 상대방에게 피해를 주는 행위
⑤ 상대방의 청약이 없음에도 재화 등의 대금을 청구하는 행위
⑥ 소비자가 계약을 체결할 의사가 없음을 밝혔음에도 전화, 팩스, 컴퓨터통신 등을 통하여 계약체결을 강요하는 행위
⑦ 소비자피해보상보험계약 등을 체결하지 아니하고 영업하는 행위
⑧ 소비자피해보상보험계약 등을 체결하지 아니하였음에도 소비자피해보상보험계약 등을 체결한 사실을 나타내는 표지나 이와 유사한 표지를 제작 또는 사용하는 행위
⑨ 본인의 허락을 받지 아니하거나 허락받은 범위를 넘어 소비자에 관한 정보를 이용(제3자에게 제공하는 경우를 포함)하는 행위. 다만, 다음 각 목의 어느 하나에 해당하는 경우는 제외한다.
- 재화 등의 배송 등 소비자와의 계약이행에 불가피한 경우로서 대통령령으로 정하는 경우
- 재화 등의 거래에 따른 대금을 정산하기 위하여 필요한 경우
- 도용을 방지하기 위하여 본인임을 확인할 때 필요한 경우로서 대통령령으로 정하는 경우
- 다른 법률에 따라 불가피한 사유가 있는 경우
⑩ 소비자가 계약을 해제하였음에도 불구하고 정당한 사유 없이 이에 따른 조치를 지연하거나 거부하는 행위
⑪ 청약의 철회 또는 계약의 해제와 관련하여 분쟁이 발생한 경우 대금을 지급받기 위하여 소비자에게 위계를 사용하거나 위력을 가하는 행위
⑫ 자신이 공급하는 재화 등을 소비자가 양도·양수하는 것을 상당한 이유 없이 제한하거나 양도·양수함에 있어 과다한 비용을 부과하는 행위
⑬ 다른 사람에게 자기의 명의 또는 상호를 사용하여 선불식 할부거래업을 하게 하거나 선불식 할부거래업 등록증을 대여하는 행위
⑭ 「방문판매 등에 관한 법률」 제2조 제5호에 따른 다단계판매 방식으로 선불식 할부계약을 체결하거나 선불식 할부계약의 체결을 대리 또는 중개하는 행위
⑮ 금전대차 관계를 이용하여 선불식 할부계약의 체결을 요구하는 행위

Ⅵ. 기타

1. 소비자에게 불리한 계약의 금지

할부거래법의 규정 중 할부계약의 서면주의, 할부수수료의 실제연간요율, 소비자의 철회권, 할부거래업자의 할부계약 해제, 할부거래업자 등의 손해배상 청구금액의 제한, 소비자의 기한의 이익상실, 소비자의 기간 전 지급, 할부대금채권의 소멸시효(3년), 소비자의 항변권에 대한 규정은 편면적 강행규정이다. 할부계약의 내용 중 위 사항에 관한 약정으로서 소비자에게 불리한 것은 효력이 없다(법 제43조).[89]

2. 전속관할

민사소송법상 당사자는 합의에 의하여 제1심 관할법원을 정할 수 있고 그 합의는 서면으로 하여야 한다고 규정하고 있다(법 제29조). 할부거래업자는 할부계약의 약관에 당해 거래에 관한 법률상 분쟁은 할부거래업자의 주소의 소재지를 관할하는 지방법원의 관할로 규정한 경우가 있다. 이러한 관할합의는 약관규제법 제14조 제1호에 해당하는 경우 무효가 된다.

할부거래법에서는 소비자의 권리를 보호하기 위해서 할부거래 및 선불식 할부거래와 관련된 소(訴)는 제소 당시 소비자의 주소를, 주소가 없는 경우에는 거소를 관할하는 지방법원의 전속관할로 하고 있다(법 제44조 본문).

---

89 대법원 2006. 7. 28. 선고 2004다54633 판결 : "할부거래법 제13조(현행법으로는 제43조)는 "매도인과 매수인 간의 할부계약의 내용 중에서 할부거래법 제12조에 의한 내용보다 매수인에게 불리한 것은 그 효력이 없다."고 규정하고 있다. 위 규정은 '매수인의 항변권'을 보호하기 위한 규정으로서, 할부계약의 내용 중에서 할부거래법 제12조에 의한 내용보다 매수인에게 불리한 것은 매도인뿐만 아니라, 신용제공자에 대한 관계에서도 효력을 인정할 수 없다고 할 것이므로, 이른바 간접할부계약에도 유추적용되어야 할 것이다."

Chapter 04 방문판매법

Ⅰ. 서론

1. 특수판매형태 규제의 필요성 및 방문판매법의 목적

전통적인 거래형태는 소비자가 스스로 점포에 나가 상품을 보고 구입하는 방식이었으나 판매방법의 다양화로 소비자가 점포에 가지 않고 점포 외에서 소비자가 판매업자를 대면하거나 또는 전혀 대면하지 않고 상품을 구입하는 방식이 등장하였는데, 이를 총칭하여 특수판매라고 한다. 현행 법상으로는 방문판매, 전화권유판매, 다단계판매, 후원방문판매, 계속거래 및 사업권유거래가 있다. 특수판매는 영업소에서의 매매라는 제약이 없이 소비자에게 판매할 수 있다는 점, 가정방문이나 광고 또는 상품목록의 송부에 의해 정보제공 및 판매촉진을 기할 수 있는 점, 초기 자본이 적어도 사업을 할 수 있다는 이점이 있다.

그러나 각 판매유형별로 문제점에 차이가 있으나, 일반적으로 사업자는 일정한 조직을 가지고 적극적으로 판매활동을 하는데 비하여, 소비자는 교섭력과 정보력의 부족으로 불리한 지위에 있어 예측하지 못한 피해발생이 생길 수 있다. 이에 사업자로서는 이러한 소비자의 약점을 이용하여 부당한 조건을 제시하는 경우도 있다. 이에 따라서 방문판매법이 제정되었다.

이 법은 방문판매, 전화권유판매, 다단계판매, 후원방문판매, 계속거래 및 사업권유거래 등에 의한 재화 또는 용역의 공정한 거래에 관한 사항을 규정함으로써 소비자의 권익을 보호하고 시장의 신뢰도를 높여 국민경제의 건전한 발전에 이바지함을 목적으로 한다(법 제1조).[90]

90 방문판매법은 2012. 2. 17. 전면 개정된 바 있다. 주요 내용은 다음과 같다. 즉 현행법상 다단계판매의 정의가 지나치게 엄격하여 방문판매업체로 신고하고 실질적으로는 다단계판매 영업을 하는 이른바 신방문판매업체들에 의한 소비자 피해가 확산되고 있어 이러한 문제점을 시정하기 위하여 다단계판매를 새로이 정의하고, 후원방문판매라는 개념을 신설하여 규제의 공백이 발생하지 않도록 하였다. 판매원 모집이라는 목적을 밝히지 않고 거짓 명목을 내세워 유인하는 행위 등 사행적 확장행위에 대한 금지 규정을 신설하였다.

2. 방문판매법의 적용범위 등

가. 적용범위

방문판매법은 방문판매, 전화권유판매, 다단계판매 등 특수거래를 규제하는 것으로 소비자의 권리를 보호하기 위한 것이므로 사업자(다단계판매원, 후원판매원 또는 사업권유거래의 상대방은 제외함)가 상행위를 목적으로 재화 등을 구입하는 거래에 대하여는 적용되지 않는다(제3조 제1호 본문). 그러나 사업자로서의 지위와 함께 소비자로서의 지위를 가지는 다단계판매원, 후원방문판매원 또는 사업권유거래의 상대방이 상행위를 목적으로 재화 등을 구입하는 거래는 적용된다(제3조 제1호 단서). 사업자라 하더라도 사실상 소비자[91]와 같은 지위에서 다른 소비자와 같은 거래조건으로 거래하는 경우에는 적용된다(제3조 제1호).

또한 「보험업법」 제2조 제6호에 따른 보험회사와 보험계약을 체결하기 위한 거래(제2호), 개인이 독립된 자격으로 공급하는 재화 등의 거래로서 방문판매원을 두지 아니하는 방문판매업자가 가공되지 아니한 농산물·수산물·축산물·임산물, 방문판매자[92]가 직접 생산한 재화 등을 방문판매하는 거래에 관해서는 방문판매법이 적용되지 않는다(제3조 제3호, 영 제6조).

나. 방문판매법과 다른 법과의 관계

방문판매, 전화권유판매, 다단계판매, 후원방문판매, 계속거래 및 사업권유거래(이하 "특수판매"라 한다)의 경우 전자상거래 등에서의 소비자보호에 관한 법률상의 전자상거래 또는 통신판매에 중첩적으로 적용되거나 거래의 집단·반복적인 성격상 약관에 의한 계약에 의해 이루어지는 경우가 많으며, 통상적으로 할부방식으로 대금지급이 이루어지고 있다. 이 경우에는 소비자보호에 관련하여 방문판매법의 적용 외에 전자상거래법, 약관규제법 또는 할부거래법이 함께 적용된다.[93] 이때 법 적용의 우선순위가 문제로 된다. 특수판매에서의 소비자보호와 관련하여 방문판매법과 다른

---

91 이 법에서 "소비자"라 함은 사업자가 제공하는 재화 등을 소비생활을 위하여 사용하거나 이용하는 자 또는 대통령령이 정하는 자를 말한다(법 제2조 제12호).

시행령 제4조(소비자의 범위) 법 제2조 제12호에서 "대통령령으로 정하는 자"란 사업자가 제공하는 재화 또는 용역(이하 "재화 등"이라 한다)을 소비생활 외의 목적으로 사용하거나 이용하는 자로서 다음 각 호의 어느 하나에 해당하는 자를 말한다.

1. 재화 등을 최종적으로 사용하거나 이용하는 자. 다만, 재화 등을 원재료(중간재를 포함한다) 및 자본재로 사용하는 자는 제외한다.
2. 법 제3조 제1호 단서에 해당하는 사업자로서 재화 등을 구매하는 자(해당 재화 등을 판매한 자에 대한 관계로 한정한다)
3. 다단계판매원 또는 후원방문판매원이 되기 위하여 다단계판매업자 또는 후원방문판매업자로부터 재화 등을 최초로 구매하는 자
4. 방문판매업자 또는 전화권유판매업자(이하 "방문판매업자 등"이라 한다)와 거래하는 경우의 방문판매원 또는 전화권유판매원(이하 "방문판매원 등"이라 한다)
5. 재화 등을 농업(축산업을 포함한다) 및 어업 활동을 위하여 구입한 자(「원양산업발전법」 제6조 제1항에 따라 농림수산식품부장관의 허가를 받은 원양어업자는 제외한다)

92 "방문판매자"라 함은 방문판매를 업으로 하기 위하여 방문판매조직을 개설하거나 관리·운영하는 자("방문판매업자")와 방문판매업자를 대신하여 방문판매업무를 수행하는 자("방문판매원")를 말한다(법 제2조 제2호).

93 신현윤, 『경제법』(제6판), 2014, 744면.

법률이 경합하여 적용되는 경우에는 방문판매법을 우선 적용하되, 다른 법률을 적용하는 것이 소비자에게 유리한 경우에는 그 법을 적용한다(법 제4조 제1항).

사례

乙의 청약철회에 대해 할부거래법과 방문판매법 중 어느 법률을 우선 적용해야 하는지를 설명하시오.[94]

다른 법률에 방문판매법과는 다른 방법에 따른 계약서 발급의무 등이 규정되어 있는 거래에 대하여는 계약서 발급 의무에 관한 규정을 적용하지 아니한다(법 제4조 제2항). 계속거래에 관하여 방문판매법에서 규정하고 있는 사항을 다른 법률에서 따로 정하고 있는 경우에는 그 법률을 적용한다(법 제4조 제3항). 「할부거래에 관한 법률」 제2조 제4호에 따른 선불식 할부거래 및 선불식 할부거래업자에 대하여는 청약철회 등, 청약철회의 효과, 소비자피해보상보험계약 등에 관한 규정을 적용하지 아니한다(법 제4조 제4항).

Ⅱ. 방문판매 및 전화권유판매

1. 방문판매의 의의

방문판매라 함은 재화 또는 용역(일정한 시설을 이용하거나 용역을 제공받을 수 있는 권리를 포함한다. 이하 같다)의 판매(위탁 및 중개를 포함한다. 이하 같다)를 업(業)으로 하는 자(이하 "판매업자"라 한다)가 방문을 하는 방법으로 그의 영업소, 대리점, 그 밖에 총리령으로 정하는 영업 장소(이하 "사업장"이라 한다) 외의 장소에서 소비자에게 권유하여 계약의 청약을 받거나 계약을 체결(사업장 외의 장소에서 권유 등 총리령으로 정하는 방법으로 소비자를 유인하여 사업장에서 계약의 청약을 받거나 계약을 체결하는 경우를 포함한다)하여 재화 또는 용역(이하 "재화 등"이라 한다)을 판매하는 것을 말한다(법 제2조 제1호).

여기서 기타 총리령이 정하는 사업장이란 영업소·대리점·지점·출장소 등 명칭여하에 불구하고 소유 또는 임차하거나 점용허가를 받은 장소에서 일정한 시설을 갖추고 3월 이상 계속적으로 영업하는 고정된 장소를 말한다. 다만, 천재·지변 등 불가피한 사유로 영업을 계속할 수 없는 기간은 이를 산입하지 아니한다(시행규칙 제2조).

또한 법은 사업장 외의 장소에서 권유 등 총리령이 정하는 방법에 의하여 소비자를 유인하여 사업장에서 계약의 청약을 받거나 계약을 체결하는 경우를 방문판매에 포함시키고 있는데, 이는

94 경제법 변호사시험 제4회(2015년). 방문판매법상 청약철회권 행사기간은 14일이고(제8조), 할부거래법상 청약철회권 행사기간은 7일이다(제8조). 따라서 청약철회권의 행사에 있어서는 방문판매법이 소비자에게 유리한다. 따라서 청약철회에 있어서는 방문판매법이 우선 적용된다.

사업자가 최종적으로 계약체결만을 영업소에서 함으로써 同法의 적용을 벗어나는 것을 방지하기 위한 것인데, 여기서 총리령이 정하는 방법이란 소비자와 직접 대면하여 재화 또는 용역(이하 "재화 등"이라 한다)에 관한 정보를 제공하고 소비자의 구매를 유도하는 것을 말한다(시행규칙 제3조).

사례

① A화장품회사의 영업사원 甲은 화장품의 판매촉진을 위하여 2014. 10. 10. B사의 주차장에 일일 판매부스를 마련하여, B사 여직원들을 상대로 피부미백용 화장품을 소개하고 구입을 권유하였다. B사의 여직원들은 이날 점심시간을 이용하여 A사의 판매부스를 찾았고, 그 가운데 여직원 乙이 30만 원 상당의 피부미백용 화장품을 6개월 할부로 구입하기로 하였다. 甲은 乙에게 피부미백용 화장품과 함께 사은품으로 그 화장품의 견본, 그리고 청약철회에 관한 사항이 적혀있는 계약서를 제공하였으며, 乙은 제1회 할부금을 현장에서 甲에게 납부하고 나머지 할부금은 매달 10일에 계좌이체하기로 하였다. – A사의 화장품 판매행위가 방문판매법상 방문판매에 해당하는지를 설명하시오.[95]

② 甲사는 안마의자의 생산 및 판매를 업으로 하는 사업자이다. 甲사의 영업사원은 2022. 9. 1. 소비자 乙, 丙, 丁이 거주하는 지역의 마을회관을 찾아 자사의 신제품 안마의자를 소개하고 乙, 丙, 丁에게 구매를 권유하였다. 乙, 丙, 丁은 甲사의 안마의자가 건강에 도움이 될 것이라는 생각에 해당 제품을 구입하기로 하고 현장에서 계약을 체결하였다. 甲사의 乙, 丙, 丁에 대한 판매행위가 방문판매법상 방문판매에 해당하는지를 설명하시오.[96]

③ 소비자가 전화로 가정학습지에 대한 구매 여부를 결정하기 위하여 자녀의 학습 습관 및 학습 과목 등을 판매자와 상담하던 중 소비자가 자세한 상담을 위하여 판매원(교사 포함)의 방문을 요청하거나, 판매업자가 판매원으로 하여금 소비자의 가정으로 방문하게 하여 해당 가정학습지의 구매 계약이 체결된 경우 – 재화의 특성상 방문을 통하여 정보를 제공하는 것이 일반적인 경우로서 전화를 통하여 구체적인 청약 의사 표시가 되지 않은 한 사업장 외의 장소에서 구매 계약이 체결된 경우이므로 방문판매에 해당함.[97]

④ 소비자가 광고지를 보고 판매자에게 전화를 하여 재화 등의 정보를 문의하자 판매자가 자세한 정보를 제공하겠다고 하며 소비자의 가정을 방문하여 상품구매를 권유하여 계약을 체결하는 경우 – 소비자가 전화를 하여 재화 등의 정보를 문의하였지만, 재화 등에 대한 정보제공 및 소비자의 청약이 판매자의 사업장 외의 장소에서 이루어진 것이므로 방문판매에 해당함.

2. 전화권유판매의 의의

전화를 이용하여 소비자에게 권유하거나 전화회신을 유도하는 방법으로 재화 등을 판매하는 것을 말한다(법 제2조 제3호). 전화권유판매자란 전화권유판매를 업으로 하기 위하여 전화권유판매조직을 개설하거나 관리·운영하는 자(이하 "전화권유판매업자"라 한다)와 전화권유판매업자를 대신하여 전화권유판매업무를 수행하는 자(이하 "전화권유판매원"이라 한다)를 말한다(법 제2조 제4호).

95 경제법 변호사시험 제4회(2015년).
96 경제법 변호사시험 제12회(2023년).
97 특수판매에서의 소비자보호 지침(공정거래위원회 예규 제235호, 2015. 10. 23.) 특수판매의 유형 예시는 위 지침을 참조함.

반드시 청약을 받거나 계약을 체결하는 행위까지 전화를 통하여 이루어질 필요는 없다. 전화권유판매에는 '전화를 사용하여 소비자의 응답을 유도하고 대화를 함으로써 청약을 유인하여 어떤 장소에서 만나 청약을 받거나 계약을 체결하는 경우'도 포함된다.[98] 전자상거래법 제2조 제2호에 의하면 통신판매라 함은 전화권유판매를 제외한다고 규정하고 있다.[99] 전화권유판매와 통신판매간 중요한 구별 기준은 판매자의 권유에 의하여 구매가 유도된 것인지, 아니면 소비자의 구매의사가 당초에 존재하였는지 여부이다. 통신판매에 있어 전화는 단지 상품 정보를 제공하는 수단에 지나지 않으나 전화권유판매에 있어서 전화는 정보제공과 함께 소비자에게 접근하여 계약 체결을 하는데 적극적으로 사용되는 매체이다.[100]

사례

① 甲 피트니스센터는 과거에 회원으로 등록되어 있던 고객들을 상대로 2019. 11. 1. '동계 특별프로모션'에 관한 휴대전화 문자메시지를 발송하여 이용료 할인 및 요가수업 3회 무료 수강이 포함된 프로그램 정보를 제공하는 한편, 문자메시지 하단에 甲의 전화번호를 남겨서 상담을 유도하였다. 과거 甲의 회원이었던 A는 해당 문자메시지를 받고 甲에 전화하여 상담원에게 위 프로모션에 관하여 문의하였다. 甲의 상담원은 이번 프로모션이 1개월당 20만 원에 상당하는 프로그램을 3개월 동안 30만 원에 제공하는 상품이며, 단 2주간만 회원을 모집하므로 조기 마감이 예상되니 속히 등록을 하는 편이 좋겠다고 A를 설득하였다. 이에 A는 11. 1. 전화상으로 가입의사를 밝히고 당일에 이용대금 30만 원을 甲의 은행계좌로 이체하였다. 甲과 A 사이의 판매 또는 거래행위가 「방문판매 등에 관한 법률」상 어떠한 유형에 해당하는지를 설명하시오.[101]

② 판매자가 소비자에게 전화를 먼저 걸어 상품에 대한 정보를 제공하고 소비자와 대화를 하는 행위에 의하여 소비자의 청약을 받는 행위 – 이 경우 전화권유판매에 해당함. 다만, ARS 또는 문자메시지 등 전화를 이용하여 상품 정보만을 제공하는 것은 「전자상거래 등에서의 소비자보호에 관한 법률」의 통신판매에 해당함.

③ "경품에 당첨되었습니다. 000-0000으로 확인하여 주세요" 등의 문자 메시지를 보고 해당 업체에 그 사실을 확인하고자 소비자가 먼저 전화를 걸고, 정수기·비데 등 상품을 구입할 것을 권유받아 이를 구매하게 된 경우 – 이 경우 소비자는 상품을 구매할 의사가 없이 경품 당첨 등 사실을 확인하고자 전화를 한 것이고 판매자의 권유에 의하여 상품을 구매한 것이므로 전화권유판매에 해당함(통신판매에 있어 전화는 단지 상품 정보를 제공하는 통로 또는 수단에 지나지 않으나 전화권유판매에 있어서 전화는 정보제공은 물론이고 소비자에게 접근하여 계약 체결을 하는 데 적극적으로 사용되는 매체임).

98 대법원 2007. 10. 11. 선고 2007도4697 판결.

99 통상적인 청약 철회기간이 전화권유판매의 경우는 14일이며, 통신판매의 경우는 7일이다.

100 이처럼 전화권유판매를 전자상거래가 아닌 방문판매와 동일하게 규제하는 이유는 전화권유판매가 방문의 방식과 유사한 점을 가지고 있다는 점, 또한 전화권유판매가 대화를 매개로 한 영업방식을 취하고 있지만 사실상 소비자의 선택을 제한할 뿐만 아니라 공급자에 대한 정보가 적절하게 제공되지 못하고 있다는 이유 때문이다.

101 경제법 변호사시험 제9회(2020년).

3. 방문판매 또는 전화권유판매의 경우 소비자의 청약철회

가. 철회권의 의의 및 철회기간

방문판매 또는 전화권유판매의 경우 소비자가 판매자의 설명이나 권유에 현혹되어 충동구매를 할 우려가 높다. 그렇기 때문에 방판법은 소비자보호를 위해 청약철회권(cooling-off time)을 인정하고 있는 것이다. 이와 같은 청약철회권은 "계약은 지켜져야 한다"는 사법상의 대원칙(계약의 구속력)에 대한 예외로서 소비자보호를 위한 특칙에 해당한다.

방문판매 또는 전화권유판매의 방법으로 재화 등의 구매에 관한 계약을 체결한 소비자는 다음과 같은 기간(거래당사자가 이 기간보다 긴 기간으로 약정한 경우에는 그 기간) 이내에 그 계약에 관한 청약의 철회 등을 할 수 있다.

① 계약서를 교부받은 날로부터 14일(다만, 그 계약서를 교부받은 때보다 재화 등의 공급이 늦게 이루어진 경우에는 재화 등을 공급받거나 공급이 개시된 날로부터 14일)
② 계약서를 교부받지 않았거나, 방문판매자 등의 주소 등이 기재되지 아니한 계약서를 교부받은 경우 또는 방문판매자 등의 주소 변경 등의 사유로 위 기간 이내에 청약철회 등을 할 수 없는 경우에는 그 주소를 안 날 또는 알 수 있었던 날로부터 14일
③ 계약서에 청약철회 등에 관한 사항이 적혀 있지 아니한 경우에는 청약철회 등을 할 수 있음을 안 날 또는 알 수 있었던 날로부터 14일
④ 방문판매업자 등이 청약철회 등을 방해한 경우에는 그 방해행위가 종료한 날로부터 14일

다만, 방문판매자 등이 제공한 재화 등의 내용이 표시·광고의 내용과 다르거나 계약내용과 다르게 이행된 경우에는 소비자는 당해 재화 등을 공급받은 날부터 3개월 이내, 그 사실을 안 날 또는 알 수 있었던 날부터 30일 이내에 청약철회를 할 수 있다(법 제8조 제3항).

방문판매 등의 경우에 소비자의 청약철회는 할부거래의 경우(할부거래법 제8조 제3항)와는 달리 반드시 서면으로 할 필요는 없지만, 만일 이를 서면으로 하는 경우에는 할부거래법이 규정한 바와 마찬가지로 그 의사표시가 기재된 서면을 발송한 날에 효력이 발생하게 된다(법 제8조 제4항).

나. 청약 철회권 행사의 제한

소비자의 청약 철회권을 광범위하게 인정하게 되면 방문판매자 등에게 가혹할 수 있으므로 법은 다음과 같은 경우에는 방문판매자 등의 의사와 다르게 청약철회 등을 할 수 없다(법 제8조 제2항). 소비자는 ① 소비자에게 책임있는 사유로 재화 등이 멸실되거나 훼손된 경우(다만, 재화 등의 내용을 확인하기 위하여 포장 등을 훼손한 경우는 제외한다), ② 소비자가 재화 등을 사용하거나 또는 일부 소비하여 그 가치가 현저히 낮아진 경우, ③ 시간이 지남으로써 다시 판매하기 어려울 정도로 재화 등의 가치가 현저히 낮아진 경우, ④ 복제할 수 있는 재화 등의 포장을 훼손한 경우, ⑤ 그 밖에 거래의 안전을 위하여 대통령령이 정하는 경우[102]에는 해당하는 경우에는 청약의 철회를 할

수 없다(제8조 제2항 본문).

방문판매자 등은 위 ②, ③, ④의 경우로 청약철회를 할 수 없는 재화 등에 해당할 경우에는 그 사실을 재화 등의 포장 기타 소비자가 쉽게 알 수 있는 곳에 분명하게 표시하거나 시용상품을 제공하는 등의 방법으로 소비자의 청약철회 등의 권리 행사가 방해받지 않도록 조치하여야 하고(법 제8조 제5항), 만일 그와 같은 조치를 하지 않은 경우에는 재화 등의 사용·소비, 재화 등의 가치의 현저한 하락, 포장 훼손의 경우에도 소비자는 다시 청약철회 등을 할 수 있다(법 제8조 제2항 단서).

다. 철회권행사의 효과

1) 원상회복의무 및 지연배상금 지급의무

철회권행사의 경우 할부거래에 있어서와 마찬가지로 소비자의 인도받은 목적물에 대한 반환의무가 선이행되어야 한다. 즉 소비자는 청약철회 등을 한 경우에는 이미 공급받은 재화 등을 반환하여야 한다(법 제9조 제1항). 방문판매자 등(소비자로부터 재화 등의 대금을 지급 받은 자 또는 소비자와 방문판매 등에 관한 계약을 체결한 자를 포함)은 재화 등을 반환받은 날부터 3영업일 이내에 이미 지급받은 재화 등의 대금을 환급하여야 한다. 이 경우 방문판매자 등이 소비자에게 재화 등의 대금의 환급을 지연하면 그 지연기간에 따라 연 100분의 40 이내의 범위에서 「은행법」에 따른 은행이 적용하는 연체금리 등 경제사정을 고려하여 대통령령으로 정하는 이율[103]을 곱하여 산정한 지연이자("지연배상금")를 지급하여야 한다(법 제9조 제2항). 이때 공급받은 재화 등의 반환에 필요한 비용은 방문판매자 등이 부담한다(법 제9조 제9항).

2) 신용카드에 의한 결제

방문판매자 등은 재화 등의 대금을 환급할 때 소비자가 「여신전문금융업법」 제2조 제3호에 따른 신용카드나 그 밖에 대통령령으로 정하는 결제수단(이하 "신용카드 등"이라 한다)으로 재화 등의 대금을 지급한 경우에는 지체 없이 그 신용카드 등의 대금 결제수단을 제공한 사업자(이하 "결제업자"라 한다)로 하여금 재화 등의 대금 청구를 정지하거나 취소하도록 요청하여야 한다(법 제9조 제3항 본문). 다만, 방문판매자 등이 결제업자로부터 그 재화 등의 대금을 이미 지급받은 경우에는 지체 없이 이를 결제업자에게 환급하고 그 사실을 소비자에게 알려야 한다(단서). 이 경우 방문판매자 등으로부터 재화 등의 대금을 환급받은 결제업자는 지체 없이 소비자에게 이를 환급하거나 환급에 필요한 조치를 하여야 하고(법 제9조 제4항), 방문판매자 등 중 환급을 지연하여 소비자로 하여금 대금을 결제하게 한 방문판매자 등은 그 지연기간에 대한 지연배상금을 소비자에게 지급하여야 한다(법 제9조 제5항).

---

102 영 제12조(청약철회 등의 제한) 법 제8조 제2항 제5호에서 "대통령령으로 정하는 경우"란 소비자의 주문에 의하여 개별적으로 생산되는 재화 등에 대한 것으로서 청약의 철회 및 계약의 해제(이하 "청약철회 등"이라 한다)를 인정하면 방문판매자 또는 전화권유판매자(이하 "방문판매자 등"이라 한다)에게 회복할 수 없는 중대한 피해가 예상되는 경우로서 사전에 해당 거래에 대하여 별도로 그 사실을 고지하고 소비자의 서면(전자문서를 포함한다) 동의를 받은 경우를 말한다.

103 영 제13조(지연배상금의 이율) 법 제9조 제2항 후단에서 "대통령령으로 정하는 이율"이란 연 100분의 15를 말한다.

한편 소비자는 방문판매자 등이 정당한 사유 없이 결제업자에게 대금을 환급하지 아니하는 경우에는 환급받을 금액에 대하여 결제업자에게 그 방문판매자 등에 대한 다른 채무와 상계(相計)할 것을 요청할 수 있다. 이 경우 결제업자는 대통령령으로 정하는 바에 따라 그 방문판매자 등에 대한 다른 채무와 상계할 수 있다(법 제9조 제6항). 그리고 소비자는 결제업자가 이러한 상계를 정당한 사유 없이 게을리한 경우 결제업자에 대하여 대금 결제를 거부할 수 있다. 이 경우 방문판매자 등과 결제업자는 그 결제의 거부를 이유로 해당 소비자를 약정한 날짜 이내에 채무를 변제하지 아니한 자로 처리하는 등 소비자에게 불이익을 주는 행위를 하여서는 아니 된다(법 제9조 제7항).

3) 재화 등의 일부 사용 또는 소비의 경우

방문판매자 등은 이미 재화 등이 사용되거나 일부 소비된 경우에는 그 재화 등을 사용하거나 일부 소비하여 소비자가 얻은 이익 또는 그 재화 등의 공급에 든 비용에 상당하는 금액으로서 ① 재화 등의 사용으로 인하여 소모성 부품의 재판매가 곤란하거나 재판매가격이 현저히 하락하는 경우 : 그 소모성 부품의 공급에 든 비용, ② 여러 개의 동일한 가분물(可分物)로 구성된 재화 등의 경우 : 소비자의 일부 소비로 인하여 소비된 부분의 공급에 든 비용의 지급을 소비자에게 청구할 수 있다(법 제9조 제8항, 영 제16조).

4) 반환비용부담 등

공급받은 재화 등의 반환에 필요한 비용은 방문판매자 등이 부담하며, 방문판매자 등은 소비자에게 청약철회 등을 이유로 위약금 또는 손해배상을 청구할 수 없다(법 제9조 제9항). 또한 방문판매자 등, 재화 등의 대금을 지급받은 자 또는 소비자와 방문판매 등에 관한 계약을 체결한 자가 동일인이 아닌 경우 각자는 재화 등의 대금 환급과 관련한 의무의 이행에 있어 연대하여 책임을 진다(법 제9조 제10항).

사례

① 을이 2014. 10. 10. A사의 갑과 계약을 체결하고 피부미용 화장품과 그 화장품의 견본, 청약철회에 관한 사항이 적혀있는 계약서를 받았다. 그런데 乙이 무상으로 제공받은 견본을 모두 사용해본 결과 피부미백 효과가 뚜렷하지 않다는 느낌이 들자, 乙은 2014. 10. 20. 甲에게 전화를 걸어서 매매계약에 관한 청약을 철회하겠다는 의사를 전달하는 한편, 이미 납부한 할부금의 환급을 요구하였다. 乙은 구입한 화장품의 뚜껑을 개봉해보았을 뿐 사용하지는 않았다. 하지만 甲으로부터 "이미 구입한 지 열흘이 지났을 뿐만 아니라, 전화상으로는 청약철회가 안 되며, 일단 뚜껑을 개봉한 후에는 청약철회를 받아줄 수 없다."라는 답변을 듣게 되었다. 乙의 청약철회가 효력이 있는지를 설명하시오.[104]

② A는 11. 1. 甲 피트니스센터와 전화상으로 가입의사를 밝히고 당일에 이용대금 30만 원을 甲의 은행계좌로 이체하였다. 甲은 고객들에게 적용하기 위해 미리 마련해 둔 계약서를 A에게 전자우편으로 발송하였는

104 경제법 변호사시험 제4회(2015년).

데, A가 받은 계약서에는 청약철회, 중도해지 및 그로 인한 위약금에 관한 내용은 적혀 있지 아니하였다. 그런데 A는 11. 5. 거주지 인근에 새로 문을 연 乙 피트니스센터에서 유사한 프로그램을 더 저렴한 가격에 제공한다는 사실을 알게 되었다. 하지만 이미 甲의 시설을 5일간 이용하였으므로 어쩔 수 없다고 생각하던 중 11. 15. 친구 B로부터 일정 기간 내에는 청약을 철회할 수 있다는 이야기를 듣게 되었다. 이에 甲에 같은 날 철회하고 싶다고 하였으나 甲은 A에게 계약 후 15일이 경과하였고 이미 피트니스센터 시설을 이용하였으므로 청약을 철회할 수 없다고 답변하였다. A의 청약철회 요구에 대한 甲의 답변 내용이 타당한지에 관하여 설명하시오.[105]

③ 계약서는 모두 당일(2022. 9. 1.)에 교부되었고 안마의자는 2022. 9. 10. 각자에게 배송되었다. 乙은 일주일간 안마의자를 사용해 본 결과 본인의 기대에 미치지 못한다고 느끼게 되어 2022. 9. 17. 甲사에 전화를 걸어 청약을 철회하겠다는 뜻을 밝혔다. 하지만 甲사는 매매계약 체결일로부터 16일이 경과한 점, 乙이 안마의자를 이미 사용한 점, 청약철회는 서면으로만 접수한다는 점을 들어서 乙의 청약철회 요구를 받아들이지 않았다. 甲사의 판매행위가 방문판매에 해당한다고 전제할 경우 乙의 청약철회 요구를 거절한 甲사의 조치가 방문판매법상 타당한지를 설명하시오.[106]

4. 소비자에 대한 손해배상청구금액의 제한 등

소비자의 철회권행사의 문제와 별도로 방문판매나 전화권유판매의 경우에도 '소비자에게 책임있는 사유'로 인하여 재화 등의 판매에 관한 계약이 해제된 경우가 있을 수 있고, 이 경우는 원칙적으로 민법상 일반원칙에 따라 손해배상을 청구해야 할 것이다. 그러나 방문판매자 등의 지위가 소비자에 대한 관계에서 우월하다는 점에 비추어 소비자에게 지나치게 많은 배상액을 청구할 우려가 있기 때문에 방문판매법은 다음과 같은 금액에 대금미납에 따른 지연배상금을 더한 금액을 초과하여 배상청구를 해서는 안 된다는 점을 규정하고 있다(법 제10조 제1항).

① 공급한 재화 등이 반환된 경우에는 ⓐ 그 반환된 재화 등의 통상 사용료액 또는 그 사용에 의하여 통상 얻어지는 이익에 상당하는 금액과 ⓑ 반환된 재화 등의 판매가액에서 그 재화 등이 반환된 당시의 가액을 뺀 금액 중 큰 금액
② 공급한 재화 등이 반환되지 아니한 경우에는 그 재화 등의 판매가격에 상당하는 금액

5. 방문판매자 등의 금지행위

방문판매자 등은 다음의 어느 하나에 해당하는 행위를 하여서는 아니 된다(법 제11조 제1항).

① 재화 등의 판매에 관한 계약의 체결을 강요하거나 청약철회 등 또는 계약 해지를 방해할 목적으로 소비자를 위협하는 행위

105 경제법 변호사시험 제9회(2020년).
106 경제법 변호사시험 제12회(2023년).

② 거짓 또는 과장된 사실을 알리거나 기만적 방법을 사용하여 소비자를 유인 또는 거래하거나 청약철회 등 또는 계약 해지를 방해하는 행위
③ 방문판매원 등이 되기 위한 조건 또는 방문판매원 등의 자격을 유지하기 위한 조건으로서 방문판매원 등 또는 방문판매원 등이 되려는 자에게 가입비, 판매 보조 물품, 개인 할당 판매액, 교육비 등 그 명칭이나 형태와 상관없이 대통령령으로 정하는 수준[107]을 초과한 비용 또는 그 밖의 금품을 징수하거나 재화 등을 구매하게 하는 등 의무를 지게 하는 행위
④ 방문판매원 등에게 다른 방문판매원 등을 모집할 의무를 지게 하는 행위
⑤ 청약철회 등이나 계약 해지를 방해할 목적으로 주소·전화번호 등을 변경하는 행위
⑥ 분쟁이나 불만 처리에 필요한 인력 또는 설비가 부족한 상태를 상당 기간 방치하여 소비자에게 피해를 주는 행위
⑦ 소비자의 청약 없이 일방적으로 재화 등을 공급하고 재화 등의 대금을 청구하는 행위
⑧ 소비자가 재화를 구매하거나 용역을 제공받을 의사가 없음을 밝혔음에도 불구하고 전화, 팩스, 컴퓨터통신 등을 통하여 재화를 구매하거나 용역을 제공받도록 강요하는 행위
⑨ 본인의 허락을 받지 아니하거나 허락받은 범위를 넘어 소비자에 관한 정보를 이용(제3자에게 제공하는 경우를 포함한다. 이하 같다)하는 행위[108]

Ⅲ. 다단계판매

1. 다단계판매 규제의 취지

1986년 일본 폴라사와 합작한 한국폴라가 다단계판매방식을 본격적으로 도입했다.[109] 다단계판매는 재화나 용역 등의 거래에 있어서 여러 중간 유통단계를 생략하여 소비자에게 상품을 직접 판매하는 직접판매이다. 최근에는 유통시장의 개방과 함께 외국인 투자기업들의 국내시장 진입을 위한 판매활로로 널리 이용되고 있다. 다단계판매업자로서는 점포유지비·광고비를 절감하고 유통마진을 축소하여 보다 저렴한 가격에 상품을 공급하고, 유통망을 충분히 갖추지 못한 중소기업으로서는 상대적으로 쉽게 시장에 진입할 수 있는 장점이 있다.[110]

---

107 영 제17조(방문판매원 등에 대한 의무 부과 수준) 법 제11조 제1항 제3호에서 "대통령령으로 정하는 수준"이란 방문판매원 등이 되려는 자 또는 방문판매원 등 1인당 연간 2만원을 말한다.

108 다만, 다음과 같은 경우에는 제외된다.
① 재화 등의 배송 등 소비자와의 계약을 이행하기 위하여 불가피한 경우로서 대통령령으로 정하는 경우
② 재화 등의 거래에 따른 대금을 정산하기 위하여 필요한 경우
③ 도용을 방지하기 위하여 본인임을 확인할 때 필요한 경우로서 대통령령으로 정하는 경우
④ 법률의 규정 또는 법률에 따라 필요한 불가피한 사유가 있는 경우

109 강경훈 외 2인, "다단계 및 방문 판매방식의 이론적 비교 – 판매원 유인구조를 중심으로–", 「규제연구」 제17권 제1호, 2008, 73면.

110 헌법재판소 2012. 4. 24. 자 2009헌바329 결정.

그러나 다단계판매가 우리나라와 같이 강한 연고주의를 배경으로 하는 사회에서 판매방식으로 유용될 때에는 그 피해가 클 수 있다. 즉 다단계판매가 직접적인 대인판매·연고판매에 의존하여 판매조직의 확대에 따른 이익의 증가를 미끼로 사행성을 유발하고 소비자 피해를 양산할 가능성이 있기 때문이다.[111] 불법적인 형태의 다단계판매, 소위 피라미드판매는 다단계판매와는 그 조직구성상에는 차이가 없으나 후원수당의 산정기준과 그 범위가 정하여져 있지 아니하고 상품의 판매 또는 용역의 제공보다는 판매원의 신규가입에 지나치게 의존하여 판매실적에 따른 수당의 지급이 아닌 가입실적에 의한 이익의 제공형태와 조직에 가입하거나 승진하는 경우에 다액의 금전적 부담을 지게 하는 것이 특징이다.[112] 이러한 경우에 조직 자체가 사행성 조직으로 변질될 우려가 있고 무분별하게 조직이 확장되어 그로 인한 소비자의 피해가 급증하게 된다. 방문판매법은 다단계판매방식에 대한 여러 규제를 가하고 있는 것이다.

2. 다단계판매 및 후원방문판매의 의의

다단계판매의 정의는 방문판매법상 등록의무, 소비자에 대한 정보제공의무, 청약철회권 인정, 손해배상청구금액의 제한, 미등록 다단계판매조직 개설행위에 관한 형사처벌, 다단계판매조직과 비슷하게 단계적으로 가입한 자로 구성된 조직 이용 범죄행위의 적용 등의 기준이 된다. 현행 방문판매법은 다단계판매를 다시 정의하고 후원방문판매라는 개념을 새로 도입하였다.

가. 다단계판매의 의의

"다단계판매"란 ① 판매업자에 속한 판매원이 특정인을 해당 판매원의 하위 판매원으로 가입하도록 권유하는 모집방식이 있을 것, ② 판매원의 가입이 3단계(다른 판매원의 권유를 통하지 아니하고 가입한 판매원을 1단계 판매원으로 한다) 이상 단계적으로 이루어질 것. ③ 판매업자가 판매원에게 ⅰ. 판매원의 수당에 영향을 미치는 다른 판매원들의 재화 등의 거래실적 또는 ⅱ. 판매원의 수당에 영향을 미치는 다른 판매원들의 조직관리 및 교육훈련 실적에 해당하는 후원수당을 지급하는 방식을 가지고 있을 것을 모두 충족하는 판매조직("다단계판매조직")을 통하여 재화 등을 판매하는 것을 말한다(법 제2조 제5호).

그리고, 방문판매법이 정하는 "후원수당"이란 판매수당·알선 수수료·장려금·후원금 등 그 명칭 및 지급형태를 불문하고, 다단계판매업자가 ① 판매원 자신의 재화 등의 거래실적, ② 판매원의 수당에 영향을 미치는 다른 판매원들의 재화 등의 거래실적, ③ 판매원의 수당에 영향을 미치는 다른 판매원들의 조직관리 및 교육훈련 실적, ④ 기타 판매원들의 판매활동을 장려하거나 보상하기 위하여 지급되는 일체의 경제적 이익을 말한다(법 제2조 제9호).

---

111 대법원 2005. 11. 25. 선고 2005도977 판결.
112 박수영, 『소비자법해설』(제2판), 도서출판 피데스, 2013, 423면.

나. 후원방문판매의 의의

"후원방문판매"는 법상 방문판매 및 다단계판매의 요건에 해당하되, 특정 판매원의 구매·판매 실적 및 이에 직접적으로 영향을 미치는 교육훈련·조직관리 활동이 그 직근 상위판매원 1인의 후원수당에만 영향을 미치는 후원수당 지급방식을 가진 경우로서,[113] 이에 해당할 경우에 법상 방문판매나 다단계판매에는 해당하지 아니하는 것으로 본다(법 제2조 제7호).

① 방문판매는 사업장 외의 장소에서 소비자에게 권유하여 계약의 청약을 받거나 계약을 체결하는 것을 요건으로 하고, ② 다단계판매는 특정인을 하위 판매원으로 가입하도록 권유하는 방식에 따라 판매원의 가입이 3단계 이상으로 운영되며, 다른 판매원의 실적에 따른 후원수당이 지급되는 것을 요건으로 한다. ③ 후원수당 1단계 지급방식이란 판매원 자신과 그 직하위 판매원의 실적에 대해서만 후원수당이 지급되는 것이다.

이 때 포함되지 않는 후원수당으로는 시간당 교육비 등 구매·판매 실적과 관계없이 미리 마련한 기준에 따라 부정기적으로 지급되는 교육훈련비, 모든 판매원에게 똑같이 지급되는 상여금 또는 시용제품, 실제 지출된 비용을 기준으로 지원하는 사업자 운영지원비이다(법 제2조 제7호, 영 제3조). 현행 방문판매법은 후원방문판매의 경우에 대하여 다단계판매에 적용되는 판매원 및 소비자 보호에 관한 규정들을 대부분 준용하고 있다(법 제29조 제3항).[114]

3. 등록제도 등

방문판매법은 방문판매업자는 자치구의 구청장에 신고하도록 하고 있으나(법 제5조 제1항, 영 제8조 제1항) 다단계판매업자는 다단계판매업을, 후원방문판매업자는 후원방문판매업을 시·도지사에게 등록하여야 한다(법 제13조 제1항, 제29조 제3항 제1호, 영 제20조 제1항).[115] 다단계판매업자는 다단계판매업을 등록하려면 요구되는 것으로 ① 등록신청서, ② 자본금 5억원 이상임을 증명하는 서류, ③ 소비자피해보상보험계약 등의 체결 증명서류, ④ 후원수당의 산정 및 지급 기준에 관한 서류, ⑤ 재고관리, 후원수당 지급 등 판매의 방법에 관한 사항을 적은 서류이다.[116] 다단계판매원으로 가입하려는 사람은 다단계판매업자에게 등록하여야 하고(법 제15조 제1항). 다단계판매업자는 그가

---

113 다만, 영 제3조는 1. 시간당 교육비 등 구매·판매 실적과 관계없이 미리 마련한 기준에 따라 부정기적으로 지급되는 교육훈련비, 2. 모든 판매원에게 똑같이 지급되는 상여금 또는 시용(試用)제품, 실제 지출된 비용을 기준으로 지원하는 사업장 운영지원비에 해당하는 후원수당을 지급하는 것은 후원방문판매의 성립요건인 후원수당 지급방식에서 포함되지 않는다고 규정하고 있다.

114 후원방문판매업자는 최종소비자 판매비중이 70% 이상인 경우에는 후원수당 총액 35% 제한, 소비자피해보상보험 등 계약체결, 재화 등의 160만 원 가격제한의무를 적용받지 않는다(제29조 제2항). 단, 후원방문판매업자의 후원수당 총액은 38%이다(제29조 제3항 제2호).

115 다단계판매업자의 결격사유는 법 제14조에, 다단계판매원의 결격사유는 법 제15조에 규정되어 있다.

116 공정거래위원회의 후원방문판매업 등록 매뉴얼에 의하면, 후원방문판매업 등록의 경우에는 다단계판매업과는 달리 자본금의 규모 및 이를 증명하는 서류는 불필요하고(법 제29조 제3항 제1호 단서), 소비자피해보상보험계약 등 체결 증명서류에 대신하여 최종소비자 판매비중이 70% 이상임을 증명하는 서류를 제출할 수 있다(법 제29조 제2항).

관리·운영하는 다단계판매조직에 가입한 다단계판매원에게 다단계판매원 등록증을 발급하여야 하고(법 제15조 제3항) 다단계판매원 등록부를 작성하고, 소비자피해의 방지 또는 구제를 위하여 소비자가 요청하는 경우에는 소비자로 하여금 등록된 다단계판매원의 신원을 확인할 수 있도록 하여야 한다(법 제15조 제4항). 또한 다단계판매업자는 등록한 다단계판매원에게 다단계판매원 수첩(전자기기 포함)을 실물의 형태로 발급하여야 한다. 그 수첩의 기재사항은 ① 후원수당의 산정 및 지급기준, ② 하위판매원의 모집 및 후원에 관한 사항, ③ 재화 등의 반환 및 다단계판매원의 탈퇴에 관한 사항, ④ 다단계판매원이 지켜야 할 사항이다(법 제15조 제5항). 방문판매법은 다단계판매업자와 후원방문판매업자에게 엄격하게 등록하도록 되어 있고 다단계판매원에 한하여 다단계판매업자에게 등록하도록 하고 다단계판매업자에 다단계판매원 수첩을 발급하게 하고 있다.

4. 계약체결 전의 정보제공 및 계약체결에 따른 계약서 교부의무

다단계판매자는 재화 등의 판매에 관한 계약을 체결하기 전에 소비자가 계약의 내용을 이해할 수 있도록 다음의 사항을 설명하여야 하고(법 제16조, 제7조 제1항), 재화 등의 판매에 관한 계약을 체결할 때에는 동일한 내용이 기재된 계약서를 소비자에게 발급하여야 한다(법 제16조, 제7조 제2항). 소비자로 하여금 계약체결을 신중하게 하고 그 내용을 명확하게 함으로써 분쟁을 사전에 예방하고, 분쟁이 발생한 경우에도 그 해결을 용이하게 하고 있다.

설명의 내용 및 발급하는 계약서의 기재 내용은 다음과 같다.

① 다단계판매업자의 성명(법인인 경우에는 대표자의 성명을 말한다), 상호, 주소, 전화번호 및 전자우편주소
② 다단계판매원의 성명, 주소, 전화번호 및 전자우편주소. 다만, 다단계판매업자가 소비자와 직접 계약을 체결하는 경우는 제외한다.
③ 재화 등의 명칭, 종류 및 내용
④ 재화 등의 가격과 그 지급의 방법 및 시기
⑤ 재화 등을 공급하는 방법 및 시기
⑥ 청약의 철회 및 계약의 해제(이하 "청약철회 등"이라 한다)의 기한·행사방법·효과에 관한 사항 및 청약철회 등의 권리 행사에 필요한 서식으로서 총리령으로 정하는 것
⑦ 재화 등의 교환·반품·수리보증 및 그 대금 환불의 조건과 절차
⑧ 전자매체로 공급할 수 있는 재화 등의 설치·전송 등과 관련하여 요구되는 기술적 사항
⑨ 소비자피해 보상, 재화 등에 대한 불만 및 소비자와 사업자 사이의 분쟁 처리에 관한 사항
⑩ 거래에 관한 약관
⑪ 그 밖에 소비자의 구매 여부 판단에 영향을 주는 거래조건 또는 소비자피해 구제에 필요한 사항으로서 대통령령으로 정하는 사항[117]

다단계판매자는 재화 등의 계약을 미성년자와 체결하려는 경우에는 법정대리인의 동의를 받아야 한다. 이 경우 법정대리인의 동의를 받지 못하면 미성년자 본인 또는 법정대리인이 계약을 취소할 수 있음을 알려야 한다(법 제16조, 제7조 제3항).

5. 청약의 철회권

방문판매법은 다단계판매의 경우에 인정되는 청약의 철회를 소비자의 경우와 다단계판매원의 경우를 나누어 규정하고 있다.

가. 다단계판매자와 소비자 간의 청약철회 및 그 제한

다단계판매는 대개 방문판매의 형식을 취하는 경우가 많다. 따라서 방문판매에 있어서와 마찬가지로 충동구매로부터 소비자를 보호하기 위해 소비자에게 철회권을 인정하고 있으며 이에 따라 방문판매 등에 관한 규정이 준용되고 있다(법 제17조 제1항 본문 및 제8조). 소비자는 계약체결 후 일정한 기간 내에는 아무런 조건 없이 그 청약을 철회할 수 있다. 이는 소비자에게 무조건적인 청약의 철회권을 인정하는 것은 계약은 지켜져야 한다는 사법상의 대원칙에 대한 예외를 인정하는 것으로서, 소비자보호를 위하여 특별히 인정되는 특칙이다.[118]

즉 다단계판매의 방법으로 재화 등의 구매에 관한 계약을 체결한 소비자는 ① 계약서를 받은 날부터(다만, 그 계약서를 받은 날보다 재화 등이 늦게 공급된 경우에는 재화 등을 공급받거나 공급이 시작된 날부터), ② 계약서를 받지 아니한 경우, 방문판매자 등의 주소 등이 적혀 있지 아니한 계약서를 받은 경우, 방문판매자 등의 주소 변경 등의 사유로 제1호에 따른 기간 이내에 청약철회 등을 할 수 없는 경우 중 어느 하나의 경우에는 방문판매자 등의 주소를 안 날 또는 알 수 있었던 날부터, ③ 계약서에 청약철회 등에 관한 사항이 적혀 있지 아니한 경우에는 청약철회 등을 할 수 있음을 안 날 또는 알 수 있었던 날부터, ④ 방문판매업자 등이 청약철회 등을 방해한 경우에는 그 방해 행위가 종료한 날부터 각 14일(거래 당사자 사이에 다음 각 호의 기간보다 긴 기간으로 약정한 경우에는 그 기간) 이내에 그 계약에 관한 청약철회 등을 할 수 있다(법 제17조 제1항 본문 및 제8조 제1항). 다만, 소비자가 다단계판매원과 재화 등의 구매에 관한 계약을 체결한 경우 그 소비자는 다단계판매원에 대하여 우선적으로 청약철회 등을 하고, ① 다단계판매원 또는 후원방문판매원의 주소·전화번호 또는 전자우편주소 등 연락처의 변경이나 소재 불명 등의 사유로 청약철회 등을 할 수 없는 경우, ② 해당 다단계판매원 또는 후원방문판매원에게 청약철회 등을 하더라도 대금 환급 등의 효과를 기대하기 어려운 경우에만 그 재화 등을 공급한 다단계판매업자에 대하여

117 영 제11조(계약서의 기재사항) 법 제7조 제1항 제11호에서 "대통령령으로 정하는 사항"이란 다음 각 호의 사항을 말한다.
1. 재화 등의 가격 외에 소비자가 추가로 부담하여야 할 사항이 있는 경우 그 내용 및 금액
2. 판매일시·판매지역·판매수량·인도지역 등 판매조건과 관련하여 제한이 있는 경우 그 내용

118 사법연수원, 『약관규제와 소비자보호 연구』, 2011, 198면.

청약철회 등을 할 수 있다(법 제17조 제1항 단서, 영 제24조).

그러나 소비자의 청약 철회권을 광범위하게 인정하게 되면 다단계판매업자에게 가혹할 수 있으므로 소비자는 ①소비자에게 책임이 있는 사유로 재화 등이 멸실 또는 훼손된 경우(다만, 재화 등의 내용을 확인하기 위하여 포장 등을 훼손한 경우는 제외), ② 소비자가 재화 등을 사용하거나 또는 일부 소비하여 그 가치가 현저히 낮아진 경우, ③ 시간이 지남으로써 다시 판매하기 어려울 정도로 재화 등의 가치가 현저히 낮아진 경우, ④ 복제할 수 있는 재화 등의 포장을 훼손한 경우, ⑤ 그 밖에 거래의 안전을 위하여 대통령령이 정하는 경우[119] 에는 다단계판매업자의 의사와 다르게 청약철회 등을 할 수 없다(법 제17조 제1항 본문 및 제8조 제2항). 다만, 다단계판매업자는 청약을 철회할 수 없는 재화 등에 대하여는 그 사실을 재화 등의 포장이나 그 밖에 소비자가 쉽게 알 수 있는 곳에 분명하게 표시하거나 시용(試用) 상품을 제공하는 등의 방법으로 소비자가 청약을 철회하는 것이 방해받지 아니하도록 조치하여야 함에도 그 조치를 하지 아니한 경우에는 재화 등의 사용·소비, 재화 등의 가치의 현저한 하락, 포장 훼손의 경우에도 청약을 철회할 수 있다. 소비자는 재화 등의 내용이 표시·광고의 내용과 다르거나 계약 내용과 다르게 이행된 경우에는 그 재화 등을 공급받은 날부터 3개월 이내에, 그 사실을 안 날 또는 알 수 있었던 날부터 30일 이내에 청약철회 등을 할 수 있다(법 제17조 제1항 본문 및 제8조 제3항).

청약철회 등을 서면으로 하는 경우에는 청약철회 등의 의사를 표시한 서면을 발송한 날에 그 효력이 발생한다(법 제17조 제1항 본문 및 제8조 제4항).

나. 다단계판매업자와 다단계판매원간의 청약의 철회

일반 소비자가 행사할 수 있는 청약철회와는 달리 다단계판매의 방법으로 재화 등의 구매에 관한 계약을 체결한 다단계판매원은 계약을 체결한 날부터 3개월 이내에 서면으로 그 계약에 관한 청약철회 등을 할 수 있다(법 제17조 제2항). 다단계판매업자보다 열위에 있는 다단계판매원을 보호하기 위한 규정이다.[120] 다만 재고 보유에 관하여 다단계판매업자에게 거짓으로 보고하는 등의 방법으로 과다하게 재화 등의 재고를 보유한 경우, 다시 판매하기 어려울 정도로 재화 등을 훼손한 경우, 그 밖에 대통령령으로 정하는 경우[121]에는 철회할 수 없다.

---

119 영 제12조(청약철회 등의 제한) 법 제8조 제2항 제5호에서 "대통령령으로 정하는 경우"란 소비자의 주문에 의하여 개별적으로 생산되는 재화 등에 대한 것으로서 청약의 철회 및 계약의 해제(이하 "청약철회 등"이라 한다)를 인정하면 방문판매자 또는 전화권유판매자(이하 "방문판매자 등"이라 한다)에게 회복할 수 없는 중대한 피해가 예상되는 경우로서 사전에 해당 거래에 대하여 별도로 그 사실을 고지하고 소비자의 서면(전자문서를 포함한다) 동의를 받은 경우를 말한다.

120 다단계판매업자와 다단계판매원간의 계약의 경우 종전에는 철회권행사기간을 제한하지 않았으나, 계약체결일로부터 3월 이내로 제한하고 있다(제2항).

121 영 제25조(다단계판매원 및 후원방문판매원이 청약철회 등을 할 수 없는 경우) 법 제17조 제2항 제3호(법 제29조 제3항에 따라 준용되는 경우를 포함한다)에서 "대통령령으로 정하는 경우"란 다음 각 호의 어느 하나에 해당하는 경우를 말한다.
1. 다단계판매원 또는 후원방문판매원에게 책임이 있는 사유로 재화 등이 멸실되거나 훼손된 경우. 다만, 재화 등의 내용을 확인하기 위하여 포장 등을 훼손한 경우는 제외한다.
2. 재화 등을 일부 사용하거나 소비하여 그 가치가 현저히 낮아진 경우. 다만, 청약철회 등이 불가능하다는 사실을 재화 등의 포장이나 그 밖에 쉽게 알 수 있는 곳에 분명하게 표시하거나 시용 상품을 제공하는 등의 방법으로 재화 등의

다. 청약의 철회권 행사의 효과

1) 반환 및 환불

방문판매법의 규정에 따라 소비자나 다단계판매원이 다단계판매의 계약에 대한 청약을 철회한 경우 그 효과는 원칙적으로 방문판매와 동일하다. 다단계판매의 특성을 고려하여 특칙을 규정하고 있다. 즉, 다단계판매의 상대방(다단계판매자가 다단계판매원 또는 소비자에게 판매한 때에는 다단계판매원 또는 소비자를, 다단계판매원이 소비자에게 판매한 때에는 소비자를 말함)은 청약철회 등을 한 경우에는 이미 공급받은 재화 등을 반환하여야 하며(법 제18조 제1항), 다단계판매자(상대방으로부터 재화 등의 대금을 지급받은 자 또는 상대방과 다단계판매에 관한 계약을 체결한 자를 포함)는 재화 등을 반환받은 날부터 3영업일 이내에 이미 지급받은 재화 등의 대금을 환급하여야 한다(법 제18조 제2항 본문). 다만, 다단계판매업자가 다단계판매원에게 재화 등의 대금을 환급할 때에는 대통령령[122]으로 정하는 범위의 비용을 공제할 수 있으며, 다단계판매자가 상대방에게 재화 등의 대금 환급을 지연하였을 때에는 그 지연기간에 대한 지연배상금을 지급하여야 한다.

그 밖에 다단계판매의 계약에 관한 청약철회의 효과는 방문판매의 경우와 동일하다. 다단계판매자는 재화 등의 일부가 이미 사용되거나 소비된 경우에는 그 재화 등을 사용하거나 일부 소비하여 상대방이 얻은 이익 또는 그 재화 등의 공급에 든 비용에 상당하는 금액의 지급을 그 상대방에게 청구할 수 있다(법 제18조 제7항). 다단계판매자, 상대방으로부터 재화 등의 대금을 지급받은 자 또는 상대방과 다단계판매에 관한 계약을 체결한 자가 동일인이 아닌 경우 각자는 재화 등의 대금 환급과 관련한 의무의 이행에 있어 연대하여 책임을 진다(법 제18조 제9항).

상대방이 신용카드 등으로 대금을 지급한 계약에 대하여 청약철회 등을 한 경우에는 다단계판매자는 지체 없이 그 결제업자에게 재화 등의 대금 청구를 정지하거나 취소할 것을 요청하여야 한다(법 제18조 제3항 본문). 다만, 다단계판매자가 결제업자로부터 해당 재화 등의 대금을 이미 지급받은 경우에는 지체 없이 이를 결제업자에게 환급하고 그 사실을 상대방에게 알려야 하며, 환급이 지연

일부 사용 등에 의하여 청약철회 등의 권리행사가 방해받지 아니하도록 조치한 경우로 한정한다.
3. 복제할 수 있는 재화 등의 포장을 훼손한 경우
4. 소비자 또는 다단계판매원·후원방문판매원의 주문에 의하여 개별적으로 생산되는 재화 등에 대한 것으로서 청약철회 등을 인정하면 다단계판매업자 또는 후원방문판매업자에게 회복할 수 없는 중대한 피해가 예상되는 경우로서 사전에 해당 거래에 대하여 별도로 그 사실을 고지하고 소비자 또는 다단계판매원·후원방문판매원의 서면(전자문서를 포함한다) 동의를 받은 경우

122 영 제26조(재화 등의 대금 환급 시 비용 공제) 법 제18조 제2항 단서 및 제29조 제3항에 따라 다단계판매업자 또는 후원방문판매업자가 재화 등의 대금을 환급할 때 비용을 공제할 수 있는 경우는 다단계판매원 또는 후원방문판매원이 재화 등을 공급받은 날부터 1개월이 지난 후에 공급받은 재화 등을 반환한 경우로 한정하되, 공제할 수 있는 비용의 한도는 다음 각 호의 구분에 따른다. 다만, 다단계판매업자 또는 후원방문판매업자의 등록이 취소되어 반환하는 경우에는 다음 각 호의 구분에 따른 금액의 2분의 1에 해당하는 금액을 한도로 한다.
1. 공급일부터 1개월이 지난 후 2개월 이내에 반환하는 경우 : 그 재화 등의 대금의 5퍼센트 이내로서 당사자 간에 약정한 금액
2. 공급일부터 2개월이 지난 후 3개월 이내에 반환하는 경우 : 그 재화 등의 대금의 7퍼센트 이내로서 당사자 간에 약정한 금액

되어 상대방이 대금을 결제한 경우에는 결제한 날 이후의 지연기간에 대한 지연배상금을 상대방에게 지급하여야 한다(법 제18조 제3항 단서).

2) 반환비용 등

청약철회 등의 경우 공급받은 재화 등의 반환에 필요한 비용은 다단계판매자가 부담하며, 다단계판매자는 상대방에게 위약금 또는 손해배상을 청구할 수 없다(법 제18조 제8항). 본 규정은 일반 소비자가 행사할 수 있는 청약철회의 경우만 적용되는 것으로 다단계판매원이 청약철회 등을 행한 경우에는 재화 등의 반환비용이나 위약금, 손해배상의 청구에 대한 사항은 당사자 간의 합의에 따른다.

6. 손해배상청구금액의 제한

소비자에게 책임 있는 사유로 인하여 재화 등의 판매에 대한 계약이 해제된 경우 다단계판매자는 소비자에게 손해배상을 청구할 수 있지만 청구할 수 있는 배상액은 방문판매의 경우와 동일하게 일정한 한도로 제한된다(법 제19조).[123]

7. 다단계판매업자가 지급할 수 있는 후원수당

가. 차별지급의 금지

다단계판매업자는 다단계판매원에게 고지한 후원수당의 산정 및 지급기준과 다르게 후원수당을 산정·지급하거나 그 밖의 부당한 방법으로 다단계판매원을 차별하여 대우하여서는 아니 되며(법 제20조 제1항), 또한 일정수의 하위판매원을 모집하거나 후원하는 것을 조건으로 하위판매원 또는 그 하위판매원의 판매실적에 관계없이 후원수당을 차등하여 지급하여서 아니 된다(법 제20조 제5항).

나. 지급기준의 명확

다단계판매업자는 후원수당의 산정 및 지급기준을 객관적이고 명확하게 정하여야 하며, 후원수당의 산정 및 지급기준을 변경하고자 하는 경우에는 후원수당의 산정 및 지급 기준을 변경하려는 경우에는 변경할 기준, 변경 사유 및 적용일을 명시하여 현행 후원수당의 산정 및 지급 기준과 함께 그 적용일 3개월 이전에 다단계판매원 또는 후원방문판매원에게 통지(전자우편 또는 휴대전화 문자메시지를 이용한 통지를 포함)하여야 한다. 다만, 후원수당의 산정 및 지급 기준의 변경이 다단계판매원 또는 후원방문판매원 모두에게 이익이 되거나 다단계판매원 또는 후원방문판매원 전

---

123 제19조(손해배상청구금액의 제한 등) 소비자에게 책임이 있는 사유로 다단계판매자와의 재화 등의 판매계약이 해제된 경우에는 제10조를 준용한다. 이 경우 "방문판매자 등"은 "다단계판매자"로, "소비자"는 "상대방"으로 본다.

원의 동의를 받은 경우에는 즉시 변경할 수 있다(법 제20조 제2항, 영 제26조 제1항).[124] 또한 다단계판매업자는 다단계판매원이 요구하는 경우 후원수당의 산정·지급 명세 등의 열람을 허용하여야 한다(법 제20조 제4항).

다. 후원수당의 범위

다단계판매업자가 다단계판매원에게 후원수당으로 지급할 수 있는 총액은 다단계판매업자가 다단계판매원에게 공급한 상품가격합계액의 35%를 초과하지 못하도록 하고 있다(법 제20조 제3항).[125]

라. 후원수당 관련 표시·광고 등

다단계판매업자는 다단계판매원이 되려는 사람 또는 다단계판매원에게 다단계판매원이 받게 될 후원수당이나 소매이익(다단계판매원이 재화 등을 판매하여 얻는 이익을 말한다)에 관하여 거짓 또는 과장된 정보를 제공하여서는 아니 된다(법 제21조 제1항). 다단계판매업자는 다단계판매원이 되려는 사람 또는 다단계판매원에게 전체 다단계판매원에 대한 평균 후원수당 등 후원수당의 지급 현황에 관한 정보를 고지하여야 한다(법 제21조 제2항). 다단계판매업자는 다단계조직의 운영 방식 또는 활동 내용에 관하여 거짓 또는 과장된 사실을 유포하여서는 아니 된다(법 제21조 제3항).

8. 다단계판매원의 등록 및 탈퇴

다단계판매업자는 다단계판매원이 되려는 사람 또는 다단계판매원에게 등록, 자격 유지 또는 유리한 후원수당 지급기준의 적용을 조건으로 과다한 재화 등의 구입 등 대통령령으로 정하는 수준[126]을 초과한 부담을 지게 하여서는 아니 된다(법 제22조 제1항). 법 제22조 제1항이 금지하는

---

124 영 제28조(후원수당 산정 및 지급 기준의 변경)
① 법 제20조 제2항 및 제29조 제3항에 따른 후원수당의 산정 및 지급 기준을 변경하려는 경우에는 변경할 기준, 변경 사유 및 적용일을 명시하여 현행 후원수당의 산정 및 지급 기준과 함께 그 적용일 3개월 이전에 다단계판매원 또는 후원방문판매원에게 통지(전자우편 또는 휴대전화 문자메시지를 이용한 통지를 포함한다)하여야 한다. 다만, 후원수당의 산정 및 지급 기준의 변경이 다단계판매원 또는 후원방문판매원 모두에게 이익이 되거나 다단계판매원 또는 후원방문판매원 전원의 동의를 받은 경우에는 즉시 변경할 수 있다.
② 전자우편 또는 휴대전화 문자메시지를 이용한 제1항의 통지는 사전에 전자우편 또는 휴대전화 문자메시지를 통하여 통지받을 것을 명시적으로 동의한 다단계판매원 또는 후원방문판매원에 대해서만 한다.
③ 제1항에 따른 통지를 할 경우 주소 불명 등의 사유로 개별 통지가 불가능한 다단계판매원 또는 후원방문판매원에 대해서는 제1항에 따른 통지사항을 사보(社報)에 게재하거나 1개월 이상의 기간 동안 홈페이지에 게시함으로써 제1항에 따른 통지를 갈음할 수 있다.

125 가격합계액 및 후원수당 등의 구체적인 산정 방법은 ① 가격합계액은 출고 또는 제공 시점을 기준으로 할 것, ② 후원수당 지급액은 그 후원수당의 지급 사유가 발생한 시점을 기준으로 할 것, ③ 가격합계액 및 후원수당은 1년을 단위로 산정할 것(다만, 다단계판매 영업기간이 1년 미만인 경우에는 다단계판매업자의 실제 영업기간을 기준으로 한다), ④ 가격합계액을 산정할 때 위탁의 방법으로 재화 등을 공급하는 경우에는 위탁을 받은 다단계판매업자가 다단계판매원에게 판매한 가격을 기준으로 하고, 중개의 방법으로 재화 등을 공급하는 경우에는 다단계판매자가 중개를 의뢰한 사업자로부터 받은 수수료를 기준으로 한다(법 제20조 제3항).

126 영 제29조(다단계판매원 또는 후원방문판매원에 대한 부담 범위) 법 제22조 제1항(법 제29조 제3항에 따라 준용되는 경우를 포함한다)에서 "대통령령으로 정하는 수준"이란 연간 5만원을 말한다. 이 경우 다단계판매원 또는 후원방문판매

'재화 구입 등 부담 부과 행위'는 판매원으로 하여금 일정한 수준 이상의 물품 구매실적을 달성할 것을 그 등록과 자격유지의 조건으로 요구하는 것을 의미한다.[127]

다단계판매자는 다단계판매원에게 일정 수의 하위판매원을 모집하도록 의무를 지게 하거나, 특정인을 그의 동의 없이 자신의 하위판매원으로 등록하여서는 아니 된다(법 제22조 제2항). 다단계판매원은 언제든지 다단계판매업자에게 탈퇴 의사를 표시하고 탈퇴할 수 있으며, 다단계판매업자는 다단계판매원의 탈퇴에 조건을 붙여서는 아니 된다(법 제22조 제4항). 다단계판매업자는 탈퇴한 다단계판매원의 판매행위 등으로 소비자피해가 발생하지 아니하도록 다단계판매원 수첩을 회수하는 등 필요한 조치를 하여야 한다(법 제22조 제5항).

사례

주식회사 아이에프씨아이는 후원수당 산정 및 지급기준에 따라 자신의 회원을 총 8단계(회원, 브론즈, 골드FC, 루비FC, 사파이어FC, 에머랄드FC, 다이아몬드FC, 크라운FC)의 직급으로 구분하여 후원수당의 지급기준을 달리하고 있다. 회원등록신청서를 제출한 가장 하위의 일반회원에 대해서는 후원수당을 지급하지 않고 브론즈 직급 이상에게만 후원수당을 지급하는 방식으로 다단계판매조직을 운영하면서, 일반회원에게 브론즈 직급 승급조건으로 '본인이 직접 구입하거나 타인에게 판매함으로써 본인 명의의 매출을 발생시키도록'제시하였다. 이는 다단계판매원이 되려는 자에게 다단계판매원으로의 등록조건을 제시한 것에 해당한다.[128] 이에 공정거래위원회는 주식회사 아이에프씨아이에게 행위금지명령을 부과하였다.[129]

9. 다단계판매자의 금지행위

다단계판매자는 다음 각 호의 어느 하나에 해당하는 행위를 하여서는 아니 된다(법 제23조 제1항).

① 재화 등의 판매에 관한 계약의 체결을 강요하거나 청약철회 등 또는 계약 해지를 방해할 목적으로 상대방을 위협하는 행위

② 거짓 또는 과장된 사실을 알리거나 기만적 방법을 사용하여 상대방과의 거래를 유도하거나 청약철회 등 또는 계약 해지를 방해하는 행위 또는 재화 등의 가격·품질 등에 대하여 거짓 사실을 알리거나 실제보다도 현저히 우량하거나 유리한 것으로 오인시킬 수 있는 행위

③ 청약철회 등이나 계약 해지를 방해할 목적으로 주소·전화번호 등을 변경하는 행위

④ 분쟁이나 불만 처리에 필요한 인력 또는 설비가 부족한 상태를 상당 기간 방치하여 상대방에게 피해를 주는 행위

원이 되려는 자, 다단계판매원·후원방문판매원 또는 그 하위판매원의 판매실적과 구매실적에 따라 후원수당의 지급기준을 달리하는 행위는 재화 등을 구매하도록 하는 부담으로 보지 아니한다.

127 대법원 2007. 10. 25. 선고 2007도6241 판결.

128 법 제22조 제1항, 영 제28조.

129 공정거래위원회 2016. 6. 3. 의결 제2016-151호, 2015특수1877.

⑤ 상대방의 청약이 없는데도 일방적으로 재화 등을 공급하고 재화 등의 대금을 청구하는 등 상대방에게 재화 등을 강제로 판매하거나 하위판매원에게 재화 등을 판매하는 행위
⑥ 소비자가 재화를 구매하거나 용역을 제공받을 의사가 없음을 밝혔는데도 전화, 팩스, 컴퓨터 통신 등을 통하여 재화를 구매하거나 용역을 제공받도록 강요하는 행위
⑦ 다단계판매업자에게 고용되지 아니한 다단계판매원을 다단계판매업자에게 고용된 사람으로 오인하게 하거나 다단계판매원으로 등록하지 아니한 사람을 다단계판매원으로 활동하게 하는 행위
⑧ 제37조에 따른 소비자피해보상보험계약 등을 체결하지 아니하고 영업하는 행위
⑨ 상대방에게 판매하는 개별 재화 등의 가격을 대통령령으로 정하는 금액[130]을 초과하도록 정하여 판매하는 행위(다단계판매상품 등에 대한 가격제한제도)
⑩ 본인의 허락을 받지 아니하거나 허락받은 범위를 넘어 소비자에 관한 정보를 이용하는 행위. 다만, 아래의 경우는 제외한다.
- 재화 등의 배송 등 소비자와의 계약을 이행하기 위하여 불가피한 경우
- 재화 등의 거래에 따른 대금을 정산하기 위하여 필요한 경우
- 도용을 방지하기 위하여 본인임을 확인할 때 필요한 경우
- 법률의 규정 또는 법률에 따라 필요한 불가피한 사유가 있는 경우

⑪ 다단계판매조직 및 다단계판매원의 지위를 양도·양수하는 행위. 다만, 다단계판매원의 지위를 상속하는 경우 또는 사업의 양도·양수·합병의 경우에는 그러하지 아니하다.

10. 사행적 판매원 확장행위 등의 금지

누구든지 다단계판매조직 또는 이와 비슷하게 단계적으로 가입한 자로 구성된 조직을 이용하여 다음 각 호의 어느 하나에 해당하는 행위를 하여서는 아니 된다(법 제24조 제1항).

① 재화 등의 거래 없이 금전거래를 하거나 재화 등의 거래를 가장하여 사실상 금전거래만을 하는 행위로서 다음 각 목의 어느 하나에 해당하는 행위
- 판매원에게 재화 등을 그 취득가격이나 시장가격보다 10배 이상과 같이 현저히 높은 가격으로 판매하면서 후원수당을 지급하는 행위
- 판매원과 재화 등의 판매계약을 체결한 후 그에 상당하는 재화 등을 정당한 사유 없이 공급하지 아니하면서 후원수당을 지급하는 행위
- 그 밖에 판매업자의 재화 등의 공급능력, 소비자에 대한 재화 등의 공급실적, 판매업자와 소비자 사이의 재화 등의 공급계약이나 판매계약, 후원수당의 지급조건 등에 비추어 그

130 영 제30조(판매상품 등에 대한 가격 제한) 법 제23조 제1항 제9호(법 제29조 제3항에 따라 준용되는 경우를 포함한다)에서 "대통령령으로 정하는 금액"이란 160만 원(부가가치세가 포함된 금액으로 한다)을 말한다.

거래의 실질이 사실상 금전거래인 행위

② 판매원 또는 판매원이 되려는 자에게 하위판매원 모집 자체에 대하여 경제적 이익을 지급하거나 정당한 사유 없이 후원수당 외의 경제적 이익을 지급하는 행위

③ 제20조 제3항(제29조 제3항에 따라 준용되는 경우를 포함한다)에 위반되는 후원수당의 지급을 약속하여 판매원을 모집하거나 가입을 권유하는 행위

④ 판매원 또는 판매원이 되려는 자에게 가입비, 판매 보조 물품, 개인 할당 판매액, 교육비 등 그 명칭이나 형태와 상관없이 10만 원 이하로서 대통령령으로 정하는 수준[131]을 초과한 비용 또는 그 밖의 금품을 징수하는 등 의무를 부과하는 행위

제24조 제1항 제4호가 금지하는 '금품 징수 등 의무 부과 행위'는 물품 구매가 없더라도 무조건 어떠한 명목으로든 일정한 수준 이상의 금품을 납부할 의무를 판매원에게 부과하는 것을 의미한다고 해석한다.[132]

⑤ 판매원에 대하여 상품권[그 명칭이나 형태와 상관없이 발행자가 일정한 금액이나 재화 등의 수량이 기재된 무기명증표를 발행하고 그 소지자가 발행자 또는 발행자가 지정하는 자(이하 이 조에서 "발행자 등"이라 한다)에게 이를 제시 또는 교부하거나 그 밖의 방법으로 사용함으로써 그 증표에 기재된 내용에 따라 발행자 등으로부터 재화 등을 제공받을 수 있는 유가증권을 말한다]을 판매하는 행위로서 다음 각 목의 어느 하나에 해당하는 행위

- 판매업자가 소비자에게 판매한 상품권을 다시 매입하거나 다른 자로 하여금 매입하도록 하는 행위
- 발행자 등의 재화 등의 공급능력, 소비자에 대한 재화 등의 공급실적, 상품권의 발행규모 등에 비추어 그 실질이 재화 등의 거래를 위한 것으로 볼 수 없는 수준의 후원수당을 지급하는 행위

⑥ 사회적인 관계 등을 이용하여 다른 사람에게 판매원으로 등록하도록 강요하거나 재화 등을 구매하도록 강요하는 행위

⑦ 판매원 또는 판매원이 되려는 사람에게 본인의 의사에 반하여 교육·합숙 등을 강요하는 행위

---

131 영 제33조(의무 부과 수준) 법 제24조 제1항 제4호(법 제29조 제3항에 따라 준용되는 경우를 포함한다)에서 "대통령령으로 정하는 수준"이란 다음 각 호의 구분에 따른 금액으로서 연간 총합계 5만원을 말한다.
1. 다단계판매원 또는 후원방문판매원의 가입비 또는 회원자격 갱신의 경우 : 1만원. 이 경우 가입비 및 갱신회비는 가입 및 갱신을 위하여 다단계판매업자 또는 후원방문판매업자가 지출하는 실제 비용을 초과할 수 없다.
2. 판매 보조 물품을 구입하도록 의무를 부과하는 경우 : 다단계판매원 또는 후원방문판매원 1인당 연간 3만원. 이 경우 판매 보조 물품의 공급대가로 다단계판매원 또는 후원방문판매원으로부터 징수하는 금액은 다단계판매업자 또는 후원방문판매업자가 그 판매 보조 물품을 공급하는 데 드는 비용(그 비용이 판매 보조 물품의 시장가격 상당액을 초과하는 경우에는 시장가격을 말한다)을 초과할 수 없다.
3. 교육을 받도록 의무를 부과하는 경우 : 소비자보호 등을 위한 법령 준수에 관한 교육 등 공정거래위원회가 정하는 내용의 교육으로 한정하며, 다단계판매원 또는 후원방문판매원 1인당 연간 3만원. 이 경우 징수하는 교육비는 실제 비용을 초과할 수 없다.

132 대법원 2007. 10. 25. 선고 2007도6241 판결.

⑧ 판매원을 모집하기 위한 것이라는 목적을 명확하게 밝히지 아니하고 취업·부업 알선, 설명회, 교육회 등을 거짓 명목으로 내세워 유인하는 행위

다단계판매업자는 다단계판매원으로 하여금 위 금지행위를 하도록 교사하거나 방조하여서는 아니 된다(법 제24조 제2항).

Ⅳ. 계속거래 및 사업권유거래

1. 계속거래 및 사업권유거래의 의의

방문판매법상 계속거래는 1개월 이상에 걸쳐 계속적으로 또는 부정기적으로 재화 등을 공급하는 계약으로서 중도에 해지할 경우 대금 환급의 제한 또는 위약금에 관한 약정이 있는 거래를 말한다(법 제2조 제10호). 학습지, 결혼정보, 이동통신서비스, 스포츠센터, 콘도회원권 등을 1월 이상의 기간 동안 수회 제공받거나 또는 이용하는 거래로서 중도해지 할 경우 대금환급의 제한 또는 위약금에 관한 약정이 있는 경우 계속거래에 해당한다.

방문판매법상 사업권유거래는 사업자가 소득기회를 알선, 제공하는 방법으로 거래상대방을 유인하여 금품을 수수하거나 재화 등을 구입하게 하는 거래를 의미한다(법 제2조 제11호). 속기록 번역 등의 아르바이트 일감을 주면서, 보다 유리한 조건으로 아르바이트를 하기 위해서는 자격증 등을 취득해야 한다며 교재 구입 및 인터넷 학원 수강을 하도록 하는 경우가 전형적인 '사업권유거래'에 해당된다(단 아르바이트 일감을 주지 않고 단순히 자격증 취득을 위한 교재구매를 권유하는 경우는 사업권유거래에는 해당되지 않는다).

사례

甲 피트니스센터는 과거에 회원으로 등록되어 있던 고객들을 상대로 2019. 11. 1. '동계 특별프로모션'에 관한 휴대전화 문자메시지를 발송하여 이용료 할인 및 요가수업 3회 무료 수강이 포함된 프로그램 정보를 제공하는 한편, 문자메시지 하단에 甲의 전화번호를 남겨서 상담을 유도하였다. 과거 甲의 회원이었던 A는 해당 문자메시지를 받고 甲에 전화하여 상담원에게 위 프로모션에 관하여 문의하였다. 甲의 상담원은 이번 프로모션이 1개월당 20만 원에 상당하는 프로그램을 3개월 동안 30만 원에 제공하는 상품이며, 단 2주간만 회원을 모집하므로 조기 마감이 예상되니 속히 등록을 하는 편이 좋겠다고 A를 설득하였다. 이에 A는 11. 1. 전화상으로 가입의사를 밝히고 당일에 이용대금 30만 원을 甲의 은행계좌로 이체하였다. 甲과 A 사이의 판매 또는 거래행위가 「방문판매 등에 관한 법률」상 어떠한 유형에 해당하는지를 설명하시오.[133]

133 경제법 변호사시험 제9회(2020년).

2. 법 적용의 순서

법을 적용함에 있어서 그 사항이 경합되는 경우 소비자에게 유리한 조항을 우선 적용한다. 다만, 계속거래에 관하여 이 법에서 규정하고 있는 사항을 다른 법률에서 따로 정하고 있는 경우 소비자의 유·불리와 관계없이 다른 법률을 적용한다(법 제4조 제3항).

사례

'컴퓨터에 자료를 올리고 그 자료를 자신도 직접 이용할 수 있으며 또한 다른 사람이 이용한 횟수에 따라 정보이용료를 받는 일이라며, 이 일을 하기 위해서는 ID 개설 및 회원관리 등의 비용으로 50만원을 납부해야 한다'라는 사업에 대하여 전화로 권유를 받고 계약을 체결한 경우 이에 대한 청약철회가 가능한지 여부 – 이 거래의 성격은 사업권유거래이면서 전화권유판매에도 해당하는바, 청약철회에 관하여서는 전화권유판매에만 규정되어 있으므로 소비자에게 유리한 조항을 적용하여 전화권유판매의 청약철회 조항을 적용하여 청약철회 가능

3. 계속거래 등의 계약의 해지

방문판매법은 방문판매, 전화권유판매 또는 다단계판매의 계약을 체결한 소비자 등에 대하여 청약철회권을 부여하고 있는 데 반하여, 계속거래업자 및 사업권유거래업자와 계약을 체결한 소비자에 대해서는 청약철회권이 아닌 계약해지권을 부여하고 있다는 점이 특징이다. 계속적 계약의 성질을 가지고 있기에 해지권을 인정한 것이다.

즉, 계속거래 등의 계약을 체결한 소비자는 원칙적으로 언제든지 계약기간 중 계약을 해지할 수 있다(법 제31조 본문). 그러나 다른 법률에 별도의 규정이 있거나 거래의 안전 등을 위하여 소비자(사업권유거래의 상대방을 포함)의 주문에 의하여 개별적으로 생산되는 재화 등에 대한 것으로서 계약 해지를 인정하면 계속거래업자 등에게 회복할 수 없는 중대한 피해가 예상되는 경우로서 사전에 해당 거래에 대하여 별도로 그 사실을 고지하고 소비자의 서면(전자문서를 포함) 동의를 받은 경우에는 계약의 해지를 제한하고 있다(법 제31조 단서 및 영 제40조).

사례

A와 B 사이의 위 계약이 유효하게 성립하였다고 전제하고, 또한 동 계약이 방문판매법상 계속거래에 해당한다고 가정할 때, A가 이를 해지할 수 있는지 여부를 설명하시오.[134]

134 경제법 변호사시험 제2회(2013년).

4. 계약해지 또는 해제의 효과와 위약금

계속거래업자 등은 자신의 책임이 없는 사유로 계속거래 등의 계약이 해지 또는 해제된 경우(제8조 및 제17조의 규정에 의하여 청약이 철회된 경우를 제외함) 소비자에게 해지 또는 해제로 발생하는 손실을 현저하게 초과하는 위약금을 청구하여서는 아니 되고, 가입비나 그 밖에 명칭에 상관없이 실제 공급된 재화 등의 대가를 초과하여 수령한 대금의 환급을 부당하게 거부하여서는 아니 된다(법 제32조 제1항). 계속거래 등의 계약이 해지 또는 해제된 경우 소비자는 반환할 수 있는 재화 등을 계속거래업자 등에게 반환할 수 있으며, 계속거래업자 등은 대통령령으로 정하는 바에 따라 대금 환급 또는 위약금 경감 등의 조치를 하여야 한다(법 제32조 제2항). 이에 따라 소비자가 재화 등을 반환하는 경우 계속거래업자 등은 반환받은 재화 등의 가치에 상당하는 금액을 계약의 해지 또는 해제에 따라 지급하여야 할 환급금에 더하거나 청구할 수 있는 위약금에서 빼야 한다(영 제41조 제1항). 이 경우 환급금을 증액하거나 위약금을 감액하는 경우 재화 등을 반환받은 날부터 3영업일 이내에 증액되거나 감액된 금액을 소비자에게 반환하거나, 재화 등의 대금 등 소비자로부터 받을 금액이 있는 경우에는 증액되거나 감액된 금액을 빼고 청구하여야 한다(영 제41조 제2항). 계속거래업자 등은 자신의 책임이 없는 사유로 계약이 해지 또는 해제된 경우 소비자로부터 받은 재화 등의 대금(재화 등이 반환된 경우 환급하여야 할 금액을 포함)이 이미 공급한 재화 등의 대금에 위약금을 더한 금액보다 많으면 그 차액을 소비자에게 환급하여야 한다. 이 경우 환급이 지연되는 경우에는 총리령으로 정하는 지연기간에 대한 지연배상금을 함께 환급하여야 한다(법 제32조 제3항). 계약의 해지 또는 대금의 환급에 관하여 소비자의 책임이 있는지의 여부, 계약이 체결된 사실 및 그 시기, 재화 등의 공급사실 및 그 시기에 관하여 다툼이 있는 경우에는 계속 거래업자 등이 이를 입증하여야 한다.

5. 금지행위 등

계속거래업자 등은 다음의 어느 하나에 해당하는 행위를 하여서는 아니 된다(법 제34조).

① 계속거래 등의 계약을 체결하게 하거나 계약의 해지 또는 해제를 방해하기 위하여 소비자를 위협하는 행위
② 거짓 또는 과장된 사실을 알리거나 기만적 방법을 사용하여 소비자를 유인 또는 거래하거나 계약의 해지 또는 해제를 방해하는 행위
③ 계속거래 등에 필요한 재화 등을 통상적인 거래가격보다 현저히 비싼 가격으로 구입하게 하는 행위
④ 소비자가 계속거래 등의 계약을 해지 또는 해제하였는데도 정당한 사유 없이 이에 따른 조치를 지연하거나 거부하는 행위
⑤ 계약의 해지 또는 해제를 방해할 목적으로 주소·전화번호 등을 변경하는 행위

⑥ 분쟁이나 불만 처리에 필요한 인력 또는 설비가 부족한 상태를 상당 기간 방치하여 소비 자에게 피해를 주는 행위
⑦ 소비자의 청약이 없는데도 일방적으로 재화 등을 공급하고 재화 등의 대금을 청구하는 행위
⑧ 소비자가 재화를 구매하거나 용역을 제공받을 의사가 없음을 밝혔는데도 전화, 팩스, 전자우편 등을 통하여 재화를 구매하거나 용역을 제공받도록 강요하는 행위

Ⅴ. 기타

1. 소비자에게 불리한 계약의 금지

방문판매자 등의 소비자에 대한 정보제공의무(제7조), 전화권유판매업자의 통화내용 보존의무(제7조의2), 청약철회권(제8조) 및 효과(제9조), 손해배상청구금액의 제한(제10조), 다단계판매자의 소비자에 대한 정보제공의무(제16조), 청약철회(제17조), 및 효과(제18조), 손해배상청구금액의 제한(제19조), 계속거래업자 등의 소비자에 대한 정보제공의무(제30조), 계약의 해지(제31조), 계약 해지 또는 해제의 효과와 위약금(제32조)의 규정 중 어느 하나를 위반한 계약으로서 소비자에게 불리한 것은 효력이 없다(법 제52조).

2. 전속관할

특수판매와 관련된 소는 제소 당시 소비자 주소를, 주소가 없는 경우에는 거소를 관할하는 지방법원의 전속관할로 한다(법 제53조 본문).

Chapter

05 전자상거래법

Ⅰ. 서론

1. 전자상거래법 도입의 취지와 목적

인터넷의 발달 및 보급의 확대에 따라 전자거래를 통한 경제활동 비중이 높아지고, 이로 인한 소비자 피해의 발생가능성도 높아지고 있으나, 기존의 방문판매 등에 관한 법률은 전자상거래를 종래의 카탈로그 통신판매의 연장선상에서 방문판매 및 다단계 판매와 함께 규율하고 있어 미흡한 점이 많았다.

즉 방문판매 등에 관한 법률은 인터넷의 보급 및 경제의 디지털화를 예상하지 못한 상태에서 제정되었기 때문에 급속하게 변화·발전하는 인터넷 상거래상의 소비자 보호기능을 다하기 어렵게 된 것이다. 전자상거래와 통신판매는 다른 판매방식과는 달리 소비자가 판매업자와 직접 대면하여 재화 등의 품질이나 성능 등을 확인하고 않고 오로지 판매업자가 제공하는 광고나 선전에 의존하여 구매 여부에 관한 결정을 하기 때문에, 소비자가 판매업자의 과대광고나 부당표시 등에 의하여 피해를 볼 우려가 있다. 그리고 전자상거래와 통신판매는 대체로 선불식 판매방식을 취하게 되므로, 소비자가 판매업자에게 행사할 수 있는 가장 큰 무기인 동시이행의 항변권을 행사할 수 없게 된다. 그 결과, 상품이나 서비스가 적기에 공급되지 않거나 공급된 상품이나 서비스에 하지가 있거나 불만이 있더라도 이를 해결하기가 곤란한 경우가 많다. 뿐만 아니라 전자상거래의 경우에는 전자문서를 활용하고 사이버몰을 이용할 뿐만 아니라 전자적 방법으로 대금을 결제하기 때문에 이에 따른 소비자의 피해가 발생할 우려가 있다.[135] 이에 기존의 방문판매 등에 관한 법률로부터 전자상거래와 통신판매관련 사항을 별도로 분리하여 "전자상거래 등에서의 소비자보호에 관한 법률"(이하, "전자상거래법"이라 함)을 제정하게 된 것이다. 동법은 전자상거래 및 통신판매 등에 의한 재화 또는 용역의 공정한 거래에 관한 사항을 규정함으로써 소비자의 권익을 보호하고 시장의 신뢰도의 제고를 통하여 국민경제의 건전한 발전에 이바지함을 목적으로 한다(제1조).

135 사법연수원, 앞의 책, 224면.

2. 적용범위(적용제외)

전자상거래법은 전자상거래와 통신판매를 통한 모든 재화와 용역의 제공에 대하여 적용되는 것이 원칙이나 다음과 같은 경우에는 전면적 또는 부분적으로 그 적용이 배제된다.

가. 이 법의 규정은 사업자(「방문판매 등에 관한 법률」 제2조 제6호의 다단계판매원은 제외)가 상행위를 목적으로 구입하는 거래에는 적용하지 아니한다. 다만, 사업자라 하더라도 사실상 소비자와 같은 지위에서 다른 소비자와 같은 거래조건으로 거래하는 경우에는 그러하지 아니하다(법 제3조 제1항).

나. 제13조 제2항에 따른 계약내용에 관한 서면(전자문서를 포함)의 교부의무에 관한 규정은 다음 각 호의 거래에는 적용하지 아니한다. 다만, 제1호의 경우에는 총리령으로 정하는 바에 따라 계약내용에 관한 서면의 내용이나 교부의 방법을 다르게 할 수 있다(법 제3조 제2항).

1) 소비자가 이미 잘 알고 있는 약관 또는 정형화된 거래방법에 따라 수시로 거래하는 경우로서 총리령으로 정하는 거래

2) 다른 법률(「민법」 및 「방문판매 등에 관한 법률」은 제외)에 이 법의 규정과 다른 방법으로 하는 계약서 교부의무 등이 규정되어 있는 거래

다. 통신판매업자가 아닌 자 사이의 통신판매중개를 하는 통신판매업자에 대하여는 제13조부터 제15조까지, 제17조부터 제19조까지의 규정을 적용하지 아니한다(법 제3조 제3항).

라. 「자본시장과 금융투자업에 관한 법률」의 투자매매업자·투자중개업자가 하는 증권거래, 대통령령으로 정하는 금융회사 등이 하는 금융상품거래 및 일상 생활용품, 음식료 등을 인접지역에 판매하기 위한 거래에 대하여는 제12조부터 제15조까지, 제17조부터 제20조까지 및 제20조의2를 적용하지 아니한다(법 제3조 제4항).

3. 다른 법률과의 관계

전자상거래 또는 통신판매에서의 소비자보호에 관하여 이 법과 다른 법률이 경합하는 경우에는 이 법을 우선 적용한다. 다만, 다른 법률을 적용하는 것이 소비자에게 유리한 경우에는 그 법을 적용한다(법 제4조).

사례

① 계약서 제30조 제2항이 약관규제법상 유효라고 전제하고, 甲이 乙과 체결한 상조계약의 청약을 철회할 수 있는지를 할부거래법과 전자상거래법의 관점에서 설명하시오.[136]

– 할부거래법이 적용될 경우, 청약철회 기한인 14일이고 구두의 청약철회의 의사표시를 할 수 없다. 그러나

136 경제법 변호사시험 제8회(2019년).

전자상거래법상 재화 등의 내용이 표시광고의 내용과 다른 경우에는 30일이 적용되어 청약철회권을 행사할 수 있고 행사방법도 구두로 가능하다. 전자상거래법상의 청약철회권이 소비자에게 유리한 규정이므로 소비자는 전자상거래법상의 청약철회권을 행사할 수 있다.

Ⅱ. 개념

1. 전자상거래의 개념

전자상거래란 전자거래의 방법으로 상행위를 하는 것을 말한다(법 제2조 제1호).

2. 통신판매, 통신판매업자, 통신판매중개 등의 개념

가. 통신판매의 개념

통신판매란 우편·전기통신 및 광고물·광고시설물·전단지·방송·신문 및 잡지 등을 이용하거나 판매자와 직접 대면하지 아니하고 우편환·우편대체·지로 및 계좌이체 등을 이용하는 방법으로 재화 또는 용역(일정한 시설을 이용하거나 용역을 제공받을 수 있는 권리를 포함)의 판매에 관한 정보를 제공하고 소비자의 청약을 받아 재화 등을 판매하는 것을 말한다(법 제2조 제2호, 시행규칙 제2조). 즉, 통신판매에 해당하기 위해서는 '사업자의 판매에 관한 정보제공'과 '소비자의 청약'이 모두 통신을 통하여 비대면의 방식으로 이루어져야 한다.

사례[137]

① A는 인터넷상의 쇼핑몰에서 B의 제품광고를 본 후, B의 상점을 직접 방문하여 제품을 구입하였다. - 이는 판매에 관한 정보의 제공이 비대면으로 이루어진 것일 뿐, 청약이 비대면으로 이루어진 것이 아니므로 통신판매에 해당하지 않는다.

② 사업자 C는 음식점 D의 음식을 저렴한 가격에 제공받을 수 있도록 금액이나 수량이 기재된 증표(쿠폰)를 자신이 운영하는 쇼핑몰에서 판매하였다 - 사업자 C는 비대면으로 이용권에 관한 정보를 제공하고 청약을 받아 재화 등의 이용권을 판매하고 있으므로 통신판매에 해당한다.

③ 사업자 E는 자신의 쇼핑몰에 해외 쇼핑몰에서 판매하는 재화 등에 관한 정보를 제공하고 소비자의 청약을 통하여 대금을 미리 지급 받은 후 해외 쇼핑몰에서 해당 재화 등을 구매하여 소비자에게 배송하였다. - 사업자 E는 비대면으로 해외 쇼핑몰의 재화 등에 관한 정보를 제공하고 청약을 받아 해당 재화 등을 판매하고 있으므로 통신판매에 해당한다.

④ 사업자 F는 자신의 쇼핑몰에 해외 쇼핑몰에서 판매하는 재화 등의 배송 용역에 관한 정보를 제공하고

137 전자상거래 등에서의 소비자보호 지침(공정거래위원회 고시 제2015-7호, 2015. 8. 20.) 참조.

소비자의 청약을 받아 소비자가 해외 쇼핑몰에서 구매한 재화 등의 배송용역을 제공하였다. – 사업자 F는 비대면으로 해외 쇼핑몰의 재화 등의 배송 용역에 관한 정보를 제공하고 청약을 받아 해당 용역을 판매하고 있으므로 통신판매에 해당한다.

나. 통신판매업자의 개념

"통신판매업자"란 통신판매를 업(業)으로 하는 자 및 통신판매를 업으로 하는 자와의 약정에 따라 통신판매업무를 수행하는 자이다(법 제2조 제3호). 통신판매를 업으로 하는 자와의 약정에 따라 통신판매업무를 수행하는 자를 예시하면 다음과 같다.

사례

① A신용카드사는 통신판매업자인 B여행사를 위하여 A신용카드사 자신의 명의로 발행되는 카탈로그를 이용하여 B여행사의 여행상품에 대한 판매의 정보를 제공하고 고객으로부터 동 여행상품에 대한 청약을 비대면으로 접수하여 여행상품 판매업무를 수행하였다. – 이 경우, A신용카드사는 통신판매업자(B여행사)와의 약정에 따라 통신판매업무를 수행하는 자로서 통신판매업자에 해당한다.

② 반면에 A신용카드사가 자신의 명의로 발행되는 우편물에 B여행사를 위하여 여행상품에 대한 판매의 정보를 제공하고 청약의 접수 및 판매는 B여행사에서 이루어지는 경우 – A카드사는 통신판매업자에 해당하지 아니한다(이 경우는 전자상거래법이 정하는 통신판매중개자에는 해당한다).

다. 통신판매중개의 개념

통신판매중개란 사이버몰(컴퓨터 등과 정보통신설비를 이용하여 재화 등을 거래할 수 있도록 설정된 가상의 영업장)의 이용을 허락하거나 그 밖에 총리령으로 정하는 방법으로 거래 당사자 간의 통신판매를 알선하는 행위를 말한다(법 제2조 제4호).

라. 통신판매업자가 아닌 자 사이의 통신판매중개를 하는 통신판매업자

통신판매업자가 아닌 자 사이의 통신판매중개를 하는 통신판매업자에 대해서는 법 제3조 제3항이 적용된다.

사례

① 통신판매중개를 하는 사업자 A가 운영하는 쇼핑몰에서 통신판매를 업으로 하지 아니하는 개인 B의 재화 등에 대한 판매정보의 제공과 청약의 접수 등이 이루어지는 경우 – A는 '통신판매업자가 아닌 자 사이의 통신판매중개를 하는 통신판매업자'에 해당된다.

② 반면에 생활정보제공사이트를 운영하는 사업자 C가 의뢰자 B의 재화 등에 대한 판매정보만을 제공하고 청약 등은 의뢰자 B가 전화로 직접 받는 경우 – C는 '통신판매업자가 아닌 자 사이의 통신판매중개를 하는 통신판매업자'에는 해당되지 않는다.

마. 통신판매중개업자의 개념

통신판매중개업자는 통신판매중개를 업으로 하는 자이다(법 제20조 제2항).

사례

사이버몰의 이용을 허락하는 방법으로 통신판매중개를 하는 사업자 A가 운영하는 사이버몰에서 중개의뢰자인 통신판매업자 B의 재화 등에 대한 판매정보의 제공과 청약의 접수 등이 이루어지는 경우 – 해당 사이버몰을 운영하는 사업자 A는 '통신판매중개업자'에 해당된다.

바. 전자게시판서비스 제공자의 개념

전자게시판서비스 제공자는 「정보통신망 이용촉진 및 정보보호 등에 관한 법률」상 게시판의 개념을 사용하여 게시판을 운영하는 정보통신서비스 제공자이다(법 제9조의2 제1항). 포털사이트의 카페·블로그 등 전자상거래가 이루어질 수 있는 모든 전자게시판의 개념이 포함된다.

3. 소비자와 사업자의 개념

소비자란 ① 사업자가 제공하는 재화 등을 소비생활을 위하여 사용(이용을 포함)하는 자, ② 사실상 가목의 자와 같은 지위 및 거래조건으로 거래하는 자 등 사업자가 제공하는 재화 또는 용역(이하 "재화 등")을 소비생활 외의 목적에 사용하거나 이용하는 자로서 재화 등을 최종적으로 사용하거나 이용하는 자(다만, 재화 등을 원재료(중간재를 포함한다) 및 자본재로 사용하는 자는 제외), 법 제3조 제1항 단서에 해당하는 사업자로서 재화 등을 구매하는 자(해당 재화 등을 판매한 자에 대한 관계로 한정), 재화 등을 농업(축산업을 포함한다) 또는 어업 활동을 위하여 구입한 자(다만, 「원양산업발전법」 제6조 제1항에 따라 해양수산부장관의 허가를 받은 원양어업자는 제외)을 말한다(영 제2조). 사업자라 함은 물품을 제조(가공 또는 포장을 포함)·수입·판매하거나 용역을 제공하는 자를 말한다(법 제2조 제6호).

Ⅲ. 전자상거래에 관한 규제

1. 전자문서의 활용 및 거래기록의 보존 등

전자상거래 및 통신판매의 특성상 사업자가 제공하는 표시, 광고 등의 정보제공은 소비자의 구매선택 및 분쟁발생시 피해구제를 위하여 매우 중요한 의미를 갖는다. 따라서 전자상거래법은 사업자로 하여금 표시·광고, 계약내용 및 그 이행 등 거래에 관한 기록을 상당한 기간 보존해야 하는 의무를 부과하는 한편, 소비자가 그 거래기록을 쉽게 열람·보존할 수 있도록 해야 한다는 점과

(법 제6조 제1항), 사업자가 보존하는 거래기록의 대상·범위·기간을 시행령[138]에서 정하고 있다(법 제6조 제3항 및 영 제6조 제1항).

2. 조작실수 등의 방지

사업자는 전자상거래에서 소비자의 조작 실수 등으로 인한 의사표시의 착오 등으로 발생하는 피해를 예방할 수 있도록 거래 대금이 부과되는 시점이나 청약 전에 그 내용을 확인하거나 바로잡는 데에 필요한 절차를 마련하여야 한다(법 제7조).

3. 전자적 대금지급의 신뢰확보 등

사업자가 전자문서의 형태로 이루어지는 대금결제의 방법을 이용하는 경우 사업자와 전자결제수단의 발행자, 전자결제서비스의 제공자 및 당해 결제수단을 통한 전자결제서비스의 이행을 보조하거나 중개하는 자 등 전자적 대금지급 관련자("전자결제업자 등")는 관련 정보의 보안유지에 필요한 조치를 취하여야 한다(법 제8조 제1항, 영 제8조).

또한 사업자와 전자결제업자 등은 전자적 대금지급이 이루어지는 경우 소비자의 청약의사가 진정한 의사표시에 의한 것인지를 확인하기 위하여 ① 재화 등의 내용 및 종류, ② 재화 등의 가격, ③ 용역의 제공기간에 대하여 따로 명확히 고지하고, 고지한 사항에 대한 소비자의 확인절차를 대통령령[139]으로 정하는 바에 따라 마련하여야 한다(법 제8조 제2항 각호).

Ⅳ. 통신판매에 대한 규제

1. 통신판매업자의 신고 등

통신판매로 인한 소비자의 피해를 예방하기 위하여, 통신판매업자에게 일정한 사항을 사전에 신고하게 하고(법 제12조), 신원 및 거래조건에 대한 정보를 제공하도록 하고 있다(법 제13조).

---

138 영 제6조(사업자가 보존하는 거래기록의 대상 등) ① 법 제6조 제3항에 따라 사업자가 보존하여야 할 거래기록의 대상·범위 및 기간은 다음 각 호와 같다. 다만, 법 제20조 제1항에 따른 통신판매중개자(이하 "통신판매중개자"라 한다)는 자신의 정보처리시스템을 통하여 처리한 기록의 범위에서 다음 각 호의 거래기록을 보존하여야 한다.

1. 표시·광고에 관한 기록: 6개월
2. 계약 또는 청약철회 등에 관한 기록: 5년
3. 대금결제 및 재화 등의 공급에 관한 기록: 5년
4. 소비자의 불만 또는 분쟁처리에 관한 기록: 3년

139 영 제9조(전자적 대금지급 고지 확인절차) 사업자와 전자결제업자 등은 법 제8조 제2항 각 호의 사항에 대하여 소비자가 확인하고 동의 여부를 선택할 수 있도록 전자결제업자 등이 마련한 전자적 대금 결제창을 소비자에게 제공하여야 한다. 이 경우 사업자와 전자결제업자 등은 소비자가 직접 동의 여부를 선택하기 전에 미리 동의한다는 표시를 하여 제공하는 방식으로 확인절차를 진행해서는 아니 된다.

2. 청약확인 및 계약서 교부의무

통신판매업자는 소비자로부터 재화 등의 거래에 관한 청약을 받은 경우 청약 의사표시의 수신 확인 및 판매 가능 여부에 관한 정보를 소비자에게 신속하게 알려야 하며(법 제14조 제1항), 계약체결 전에 소비자가 청약내용을 확인하고, 정정하거나 취소할 수 있도록 적절한 절차를 갖추어야 한다(법 제14조 제2항). 나아가 통신판매업자는 소비자가 계약체결 전에 재화 등에 대한 거래조건을 정확하게 이해하고 실수나 착오 없이 거래할 수 있도록 재화 등의 공급자 및 판매자의 상호 등을 적절한 방법으로 표시·광고하거나 고지하여야 하며, 계약이 체결될 경우에는 소비자에게 일정한 사항[140]이 기재된 계약내용에 관한 서면을 재화 등을 공급할 때까지 교부하여야 한다(법 제13조 제2항).

3. 재화 등의 공급 등[141]

통신판매업자는 소비자가 청약을 한 날부터 7일 이내에 재화 등의 공급에 필요한 조치를 취하여야 한다. 그러나 통신판매업자가 이미 재화 등의 대금의 전부 또는 일부를 받은 경우에는("선지급식 통신판매") 대금의 전부 또는 일부를 받은 날부터 3영업일 이내에 재화 등의 공급을 위하여 필요한 조치를 하여야 한다(법 제15조 제1항).[142]

4. 청약철회 등

사례

① 6개월 전 아이를 출산한 가정주부 A는 유모차를 구입하기 위해 인터넷상에서 가격비교사이트를 검색하다가, 그 중 가격이 가장 저렴해 보이는 X쇼핑몰에서 2013. 7. 12. Y유모차를 주문하였다. A는 온라인으로 대금을 송금하였으며, 같은 해 7. 16. 전자상거래법 제13조 제2항에 따른 계약내용에 관한 서면과 함께

140 ① 재화 등의 공급자 및 판매자의 상호, 대표자의 성명·주소 및 전화번호 등, ② 재화 등의 명칭·종류 및 내용, ③ 재화 등의 정보에 관한 사항(이 경우 제품에 표시된 기재로 계약내용에 관한 서면에의 기재를 갈음할 수 있다), ④ 재화 등의 가격(가격이 결정되어 있지 아니한 경우에는 가격을 결정하는 구체적인 방법)과 그 지급방법 및 지급시기, ⑤ 재화 등의 공급방법 및 공급시기, ⑥ 청약의 철회 및 계약의 해제(이하 "청약철회 등"이라 한다)의 기한·행사방법 및 효과에 관한 사항(청약철회 등의 권리를 행사하는 데에 필요한 서식을 포함한다), ⑦ 재화 등의 교환·반품·보증과 그 대금 환불 및 환불의 지연에 따른 배상금 지급의 조건·절차, ⑧ 전자매체로 공급할 수 있는 재화 등의 전송·설치 등을 할 때 필요한 기술적 사항, ⑨ 소비자피해보상의 처리, 재화 등에 대한 불만 처리 및 소비자와 사업자 사이의 분쟁 처리에 관한 사항, ⑩ 거래에 관한 약관(그 약관의 내용을 확인할 수 있는 방법을 포함한다), ⑪ 소비자가 구매의 안전을 위하여 원하는 경우에는 재화 등을 공급받을 때까지 대통령령으로 정하는 제3자에게 그 재화 등의 결제대금을 예치하는 것(이하 "결제대금예치"라 한다)의 이용을 선택할 수 있다는 사항 또는 통신판매업자의 제24조 제1항에 따른 소비자피해보상보험계약 등의 체결을 선택할 수 있다는 사항(제15조 제1항에 따른 선지급식 통신판매의 경우에만 해당하며, 제24조 제3항에 각 호의 어느 하나에 해당하는 거래를 하는 경우는 제외한다), ⑫ 그 밖에 소비자의 구매 여부 판단에 영향을 주는 거래조건 또는 소비자피해의 구제에 필요한 사항으로서 대통령령으로 정하는 사항

141 비대면거래의 특성에 따라 재화 등의 공급과 계약이행 과정에서 소비자의 지위가 불안정해질 수 있다는 점을 고려하여 재화공급의무 등을 규정한 것이다.

142 다만 소비자와 통신판매업자간에 재화 등의 공급시기에 관하여 별도의 약정이 있는 경우에는 그러하지 않다(법 제15조 제1항).

유모차를 배송받았다. – A가 배송 받은 유모차를 유심히 살펴보니 X쇼핑몰에서 본 것과 색상 및 디자인에 차이가 있었다. 그런데 A는 2013. 7. 17.부터 여행을 떠날 예정이어서 일단 그 유모차를 사용하기로 하였고, 여행에서 돌아온 며칠 후인 같은 해 7. 30. 청약을 철회하고자 한다. 이 전자상거래법상 A가 청약을 철회할 수 있는지를 설명하시오.[143]

② 인터넷 홈페이지를 통하여 피부미용 용도의 마스크 팩 제품을 판매하고 있는 사업자 甲은 자사의 홈페이지에 각 품목별 매매대금, 대금지급 방법, 계약해제의 요건 및 방법 등 제품구매에 관한 일반적인 거래조건을 규정한 약관을 게시하고 있다. 최근 소비자 A는 마스크 팩을 다량으로 구입하고자 인터넷을 검색하던 중 甲의 홈페이지를 접하게 되었고, 거기서 광고하고 있는 제품의 효과가 매우 마음에 들어, 甲의 홈페이지를 통해 마스크 팩 100개를 주문하고 위 약관에서 정한 대로 대금도 모두 지급하였다. 얼마 후 A는 100개의 마스크 팩과 적법한 계약서를 배송받았는데, 실제로 3개를 사용해 보니 홈페이지에서 광고하였던 효과가 없음을 알게 되었다. 이에 A가 제품배송일로부터 며칠이 지난 후 甲에게 청약을 철회하겠다고 하자, 甲은 약관 제7조(청약철회의 제한) "고객은 배송된 제품을 실제 사용한 이후에는 청약을 철회할 수 없습니다"에 따라 청약의 철회가 불가능하다고 답변하였다. – A의 마스크 팩 구매가 전자상거래법의 적용대상이라고 전제할 때, A가 청약을 철회할 수 있는지에 대해 설명하시오.[144]

③ 인터넷 쇼핑몰을 운영하는 甲회사는 온라인으로 의류, 신발, 액세서리 등을 판매해오고 있다. 소비자 A는 2020. 9. 1. 휴대전화로 甲회사의 인터넷 쇼핑몰에서 액세서리를 주문하여 계약서는 당일 이메일로 받고, 상품은 2020. 9. 3. 택배로 받았다. 하지만 A는 수령한 액세서리가 마음에 들지 않았다. A는 환불을 위하여 수령한 액세서리를 상자에 담은 후 상자 겉면에 "마음에 들지 않으니 환불해 주세요."라고 쓰고는 2020. 9. 7. 택배로 그 액세서리를 甲회사에 송부하였다. 그런데 일주일이 지나도록 환불 조치가 이루어지지 않아 A는 甲회사의 고객센터에 문의하였다. 이에 대해 甲회사의 고객센터는 "당해 액세서리는 주문제작 상품이므로 환불이 불가합니다."라는 답변을 하였다. 하지만 당해 액세서리는 외국에서 수입한 기성품이었다. – 전자상거래법상 A가 甲회사로부터 환불을 받을 수 있는지, 있다면 그 근거를 제시하여 설명하시오.[145]

가. 청약의 철회권 행사기간 및 제한사유

통신판매업자와 재화 등의 구매에 관한 계약을 체결한 소비자는 다음의 기간 이내에 당해 계약에 관한 청약철회 등을 할 수 있다(법 제17조 제1항).

① 계약내용에 관한 서면을 교부받은 날부터 7일(다만, 그 서면을 받은 때보다 재화 등의 공급이 늦게 이루어진 경우에는 재화 등을 공급받거나 재화 등의 공급이 시작된 날부터 7일)

② 계약내용에 관한 서면을 교부받지 아니한 경우, 통신판매업자의 주소 등이 적혀 있지 아니한 서면을 받은 경우 또는 통신판매업자의 주소 변경 등의 사유로 위의 기간에 청약철회 등을 할 수 없는 경우에는 통신판매업자의 주소를 안 날 또는 알 수 있었던 날부터 7일

143 경제법 변호사시험 제3회(2014년).
144 경제법 변호사시험 제7회(2018년).
145 경제법 변호사시험 제10회(2021년).

③ 청약철회 등(법 제21조 제1항 제1호, 제2호)에 대한 방해 행위가 있는 경우에는 그 방해 행위가 종료한 날부터 7일

그러나 소비자는 다음의 어느 하나에 해당하는 경우에는 통신판매업자의 의사에 반하여 청약철회 등을 할 수 없다(법 제17조 제2항).

① 소비자에게 책임이 있는 사유로 재화 등이 멸실되거나 훼손된 경우(다만, 재화 등의 내용을 확인하기 위하여 포장 등을 훼손한 경우는 제외한다.)
② 소비자의 사용 또는 일부 소비로 재화 등의 가치가 현저히 감소한 경우
③ 시간이 지나 다시 판매하기 곤란할 정도로 재화 등의 가치가 현저히 감소한 경우
④ 복제가 가능한 재화 등의 포장을 훼손한 경우
⑤ 용역 또는 「문화산업진흥 기본법」 제2조 제5호의 디지털콘텐츠의 제공이 개시된 경우. 다만, 가분적 용역 또는 가분적 디지털콘텐츠로 구성된 계약의 경우에는 제공이 개시되지 아니한 부분은 청약철회할 수 있다.
⑥ 그 밖에 거래의 안전을 위하여 대통령령으로 정하는 경우[146]

다만, 이 경우 통신판매업자가 청약철회 등이 불가능한 재화에 대해 소비자가 그 사실을 쉽게 알 수 있도록 필요한 조치를 하지 않은 경우에는 위 ②부터 ⑤에 해당하는 경우일지라도 다시 소비자는 청약철회 등을 할 수 있다(법 제17조 제2항 단서).

한편, 위와 같은 내용에도 불구하고 재화 등의 내용이 표시, 광고의 내용과 다르거나 계약의 내용과 다르게 이행된 경우에는 당해 재화 등을 공급받은 날부터 3월 이내, 그 사실을 안 날부터 30일 이내에 청약철회 등을 할 수 있다(법 제17조 제3항).

특히 통신판매업자는 청약철회 등이 불가능한 재화 등의 경우(위 ②부터 ⑤까지)에는 그 사실을 재화 등의 포장이나 그 밖에 소비자가 쉽게 알 수 있는 곳에 명확하게 표시하거나 시험 사용 상품을 제공하는 등의 방법으로 청약철회 등의 권리 행사가 방해받지 아니하도록 조치하여야 한다. 다만, 디지털콘텐츠(위 ⑤)에 대하여 소비자가 청약철회 등을 할 수 없는 경우에는 청약철회 등이 불가능하다는 사실의 표시와 함께 시험 사용 상품을 제공하는 등의 방법으로 청약철회 등의 권리 행사가 방해받지 아니하도록 하여야 한다.

나. 청약의 철회권의 효과

1) 효력발생시기

청약철회 등의 의사표시를 서면으로 하는 경우에는 그 의사표시가 기재된 서면을 발송한 날에

146 영 제21조(청약철회 등의 제한) 법 제17조 제2항 제6호에서 "대통령령으로 정하는 경우"란 소비자의 주문에 따라 개별적으로 생산되는 재화 등 또는 이와 유사한 재화 등에 대하여 법 제13조 제2항 제5호에 따른 청약철회 등(이하 "청약철회 등"이라 한다)을 인정하는 경우 통신판매업자에게 회복할 수 없는 중대한 피해가 예상되는 경우로서 사전에 해당 거래에 대하여 별도로 그 사실을 고지하고 소비자의 서면(전자문서를 포함한다)에 의한 동의를 받은 경우를 말한다.

그 효력이 발생한다(법 제17조 제4항).[147]

2) 증명책임

청약철회권 행사함에 있어서 재화 등의 훼손에 대하여 소비자의 책임이 있는지 여부, 재화 등의 구매에 관한 계약이 체결된 사실 및 그 시기, 재화 등의 공급사실 및 그 시기 등에 관하여 다툼이 있는 경우에는 통신판매업자가 이를 증명하여야 한다(법 제17조 제5항).

3) 소비자의 반환의무 및 통신판매업자의 권리

소비자는 청약철회 등을 한 경우에는 이미 공급받은 재화 등을 반환하여야 한다(법 제18조 제1항). 이 경우 통신판매업자는 이미 재화 등이 일부 사용되거나 일부 소비된 경우에는 그 재화 등의 일부 사용 또는 일부 소비에 의하여 소비자가 얻은 이익 또는 그 재화 등의 공급에 든 비용에 상당하는 금액으로서 ① 재화 등의 사용으로 소모성 부품의 재판매가 곤란하거나 재판매가격이 현저히 하락하는 경우에는 해당 소모성 부품의 공급에 든 비용, ② 다수의 동일한 가분물로 구성된 재화 등의 경우에는 소비자의 일부 소비로 인하여 소비된 부분의 공급에 든 비용을 소비자에게 청구할 수 있다(법 제18조 제8항, 영 제24조).

4) 통신판매업자의 의무

① 대금환급의무

통신판매업자(소비자로부터 재화 등의 대금을 받은 자 또는 소비자와 통신판매에 관한 계약을 체결한 자를 포함)는 재화 등을 반환받은 날부터 3영업일 이내에 이미 지급받은 재화 등의 대금을 환급하여야 한다. 이 경우 통신판매업자가 소비자에게 재화 등의 대금 환급을 지연한 때에는 그 지연기간에 대하여 연 100분의 20을 곱하여 산정한 지연이자(이하 "지연배상금"이라 한다)를 지급하여야 한다(법 제18조 제2항, 영제21조의2).

② 신용카드 기타 결제수단으로 지급한 경우

– 대금의 결제가 이루어지지 않은 경우

통신판매업자는 재화 등의 대금을 환급할 때 소비자가 신용카드 등으로 재화 등의 대금을 지급한 경우에는 지체 없이 해당 결제수단을 제공한 사업자(이하 "결제업자"라 한다)에게 재화 등의 대금 청구를 정지하거나 취소하도록 요청하여야 한다(법 제18조 제3항 본문).

– 대금의 결제가 이루어진 경우

통신판매업자가 결제업자로부터 해당 재화 등의 대금을 이미 받은 때에는 지체 없이 그 대금을 결제업자에게 환급하고, 그 사실을 소비자에게 알려야 한다(법 제18조 제3항 단서). 이 경우 통신판매업자로부터 재화 등의 대금을 환급받은 결제업자는 그 환급받은 금액을 지체 없이 소비자에게 환

147 청약철회 등의 효과에 대해서 법 제18조에 규정하고 있다.

급하거나 환급에 필요한 조치를 하여야 한다(법 제18조 제4항). 또한 환급을 지연하여 소비자가 대금을 결제하게 한 통신판매업자는 그 지연기간에 대한 지연배상금을 소비자에게 지급하여야 한다(법 제18조 제5항).

– 상계처리

소비자는 통신판매업자가 정당한 사유 없이 결제업자에게 대금을 환급하지 아니하는 경우에는 결제업자에게 그 통신판매업자에 대한 다른 채무와 통신판매업자로부터 환급받을 금액을 상계(相計)할 것을 요청할 수 있다. 이 경우 소비자는 환급금액 등을 적은 서면으로 기간 내에 청약철회 등을 한 사실 및 재화 등을 반환하였음을 증명하는 자료(소비자가 재화 등을 계약서에 적힌 통신판매업자의 주소로 반환하였으나 수취 거절된 경우에는 그 증명자료)를 첨부하여 상계를 요청할 수 있다(영 제23조). 이에 결제업자는 그 통신판매업자에 대한 다른 채무와 상계할 수 있다(법 제18조 제6항). 소비자는 결제업자가 상계를 정당한 사유 없이 게을리 한 경우에는 결제업자에 대하여 대금의 결제를 거부할 수 있다. 이 경우 통신판매업자와 결제업자는 그 결제 거부를 이유로 그 소비자를 약정한 기일까지 채무를 변제하지 아니한 자로 처리하는 등 소비자에게 불이익을 주는 행위를 하여서는 아니 된다(법 제18조 제7항).

5) 재화 등 반환의 비용부담

청약철회 등의 경우 공급받은 재화 등의 반환에 필요한 비용은 소비자가 부담하며, 통신판매업자는 소비자에게 청약철회 등을 이유로 위약금이나 손해배상을 청구할 수 없다(법 제18조 제9항, 제17조 제1항). 재화 등의 내용이 표시·광고의 내용과 다르거나 계약내용과 다르게 이행된 경우의 청약철회 등의 경우 재화 등의 반환에 필요한 비용은 통신판매업자가 부담한다(법 제18조 제10항, 제17조 제3항).

6) 연대책임

전자상거래 또는 통신판매에 있어서 계약에 관계하는 당사자가 다수인 경우 이에 따른 소비자의 혼란을 완화하고 대금환급의 보장을 두텁게 하기 위해 전자상거래소비자보호법은 전자상거래 또는 통신판매와 관련한 모든 자에 대한 연대책임을 규정하고 있다.[148] 통신판매업자, 재화 등의 대금을 받은 자 또는 소비자와 통신판매에 관한 계약을 체결한 자가 동일인이 아닌 경우에 이들은 청약철회 등에 의한 재화 등의 대금 환급과 관련한 의무의 이행에 대하여 연대하여 책임을 진다(법 제18조 제11항).

5. 손해배상청구금액의 제한 등

소비자에게 책임 있는 사유로 인하여 재화 등의 판매에 관한 계약이 해제된 경우 통신판매업자

148 신현윤, 앞의 책, 843쪽.

가 소비자에게 손해배상을 청구할 수 있는 금액을 제한하고 있다. 통신판매업자가 소비자에게 청구하는 손해배상액은 다음과 같은 금액에 대금미납에 따른 지연배상금을 더한 금약을 초과할 수 없도록 하고 있다(법 제19조 제1항).

① 공급받은 재화 등이 반환된 경우에는 ⓐ 그 재화 등의 통상 사용료 또는 그 사용으로 통상 얻을 수 있는 이익에 상당하는 금액과 ⓑ 그 재화 등의 판매가격에서 그 재화 등이 반환된 당시의 가액을 공제한 금액 중에서 큰 금액

② 공급받은 재화 등이 반환되지 않은 경우에는 그 재화 등의 판매가격에 해당하는 금액

6. 통신판매중개자의 의무와 책임

사례

건강과 미용에 관심이 많은 A는 다이어트 효과와 함께 피부 미용에도 좋은 건강기능식품을 구매하기 위해 여러 인터넷 쇼핑몰을 검색하던 중, 국내 여러 업체가 입점하여 다양한 건강기능식품들을 판매하고 있는 B사의 X 쇼핑몰 사이트를 발견하였다. A는 동 사이트에서 C사가 판매하고 있는 제품들의 가격, 효능, 복용방법을 상세히 볼 수 있었는데, 2016. 1. 5. 그 중 가격대비 효능이 뛰어난 것으로 보이는 '파워 정'제품 1박스를 주문하면서 당일 대금 100만 원을 C사의 Y은행 계좌로 입금하였다. A는 '파워 정' 제품을 수령한 후 설명서에 나와 있는 복용법에 따라 2016. 1. 10.부터 10일간 매일 1알씩 복용하였다. 그런데 설명서에 나와 있는 다이어트, 피부 미용의 효과가 발생하기는커녕 점점 피부에 붉은 반점이 생기고 두통과 불면증까지 겪게 되었다. 이에 A는 2016. 1. 20. 복용을 중단하고 환불을 받고자 C사에 전화를 하였으나, 그 날 이후 계속 연락이 되지 않고 있다. 이 경우 전자상거래법상 A가 C사 이외에 B사에 대해서도 손해배상책임을 물을 수 있는지를 설명하시오.[149]

가. 통신판매중개자는 자신이 통신판매의 당사자가 아니라는 사실을 소비자가 쉽게 알 수 있도록 미리 고지하여야 한다(법 제20조 제1항)[150]. 통신판매중개자는 위 고지를 하지 아니한 경우 통신판매중개의뢰자의 고의 또는 과실로 소비자에게 발생한 재산상 손해에 대하여 통신판매중개의뢰자와 연대하여 배상할 책임을 진다(법 제20조의2 제1항). 고지에도 불구하고 통신판

149 경제법 변호사시험 제5회(2016년).

150 시행규칙 제11조의2(통신판매 당사자가 아니라는 사실의 고지방법) ① 법 제20조 제1항에서 "총리령으로 정하는 방법"이란 통신판매중개자가 운영하는 사이버몰의 초기 화면에 알리는 한편, 다음 각 호의 구분에 따라 추가적으로 알리는 방법을 말한다.

1. 통신판매중개자가 자신의 명의로 표시·광고를 하는 경우: 그 표시·광고를 하는 매체의 첫 번째 면에 알릴 것
2. 통신판매중개자가 법 제13조 제2항에 따른 계약내용에 관한 서면을 교부하는 경우: 그 서면에 알릴 것
3. 통신판매중개자가 청약의 방법을 제공하는 경우: 법 제14조에 따른 청약내용의 확인·정정·취소에 대한 절차에서 알릴 것

② 통신판매중개자가 제1항 제2호 및 제3호의 사항을 알릴 때 그 글씨의 크기는 계약 당사자를 고지하는 글씨와 같거나 그보다 더 크게 하여야 한다.

매업자인 통신판매중개자는 통신판매업자의 책임(제12조부터 제15조까지, 제17조 및 제18조)을 면하지 못한다(법 제20조의2 제3항 본문). 그 이유는 통신판매업자로서 행위하는 통신판매중개자의 경우 소비자와의 관계에서 문제가 발생하더라도 자신이 중개자라는 이유로 통신판매업자의 의무 등에 대한 책임을 면하려고 할 가능성이 있기 때문에 이를 방지하기 위함이다. 다만, 통신판매업자의 의뢰를 받아 통신판매를 중개하는 경우 통신판매중개의뢰자가 책임을 지는 것으로 약정하여 소비자에게 고지한 부분에 대하여는 통신판매중개의뢰자가 책임을 진다(법 제20조의2 제3항 단서).

나. 통신판매중개업자는 통신판매중개의뢰자가 사업자인 경우에는 그 성명(사업자가 법인인 경우에는 그 명칭과 대표자의 성명)·주소·전화번호 등 대통령령으로 정하는 사항을 확인하여 청약이 이루어지기 전까지 소비자에게 제공하여야 하고, 통신판매중개의뢰자가 사업자가 아닌 경우에는 그 성명·전화번호 등 대통령령으로 정하는 사항을 확인하여 거래의 당사자들에게 상대방에 관한 정보를 열람할 수 있는 방법을 제공하여야 한다(법 제20조 제2항). 또한 통신판매중개자는 쇼핑몰 등을 이용함으로써 발생하는 불만이나 분쟁의 해결을 위하여 그 원인 및 피해의 파악 등 필요한 조치를 신속히 시행하여야 한다(법 제20조 제3항).

통신판매중개자는 제20조 제2항에 따라 소비자에게 정보 또는 정보를 열람할 수 있는 방법을 제공하지 아니하거나 제공한 정보가 사실과 달라 소비자에게 발생한 재산상 손해에 대하여 통신판매중개의뢰자와 연대하여 배상할 책임을 진다(법 제20조의2 제2항). 다만, 소비자에게 피해가 가지 아니하도록 상당한 주의를 기울인 경우에는 그러하지 아니하다.

다. 통신판매중개의뢰자(사업자의 경우에 한정)는 통신판매중개자의 고의 또는 과실로 소비자에게 발생한 재산상 손해에 대하여 통신판매중개자의 행위라는 이유로 면책되지 아니한다. 다만, 소비자에게 피해가 가지 아니하도록 상당한 주의를 기울인 경우에는 그러하지 아니하다(법 제20조의2 제4항).

7. 통신판매의 중요한 일부 업무를 수행하는 통신판매중개업자의 책임

통신판매에 관한 거래과정에서 ① 통신판매중개업자가 청약의 접수를 받는 경우[정보의 제공(법 제13조 제2항 제5호), 청약의 확인(법 제14조 제1항)] ② 통신판매중개업자가 재화 등의 대금을 지급받는 경우[조작 실수 등의 방지(법 제7조), 전자적 대금지급의 신뢰 확보(법 제8조)]의 업무를 수행하는 통신판매중개업자는 통신판매업자가 위 의무를 이행하지 아니하는 경우에는 이를 대신하여 이행하여야 한다. 이 경우 제7조 및 제8조의 사업자와 제13조 제2항 제5호 및 제14조 제1항의 통신판매업자는 "통신판매중개업자"로 본다(법 제20조의3).

Ⅴ. 금지행위 등

1. 금지행위

전자상거래를 하는 사업자 또는 통신판매업자는 다음의 어느 하나에 해당하는 행위를 하여서는 아니 된다(법 제21조 제1항).

① 거짓 또는 과장된 사실을 알리거나 기만적 방법을 사용하여 소비자를 유인 또는 소비자와 거래하거나 청약철회 등 또는 계약의 해지를 방해하는 행위

사례

① 당해 액세서리는 주문제작 상품이므로 환불이 불가하다고 사이버몰에 게시하고 소비자에게 안내하였으나 당해 액세서리는 외국에서 수입한 기성품인 경우[151]
② '불량으로 인한 환불은 물건 수령 후 5일 이내에 고객센터로 신청한 경우에 한해서 가능'이라는 문구를 사이버몰에 게시하는 등 사업자가 법에서 정한 청약철회 가능 기간을 임의적으로 축소하여 사이버몰에 표시하고 소비자에게 안내하는 경우
③ 사업자가 광고비를 받았다는 사실을 소비자에게 알리지 않고 '베스트, 추천, 기대, 화제' 등의 명칭을 붙여 재화 등을 소개함으로써 소비자로 하여금 재화 등에 대한 합리적인 평가가 토대가 되어 추천된 재화 등으로 오인하게 한 경우

② 청약철회 등을 방해할 목적으로 주소, 전화번호, 인터넷도메인 이름 등을 변경하거나 폐지하는 행위
③ 분쟁이나 불만처리에 필요한 인력 또는 설비의 부족을 상당기간 방치하여 소비자에게 피해를 주는 행위
④ 소비자의 청약이 없음에도 불구하고 일방적으로 재화 등을 공급하고 그 대금을 청구하거나 재화 등의 공급 없이 대금을 청구하는 행위
⑤ 소비자가 재화를 구매하거나 용역을 제공받을 의사가 없음을 밝혔음에도 불구하고 전화, 팩스, 컴퓨터통신 또는 전자우편 등을 통하여 재화를 구매하거나 용역을 제공받도록 강요하는 행위
⑥ 본인의 허락을 받지 아니하거나 허락받은 범위를 넘어 소비자에 관한 정보를 이용하는 행위[152]

---

151 경제법 변호사시험 제10회(2021년).

152 다만, 다음 각 목의 어느 하나에 해당하는 경우는 제외한다.
가. 재화 등의 배송 등 소비자와의 계약을 이행하기 위하여 불가피한 경우로서 대통령령으로 정하는 경우
나. 재화 등의 거래에 따른 대금정산을 위하여 필요한 경우
다. 도용방지를 위하여 본인 확인에 필요한 경우로서 대통령령으로 정하는 경우
라. 법률의 규정 또는 법률에 따라 필요한 불가피한 사유가 있는 경우

⑦ 소비자의 동의를 받지 아니하거나 총리령으로 정하는 방법에 따라 쉽고 명확하게 소비자에게 설명·고지하지 아니하고 컴퓨터프로그램 등이 설치되게 하는 행위

2. 시정권고, 시정조치

공정거래위원회, 시·도지사 또는 시장·군수·구청장은 사업자가 이 법을 위반하는 행위를 하거나 이 법에 따른 의무를 이행하지 아니한 경우에는 시정조치를 명하기 전에 그 사업자가 그 위반행위를 중지하거나 이 법에 규정된 의무 또는 시정을 위하여 필요한 조치를 이행하도록 시정방안을 정하여 해당 사업자에게 이에 따를 것을 권고할 수 있다. 이 경우 그 사업자가 권고를 수락하면 시정조치를 명한 것으로 본다는 뜻을 함께 알려야 한다(법 제31조 제1항).

공정거래위원회는 사업자가 재화등의 공급 등(법 제15조), 청약철회의 효과(법 제18조), 통신판매중개자, 통신판매중개의뢰자 등의 의무와 책임(법 제20조, 제20조의2, 제20조의3, 제22조제1항) 등을 위반하는 행위, 금지행위(법 제21조 제1항 각 호)에 해당하는 행위를 하거나 이 법에 따른 의무를 이행하지 아니하는 경우에는 해당 사업자에게 해당 위반행위의 중지, 이 법에 규정된 의무의 이행, 시정조치를 받은 사실의 공표, 소비자피해 예방 및 구제에 필요한 조치, 그 밖에 위반행위의 시정을 위하여 필요한 조치를 명할 수 있다(법 제32조 제1항, 제2항).

3. 임시중지명령, 영업정지

영업정지 제도는 증거자료의 확보 및 공정거래위원회의 의결에 장시간이 소요되어 피해 확산을 방지하는데 한계가 있으므로 전자상거래 분야의 위법행위로 인한 소비자 피해의 확산을 신속하게 방지하기 위해 임시중지명령제도가 도입되었다(법 제32조의2). 위조상품 판매사이트, 사기사이트 등을 운영하는 전자상거래 사업자에게 긴급한 조치가 필요한 경우, 정식 시정조치 결정 이전에 거래의 전부 또는 일부를 임시 중지할 수 있는 제도를 도입하고, 임시중지명령의 실효성 확보를 위해 호스팅사업자, 통신판매중개자 등 관련사업자에게 해당 역무제공의 중단 등 임시중지명령에 대한 협조의무를 부과한 것이다.

한편, 영업정지 대상의 요건을 완화하여 소비자권익이 제고될 것이 기대된다. 영업정지 대상인 '소비자 피해방지가 현저히 곤란한 경우'에서 '현저히' 요건을 삭제하고, '시정조치만으로는 소비자 피해보상이 불가능한 경우'를 영업정지 대상에 추가한 것이다(법 제32조 제1항 및 제4항).

4. 과징금

공정거래위원회는 제32조제4항에 따른 영업정지가 소비자 등에게 심한 불편을 줄 우려가 있다고 인정하는 경우에는 그 영업의 전부 또는 일부의 정지를 갈음하여 해당 사업자에게 대통령령으로 정하는 위반행위 관련 매출액을 초과하지 아니하는 범위에서 과징금을 부과할 수 있다. 이 경우

관련 매출액이 없거나 그 매출액을 산정할 수 없는 경우 등에는 5천만원을 초과하지 아니하는 범위에서 과징금을 부과할 수 있다(법 제34조 제1항).

Ⅵ. 기타

1. 소비자에게 불리한 계약의 금지

전자상거래법의 규정 중 소비자의 청약철회권(제17조) 및 효과규정(제18조), 통신판매업자의 손해배상청구금액의 제한규정(제19조)을 위반한 약정으로서 소비자에게 불리한 것은 효력이 없다(법 제35조).

사례

건강과 미용에 관심이 많은 A는 다이어트 효과와 함께 피부 미용에도 좋은 건강기능식품을 구매하기 위해 여러 인터넷 쇼핑몰을 검색하던 중, 국내 여러 업체가 입점하여 다양한 건강기능식품들을 판매하고 있는 B사의 X 쇼핑몰 사이트를 발견하였다. A는 동 사이트에서 C사가 판매하고 있는 제품들의 가격, 효능, 복용방법을 상세히 볼 수 있었는데, 2016. 1. 5. 그 중 가격대비 효능이 뛰어난 것으로 보이는 '파워 정'제품 1박스를 주문하면서 당일 대금 100만 원을 C사의 Y은행 계좌로 입금하였다. A는 2016. 1. 8. 전자상거래법 제13조 제2항에 따른 계약내용에 관한 서면과 함께 '파워 정' 제품을 수령하였으나 막상 제품을 받고 보니 다른 제품에 대해 좀 더 알아보지 않고 구매를 한 것이 후회되었다. 이에 A는 2016. 1. 9. C사에 전화를 걸어 청약 철회의 의사를 표시하였지만 C사의 담당자는 다음과 같은 약관 조항을 언급하며 청약 철회가 불가능하다고 답하였다.

> 제10조(청약 철회의 제한)
> 고객이 제품에 대한 대금을 입금한 이후에는 청약을 철회할 수 없다.

- 위 약관 조항 제10조가 전자상거래법상 무효인지, 그리고 A가 동법상 청약 철회를 할 수 있는지를 설명하시오.[153]

2. 전속관할

민사소송법상 당사자는 합의에 의하여 제1심 관할법원을 정할 수 있고 그 합의는 서면으로 하여야 한다고 규정하고 있다(민사소송법 제29조). 그러나 전자상거래법에서는 소비자의 권리를 보호하기 위하여 소 제기 당시 소비자의 주소를 관할하는 지방법원의 전속관할로 하고 있다(법 제36조).

153 경제법 변호사시험 제5회(2016년).

참고문헌

권오승, 『경제법』(제11판), 박영사, 2014.
권오승·서 정, 『독점규제법 이론과 실무』, 법문사, 2022.
김동희, 『행정법Ⅰ』(제16판), 박영사, 2010.
김준호, 『민법강의』(제20판), 법문사, 2014.
김형배, 『공정거래법의 이론과 실제』, 도서출판 삼일, 2022.
박수영, 『소비자법해설』(제4판), 도서출판 피데스, 2019.
송오식, 『소비자계약법』, 전남대학교출판부, 2021.
신현윤, 『경제법』(제6판), 법문사, 2014.
양명조, 『경제법강의』(제8판), 신조사, 2010.
신동권, 『소비자보호법』, 박영사, 2020.
이봉의, 『공정거래법』, 박영사, 2022.
이봉의·이호영, 『경제법연습』(제2판), 홍문사, 2012.
이선희, 『독점규제법상 부당한 공동행위에 대한 손해배상청구』, 경인문화사, 2013.
이은영, 『소비자법』, 박영사, 2013.
이재구, 『공정거래법』, 지식과감성, 2022.
이재상, 『신형사소송법』(제2판), 박영사, 2011.
이호영, 『독점규제법』(제7판), 홍문사, 2022.
이호영, 『소비자보호법』(제4판), 홍문사, 2018.
정호열, 『경제법』, 박영사, 2016.
주진열, 『로스쿨 경제법』, 박영사, 2022.
홍대식, 『독점규제법』(제2판), 법문사, 2012.

공정거래위원회, 약관규제의 실제, 2008.
기업법연구회, 공정거래법 판례선집, 2011.
사법연수원, 약관규제와 소비자보호 연구, 2012.

찾아보기

사 항

(ㄱ)

(ㄴ)

(ㄷ)

(ㅂ)

(ㅅ)

(ㅇ)

(ㅈ)

판 례